信毅教材大系

请扫描如下二维码，获取与本课程有关的教学资源（教学大纲、课件、视频、题库等）：

创业法学

● 邓　辉　主编　　张怡超　副主编

Entrepreneurship Law

复旦大学出版社

"信毅教材大系"编委会

主　　任　王　乔

副 主 任　邓　辉　王秋石　刘子馨

秘 书 长　陈　曦

副秘书长　王联合

编　　委　陆长平　严　武　胡宇辰　匡小平　章卫东
　　　　　　袁红林　陈富良　汪　洋　罗良清　方志军
　　　　　　吴志军　夏家莉　叶卫华　陈家琪　包礼祥
　　　　　　郑志强　陈始发　蒋悟真

联络秘书　宋朝阳　欧阳薇

总 序

世界高等教育的起源可以追溯到1088年意大利建立的博洛尼亚大学,它运用社会化组织成批量培养社会所需要的人才,改变了知识、技能主要在师徒间、个体间传授的教育方式,满足了大家获取知识的需要,史称"博洛尼亚传统"。

19世纪初期,德国的教育家洪堡提出"教学与研究相统一"和"学术自由"的原则,并指出大学的主要职能是追求真理,学术研究在大学应当具有第一位的重要性,即"洪堡理念",强调大学对学术研究人才的培养。

在洪堡理念广为传播和接受之际,德国都柏林天主教大学校长纽曼发表了"大学的理想"的著名演说,旗帜鲜明地指出"从本质上讲,大学是教育的场所","我们不能借口履行大学的使命职责,而把它引向不属于它本身的目标"。强调培养人才是大学的唯一职能。纽曼关于"大学的理想"的演说让人们重新审视和思考大学为何而设、为谁而设的问题。

19世纪后期到20世纪初,美国威斯康星大学查尔斯·范海斯校长提出"大学必须为社会发展服务"的办学理念,更加关注大学与社会需求的结合,从而使大学走出了象牙塔。

2011年4月24日,胡锦涛总书记在清华大学百年校庆庆典上,指出高等教育是优秀文化传承的重要载体和思想文化创新的重要源泉,强调要充分发挥大学文化育人和文化传承创新的职能。

总而言之,随着社会的进步与变革,高等教育不断发展,大学的功能不断扩展,但始终都在围绕着人才培养这一大学的根本使命,致力于不断提高人才培养的质量和水平。

对大学而言,优秀人才的培养,离不开一些必要的物质条件保障,但更重要的是高效的执行体系。高效的执行体系应该体现在三个方面:一是科学合理的学科专业结构,二是能洞悉学科前沿的优秀的师资队伍,三是作为知识载体和传播媒介的优秀教材。教材是体现教学内容与教学方法的知识载体,是进行教学的基本工具,也是深化教育教学改革,提高人才培养质量的重要保证。

　　一本好的教材,要能反映该学科领域的学术水平和科研成就,能引导学生沿着正确的学术方向步入所向往的科学殿堂。因此,加强高校教材建设,对于提高教育质量、稳定教学秩序、实现高等教育人才培养目标起着重要的作用。正是基于这样的考虑,江西财经大学与复旦大学出版社达成共识,准备通过编写出版一套高质量的教材系列,以期进一步锻炼学校教师队伍,提高教师素质和教学水平,最终将学校的学科、师资等优势转化为人才培养优势,提升人才培养质量。为凸显江财特色,我们取校训"信敏廉毅"中一前一尾两个字,将这个系列的教材命名为"信毅教材大系"。

　　"信毅教材大系"将分期分批出版问世,江西财经大学教师将积极参与这一具有重大意义的学术事业,精益求精地不断提高写作质量,力争将"信毅教材大系"打造成业内有影响力的高端品牌。"信毅教材大系"的出版,得到了复旦大学出版社的大力支持,没有他们卓越视野和精心组织,就不可能有这套系列教材的问世。作为"信毅教材大系"的合作方和复旦大学出版社的一位多年的合作者,对他们的敬业精神和远见卓识,我感到由衷的钦佩。

王　乔

2012 年 9 月 19 日

前 言

⭐ 1. "创业法学"之界定

"创业法学"是个新鲜词汇,尚无公论,可以多解。最离奇的解释是将其称为"创业方法之学",最富想象力的解释是将其称为"法学专业创业之学",最自恋的解释是视其为比肩于"民法学""刑法学"等诸多法学的"某某法学",即学科意义或者专业意义上的创业法学。如上诸解,或为不明就里之误解,或为牵强附会之曲解,或为因文害义之过解,只值一提,不值一辩。

究竟何谓"创业法学"？望文生义,即与创业活动相关的法律知识的总和。此解不谬,但视"创业法学"如同"创业法律知识",令"创业法学"一词言过其实,显见其仍失之于偏狭。其实,"创业法学"之所以能成其为"学",必当超越"创业法律知识"之方便致用层次,而能自成其理。"创业法学"欲成其为"学"要有两个层面的理:理一,其绝非创业法律知识的简单堆砌,而是按照创业活动规律有机组织起来的法律知识综合体,是建基于创业基本原理、基本流程和基本方法之上的法律知识综合体,是为"创业法学"之体现"创业学"特质的一面;理二,作为面向创业者的教材,其关注重点不在于创业者的创业法律操作能力,而在于创业者创业法律素养的提升,也就意味着其关注的重点不是创业法律知识本身的专与深,而是创业法律知识背后法律原理、体系、机制和方法等法律观念,是为"创业法学"之体现"法学"特质的一面。创业法学虽然兼具创业学和法学的双重特质,但考虑到它不仅是按照创业学的逻辑展开的,而且最终也服务于包括创业法律素养在内的创业素养的提升,因此从格局上看,创业法学其实还是以创业学为体、法学为用的。

归纳而言,创业法学是以提升创业者法律素养为目标、按照创业活动规律有机组织起来的法律观念和法律知识的综合体。

⭐ 2. 编写用意

"创业"和"法治"是时下最热门的两大词汇。2015 年,"大众创业,万众创新"的大潮呼啸而至,这一年终将以"创业元年"的标志被写入历史。而在2014年,中共中央就全面推进依法治国作出重大部署,这一年已经以"法治新纪元"的标志载入史册。作为本教材关键词的"创业"和"法"与"创业"和"法治"这两大时代热词高度关联,不禁让人产生附势、应景之类的想象。

　　需要辩白的是,此时此刻编写这样的教材,毋庸讳言确有趁热打铁、顺势而为之意,但绝无趋炎附势之心;毋庸讳言确有应景之嫌,但绝无敷衍之心。辩白的底气在哪里呢?在于:高等教育当前正从就业导向向创业就业导向转型,创业教育在各高校虽方兴未艾、蔚为风气,放眼一看,围绕深化创业教育改革这一主题的人才培养质量标准之修订、人才培养机制之创新、创业实践之强化、教学范式之转型、师资能力之提升、创业指导服务支持之优化以及创业教育课程资源之挖掘和充实等各项重大举措正全面推进,诚可谓一片繁荣,但是,从作为法学教育工作者的编者角度观察却不难发现,创业法律素养之于创业者的重要性尚未得到应有的广泛重视,相关课程和教材实属稀罕,在创业教育一片热闹的场景之下,颇有"遍插茱萸少一人"的冷清。因此,以我们编写团队的认知,在当下开发一部以提升创业者创业法律素养为目标、以创业活动规律为线索的法学课程和教材,既是一种时代的使命,也是一次推动法学专业教育与创业教育发生关系的机会,而决定我们愿意付诸努力的全部理据就在于创业法律素养之于创业者的重要性。

　　创业法律素养之于创业者的重要性体现在法律观念和法律知识之于创业的价值。创业是不拘泥于当前资源约束而大胆寻求机会进行价值创造的行为过程。从这个意义上说,创业贵在创新冒险,并无定法,但此"法"非彼"法"(法律之"法")。事实上,在经济活动普遍制度化的时代,所有的创业活动都是在法治的背景下展开的,绝大多数的创业活动都是在现有的法律秩序下展开的。即便有一些创业活动会挑战现有的法律秩序,甚至会催生一些尚无具体法律规则("微规则")调整的社会现象,但它们也要受到法治原则、法律原理等"宏规则"的制约。从这个意义上看,并不存在所谓"法外创业",当然这个"法"是广义上的"法",甚至是自然法意义上的"法"。既然并不存在"法外创业",那么,从法律运行的角度观察,创业过程其实同时也就是法律实践的过程。这是从宏观角度思考得出的结论,从创业运行的角度观察也可以得出同样的观点。我们知道,创业过程包括创业者从产生创业想法到创建新企业或开创新事业并获取回报,涉及识别机会、组建团队、寻求融资等活动,而这些活动几乎没有例外地都是在法律的轨道上展开的,而且也只有在法律的轨道上才能得以展开。

法律观念和法律知识之于创业的价值,概括起来就是可以起到"五条线"的作用,即帮助创业者划好起跑线、守好底线、设好防线、走好航线、摸好天际线。创业是从0到1的过程,创业项目本身首先要经得起法律的评价,不考虑法律评价的创业是盲动的创业,这样的创业最终都逃脱不了"始乱终弃"的命运,因此,创业起跑的阶段就一定要划好法律上的起跑线。而所谓守好底线,就是说创业不能违反法律的禁止性规定。创业可以失败,但绝不允许出现违法犯罪之类的法律上的失败。人们常说提倡创新创业就要宽容失败,就要形成尊重创业失败者的制度和文化氛围,但创业过程中法律上的失败是不可能得到宽容,更不可能得到尊重的。所谓设好防线,就是说创业者要善于运用法律防范法律风险,既要利用法律保护好自身权益,也要利用法律防范他人逾越法律。2015年5月7日,李克强总理视察中关村创业大街时提醒创业者创业要请律师[1],总理谆谆告诫的用意或许就在此吧。而所谓走好航线,则是说创业要遵守法律的强行性规定。但凡在法律有明确要求的情况下,就要让创业运行在既定的法律航道上。当然,法非无远弗届,亦非无所不能,即便法网恢恢亦必有其漏,在法无禁止之处,创业者亦大可不必自我设限、自缚手脚,而应依"法无禁止即可为"之理念挥洒作为,此即摸好天际线。创业者如果能把握好法律上的这五条线,在创业的过程中就可以做到知所进退、进退有据。

✦ 3. 编写框架与体例

在教材内容的编排上,编者将尽可能体现"以学为中心"的理念。教材编排力求以学生为中心,根据学生学习的需要而非教师教学的便利安排内容,以期通过教材内容编排上的创新尽可能地缓解教师自我中心、自说自话、自陷于传统知识窠臼不能自拔的教学痼疾。教材编排力求以创业为线索,根据创业运行过程而非法律运行过程安排内容,强调法律知识之于创业活动的针对性,而非法律知识本身的体系性(当然,这并不是说无需考虑法律知识传输顺序的逻辑关系)。教材编排以提升创业者的法律素养为目标,不纠缠于法律知识的细节,而是着眼于创业者法治观念的提升以及框架性、方向性和方法性法律知识的掌握,关注的是法律观念、原理、路径、过程和方法,地地道道为了原则而故意放弃细节。

---

[1] 2015年5月7日上午视察中关村创业大街时,李克强总理说:你们都在创业,但是不要忽略法律风险,要是你们没有请律师,出现法律问题可不要赖我没告诉你。律师还能教你们怎么利用资本市场快速发展。

在编写体例的创新上,本教材也作了一些探索。在每一章的开头均设有"创业视频扫一扫"以增强教材的趣味性、时代性和问题意识,在每一章的正文之后均设有"本章概要"以梳理知识要点,设有"专题讨论"以引导学生展开讨论、深化认识,设有"创业实训"以突出课程的实践导向。同时,部分篇章还根据需要设有"经典案例""延伸阅读""轶事趣闻""资料链接""法条链接"等栏目以帮助学生拓展知识、开阔视野。本教材编写体例创新的另一大亮点就是注重线上线下(O2O)互动。例如,"创业视频扫一扫"及部分"经典案例""延伸阅读"等内容以二维码形式呈现,既大幅缩减了教材篇幅,又大大拓展了教材内容。再如,还建立了教学班级的微信群,方便课堂之外的师生互动、生生互动。本教材教学大纲、教学进度表、课程讲义、教师学生任务清单、教学课件以及相关案例、创业故事、视频、法律法规等教学资料也都可以在"江西财经大学网络教学平台"(http://ptr.chaoxing.com/course/3481233.html?edit=true)上访问。另外,鉴于本教材关注重点在创业法律知识的针对性,法律知识的体系性和前后内容的逻辑相关性均或有所欠缺,为灵活编辑松散内容的考虑,故在"章"之下未设"节",代之以在每章的正文部分以"✪"图形为一级目录,"□"图形为二级目录,"●"图形为三级目录,"➤"图形为四级目录。

本教材由邓辉教授任主编,张怡超博士任副主编。参加编写的人员和具体分工为:第一章"创业资源的法律识别"由熊玉梅副教授、博士编写;第二章"创业法律环境"由熊玉梅副教授、博士(✪1),喻玲副教授、博士(✪2),杨德敏教授(✪3及其他)编写;第三章"创业组织法"由张怡超博士编写;第四章"创业融资法"由刘先良博士(✪1、✪2、✪4)、张怡超博士(✪3)编写;第五章"创业经营管理法"由喻玲副教授、博士(✪1、✪2及其他),杨德敏教授(✪3、✪5),徐聪颖副教授、博士(✪4)编写;第六章"互联网创业法律问题"由喻玲副教授、博士编写;第七章"创业知识产权管理"由徐聪颖副教授、博士编写;第八章"创业法律风险防范机制及纠纷解决"由李忠民副教授、博士(✪1、✪4及其他),熊云辉博士(✪2、✪3)编写。

《创业法学》教材的编写是将法学专业教育与创业教育相结合的初次尝试,缺漏粗疏之处,敬祈各方批评指正,以期再版时得以大幅修订。

编　者

于江西财经大学

2015年8月

目 录

第一章　创业资源的法律识别 …………………… 001
【创业视频扫一扫】　马云谈创业成功的三要素 ………… 001

✪1. 创业要素类型及其法律性质 ………………… 002
- 物质要素 ………………………………………… 002
- 资金要素 ………………………………………… 005
- 智力和人力资本 ………………………………… 007
- 智力成果 ………………………………………… 007
- 声誉资本 ………………………………………… 010

✪2. 创业者、创业团队与创业组织 ……………… 012
- 创业的灵魂人物——创业者 …………………… 012
- 创业团队 ………………………………………… 013
- 创业组织形式选择 ……………………………… 014

✪3. 创业方式及其法律关系 ……………………… 015
- 联盟 ……………………………………………… 015
- 加盟 ……………………………………………… 015
- 内部创业 ………………………………………… 022

✪4. 创业项目法律风险识别 ……………………… 023
- 创业项目的合法性识别 ………………………… 023
- 创业项目与环境保护 …………………………… 025
- 国家扶持创业项目 ……………………………… 026

【创业实训】　拟定加盟创业团队成员之间合作的框架性
协议 ……………………………………………… 028

第二章　创业法律环境 ·· 029

【创业视频扫一扫】　史诗级创业短片：老板，老板·········· 029

❋ 1. 市场自由 ·· 030
  ☐ 竞争自由 ·· 030
  ☐ 经营自由 ·· 031
  ☐ 合同自由 ·· 032

❋ 2. 市场准入 ·· 041
  ☐ 什么是市场准入 ·· 041
  ☐ 我国市场准入理念变革 ·· 045

❋ 3. 扶持政策：产业政策与创业政策 ·· 048
  ☐ 何谓产业政策 ·· 048
  ☐ 何谓创业政策 ·· 049

【创业实训】　设计滴滴打车准入政策及扶持政策框架 ······· 057

第三章　创业组织法 ······ 058
【创业视频扫一扫】乔布斯 ······ 058

✪ 1. 创业组织形式的选择 ······ 059
　　□ 个体工商户 ······ 059
　　□ 个人独资企业 ······ 060
　　□ 合伙企业 ······ 062
　　□ 公司企业 ······ 064
　　□ 不同创业组织形式的比较 ······ 065
✪ 2. 创业组织形式选择应考虑的因素 ······ 066
　　□ 投资人的法律责任——风险有多大 ······ 067
　　□ 税收负担——收益有多高 ······ 068
　　□ 开办费用的大小与程序的繁简——创业门槛有多高 ······ 068
　　□ 投资者对企业的控制能力——话语权有多重 ······ 069
　　□ 投资权益的转让——脱手有多难 ······ 072
✪ 3. 创业组织的治理结构 ······ 075
　　□ 个人独资企业的治理 ······ 075
　　□ 合伙企业的治理 ······ 077
　　□ 公司企业的治理 ······ 079
✪ 4. 创业组织的登记与审批 ······ 081
　　□ 企业设立登记的基本程序 ······ 081
　　□ 企业组织的审批 ······ 083
　　□ 合伙协议的签订及公司章程的编制 ······ 084
✪ 5. 创业组织的解散与清算 ······ 088
　　□ 创业组织解散 ······ 088
　　□ 创业组织的清算 ······ 089
✪ 6. 企业组织的破产保护 ······ 091
　　□ 重整 ······ 091
　　□ 和解 ······ 092
✪ 7. 创业组织高层管理团队的组建、激励与约束 ······ 094
　　□ 如何组建高层管理团队 ······ 094
　　□ 如何加强对高层管理团队的激励 ······ 098
　　□ 如何加强对高层管理团队的约束 ······ 100
【创业实训】拟定公司章程 ······ 104

第四章　创业融资法 ············ 105
【创业视频扫一扫】对赌协议，是美酒还是毒药············ 105

✪ **1. 创业融资形式选择** ············ 106
　　☐ 金融机构借贷 ············ 106
　　☐ 财产抵押 ············ 107
　　☐ 民间借贷 ············ 109
　　☐ 企业与公司债发行 ············ 111
　　☐ IPO 融资 ············ 114
　　☐ 员工入股 ············ 115
　　☐ 经销商入股 ············ 117
　　☐ 风投融资 ············ 119
　　☐ 信托融资 ············ 121
　　☐ 众筹融资 ············ 122
　　☐ 对赌协议 ············ 124
　　☐ 创业融资方式选择 ············ 126
✪ **2. 创业融资交易结构** ············ 127
　　☐ 企业融资法律风险 ············ 127
　　☐ 企业债权性融资风险控制 ············ 128
　　☐ 企业股权性融资风险控制 ············ 129
　　☐ 融资退出法律问题 ············ 132
　　☐ 融资与控制权 ············ 133
　　☐ 员工入股 ············ 135
✪ **3. 创业融资担保** ············ 136
　　☐ 保证须注意的法律问题 ············ 136
　　☐ 抵押须注意的法律问题 ············ 137
　　☐ 办理质押须注意的几个法律问题 ············ 139
✪ **4. 创业融资与组织治理** ············ 140
　　☐ 影响公司组织治理结构的因素 ············ 140
　　☐ 企业融资中的代理成本和信息不对称 ············ 141
　　☐ 创业企业融资中的利益冲突及化解 ············ 142
【创业实训】拟定融资方案及评估法律风险 ············ 145

第五章　创业经营管理法 …… 146

【创业视频扫一扫】　湘鄂情从餐饮到跨界 …… 146

✪1. 竞争合规管理 …… 147
- □ 为什么要竞争合规 …… 147
- □ 竞争合规"红线"有哪些 …… 149
- □ 如何实现合规 …… 162

✪2. 产品质量与广告管理 …… 163
- □ 产品质量管理 …… 163
- □ 广告管理 …… 169

✪3. 劳动关系管理 …… 175
- □ 何谓劳动关系管理 …… 175
- □ 创业为什么需要劳动关系管理 …… 176
- □ 创业企业怎样进行劳动关系管理——创业企业劳动关系管理应掌握的原则和方法 …… 178

✪4. 创业组织税务登记、纳税申报与税务筹划 …… 196
- □ 企业的税务登记 …… 196
- □ 企业的账簿、凭证管理 …… 198
- □ 企业的纳税申报 …… 199
- □ 企业的税务筹划 …… 200

✪5. 环境保护管理 …… 203
- □ 创业企业环境保护的重要性 …… 203
- □ 创业企业应承担的主要环境保护责任 …… 204
- □ 如何进行环境保护管理 …… 205

【创业实训】　拟定特定岗位劳动合同框架协议 …… 208

第六章　互联网创业法律问题 ………………… 209

【创业视频扫一扫】 绿狗网的创业故事 ………………… 209

✪ 1. 创业门前：谙熟法治环境，风险可预知 ………………… 210
- ☐ 产业性质：政府企业两不知 ………………… 210
- ☐ 市场准入：法不禁止即可为 ………………… 211
- ☐ 市场环境：双边市场条件与倾斜定价策略 …… 212
- ☐ 市场竞争：降维攻击 ………………… 215
- ☐ 平台创业：富贵险中求 ………………… 217
- ☐ 商业模式：O2O系大势所趋 ………………… 219
- ☐ 大数据创业：成也萧何败也萧何 ………………… 221
- ☐ 创业融资：高悬的达摩克利斯之剑 ………………… 226

✪ 2. 业态迥异：强于法律技术，红线当远离 ………………… 231
- ☐ 互联网金融类 ………………… 231
- ☐ 信息获取（搜索）类 ………………… 238
- ☐ 网络娱乐类 ………………… 239
- ☐ 交流沟通类 ………………… 241
- ☐ 商务交易类 ………………… 242
- ☐ 互联网应用类 ………………… 244

【创业实训】 拟定微信赛事项目书 ………………… 249

第七章　创业知识产权管理 ······ 250
【创业视频扫一扫】"现代"的艺术：20万换回4 000万 ······ 250

- ✪1. 为什么要进行知识产权管理 ······ 250
  - □ 知识产权的价值 ······ 251
  - □ 知识产权管理的目标与内容 ······ 252
- ✪2. 专利创造中的风险规避 ······ 253
  - □ 专利研发风险 ······ 254
  - □ 权属纠纷风险 ······ 255
  - □ 专利申请风险 ······ 256
- ✪3. 专利运营中的策略选择 ······ 258
  - □ 专利运用的形式 ······ 259
  - □ 专利转让 ······ 260
  - □ 专利许可 ······ 261
- ✪4. 专利的法律保护 ······ 261
  - □ 专利侵权行为的认定 ······ 261
  - □ 不视为侵犯专利权的情形 ······ 262
  - □ 侵犯专利权的诉前临时救济措施 ······ 262
  - □ 侵犯专利权的诉讼时效 ······ 263
- ✪5. 注册商标的规划与选择 ······ 264
  - □ 商标必须注册吗 ······ 264
  - □ 申请商标注册应当注意哪些问题 ······ 265
  - □ 如何设置有效的商标防护体系 ······ 266
- ✪6. 注册商标的使用与许可交易 ······ 267
  - □ 注册商标的使用 ······ 267
  - □ 注册商标的许可与转让交易 ······ 267
- ✪7. 注册商标的法律保护 ······ 268
  - □ 商标权人的保护范围究竟有多大 ······ 268
  - □ 商标权人的侵权风险防控 ······ 269
  - □ 不构成商标侵权的特殊例外 ······ 270

【创业实训】　从知识产权管理角度安排连锁加盟方案 ······ 271

第八章　创业法律风险防范机制及纠纷解决 …………… 272
【创业视频扫一扫】　创业不慎惹纠纷 ………………… 272

- ✪ 1. 创业与法律服务 ……………………………………… 273
  - ☐ 创业路上要不要法律人把脉 ……………………… 273
  - ☐ 律师能为创业企业做什么 ………………………… 274
  - ☐ 法律服务的获取 …………………………………… 275

- ✪ 2. 创业法律风险及其防范 ……………………………… 277
  - ☐ 创业法律风险的概念 ……………………………… 278
  - ☐ 创业法律风险的特点 ……………………………… 278
  - ☐ 创业法律风险的种类 ……………………………… 279
  - ☐ 创业法律风险的防范 ……………………………… 280
  - ☐ 创业法律风险的评估与报告 ……………………… 281
  - ☐ 创业法律风险的解决方案 ………………………… 283

- ✪ 3. 创业法律纠纷及其解决 ……………………………… 285
  - ☐ 创业法律纠纷的概念 ……………………………… 285
  - ☐ 创业法律纠纷的特点 ……………………………… 285
  - ☐ 创业法律纠纷的种类 ……………………………… 286
  - ☐ 创业法律纠纷的解决 ……………………………… 286

- ✪ 4. 创业中的刑事高压线 ………………………………… 291
  - ☐ 创业中刑事犯罪概述 ……………………………… 291
  - ☐ 创业中刑事犯罪类型及典型罪名列举 …………… 292
  - ☐ 创业中刑事犯罪预防 ……………………………… 304

【创业实训】　分析代驾服务项目的法律风险,提出风险防控策略 …………………………………………………… 306

参考文献 …………………………………………………… 307

第一章 创业资源的法律识别

【创业视频扫一扫】

马云谈创业成功的三要素[①]

马云认为,创业成功的三要素是人、财和市场。请扫一扫如下二维码,观看视频"马云谈创业成功的三要素",与小伙伴及老师讨论影响创业成功的要素是什么,并开始本章的学习。

创 业 导 读

创业,需要一定的资源,才有可能开始、持续和成功。马云认为人、财和市场是创业的必备要素,这也是公认的创业必备要素。创业所需要的这些资源,从法律角度看,体现着不同的法律性质,并受不同法律调整。创业是在法治环境下进行的创业,创业资源的获取应遵循法律的规定,并且在相关法律环境下最大限度地发挥各种创业资源的价值,规范创业,尽可能防范创业过程中出现的法律风险。本章有关创业资源的法律识别便是从法律角度解读创业资源的。

[①] 资料来源:http://www.cztv.com/video/2498892.html。

❂ 1. 创业要素类型及其法律性质

一般认为,创业要具备财务资源、业务资源、技术资源、经营管理资源、人力资源等,从法律角度分析,这些创业资源大体可以分为物质要素、资金要素、智力和人力资本、智力成果、声誉资本,它们具有各自的法律特点,当然也有不同的法律风险防范。

▶ 一、物质要素

物质要素是企业在生产和管理过程中形成的有形资产①。它包括动产和不动产,如创业项目实施场地、生产设备、自然资源、便捷的互联网通信系统、良好的物业管理和商务中心,以及周边方便的交通生活配套设施等。

- **物质要素的法律性质**

这里的物质要素,主要指的是有形财产及其相关权益。物质要素在法律上的性质主要表现为物权及其相关权益。物权是权利人依法对特定物享有直接支配和排他的权利,包括所有权、用益物权和担保物权。物权具有利益的直接实行性,即物权人在法定范围内基于自己的意思而不必借助任何他人的意思或行为即可对物直接支配,实行权利,享有财产利益;物权人在权利效力上具有优先于债权的特性。物权具有特殊的效力,具体而言,有以下七个方面。

➢ 物权的排他性效力。在同一标的物上,已有所有权存在的,不能另有其他所有权成立;已有以占有为内容的用益物权存在的,不得另有同样性质的用益物权成立。

➢ 物权的优先效力。一是物权相互间的优先效力,同一物上有多个物权并存的情况下,先设定的物权优先于后设定的物权。如一栋房屋上设有多个抵押权,登记在先的抵押权优先受清偿。二是物权优先于债权,同一标的物上,物权与债权并存时,物权优先于债权。如"一物数卖":甲与乙约定将某项动产出卖给乙,乙支付了相应价金,甲没有交付该动产给乙,随后甲又将该动产卖给丙并交付之,此时丙获得了该项不动产所有权,乙只能请求甲承担违约责任。物权优先于债权还表现在当担保物权与债权并存时,该担保物权具有优先于债权的效力。

➢ 物权的追及效力。物权的标的物不管辗转落入何人之手,所有权人都可以依法向物的占有人请求返还原物;但是物权的追及效力并不是绝对的,而是会受到善意取得制度适用的限制。

➢ 物上请求权。物权的权利人在其权利的实现上遇有某种妨害时,有权请求除去妨害。这包括请求返还原物、排除妨害、消除危险、恢复原状等。

➢ 所有权。所有权所有人依法按照自己的意志对其所有物进行占有、使用、受益

---

① [美] 马克·J. 多林格:《创业学:战略与资源》(第3版),王任飞译,中国人民大学出版社2006年版,第33页。

和处分等方式,独占性支配其所有物,并排斥他人非法干涉的永久性物权[①]。所有权包括国家所有权、集体所有权、私人所有权。业主的建筑物区分所有权是城市住宅及办公楼的主要权属形式,该权利内容包括专有权、共有权和管理权。不动产相邻各方在行使所有权或他物权时,因相互间应当给予方便或接受限制而发生的权利义务关系,便是相邻关系。两个或两个以上的民事主体对同一项财产所共同享有的所有权法律上称为共有权,所有权共有是社会经济生活中常见的现象,也是所有权的一种特殊形式。其主要特点在于,对外是一个完整的所有类型,对内则按照不同的共有类型,共有人之间享有不同的权利、承担不同的义务。

➤ 用益物权。非所有权人对他人所有之物所享有的占有、使用和收益的他物权便是法律上的用益物权。用益物权是所有权的一种实现方式,有利于实现物的最高价值的利用。我国目前的用益物权都是建立在不动产之上的,社会经济生活中常见的土地承包经营权、建设用地使用权、宅基地使用权、地役权、自然资源使用权等都属于用益物权。法律设立用益物权的目的在于满足非所有权人利用他人不动产的需要。

➤ 担保物权。为确保债权的实现,在债务人或第三人所有的物或者权利之上所设定的,就债务人不履行债务时,或者发生当事人约定的实现担保物权的情形时,优先受偿的他物权,便是法律的担保物权。物上一旦被设定担保物权,意味着担保人对担保标的物的处分权受到限制,担保物权由于能够担保其债权优先受清偿,因此在社会经济生活中被广泛运用。

物权的主要类型如表1-1所示。

表1-1 物权的类型

物权的类型	所有权	用益物权	担保物权
具体类型	国家所有权、集体所有权、个人所有权	建设用地使用权、土地承包经营权、宅基地使用权、地役权、自然资源使用权	抵押权、质押权、留置权
特点	完全物权,具有弹力性、永久存续性	他物权,利用物之使用价值的限制物权,具有独立性,客体限于不动产	利用物之交换价值的他物权,具有从属性、不可分性、物上代为性
取得该物权时法律风险防范	不动产之取得与消灭须依法律规定登记,动产须交付	取得与消灭时须依法律规定进行登记,自然资源使用权还须经过行政特别许可	不动产抵押须登记,动产抵押法律虽不要求登记,但为确保债权的实现,最好进行登记。质押须交付标的物。留置权属于法定担保物权,只能留置已经合法占有的债务人的动产。不能设立担保的标的物须明确

---

① 杨立新:《物权法》(第三版),中国人民大学出版社2009年版,第55页。

经典案例

山东日照中院判决木业公司诉工程处排除妨碍纠纷案①

【裁判要旨】我国对不动产物权登记原则上采取的是登记要件模式,即登记为物权生效的法定要件。建设用地使用权属于不动产用益物权的一种,其设立也应以登记为要件,即设立建设用地使用权自登记时生效。

2009年4月1日,山东省日照市公路管理局工程处(简称工程处)与日照市岚山区碑廓镇大朱槽一村签订土地租赁合同,约定工程处租赁大朱槽一村土地60亩,用于拌合站安装和存料使用,租期一年。2010年1月25日,日照德霖木业有限公司(简称木业公司)以3 010万元价格竞得2009G号宗地的国有建设用地使用权,面积为14万平方米。工程处租赁的土地即包含在木业公司竞得的土地中。2011年4月3日,木业公司与日照市国土资源局签订国有建设用地使用权出让合同。同年4月29日,木业公司交齐土地出让金。5月6日,木业公司向有关部门申请权利初始登记。5月20日,木业公司取得涉案土地使用权证。11月5日,工程处将拌合站设备迁出木业公司厂区。

关于工程处占用的土地面积,双方存在争议。木业公司称,工程处占用土地面积为60亩;工程处则辩称,其施工的工程结束后,已不需要占用60亩土地,其实际占用的土地面积为12亩。木业公司对此有异议,工程处未提供证据证实自己的主张。2011年9月21日,经原审现场勘查测量,工程处拌合站设备占用土地面积为12亩,木业公司将拌合站周围放置了木材。经木业公司申请,原审法院依法委托物价部门鉴定涉案土地租赁费为每亩每年1.5万元。此外,关于木业公司享有土地使用权的时间,双方也存有争议。木业公司认为,其于2010年1月25日竞得涉案土地使用权后,对涉案土地即享有排他的使用权;工程处则认为,2011年5月20日木业公司办理了土地使用权证后,才依法享有土地使用权。

山东省日照市岚山区人民法院经审理认为,虽然木业公司之前成功竞得该土地使用权,且已交齐土地出让金,并与有关部门签订了国有土地使用权出让合同,但该行为仅是其取得国有土地使用权的准备工作,在木业公司依法向有关部门申请权利登记前,该公司对该土地并不享有排他的使用权。因此,木业公司主张其自依法竞得该土地使用权时即依法享有排他的使用权,于法无据,不予支持。木业公司应自2011年5月6日向有关部门申请权利初始登记时,依法取得涉案土地使用权。

2012年9月20日,山东省日照市中级人民法院判决:驳回上诉,维持原判。

● 占有

占有亦是物质要素的一种类型,在法律上属于准物权,是人对于物具有事实上的管

---

① 山东省日照市中级人民法院判决书〔2012〕日民一终字第734号。

领力的一种状态。法律所保护的占有，本质上是一种利益，体现着占有人的利益。

- ➤ 占有的法律特性：这是一种法律保护的事实状态；占有的对象仅限于物；占有是对物具有的事实上的管领力。
- ➤ 占有具有保护功能、公示功能以及持续功能。

- ● **物质要素的法律风险防范**
- ➤ 受让或转让不动产或不动产物权时，注意查询不动产登记信息。如果涉及房屋所有权的转让，必须查询房屋所有权登记信息，并进行转让登记；如果用不动产进行抵押时，必须到登记机关进行抵押权登记。
- ➤ 受让或转让动产时，既要关注动产本身的瑕疵，又要关注动产的权利瑕疵，如动产是否为受让人或转让人所有，以及动产是否有知识产权侵权等。
- ➤ 物质要素的受让与转让尽量用规范合同。
- ➤ 所有权人尽量利用物之使用价值和交换价值，在所有权上设定用益物权和担保物权，以发挥物之最大价值，但要注意设定权利时，须依法律规定登记或订立书面合同。

二 资金要素

资金启动创业，没有资金，创业难以开始和维持。资金要素指的是货币资产，包括自有资金和借贷资金。前者包括资本、股价（出让部分股权所获得的现金）和盈余，后者则包括贷款、借款、预收货款与租赁。企业股票若能上市公开发行，资本就会雄厚；然而在尚未上市之前，主要依赖借贷资金和创业者自有资金的出资。

- ● **资金要素的法律性质**

自有资金的法律性质主要表现为所有权之性质，创业者可以行使占有、使用、收益和处分之权利，在法律关系上比较清晰、明确。借贷资金要素在法律上的性质主要表现为债及其相关财产权益。债是按照合同约定或者依照法律规定，在当事人之间产生的特定权利和义务关系。享有权利的人是债权人，负有义务的人是债务人。

- ➤ 债的发生具有任意性和多样性。创业者资金要素的获取可以通过银行贷款、预收货款、赊购商品、发行债券或租赁等债权资本方式融资获取。
- ➤ 债具有相对性。债是特定人之间的民事法律关系。债的主体是特定的，不论是债权人还是债务人都是特定的，债权人只能向特定的债务人主张权利。
- ➤ 债具有平等性和相容性。在同一标的物上，可以成立内容相同的债权，债的关系之间具有平等性，不存在优先性和排他性。
- ➤ 债权人和债务人结合在一起形成债的关系，或者是基于彼此间的信赖关系，或者是立法者出于某种社会政策的考虑。在债的关系中，当事人双方之间结合密切，任何一方的疏忽或者不注意，都容易给他方造成损害，因此法律对当事人课以的注意义务高于物权关系、人身权关系中的注意义务。债之关系的核心在于给付，包括主给付义务、从给付义务和附随义务。例如，甲公司与乙银行签订了100万元的贷款合同，乙银行负有依合同约定按时发放贷款的义务，甲公司有依合同约定按时还款和支付利息的义务，

创业法学

这就是主给付义务。

- 获取资金要素的法律风险防范
  - 资金要素的获取，主要来自股权融资和债权资本融资，因此相关规范合同的订立必不可少。
  - 符合公司法和证券法的相关规定。
  - 在获取借贷资金时，如有担保之设定，须符合担保法之规定。

经 典 案 例

厦门鑫油造漆工业有限公司诉厦门福邦典当有限责任公司抵押权案[①]

【裁判要旨】抵押合同是抵押人与抵押权人就抵押权达成的合意。作为抵押合同当事人之一的抵押人必须具备两个条件：一是必须有完全民事行为能力，二是须对抵押财产有处分权。此外，抵押合同作为担保合同的一种，还应符合以下几个条件：当事人的意思表示真实、内容合法、形式符合法律要求、代订担保合同的须为有效代理。而善意取得，是指无权处分人在不法将其受托占有的他人的财物转让给第三人的，如受让人在取得该动产时系出于善意，则受让人取得该物的所有权，原权利人丧失所有权。犯罪嫌疑人使用伪造的文件以公司的名义与第三人签订房屋抵押合同时，该公司已注销的，民事主体资格已经丧失，抵押合同已然无效，且犯罪嫌疑人的代理权系基于其伪造委托书、公证书等文件取得的，属于非法取得，故第三人不能适用善意取得制度。

法院查明事实如下：湖里区和悦里91号6D及93号2A房屋（即涉案房产）是厦门金威爱新型水性漆有限公司（以下简称金威爱公司）向开发商厦门源益房地产发展有限公司购买取得。金威爱公司在2002年清算时将上述两套房屋及债权、债务一并转让给原告（原名称厦门鑫威爱新型墙漆技术有限公司）。2003年7月，金威爱公司依法注销。2005年，原告委托开发商厦门源益房地产发展有限公司办理上述两套房产的产权登记手续。2008年1月，原告接到厦门市湖里区公安分局刑侦大队一中队的通知，才得知开发商厦门源益房地产发展有限公司的工作人员陈培森伪造文书，与被告厦门福邦典当有限责任公司签订了编号分别为〔2007〕FB0216、〔2007〕FB12211号的两份"厦门市房地产典当合同"（以下简称讼争典当合同），将涉案房产抵押给被告。陈培森因犯合同诈骗罪已被判刑，并被厦门市中级人民法院判处退赔被告110万元。现原告提出诉讼请求：(1) 编号为〔2007〕FB0216、〔2007〕PB12211的两份"厦门市房地产典当合同"无效及相应的抵押登记无效；(2) 被告立即向厦门市国土资源与房产管理局申请撤销厦门市湖里区和悦里91号6D及93号2A房产的抵押登记。

福建省厦门市湖里区人民法院一审判决：确认陈培森以厦门金威爱新型水性漆有限公司名义与被告厦门福邦典当有限责任公司签订的编号为〔2007〕FB0216、

---

① 厦门市中级人民法院判决书〔2009〕厦民终字第3164号。

〔2007〕FB12211的两份"厦门市房地产典当合同"无效;确认厦门市湖里区和悦里91号6D及93号2A房产的抵押登记无效。厦门市中级人民法院终审判决:驳回上诉,维持原判。

二 智力和人力资本

人才是关键,经历是财富。智力和人力资本包括创业者和其雇员以及管理团队的知识、培训和经验,涵盖了组织中每个个体的判断力、洞察力、创造力以及视野和才智,甚至还包括创业者的社交技能①。如企业高级科技人才和管理人才的引进、高水平专家顾问队伍的建设、合格员工的聘用等。创业者的能力对创业成败起重要作用。创业要成功,既需要创业者具备把握创业机会的能力,也需要相关人才的协同并进,因此创业者必须具备"发掘人才、确认机会"的能力。人是有限理性的人,没有人是十项全能的,人的能力与精力都是有限的,即使能力再强的人,也无法分身兼顾每一项任务与工作,因此创业者须具有组织与识用人才、让人才发挥实力的能力。能力与人才在某种意义上具有等同性,因为人才提供的便是各种能力。真正的人才具有真才实力,是互补专长的伙伴和员工。创业不仅需要生产、技术、营销、管理、研发、财务等各项能力,也需要筹措资本和周转资金的能力,生意才能够顺利运作。资金如同企业的血液,没有资金事业无法运转;只有资金不识机会或欠缺能力,资金如同打水漂,事业一样不能成立。创业需要见机与识机,也要有决策与执行的能力。因此,智力和人力资本是创业中关键性因素之一。

- 智力和人力资本法律性质

自然人是法律关系的主体,其知识力、创造力等对企业的发展至关重要,智力和人力资本是企业的无形财产权益。自然人作为创业主体,要具备完全民事行为能力。

- 获取智力和人力资本的法律风险防范
  ➢ 为了防止人才流失和任意变动,人才进与出的制度化建设非常有必要。
  ➢ 签订相关劳动合同,制定竞业禁止与相关智力成果权利之规范约束。
  ➢ 创业者之间进行约定,并签订相关协议。

三 智力成果

对于身处初创阶段的企业来说,经营资金的筹措、办公场所的选择、企业员工的招募、生产和办公设备的采购等只不过是企业所面临的基础性运营问题,而如何有效形成企业的核心竞争力,避免"同质化竞争",进而确保企业的产品或服务具有高附加值,才

---

① [美]马克·J.多林格:《创业学:战略与资源》(第3版),王任飞译,中国人民大学出版社2006年版,第36页。

是企业始终需要面临的重大课题。

在现代市场经济中,"技术"和"品牌"是企业能够长久立于不败之地所必须具备的两大核心竞争要素。所谓技术要素,是企业运用于生产经营过程中的,用以改进生产方法、完善产品品质的一系列知识形态的总称。技术要素通常以专利技术和商业秘密两种形式加以体现:前者表现为专利设备、专利产品或专利零部件;后者主要表现为企业在生产经营中所累积的技术诀窍、经营秘密等。所谓品牌要素,是企业在生产经营中通过对一系列标识、名称、广告短语等显著性要素的组合运用,累积而成的企业形象识别系统。从性质上讲,"技术"要素和"品牌"要素属于企业的无形资产范畴,其本身并不具有特定的物理形态,却能够为企业带来高额的利益回报。另外,"技术"和"品牌"价值的形成与创造者的智力劳动息息相关,因此,人们又将这两类经营要素称为智力成果。

苹果公司的创新之路[①]

累了吗?让脑袋休息一下,扫描如下二维码,了解更多课后内容。

- 智力成果要素的获取

对于一个力图长远发展的企业来说,依托自身力量获取智力成果要素才是确保企业经营始终处于优势地位的根本之路。现代经营管理理论认为,企业的经营发展包括三个层次,第一个层次是"OEM"(Original Equipment Manufacturing),即"代工生产"或"贴牌加工"。"OEM"的特征是,企业生产经营处在一种"有生产无技术""有商品无品牌"的状态,企业只能通过成本优势维持生计,而不是依靠累积智力成果要素凝聚核心竞争力。当前,中国许多企业都处在"OEM"层次。第二个层次是"ODM"(Original Design Manufacturing),即"自主设计生产"。"ODM"的特征是,企业不仅要为客户生产产品,还要负责产品的设计、研制与开发。第三个层次是"OBM"(Original Brand Manufacturing),即"自主品牌经营"。"OBM"的特征是,企业不仅要具备生产和研发能力,还要有自己的品牌。

对于初创企业而言,受资金规模、研发能力以及营销经验所限,企业通常很难在短时间内形成具有竞争力的智力成果要素,只能在先行解决企业生存问题的基础上,通过不断地模仿、学习、吸收、总结以及创新,逐步谋求智力成果要素。在这一过程中,企业获取智力成果要素的主要途径如表1-2所示。

---

① 刘田:"苹果公司的创新之路",载《第一财经日报》,2013年8月28日。

表 1-2　初创企业获取智力成果要素的途径

途　　径	具 体 内 容	优　　点	缺　　点
投资入股	通过与相关智力成果权利人进行协商,邀请其对企业进行无形资产投资	有利于企业节约技术研发成本和品牌培育成本	企业股权结构和企业管理主导权可能会因此受到影响
品牌加盟和特许经营	加入相关智力成果权利人的特许经营体系,获得相关技术和运营管理经验	有利于企业节约技术研发成本、品牌培育成本,以及前期的市场开发成本	企业须定期支付一定数额的加盟费和特许权使用费,且企业的经营自主权受限
智力成果的许可使用	通过签订技术或品牌许可使用协议,获取相关智力成果	有利于企业节约技术研发成本和品牌培育成本	企业须支付许可使用费,其生产经营可能会受制于许可使用协议的约束
自行研发、培育	通过企业自身力量,自主研发技术,自主提升品牌知名度	企业在生产经营中具有更大的主导权	研发培育周期较长,且研发、培育费用较高

- **智力成果要素获取中的法律风险防范**

对于企业而言,获取智力成果要素的途径不同,则其面临的法律风险也相应有所区别(如表 1-3 所示)。为避免日后可能引发法律纷争,企业在选择获取途径时,应当尽可能全面地对有关获取项目可能面临的法律风险进行评估。

表 1-3　企业获取智力成果要素可能面临的法律风险

途　　径	法律风险一	法律风险二	法律风险三	法律风险四	法律风险五
投资入股	相关智力成果要素是否得到合理估值,有无存在高估价值的问题	相关智力成果的权属关系是否清晰准确	相关智力成果本身是否可能构成侵权或原本不应受法律保护	相关智力成果的权利保护期限是否临近届满	
品牌加盟和特许经营	特许人如何保证其指定供应商的货品品质	特许人有无对被特许人的经营指导与培训	特许人对被特许人的保密义务有无特别要求	特许经营期限的约定以及特许经营权可否转让	
智力成果的许可使用	许可使用费的支付方法是否合理	许可使用协议中有无过分限制被许可人自主经营权或限制自由竞争的不合理条款	有关智力成果的权属关系是否清晰准确	相关智力成果本身是否可能构成侵权或原本不应受法律保护	相关智力成果的权利保护期限是否快要届满

（续表）

途　　径	法律风险一	法律风险二	法律风险三	法律风险四	法律风险五
自行研发、培育	有无与相关研发部门和经营管理部门的具体人员签订保密协议	有无组建专门的智力成果管理部门,有无制定相应的管理和奖惩制度	相关智力成果是否及时向有关主管部门提出权利申请		

□ 声誉资本

声誉资本是企业环境中的人群对于企业的感觉,如产品质量、企业财务状况、企业对外形象、管理水平等。简而言之,就是人们对一个企业的评价。

● **声誉资本的法律性质**

人们对企业的评价在法律上称为名誉,企业享有的就其自身特性所表现出来的社会价值而获得社会公正评价的权利,就是法律上的名誉权①。法律保护名誉的目的,是使每个民事主体得到与其自身实际情况相一致的社会评价。法人名誉权的核心是商誉,良好的社会名誉会给企业带来良好的社会关系和社会效益,一个企业失去良好的声誉,可能会对该企业造成致命性的打击,以致破产。尽管商誉带有浓厚的财产性,但由于其是一种非相容的、排他的权利,只能为权利人所独占,因此声誉资本在法律上体现为人格权特性,属于名誉权。

➢ 侵害企业名誉权多表现为捏造、散布虚假事实,损害企业的商誉、商品信誉,或者在公开的媒体上发表内容不实的文章或者进行有失公允的评论。

➢ 企业名誉权受损的后果主要是企业遭受财产损失,而不像自然人那样会造成精神损害,因此企业名誉权受到侵害,不能请求精神损害赔偿。

➢ 注意区分消费者对产品质量或服务质量正常的批评、评论与借机诽谤、诋毁和损害法人名誉权之间的界限。

➢ 注意区分正常的监督权与侵害名誉权之间的界限。

➢ 注意区分侵害名誉权与反不正当竞争的界限。

● **声誉资本法律风险防范**

➢ 企业要有树立良好的声誉形象之理念,有防名誉受侵害之意识。

---

① 见《民法通则》第101条、120条之规定;最高人民法院《关于贯彻执行〈中华人民共和国民法通则〉若干问题的意见》(试行)第140条第2款规定:"以书面、口头等形式诋毁、诽谤法人名誉,给法人造成损害的,应当认定为侵犯法人名誉权的行为。"最高人民法院《关于审理名誉权案件若干问题的解答》(1993年8月7日)第7问的解答为:是否构成侵犯名誉权的责任,应当根据受害人确有名誉被损害的事实、行为人行为违法、违法行为与损害后果之间有因果关系、行为人主观上有过错来认定。最高人民法院《关于审理名誉权案件若干问题的解答》第9问的解答为:消费者对生产者、经营者、销售者的产品质量或者服务质量进行批评、评论,不应当认定为侵犯他人名誉权。但借机诽谤、诋毁,损害其名誉权的,应当认定为侵犯名誉权。按照上述法律、司法解释规定,法人名誉权受法律保护。

第一章 创业资源的法律识别

➤ 当他人捏造、散布虚假事实侵害企业声誉资本时,注意收集相关证据,既要收集侵权之事实证据,又要保留因他人侵害名誉权导致的企业财产损失之证据。

➤ 对侵权人发出法律声明,要求其停止侵害、消除影响等。

经典案例

广州市魁宝食品有限公司诉刘伟平侵害商业秘密、名誉权纠纷案[①]

【基本案情】2013年7月27日,被告刘伟平来原告广州市魁宝食品有限公司处应聘办公室主任岗位,原告于2013年8月与被告签订了劳动合同,合同期限为13个月,试用期2个月。2013年9月28日,被告与原告签订《员工保密协议书》,约定"双方解除或终止劳动合同后,被告不得向第三方公开原告所拥有的未被公众知悉的商业秘密,被告必须严格遵照原告的保密制度,防止泄露原告的商业秘密。在合同期内,被告违反本协议造成原告较大经济损失的,原告予以被告除名行政处罚并追索全部或部分保密津贴等"。2013年11月初,被告提出离职申请被原告批准。2013年11月8日,原告正式通知准许被告的离职申请并于当天办理好离职交接手续,双方签订《劳动关系终止(解除)确认书》,约定"双方协商一致解除劳动合同,确认终止劳动关系,就被告在劳动关系存续期间的所有工资待遇与劳动问题达成一致,并一次性结清。被告保证在原告用工期间所知悉的与持有的有关原告所有商业秘密、资料,不予泄露给任何第三方,否则愿意承担相应法律责任,造成原告经济损失的,愿意赔偿其经济损失等"。

2013年12月初,原告陆续发现被告在网上发布标题为《去腥王,我在5 000万广州市魁宝食品有限公司的工作历程》的帖子,内容是关于原告的不良信息,大量诸如"企业的陷阱和花言巧语""劳动阴谋""肉包子打狗有去无回""管理团队一盘散沙""老板每天喝酒消愁"之类的贬损性语言。2013年12月5日,原告为保存证据向广州市公证处做了网页保全公证。此后,原告负责人及工作人员多次跟被告联系要求被告删除帖子并消除影响,但都被被告拒绝,原告向法院起诉,诉称既侵害了其名誉权,又侵害了其商业秘密。

【裁判要旨】《中华人民共和国民法通则》第101条规定:"公民、法人享有名誉权,公民的人格尊严受法律保护,禁止用侮辱、诽谤等方式损害公民、法人的名誉",依法设立的法人,享有名誉权,有权针对他人侵害名誉权的行为提起诉讼。侵害名誉权可以通过受害人确有名誉被损害的事实、侵权人行为违法、违法行为与损害后果之间有因果联系、侵权人主观上有过错来认定。本案中被告发布的帖子中存在大量诸如"企业的陷阱和花言巧语""劳动阴谋""肉包子打狗有去无回""管理团队一盘散沙""老板每天喝酒消愁"之类的贬损性语言,易使读者对原告公司产生负面消极印象,在客观上降低了原告公司的社会评价,贬损了其名誉。鉴于原告认为被告存在虚假陈

[①] 广东省广州市越秀区人民法院民事判决书〔2014〕穗越法知民初字第33号。

述、夸大其词与恶意攻击,被告亦没有为其发表的以上贬损性主观言论所依据的事实理由进行举证,故被告的不当发帖行为具有违法性,并对原告商誉造成一定贬损;且被告答辩也称其发布涉案帖子是因为原告未能按招聘时的承诺向其支付工薪待遇,污蔑其与他人的不正当男女关系,在事实不清的情况下随意调整其工作岗位以及污蔑其弄虚作假,可见被告发布该帖子存在报复诋毁的主观故意。综之,被告的故意发帖行为导致原告名誉受到贬损,应当认定为构成侵害原告名誉权。

【法院判决】法院认为现原告提交的退款协议书、广告发布合同、广告发布业务合同、广告业务合同、服务合同、招商外包服务合同、经销合同、商标注册证等证据材料均与被告发帖内容没有直接关联,并不足以证实被告发帖所涉及的内容具有商业秘密所要求的实用性、商业价值、能为原告带来经济利益等特征,因此,对原告基于被告涉案发帖行为侵害其商业秘密的诉讼请求不予支持。法院认为被告的行为构成名誉侵权。

法院判决:被告刘伟平立即删除在百度调味品吧、cctv5吧、卤菜吧上发布的涉案标题为《去腥王,我在5 000万广州市魁宝食品有限公司的工作历程》的帖子,并要求其在前项判决所述贴吧网站上发布不少于100字的道歉声明,道歉声明内容须经本院审核。

表1-4总结了相关创业要素类型的法律性质及法律风险防范。

表1-4 创业要素类型

创业要素类型	物质要素	资金要素	智力和人力资本	智力成果	声誉资本
法律性质	主要体现为物权及其相关权益	主要体现为债权及其相关权益	自然人是民事法律关系主体之一	知识产权	名誉权
法律风险防范	不动产及不动产物权要登记,动产要交付	订立规范的合同	订立规范的劳动合同和相关协议,以及人才引入与流出的制度化建设	不同途径获取的知识产权,要进行风险评估,并在合同中予以规范	具有声誉形象的防范意识,注意保留和收集相关侵权证据

2. 创业者、创业团队与创业组织

创业的灵魂人物——创业者

- 创业者应具备的素质

香港创业学院院长张世平对创业者的定义:具有使命、荣誉、责任能力的品质,具有组织、运用服务、技术、器物作业的能力,具有强大思考、推理、判断的人,是一种能使人追随并在追随的过程中获得利益的人,并在法律上具有完全民事行为能力的人。按照李开复的观点,一个好的创业者应具备十项能力:一是强烈的欲望;二是超乎想象的忍耐力;三是开阔的眼界;四是善于把握趋势又通人情事理;五是敏锐的商业嗅觉,即商业敏感性;六是拓展人脉;七是谋略;八是胆量;九是与他人分享的愿望;十是自我反省的能力[①]。作为一个优秀的创业者,毫无疑问,这些素质都应该具备,在现今法治环境下,创业都应该是在相关制度内进行的,一个创业项目或者创业程序违反法律的强制性、禁止性规定,这意味着创业刚起步就失败,因此,一个创业者具备相应的法律素养亦是创业成功的必备要素,创业者要懂法、善于用法。

➤ 市场经济本质上就是法律经济,法律规范着经济领域的生产、分配、交换和消费。

➤ 风险投资、法人治理结构的建立、企业股份改造,以及各类新型市场的培育与发展都与法律息息相关。

➤ 创业者要熟悉市场、社会和企业等内外部环境的法律法规和运行机制。

➤ 创业者要以法律为准则,规范自己和创业团队以及企业的行为;以法律为武器,保护自己和企业的相关权益。

□ 创业团队

大量研究表明,创业团队在开创新企业的过程中起着非常关键的作用,在一个企业创建的头几年里,一般都由创业团队来支撑,因而,组建创业团队成为创业初期的重要问题之一。一个优秀的创业团队具有以下特征:第一,创业目标与思路一致;第二,团队成员能力互补;第三,良好的团队精神;第四,合理的权益分配;第五,良好的沟通机制。

- **如何组建创业团队**
  ➤ 影响创业团队组建的因素[②]:
  (1) 核心创业者;
  (2) 商业机会;
  (3) 外部资源;
  (4) 创业企业价值观和发展目标;
  (5) 创业团队成员的角色定位。
  ➤ 创业团队组建流程图[③]。
  创业团队组建的流程如图1-1所示。

[①] 李开复:《创业者需要具备的十项能力》,http://www.iceo.com.cn/renwu2013/133/2013/0621/268118.shtml,2013年6月21日访问。

[②] 卢福财主编:《创业通论》(第二版),高等教育出版社2012版,第117—118页。

[③] 同上书,第119—120页。

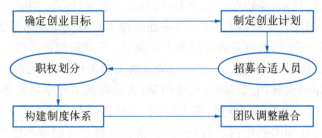

图 1-1 创业团队组建流程

- **组建创业团队的法律风险防范**

创业团队的组建或是基于共同的兴趣与爱好,或是基于亲情、友情,或是基于共同利益,等等,总之充满了不确定性。为了使创业项目顺利进行,创业团队的规范化、制度化以及法律化有必要在创业之初进行规划,以防范可能出现的法律风险。

➢ 创业团队成员加入创业项目,是否有违原公司的竞业禁止义务。
➢ 签订劳动合同,以规范创业团队成员的进入与退出。
➢ 制定纪律条例、财务条例、保守秘密等制度条例,以规范创业团队。
➢ 约定利润分配、制定奖惩制度、考核标准等激励措施。事前规范胜于事后救济。
➢ 创业团队成员之间订立协议,以明确在设立创业组织时他们之间的权利义务关系。

延伸阅读

腾讯五虎将:难得的黄金创业团队[①]

累了吗?让脑袋休息一下,扫描如下二维码,了解更多课后内容。

二 创业组织形式选择

- 个体工商户
- 个人独资企业
- 合伙企业
- 公司企业
  ➢ 一人有限责任公司;

---

① http://www.iceo.com.cn/renwu2013/2014/0530/291605.shtml,2015 年 6 月 20 日访问。

> 有限责任公司；
> 股份有限公司。

本部分内容，详见第三章。

✪ 3. 创业方式及其法律关系

创业方式具有多样性。有传统的实体店形式，也有现今盛行的电子商务模式；可以从无到有的自行创新，也可以利用现有资源进行联盟、加盟、内部创业等。

▶ □ 联盟

联盟是一种合作伙伴关系。按照行业和产业链，联盟可划分为两类：一类是同行业之间的联盟，这类联盟的目的或是为了降低市场风险，或是希望在市场上形成一定的垄断势力；另一类是上下游产业之间形成联盟，比如产品组成的各供应商和产品最终的生产商之间的关系。联盟易导致在最终产品市场上形成寡头结构，包括在技术、知识产品市场上形成垄断。因此，联盟时注意不得违反相关法律，如《反垄断法》的规定。市场上常见的联盟形式主要有产品或服务联盟、分销渠道联盟、促销联盟、后勤联盟、价格联盟。

- **法律关系**

通过联盟的方式创业在法律上常常表现为合同关系，也可能表现为不具有法律强制性的商业合作伙伴关系或者为非营利性组织。

▶ □ 加盟

加盟是一种持续性的契约关系，即企业组织或者加盟连锁总企业与加盟店两者之间的合同关系。加盟最大特点在于，加盟连锁总企业必须向加盟店提供独特的商业特权，以及在对加盟店的人员培训、组织结构、经营管理、商品供销等方面提供相应的协助，加盟店须支付相应的对价。

加盟经营的形式或者种类有很多，当事人可依自己需要选择不同的加盟方式，加盟方式不同，加盟总公司与加盟连锁店之间的法律关系和权利义务会有所差异。因此，创业者在选择加盟方式创业时须仔细甄别不同加盟方式的权利义务。大体而言，不同加盟方式的区别主要体现在出资比例与经营方式上，以此为依据可以分为自愿加盟、委托加盟与特许加盟。加盟产生的纠纷主要集中在知识产权侵权、合同纠纷、特许人信息披露不实、特许人欺诈等方面。

- **自愿加盟**

自愿加盟即自愿加入连锁体系的商店。具体而言，就是某一商店经营者自愿采用同一品牌的经营方式及自行负担所有经营费用，并且通常情况下，经营者或者加盟主还须缴纳加盟金，有的称为指导费。总部教导加盟者经营知识再开设店铺，或者经营者原有店铺经过总部指导改成连锁总部规定的经营方式。在自愿加盟中,总部与加盟者的关系比较松散,总部将商标、一定区域内的经营权及经营 Know-How 授予加盟主,并且协助加盟者开店,日后则负责商品的后勤供货、辅导管理及部分的营销企划支持,但店铺的开办费与以后经营之盈亏则由加盟者自己负担,两者是财务及所有权完全独立之个体,彼此没有相干。一般而言,自愿加盟者也须接受总部的约束,但拘束力小,大部分加盟店的自主性都较高,配合度较低。

采用自愿加盟方式加盟者每年还必须缴纳固定的指导费用,但也有不收此部分费用者,开设店铺所需费用全由加盟者负担;由于加盟者是自愿加入,总部只收取固定费用给予指导,因此加盟者所获盈亏与总部不相干,自主程度高。

此种方式的优点是加盟者可以获得全部大多数的利润而不须与总部分享,也无百分之百的义务须听从总部的指示,但缺点是总部因此可以不负责任,往往指导也较松散;此外,经营品质也不容易受到控制。

- **委托加盟**

委托加盟是加盟者支付一定的加盟金或保证金给连锁总部,总部提供直营店给加盟者经营,这种加盟方式只须加盟者加入时支付一定费用,而无须承担经营店面的投资费用,店面装潢、设备器材、经营技术以及经营商品等皆由总部提供,加盟者只须负担人事、水电、电话、盘损及店内消耗品等费用(总部有部分补助)。在此种加盟方式中,店铺的所有权属于总部,加盟者只拥有经营管理的权利,利润必须与总部分享,须完全听从总部指示。此种加盟方式类似合伙人之间的关系,或总公司与分公司之间的关系。

此种方式的优点是风险极小,加盟者无须负担创业的大笔费用,总部要协助经营也要分担经营的成败,但缺点是加盟者自主性小,利润的多数往往都要上交总部。

- **特许加盟**

特许加盟介于自愿加盟与委托加盟两种方式之间,与委托加盟的最大区别在于店铺的装潢及租金(包括日后的租金)通常由加盟者负责,其他设立店铺的费用由总部负责,如生产设备、提供商品等都由总部负责,总部对加盟者拥有控制权;由于加盟者在投资成本和营业费用中也支出,因此,虽然加盟主也须与总部分享利润,但获取的利润比委托加盟方式高、比自愿加盟方式低;另外,对于店铺的形式也有部分建议与决定的权力。日本多数便利商店体系皆采用此种方式经营。

加盟的类型如表 1-5 所示。

表 1-5　加盟的类型

加盟类型	自愿加盟	委托加盟	特许加盟
特　点	加盟者支付加盟金,开设店铺所有费用自行负担,店铺所有权归加盟主,连锁总部负责指导经营	加盟者只须支付一定加盟费或权利保证金,经营店面的所有费用均由连锁总部提供,加盟主只拥有经营管理权,店铺所有权归连锁总部	加盟者负责店铺的装潢及租金,其他设立店铺费用由总部负责,如生产设备、商品提供与配送等

(续表)

加盟类型	自愿加盟	委托加盟	特许加盟
优点	加盟者所获利润无须与连锁总部分享,自主性高	风险小,加盟者无须负担创业的大笔费用	加盟者获取利润比委托加盟高
缺点	连锁总部与加盟者之间比较松散,经营品质不容易受到控制,总部难以控制加盟者	加盟者自主性小,利润的多数要上交连锁总部	连锁总部对加盟者拥有控制权

经典案例

山东亿家乐房产经纪咨询有限公司与李袁燕特许经营加盟合同纠纷案[①]

【裁判要旨】商业特许经营,是指特许人以合同形式将其拥有的注册商标、企业标志、专利、专有技术等经营资源许可被特许人使用,被特许人按照合同约定在统一的经营模式下开展经营,并向特许人支付特许经营费用的经营活动。特许经营加盟合同属于商业特许经营合同,特许人依据合同负有向被特许人提供经营资源的义务,其行为应满足被特许人投资经营的合理期盼。特许人在合同履行期间,在被特许人加盟公司经营区域内从事同类经营活动,会对被特许人的经营空间造成影响,违反合同义务,违背诚实信用原则。因此,尽管合同未对特许人的经营活动作限制性约定,在合同履行期间,特许人也不应在被特许人加盟公司经营区域内从事同类经营活动。

【案件判决】法院查明事实:李袁燕在原审中诉称,2010年10月30日,其与亿家乐公司签订特许经营加盟合同一份,约定由李袁燕使用亿家乐公司的品牌名称为经营字号,成立济南市高新区鑫苑城市花园加盟分公司,加盟期限为两年,至2012年10月30日止。合同生效后,李袁燕依约向亿家乐公司支付了加盟费,并开展了正常的经营活动。2011年初,亿家乐公司在未经李袁燕同意的情况下,在同一小区又开设了一家直营分公司,该分公司距李袁燕的加盟分公司仅有百余米远的距离,且经营范围及门面装修与李袁燕的加盟分公司完全一样。亿家乐公司的行为严重损害了李袁燕的合法权益,干扰了李袁燕加盟分公司的正常经营活动,请求依法判令亿家乐公司撤销其开办的位于济南市高新区鑫苑城市花园直营分公司,并协助李袁燕办理加盟分公司的营业执照。

法院查明,亿家乐公司于2004年3月9日注册成立,主要从事房屋中介服务和投资咨询。2010年10月30日,亿家乐公司与李袁燕签订加盟合同一份。该合同的主要内容为,亿家乐公司同意李袁燕使用其品牌名称作为经营字号,并按照法律规定登记为亿家乐公司的高新鑫苑国际加盟公司。李袁燕作为高新鑫苑国际加盟公司的

[①] 山东省高级人民法院民事判决书〔2011〕鲁民三终字第233号。

负责人,全面负责加盟公司的工作,并按照合同约定的事项开展业务。加盟公司必须以自己的名义进行经营,分公司的具体经营活动及经营中出现经济纠纷由李袁燕全部负责。李袁燕于2010年10月19日缴纳加盟费14 000元、保证金5 000元。该合同未对加盟公司经营范围和营业执照的办理等事项作出约定。亿家乐公司济南工业南路分公司于2011年4月21日注册成立,营业场所为济南市高新区工业南路鑫苑国际城市花园2号楼131商铺,距李袁燕加盟店的经营地址大约200米。

另查明,亿家乐公司在签订合同前未书面告知李袁燕其现有和预计被许可人的数量、分布地域、授权范围、有无独立授权区域。李袁燕在开庭前未就营业执照的办理事项请求亿家乐公司协助。

原审法院依照《合同法》第6条、第107条,《商业特许经营管理条例》第21条、第22条第(八)项、第23条第二款之规定判决:第一,山东亿家乐房产经纪咨询有限公司立即停止其济南工业南路分公司在现注册地址的经营活动;第二,驳回李袁燕的其他诉讼请求。案件受理费1 000元,由山东亿家乐房产经纪咨询有限公司负担。山东省高级人民法院终审判决:驳回上诉,维持原判。

● **加盟法律风险防范**

加盟是加盟商按照合同约定支付特许经营费用,统一经营模式的一种经营活动。这种经营模式具有"克隆财富,复制成功"的优势,但也由于监管不严、诚信缺失、合同不详等情况引发各种违约、欺诈,甚至犯罪等不良社会现象,给特许人及加盟商造成巨大经济损失,严重损害了社会经济秩序。因此,对加盟这种商业经营模式开展法律风险防范,有利于保障加盟商的财产和利益。

➢ 加盟前的法律风险防范。

(1) 特许人资格审查。

第一,特许人必须是企业,其他单位和个人不得作为特许人。加盟者在加盟前,应当对特许人的资格进行审查,如查询其工商登记情况、企业是否合法、其性质如何、注册资本多少、注册地是哪、主要营业地在哪、对于一些特殊行业如医疗、快递、旅游、机动车维修等需要特殊经营许可的行业,查询是否具备特殊行业经营许可证,等等,对特许人的基本情况有个全面了解。

第二,特许人连锁加盟资源审查。加盟意味着特许人拥有与其他经营者不同的特有资源,如产品具有一定的名气,拥有相关专利技术、专有技术等,因此加盟商要查询特许人的特有资源,查询其是否拥有注册商标、专利、企业标志、专有技术等,到相关国家官网上检索其注册商标证书、专利证书的真实性等,对于加盟者来说,这是合法使用这些特有资源的法律上的权利保证。

第三,考察特许人的经营模式和经验。无论哪种类型的加盟,特许人都须向加盟者提供经营指导、技术支持,因此,考察特许人的业务培训规划、操作手册及培训力量等也是非常重要的。同时,最好实地考察其他加盟店的经营状况,并到商务主管部门查询特许经营的备案及变更情况。因为这些要求是特许经营的资源内容能够全面完整地复制到加盟商的技术保证,所以也是加盟者考察的重点内容。

第四,特许人应当拥有至少 2 个直营店,并且经营时间超过 1 年。加盟商对于特许人的直营店要着重调查营业执照上登记的内容,是否是特许人直接投资经营、注册时间是否符合要求。没有持续经营、运转良好的直营店,也不可能存在成熟的经营和管理经验,无法保证加盟商的技术支持和服务保证。

以上四个条件是特许人采取加盟连锁方式进行经营发展必须具备的资质条件,也是加盟商加盟前首先应当调查的背景情况。

(2) 特许人应当向加盟商披露完整、真实的信息。

加盟方式中,由于特许人(连锁总部)在特许经营中无论是技术还是信息等方面相比加盟商处于优势地位,为保证加盟商加入特许经营前能全面、深入地了解特许人以及特许经营的方式和内容,确保商业交易公平,特许人应当向加盟商披露完整、真实的信息。

延 伸 阅 读

《商业特许经营信息披露管理办法》

2012 年 3 月 5 日,商务部颁布实施的《商业特许经营信息披露管理办法》,全面规定了特许人应当披露的信息内容。

第一,除了特许人自身和特许经营的备案情况外,如果是关联方向加盟商提供特许产品或服务的,应当披露该关联方的情况。如特许人或关联方在过去 2 年内是否有破产或申请破产的情况。这些信息的披露有助于加盟商了解特许人以及实际提供产品或服务的与特许人有直接或间接控制关系的实际控制人,特许人的母公司或全资或控股的子公司等这些关联方的基本情况。

第二,特许人应当披露其拥有的经营资源的基本情况。对于特许人拥有的注册商标、专利、专有技术、企业标志、经营模式以及其他资源进行文字性的说明,包括这些专有的资源是否涉及诉讼或仲裁的情况。如果存在关联方,还应当提供关联方的授权内容权限,以及如果与关联方的授权中止和提前终止的情况下,如何进行后续处理。这些信息有助于加盟商深入地了解资源使用的现实和后续的风险。

第三,披露特许经营费用。特许人应当披露收取的费用种类、金额、标准以及支付方式,不能披露的,应当说明原因;收费标准有差异的,应当披露最高标准和最低标准并说明原因。披露保证金的收取、返还条件、返还时间及返还方式。如果签订合同之前需要缴纳费用的,应当说明款项用途和处理方式。加盟商应当重点了解这部分内容,并将加盟费、保证金以及其他收取费用的定义和具体涵盖范围详细地写入合同,防止双方对此产生纠纷。

第四,向加盟商提供产品、服务、设备的价格、条件等信息。这包括加盟商是否必须从特许人(或其关联方)处或特许人指定(或批准)的供货商处购买产品、服务或设备及相关价格、条件,有无权利自己选择供货商以及供货商应具备的条件。

第五,为加盟商提供持续服务,对其经营活动进行指导监督的信息。特许人须披露其为加盟商如何提供业务培训和技术支持,并对加盟商的经营活动提供指导和进行监督的具体内容、方式,以及如何处理消费者投诉及对外承担赔偿的责任划分等信息。这些信息的披露和具体落实是特许人与加盟商在连锁经营的过程中体现资源品牌价值的重要一环,也是特许加盟保持持久生命力的保证。

第六,披露特许经营网点的投资预算情况。特许人应当披露特许经营网点的投资预算情况,具体而言,包括加盟费、培训费、房租及装修费用、设备及办公用品、家具的购置费、库存及启动资金、为取得执照和其他行政机关收取的费用以及运营过程中的水、电、气费,同时说明这些费用的估算依据。

第七,披露特许人的财务状况以及有无重大违法记录情况。特许人应当提供最近2年的财务会计报告和审计报告摘要,最近5年内有无涉及与特许经营有关的诉讼和仲裁情况以及特许人或其法定代表人是否被刑事处罚或处以30万元以上行政处罚。

加盟商对于以上重要信息不仅要全面了解,还应当将特许人的相关说明全面体现在特许经营合同中,使特许人的说明和承诺落到实处。

➢ 加盟合同签订和履行时的法律注意事项。

(1)权利金的支付方式。权利金一般包括加盟金、商标使用费及保证金。权利金如何支付,是一次性支付,还是按年、季度或月支付,这个在合同中必须明确。由于使用费是持续性的收费,某些加盟总部会在签约时,要求加盟者一次性支付合约期限内的全额使用费,若遇此种情形,务必记得在合约上加注一点,"当加盟商合约期满前退出连锁加盟,总部必须退回未到期的使用费",以保障自身的权益,避免损失和争议的发生。

(2)供货价格。依照加盟性质,一般都是总部向加盟者提供货物,通常不允许加盟者私下进货,这就会涉及供货价格,如果同类产品总部提供的价格高于市场一般价格,加盟商就不愿向总部采购,而私下采购,由此导致纠纷产生。加盟者为保障自身权益,避免此类纠纷的产生,较为合理的方式是加盟者在签订加盟合同时,即应事先明确总部供货的价格不得高于市场行情,或是高出市场行情百分之多少是可以接受的,以免事后双方为了价格问题争执不休。

延伸阅读

如锐邦诉强生纵向垄断协议纠纷案[①]

累了吗?让脑袋休息一下,扫描如下二维码,了解更多课后内容。

[①] 资料来源:〔2012〕沪高民三(知)终字第 63 号民事判决书。

(3) 商圈保障。由于同一加盟店具有同质性，为确保加盟者利益，通常加盟总部为确保加盟者的营业利益，都会设有商圈保障，即在某一范围内不再开设第二家分店。因此，在加盟合同中必须明确商圈保障的范围多大，以免纠纷发生。值得一提的是，现在关于商圈保障纠纷的发生起了新的变化，由于合同中的商圈保障限制，总部为发展新的加盟者，用另一个新的商品名称在商圈保障范围内开店，可是营业内容与原来的品牌却完全相同，实际上损害了原有加盟者的利益。这种现象须在合同中予以关注。

(4) 竞业禁止的条款。所谓竞业禁止，就是总部为保护经营技术及智力成果财产，会要求加盟者在合约存续期间，或合同结束后一段时间内，不得从事与原加盟店相同行业的规定。此一规范旨在保护总部的知识产权，并无可厚非。但是，加盟者与总部须协商好竞业禁止的年限。究竟多长才合理，加盟者在签约时必须考虑清楚，以免影响日后生计。

(5) 管理规章。一般的加盟合约通常都会有这样一条规定："本合约未尽事宜，悉依总部管理规章办理。"总部管理规章是总部制定的，其修改无须经加盟者的同意，加盟者也不知其是否会修改。在这种情形下，显然对加盟者非常不利。因此，如签订合同时遇有此种条款，加盟者最好要求总部将管理规章附在合同后面，成为合同的附件。签订合同时总部的管理规章是既定的，即便其之后修改，也不是加盟合同的内容，加盟者可不受其约束。

(6) 合同终止之处理。加盟合同终止时，对加盟者而言，最重要的就是要取回保证金。保证金的退还条件、退还方式、退还时间均应在加盟合同中明确。一般而言，总部会检视加盟者是否有违反合约或是积欠货款，同时，总部可能会要求加盟者自行将招牌拆下，如果一切顺利且无积欠货款，保证金的退还也即顺利。现实生活中，常因招牌的拆卸发生纠纷，因此在合同中有必要明确合同终止时招牌的拆卸。

(7) 合同纠纷及违约之处理。多数情形下，由于特许人处于优势地位，加盟商要求加盟时，所签订的合同往往是特许人所拟定的格式合同，所以会对特许人较为有利；如果该合同中仅规定加盟者违约时责任的承担，而未规定特许人违约的责任，加盟者对此应提出相对要求，明确约定特许人违约时责任的承担方式。加盟合同纠纷裁判方式的选择上，通常特许人会选择特许人所在地法院为管辖法院，建议加盟者在遇到类似的条款时，应要求修改，对于可能的情况预先约定管辖法院或仲裁机构。

➤ 谨防加盟"陷阱"。

(1) 假特许而真卖设备。创业者要注意辨别该项目是真加盟还是真卖设备。目前特许加盟展会上屡见不鲜的现象，便是打着免加盟费的幌子，实际上却是在卖机器设备，"圈钱"成功后，便不见踪影。

(2) 对来者不拒的特许人持谨慎态度。加盟实际上是加盟者与特许人相互考察、相互协作的经营方式。因此，不仅加盟者会对特许人进行考察，特许人也会对加盟者考察，以达双赢。因此，来者不拒的特许人若对申请人不加考察，只要当场交加盟金就可加盟创业这便是个危险的信号。"天下没有免费的午餐"，越是来者不拒的特许人，出问题的可能性越大。

(3) 应当对免特许经营费或特许经营费极低的特许项目持谨慎态度。不少特许方用特许经营费用少、资金"门槛"低来吸引加盟者,可是投资金额低也并不意味着风险小,有时可能更是蕴涵着风险。

(4) 对承诺短期回收成本的特许人持谨慎态度。那种承诺只须缴纳加盟费,特许人负责店面装修和广告投放等,半年内可回收成本,迅速盈利的也是加盟陷阱之一,这样的承诺常常导致加盟商血本无归。

(5) 特许人做"样板店"圈钱。特许人为了吸引加盟者,做几个样板店,等加盟者缴纳加盟金后就不管了。这也是加盟陷阱常见的一种现象。

(6) 特许人利用加盟合同漏洞圈钱。例如,某些特许人在合同中承诺收购加盟方的产品,但他们会在合同上注明要达到他们的产品标准,而这种标准又很模糊,加盟商生产出产品后,特许人可以以产品不符合要求为由拒收,加盟者只能吃哑巴亏。

延 伸 阅 读

商业特许经营不得不知的相关法律问题[①]

累了吗?让脑袋休息一下,扫描如下二维码,了解更多课后内容。

三 内部创业

内部创业,是在现有企业中进行的创业,在企业内部建立的自主或半自主经营部门,以一种独特的方式生产产品、提供服务或技术等的创业模式[②]。

- 内部创业的法律风险防范
  ➤ 对内合同关系要注意的法律问题:
  (1) 涉及资本的支持;
  (2) 管理上的指导;
  (3) 综合资源的共享;
  (4) 业务资源的利用;
  (5) 品牌形象的借助;
  (6) 利润的分配;

---

① 伶壶少侠编辑:《商业特许经营不得不知的相关法律问题》,http://www.liansuo.com/news/196500.html,2015 年 6 月 11 日访问。

② [美] 马克·J. 多林格:《创业学:战略与资源》(第 3 版),王任飞译,中国人民大学出版社 2006 年版,第 323 页。

(7) 法律责任的承担等。
➢ 对外区分是否以原企业名义进行法律活动。

✪ 4. 创业项目法律风险识别

在欧美发达国家，法律和财务是企业生存和发展的左肩右膀，创业的法律风险防范和管理意识普遍较高。在创业团队成员普遍年轻、社会阅历相对较低和法律常识较少的情况下，从创业之初就必须关注创业法律风险的管理。

▶ □ 创业项目的合法性识别

- **创业项目本身是否合法**

如果项目本身不合法，那么注定失败。比如，利用 APP 帮助用户进行信用卡套现、网贷平台吸收存款放贷等。

- **创业团队成员是否有限制性的劳动协议存在**

人才是创业成功的关键因素之一，不少创业团队成员基本上是在现有工作岗位上，瞒着用人单位干私活，相约共同创业。如果成员与现用人单位签署了竞业禁止协议，则必须与用人单位妥善解除该竞业限制协议。否则，一旦离职创业，该创业项目与原用人单位的工作岗位相同或类似，易遭遇劳动诉讼，这将不利于创业项目的开展。

- **尽可能详尽地约定创业合伙协议，包括股东合作协议以及公司章程**

相约共同创业，一般都是熟人之间的行为，如同学、朋友、亲人等之间的行为，陌生人之间由于彼此不了解，缺乏相互信任的基础，一般不会相约共同创业。在熟人社会中，中国人自古以来缺乏契约观念，更多的是人情观，因此，创业团队成员之间在创业之初没有签署合伙协议这种现象并不少见。但是，创业团队成员之间一旦由于利益分配产生争执，而又缺乏相关协议约定，这将不利于创业项目的持续发展。一份规范详尽的合伙协议须对项目定位、发展规划、分工、股权安排、合伙人权利和义务、亏损承担、股权绑定、薪资、财务管理、决策、加入及退出机制、项目保护等事项尽可能全面地约定。创业团队成员之间的合伙协议，不仅是对团队成员之间的权利义务关系的确定，保护合伙人相应的权益，而且还可对创业项目的发展起到积极、有序和持续的推进作用。

- **创业团队须合理谨慎地选择创业项目组织形式**

创业项目组织形式有个体工商户、个人独资企业和公司。其中，公司又有三种形式的选择：一人有限责任公司、有限责任公司和股份有限公司。不同的创业项目，选择不同的创业组织形式，各创业组织形式都有其优缺点，这就需要创业者选择最适合创业项目发展的组织形式。比如，一些大学生毕业后自行创业卖农产品，可能最开始会选择个体工商户的形式，随着创业项目的壮大发展，可能会选择有限责任公司形式。再如，对于创业成员已有一定基础的互联网创业项目，不少律师可能会建议直接选择股份有限公司的组织形式，而不是有限责任公司。

- **具有保护项目名称的法律意识**

企业名称受法律保护,企业名称权属于标表性人格权。关于企业名称的确定,法律有专门的规定。一般而言,企业名称中不得含有其他企业的名称,也即各企业名称是各不同的,好的企业名称也是创业项目顺利发展的有利条件。创业之初,创业者在进行企业名称预先核准时注意采取策略,以免他人获取该企业名称信息,从而抢注商标、域名、微信公众号等。所以,注册公司的时候可先随便想个名字,待公司营业执照和组织机构代码证出来后,马上用经深思熟虑的项目名字注册商标、域名和微信公众号。

- **合理的股权安排,有利于激励创业团队成员**

在创业初期,如何进行股权安排,以最大限度地网罗有智之士、激励创业团队、积极推进创业项目发展,是创业者必须关注的另一法律问题。

- **关注初创企业控制权**

资金是创业项目成功的关键性因素之一,而融资是获取创业资金来源的主要方式。融资可能意味着股权的稀释和控制力度的减少,所以,在进行融资时对于公司控制权要给予必要的关注。

- **规范创业组织财务,注意区分个人财产和创业项目公司财产**

在法律上,公司作为法人具备法人的一般特征。公司是独立的民事主体,享有独立的财产,独立承担民事责任,也即公司如果经营不善破产,是用公司全部财产偿还公司债务。公司股东个人财产与公司财产是相互独立的,股东仅以出资为限对公司债务承担责任,公司以其全部财产对公司债务承担责任。为了防止股东滥用法人独立人格,损害债权人利益,公司法上设立了"刺破公司面纱"制度,即法人人格否认制度,如果股东有法律规定的情形,如个人财产与公司财产混同(如虚假出资、抽逃出资等情形),将会导致公司独立人格权的否认,要求股东承担连带责任。在创业之初,创业团队成员必须足够重视并避免这种现象的出现,如账目混乱、私企不分,股东以个人名义承担公司运营费用、以公司资金添置个人资产等。通俗地理解,就是公司是我、我就是公司等情形。

- **保护知识产权**

保护知识产权对创业团队而言,具有重要意义。消费者认知和选择产品主要来自对商标的知晓,商标既是对自己产品的标注,也是防止他人仿冒产品和不正当竞争的有力法律防范措施。因此,商标好比人的姓名,但与自然人的姓名相比,商标含有财产利益,商标权是一种无形财产权,而姓名权是人格权。对商标的保护,应该引起创业者的足够重视,为避免他人抢注商标,创业团队应尽可能在创业项目开始的同时同步申请注册商标。

专利技术的保护同样非常重要,技术上的创造发明能够有力地推动企业的持续发展,也是企业持续发展的关键所在。但是,如果创造发明不申请专利,容易被他人模仿或稍加改进申请新的专利;因此创业团队要注重对发明创造的法律保护,及时申请专利,保护自己权益。建议创业团队在项目即将发布前,就在专业专利代理机构的指导下进行专利的申请。

著作权相对容易些,各地一般都会有版权登记机构,相对简单。

- **商业秘密保护**

知识产权的法律保护有一个重要特征，就是公开性。有些核心信息或技术一经公布，就容易被模仿。因此，商业秘密的保护是许多创业团队必须关注的问题。在引进人才和技术时，要注重与团队成员签订保密协议，无论是创业团队成员还是创业组织员工，建议最好签署保密协议。

- **及时注册微信公众号**

微信公众号是一新生事物，虽然很多人都知道微信公众号，对其法律意义和价值却无所知。微信是一种新兴的具有广告价值的新媒体，创业团队进行创业，对其创业项目的宣传是必须和必要的，而微信公众号便是一种有力的广告宣传方式，可以说微信公众号是目前新创企业的标配工具。目前企业微信公众号实行认证，理论上，一个名字只认证给一家企业，建议创业者一办好工商营业执照和组织机构代码，就赶紧申请注册公众号并认证，以免被他人抢注。

- **理性融资，慎重签订融资协议**

创业融资，是创业者资金来源的主要方式，也是创业者最为关心的问题之一。如果有好的产品，市场前景广阔，并能让资本市场清晰地看到企业"钱"景，才易吸引投资者，创业者在融资谈判中才会更有底气并能使谈判项目获得较好的估值。与此同时，创业者也要选择适当的投资者，如对投资者的投资偏好和经验、成功案例、跟进的团队素质、给出的估值等进行考察，除了钱，看看还能得到什么资源和增值服务等；创业者对融资谈判和融资合同的签署必须慎重对待，特别是对于对赌条款、稀释和反稀释条款、风险补偿条款、清算条款、公司权力机构构成安排等条款的约定，最好能取得专业法律人士的支持。

- **劳资管理**

在我国劳资法律体系里，最为重要的是《劳动合同法》。在创业初期，企业常常忽视劳动合同的签订，但是一旦出现劳动纠纷，容易对创业项目的开展造成干扰，影响创业项目的进展，建议创业企业从一开始就规范劳资管理。

- **竞业禁止协议的约定**

对于创业团队的核心员工，要签订竞业禁止协议，这样既可以保证创业团队的稳定性，又能防止创业项目被模仿或复制。

- **建立和健全企业规章管理制度**

企业规范化、制度化管理，有利于创业项目的顺利开展，也是创业成功的因素之一。虽然企业规章管理制度属于企业内部问题，但仍要重视。公司规章管理制度中常常比较被忽视的是公司印章管理、合同事务管理和法律事务管理制度。

创业项目与环境保护

创业项目能否顺利开展，与国家的环境保护政策以及法律、法规密切相关。如果项目本身属于污染比较重的行业，会受到很多限制，比如生产经营场所的限制，甚至一些地方禁止开展该类项目，创业项目在创业之初就可能面临夭折的危险。如果创业项目属于国家鼓励的环保项目,创业者可能会享受到国家和地方的扶持政策,如税收的减免、资金的扶持、政策支持等,创业项目受到国家和地方的大力扶持,创业成功的几率将会提高很多。

- 创业项目的环境保护法律分析

当今世界,环保是主题。创业者不仅自身要有环保意识,而且在创业过程中要贯穿环保主题。

➢ 遵守环境保护法律法规,树立环境管理经营理念。法律法规的颁布往往意味着企业生产活动的调整和改进。通过环保过程中的技术创新来改善产品质量或创新产品。

➢ 研究政府对环保项目的扶持政策,以获得技术、资金、税收等方面的政府扶持,有利于创业的顺利进行。

➢ 确立创业项目的绿色设计、清洁采购、清洁制造。

➢ 实行企业环境信息披露制度,树立企业良好的公众形象。

- 国家大力扶持的环境保护创业项目
➢ 节能减排。
➢ 污水处理。
➢ 大气监测。
➢ 垃圾填埋。
➢ 废气治理。

延 伸 阅 读

国家政策扶持 空气能市场将迎来改善局面[①]

累了吗?让脑袋休息一下,扫描如下二维码,了解更多课后内容。

国家扶持创业项目

- 国家对创业项目的扶持
➢ 政策支持项目:国家政策、地方政策。

[①] 《国家政策扶持 空气能市场将迎来改善局面》,http://www.gjfcxmw.com/a/zczc/gjzc/2015/0122/4405.html,2015 年 6 月 22 日访问。

- ➢ 法律支持项目：国家法律、地方法律。
- ➢ 行政支持项目：政府支持、社会支持。
- ➢ 资金支持项目：低息贷款、补助基金、风险基金。
- ➢ 科技支持项目：国际技术、国内技术、先进技术。

延 伸 阅 读

中国清洁能源行业获国家政策扶持，稳步迈向多元化发展[①]

累了吗？让脑袋休息一下，扫描如下二维码，了解更多课后内容。

- ● 大学生创业的国家政策扶持（详见第二章）

国家和地方政府一直致力于对大学生创业的政策扶持，从资金、场地、税收、贷款等方面给予各项优惠以及提供创业指导和服务等。

延 伸 阅 读

《国务院关于进一步做好新形势下就业创业工作的意见》中
有关创业新政策

累了吗？让脑袋休息一下，扫描如下二维码，了解更多课后内容。

本 章 概 要

创业要具备一定的资源才有可能成功。物质资源、资金资源、智力和人力成本资源、智力成果资源、声誉资源是创业的基础性要素，在资源的获取过程中，须注意相关法律风险的防范。

创业者是创业项目的灵魂人物，但是创业团队在创业过程中也起着非常重要的作

---

① 《中国清洁能源行业获国家政策扶持，稳步迈向多元化发展》，http://www.gjfcxmw.com/a/zczc/gjzc/2015/0204/4465.html，2015 年 6 月 4 日访问。

用,创业团队成员之间的权利义务有必要以合同形式予以规范,这既有利于防范纠纷的产生,也有利于争议的解决。同时,法律提供了不同的创业组织形式以供创业者选择。

创业方式可以通过联盟和加盟方式进行,联盟在法律上具有松散性,以合同形式加以规范;甚至以倡议形式存在,不具有法律强制力。加盟是创业项目的常选方式,其有自愿加盟、委托加盟和特许加盟,这三种加盟方式各有其优缺点。订立加盟合同时要注意防范可能出现的风险,谨防加盟陷阱。

创业机会与国家和地方政府扶持项目息息相关,环保项目是当今政府大力扶持的项目,政府扶持主要是从政策、法律、资金等方面进行扶持。大学生创业也是政府大力扶持的项目之一。

专 题 讨 论

1. 谈谈获取创业资金时,创业者如何进行法律风险防范?
2. 谈谈你对创业者应当具备相应法律素养的认识。

创 业 实 训

拟定加盟创业团队成员之间合作的框架性协议

宁波黄老板经营仙乐牌甜品店,该店经营对象主要为高校大学生。黄老板目前已在宁波、杭州等八所高校设立了连锁店。现黄老板到江西财经大学考察,希望在江西财经大学设立该品牌连锁店,你和几位同学正有此创业想法——在学校附近经营甜品店。而此时,已有多个申请人向黄老板申请加盟该甜品店。为了获取该加盟项目,你和其他四位同学组成创业团队,成功地打动了黄老板,选择你们作为甜品店的加盟伙伴。

为了该加盟项目顺利稳健运行,请拟定加盟创业团队成员之间合作的框架性协议。

第二章　创业法律环境

【创业视频扫一扫】

史诗级创业短片：老板，老板①

有人说"十年创业史，一把辛酸泪"，于是就有了"不孝有三，学文、考研、创业"。从这些话语中，可以管窥创业路途多艰难。请扫一扫如下二维码，观看视频"史诗级创业短片：老板，老板"，与小伙伴及老师讨论为何创业如此艰难，并开始本章的学习。

创业导读

有人说"十年创业史，一把辛酸泪"，于是就有了"不孝有三，学文、考研、创业"。从这些话语中，可以管窥创业路途多艰难。创业的成败既与创业者自身的能力、毅力等密不可分，也和社会环境为创业者所提供的创业资源、政策支持等息息相关。

大学时代是最有激情、敢闯敢拼、输得起的时期，在大学时期创业，是一个难得的人生机会，并且宿舍创业成功的案例并不鲜见。

2014年12月10日，教育部发布通知，允许在校学生休学创业。可以说，对现在的在校大学生而言，政府为其创业提供了触手可及、实实在在的融资、税收、学业等各方面的支持。了解相关创业扶持政策，在市场准入门槛不断取消的背景下，在自由市场环境下，合理选择创业项目，守法经营，创业春天不会太远。

---

① 资料来源：http://v.17173.com/v_102_603/MjY3MDk4NDM.html。

创业法学

★1. 市场自由

　　创业投资必须遵循市场规则,市场交易必须注重交易安全。交易安全是交易顺利进行的保障,交易规则的遵守和交易法律风险的防范是创业者需要重视的问题。市场交易规则主要体现为合同规则,竞争自由、经营自由以及合同自由是市场自由的主要体现。

　　创业组织作为市场主体,有订立合同的自由,有公平竞争的权利,但自由是有边界和限度的,是在法律允许限度内的自由,违反合同、违背公平竞争都将受到法律制裁。

▶ □ 竞争自由

　　竞争(competition),是指经济主体在市场上为实现自身的经济利益和既定目标而不断进行的角逐过程。竞争是一个广泛存在于自然界和人类社会的古老的社会现象,如果说自然界是一部物竞天择、血腥淘汰劣者的历史,那么人类社会就是一部险中求胜、适者艰难生存的历史。在出现社会分工之后,独立的商品生产者为争夺有限的资源、实现自身利益的最大化,在投资、生产、销售、管理、技术、服务等诸多方面相互争胜。在这种争胜中,生产力得以发展、资源得以优化配置、技术得以创新。

　　路德维希·艾哈德说:"只要创造一种自由竞争的环境,使人人有机会发挥自己的创业精神和能力,任何民族都可以步入繁荣之途。"由此可见,竞争是何等重要。作为一种市场机制,竞争在市场经济的运行乃至市场经济的形成和完善等方面都具有特殊的功能与作用,这包括:(1)有利于优化资源配置。资源的稀缺性与需求的无限性是一对永恒的矛盾,如何使有限的资源发挥最大的经济效益是所有政府、所有市场主体共同关注的问题。竞争通过其优胜劣汰机制,让人们发现优胜的地区、优胜的产业、优胜的部门,从而有意识地使资源流向优胜者,调整和优化市场结构,从而使社会资源得到最佳配置。(2)有利于推动技术创新。(3)有利于社会利益的合理再分配。(4)有利于提升消费者福利。(5)有利于推进经济民主。(6)有利于促进就业。

　　熊彼特说:"竞争是一种连续的、创造性的破坏过程。"竞争不是万能的,竞争的消极作用也是异常明显的。这包括:(1)竞争会导致垄断;(2)竞争会造成资源浪费;(3)竞争会破坏社会秩序;(4)竞争会引起两极分化;等等。

　　由此,竞争自由并不意味着单纯依靠"无形的手"来调节市场,而是,国家必须在竞争中充当裁判员的角色,借助"有形的手"规范竞争行为、调整竞争关系。这既是竞争法产生的动因,也是竞争法的主旨所在。

● 反不正当竞争

　　不正当竞争行为是指经营者违反公序良俗和公认的商业道德,损害其他经营者或者消费者的合法权益,扰乱社会经济秩序的行为。反不正当竞争法是调整不正当竞争关系的法律规范的总称。

- **反垄断**

反垄断指国家为促进和保护竞争,通过规制垄断与限制竞争行为来调整竞争关系以及与竞争有密切联系的其他社会关系的法律规范的总称。

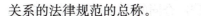 经营自由

经营自由是指市场主体在不违反国家法律的基础上所拥有的调配使用自己的人力、物力、财力,自行组织生产经营的权利。其核心在于市场主体独立自主决定其经营事务的权利,任何单位和个人都不得对其经营自主权非法干涉,否则要承担法律责任。例如,《个人独资企业法》第 24 条规定:"个人独资企业可以依法申请贷款、取得土地使用权,并享有法律、行政法规规定的其他权利。"这里突出了个人独资企业的信贷权、土地使用权。该法第 25 条规定:"任何单位和个人不得违反法律、行政法规的规定,以任何方式强制个人独资企业提供财力、物力、人力;对于违法强制提供财力、物力、人力的行为,个人独资企业有权拒绝。"这是关于拒绝摊派权的规定。

具体说来,市场主体享有的与经营自由相对应的权利有以下十二个方面。

(1) 财产所有权。市场主体投资者对于其财产依法享有所有权,其财产可以依法继承。

(2) 名称专用权。市场主体对核准登记的名称在规定的范围内享有专用权。核准登记的名称是指市场主体经工商行政管理部门核准的名称或者字号,这是一个市场主体区别于其他企业的重要标志。市场主体在法律规定的范围内,对其名称有专用权,其他任何单位或个人不经其同意,不得非法使用。

(3) 依法经营权。市场主体在核准登记的范围内自主经营,不受其他单位和个人的非法干涉。

(4) 机构设置权。市场主体根据经营需要,有权自主决定企业内部的机构设置。除法律规定外,任何单位不得强迫市场主体设置归口、配套机构,如设置计划生育、消防、卫生、社会治安等机构。

(5) 劳动用工权。市场主体有权按照劳动法规定招工或者辞退职工。企业在行使这些劳动用工权时,不得违反劳动法中关于职工权益保护的规定。

(6) 工资及利润分配权。市场主体有权决定企业的工资制度和利润分配形式。比如,企业应在不低于国家规定的最低工资标准的要求下向职工发放工资。市场主体的税后利润留作生产发展基金的部分不得低于 50%;由于特殊原因,提取比例少于 50% 的,须经税务机关批准。

(7) 劳务定价权。市场主体有权按照国家价格管理规定,制定企业的商品价格和收费标准。

(8) 订立合同权。合同是市场主体对外、对内进行经济经营活动的重要的法律形式。企业对外、对内进行经济活动在很多情况下要通过合同体现出来。企业对外可以签订合同来确定企业在经济交易中的权利和义务,企业对内可以签订劳动合同,以确定

企业和职工之间的权利和义务。对于合同的权利和义务,合同的当事人应认真遵守,否则应承担违约的法律责任。

(9) 知识产权。市场主体有权将自己的发明创造及商标申请专有权,依法取得专利权和商标权。对于他人对自己的专利权及商标权的侵权行为,可以提请有关部门审查并追究侵权人的法律责任,以保护自己的合法权益。

(10) 外贸权。市场主体根据国家法律法规规定,可以同外国公司、企业和其他经济组织或个人举办中外合资、中外合作企业承揽来料加工、来样加工、来件装配,从事补偿贸易;经过批准,还可以取得进出口权。

(11) 融资权。市场主体应当在银行或者其他金融机构按照国家有关规定开立账户,符合条件的可以申请贷款。

(12) 拒绝摊派权。除国家法律、法规另有规定外,任何单位不得以任何方式要求企业提供财力、物力、人力。对于违法违规的摊派,市场主体有权拒绝提供。

视 频 链 接

禁止自带酒水 自主经营权如何保护[①]

累了吗?让脑袋休息一下,扫描如下二维码,了解更多课后内容。

合同自由

● 合同自由之体现

合同是平等民事主体之间设立、变更、终止民事权利义务关系的协议。两个以上当事人经过协商,达成协议,合同成立,当事人受该协议约束,这便是合同自由。当事人通过自由协商,确定相互间的权利义务关系,这是合同自由本质的体现。当事人享有缔结合同的自由,有确定合同内容的自由,有选择合同对象的自由,也有合同变更和解除的自由,更有选择合同救济方式的自由。当事人在法律范围内享有这种自由便是合同自由原则的体现。

当然,不是当事人相互达成一致的任何协议都具有法律上的约束力。当事人之间的协议要具有法律上的约束力,必须符合合同的成立要件和生效要件,最基本的要求是不得违背法律的强制性规定和社会公序良俗。

---

① 资料来源:http://baidu.56.com/watch/06396380069989783789.html?page=videoMultiNeed。

鼓励交易,活跃市场,发展市场经济,合同自由便是不可或缺的法律规制。市场交易活跃与合同普遍、合同发达的市场环境密不可分。越活跃的市场环境,表明市场经济越有活力,在这种活跃、充满竞争的市场环境下,社会财富才能在不断增长的交易中得到增长。合同自由是市场经济条件下交易发展的基础和必备条件。合同自由原则在我国《合同法》中具体体现在第 4 条中,该条规定:"当事人依法享有自愿订立合同的权利,任何单位和个人不得非法干预。"合同自由是合同法中最重要、最基本、最核心的原则。

合同自由主要体现在如下七个方面:
➢ 约定优先。
➢ 订立合同的自由。
➢ 选择合同相对人的自由。
➢ 确定合同内容的自由。
➢ 协议变更和解除合同的自由。
➢ 选择合同形式的自由。
➢ 选择救济方式的自由等。

● 为什么要重视合同
➢ 合同是确定当事人之间权利义务关系的依据,规范有效的合同将有利于防范争议与纠纷的发生。因此,明确清晰的合同条款有利于合同的顺利履行,有利于提高合同执行效率,并避免事后的拖拉扯皮。书面合同对当事人双方具有重大意义,是将来发生纠纷或争议的最有力证据。
➢ 合同的形式:书面形式(合同书、信件、数据电文(传真、电子邮件、电子数据交换))、口头形式(电话、口头承诺等)、其他形式(默示、视听资料等),如表 2-1 所示。

表 2-1 合同的形式

合同形式	书面形式	口头形式	其他形式
具体表现	合同书、信件、传真、数据电文	电话、口头承诺	默示、视听资料等

➢ 什么样的合同受法律保护?
(1)主体适格。当事人订立合同要具有相应的民事权利能力和民事行为能力。当然,当事人也可以依法委托代理人订立合同。
(2)内容合法。须在现有法律、行政法规框架下进行约定,不得违背法律法规的强制性规定,也不得有违社会公序良俗。
(3)意思表示真实自愿。重大误解、欺诈、胁迫、显失公平等都是违背意思表示真实自愿的。
➢ 合同基本示范性条款一般包括以下八个方面。
(1)当事人的名称或姓名和住所;
(2)标的;

(3) 数量；

(4) 质量；

(5) 价款或报酬；

(6) 履行期限、地点和方式；

(7) 违约责任；

(8) 解决争议的方法。

- **签订合同时要注意的问题**

➢ 签订合同时，"先小人、后君子"，尽可能采用书面形式，尽量不采用口头承诺形式，尽可能考虑各种可能发生的情况，明确各种可能出现的细节。

➢ 对合同当事人资格审查是防范合同风险的第一道防线。适格的合同主体，是合同有效要件之一，因此，对合同当事人主体资格及资信能力的审查，非常有必要和关键，也是谨防上当受骗的有效措施之一。不同主体的当事人，法律的适格性要求不一样。具体而言，包括对法人资格的审查、非法人单位的资格审查、对非中国当事人资格审查、对自然人资格审查、对担保人资格审查、对代订合同的代理人资格审查、对特殊行业的当事人资格审查等。

➢ 要注意区分要约、要约邀请与承诺（如表2-2所示）。

表2-2 要约、要约邀请与承诺的区别

	要　　约	要　约　邀　请	承　　诺
区别一	要约人向他人作出的意思表示	希望他人向自己作出意思表示	受要约人向要约人作出意思表示
区别二	内容具体明确	内容宽泛	内容与要约一致
区别三	具有法律拘束力	不具有法律拘束力	具有法律拘束力

➢ 要注意区分定金与订金的区别。定金是在合同订立或履行之前支付一定数额的金钱作为担保。定金是合同担保方式之一，合同违约时适用定金罚则。订金是当事人双方就某一合同达成初步意向后，支付一定的费用以此获得优先权，并具有预付款的功能。

➢ 合同条款要细致、精确，避免歧义语句①。

➢ 合同内容合法，不能违反法律、法规强行性禁止性规定，否则将导致合同无效或合同条款无效。

➢ 合同程序合法。

---

① 《合同法》第41条规定：对格式条款的理解发生争议的，应当按照通常理解予以解释。对格式条款有两种以上解释的，应当作出不利于提供格式条款一方的解释。格式条款和非格式条款不一致的，应当采用非格式条款。第125条规定：当事人对合同条款的理解有争议的，应当按照合同所使用的词句、合同的有关条款、合同的目的、交易习惯以及诚实信用原则，确定该条款的真实意思。合同文本采用两种以上文字订立并约定具有同等效力的，对各文本使用的词句推定具有相同含义。各文本使用的词句不一致的，应当根据合同的目的予以解释。

广州珠江铜厂有限公司与佛山市南海区中兴五金冶炼厂、李烈芬加工合同纠纷案①

【基本案情】2005年5月9日,广州珠江铜厂有限公司(以下简称珠铜公司)向广东省佛山市中级人民法院提起诉讼称,李烈芬于1999年、2000年与珠铜公司签订加工合同,并加盖"南海市中兴五金冶炼厂"的公章,合同约定由珠铜公司提供反射炉渣给中兴冶炼厂加工,由中兴冶炼厂向珠铜公司返还含铜量为84%以上的铜锭。但是,中兴冶炼厂始终未按合同约定全额返还铜锭。2003年5月19日,珠铜公司与中兴冶炼厂签订补充协议,协商将铜锭回收率提高为27%,并确认按新回收率计算,中兴冶炼厂共欠珠铜公司铜锭943.52吨,折算金属铜为792.56吨。中兴冶炼厂是李烈芬投资开办的个人独资企业,2001年2月9日登记成立。请求判令:中兴冶炼厂、李烈芬交付所欠含铜量84%的铜锭943.52吨(折算金属铜792.56吨),或赔偿10 682 460.65元及自起诉之日起至支付完毕之日止的利息(按中国人民银行规定的同期贷款利率计算),并由中兴冶炼厂、李烈芬承担案件受理费及保全费。

【案件判决】法院查明事实如下:珠铜公司与中兴冶炼厂(2004年改名为"佛山市南海区中兴五金冶炼厂",是李烈芬投资开办的个人独资企业)。先后于1999年1月26日和2000年1月26日签订《加工合同》,其中落款日为1999年1月26日的《加工合同》约定:"反射炉渣数量5 000吨,成率为21%,加工费每吨500元。加工期限:1999年1月26日至1999年底最后一炉。结算方式:季回铜锭验收合格,珠铜公司付还加工费。质量:返还84%含铜量铜锭,按珠铜总仓验收标准合格后收货。"落款日期为2000年1月26日的《加工合同》约定:"反射炉渣数量5 000吨,成率为21%,加工费每吨500元。加工期限:2000年1月26日至2000年底最后一炉。结算方式:季回铜锭验收合格后,珠铜公司付还加工费。质量:返还84%含铜量铜锭,按珠铜总仓验收标准合格后付款。"

1999年4月10日,珠铜公司作为甲方,与作为乙方的中兴冶炼厂签订《补充合同书》一份,约定:"为了加快长顺公司的项目工程建设进度,并使之尽快投产,现甲方委托乙方加工反射炉铜渣中,原规定铜渣含铜量返还27%,现加工合同规定的21%是暂定返还数,所欠部分,甲方同意乙方在今后长顺公司乙方的利润中返还给甲方。"

2001年5月,珠铜公司作为甲方,与作为乙方的中兴冶炼厂签订《协议书》一份,约定:"甲方委托乙方加工紫杂钢锭,按原合同规定乙方应返还甲方的紫杂铜锭尚欠部分共943.524吨,乙方同意在今后全部偿还。"李烈芬在该协议书上签字,并注明:"所欠此铜只能在代(待)长白长顺有色金属冶炼厂盈利偿还。"长白长顺有色金属冶

---

① 最高人民法院民事判决书〔2012〕民提字第153号,载《最高人民法院公报》,2014年第10期(总第216期)。

炼厂已于2004年被吊销法人营业执照。

2003年5月19日，珠铜公司作为甲方，与作为乙方的中兴冶炼厂签订《补充协议》一份，约定："在1999年和2000年，甲方委托乙方加工紫杂铜锭的合同规定了乙方返还紫杂铜锭（含铜84%）为21%，双方在2001年5月份经过共同磋商，把原来的21%回收率提高为回收率27%，按新的回收率计算，乙方共欠甲方的紫杂铜锭（含铜84%）共943.52吨（折算金属铜792.56吨）。乙方欠甲方金属铜792.56吨，只能在长白长顺有色金属冶炼厂和朝鲜惠山青年铜矿合作项目成功投产盈利后在乙方股份盈利中偿还。"但是，该合资项目并没有正式投产。现双方当事人就该合作项目中的943.52吨紫杂铜锭发生争议，对于诉争943.52吨欠铜债务形成的原因，双方当事人各执一词。珠铜公司主张该欠铜债务是在履行双方订于1999年与2000年的《加工合同》过程中形成的，是中兴冶炼厂此两年欠铜数之汇总。中兴冶炼厂、李烈芬则认为该诉争欠铜债务并非历史形成，只是为了实现新的合作目的而通过约定提高铜锭回收率的方式设立的债务。

最后，受理法院作出一审判决：驳回珠铜公司的诉讼请求。当事人不服提起上述，二审法院经审理后作出判决：撤销一审判决，改判中兴冶炼厂和李烈芬共同偿还珠铜公司紫杂铜锭共943.524吨（折算金属铜792.56吨），或者折算返还珠铜公司10 682 460.65元及该款利息。当事人提起再审，最高人民法院审理认为，当事人对合同条款的理解有争议的，应当按照合同所使用的词句、合同的有关条款、合同的目的、交易习惯以及诚实信用原则，确定该条款的真实意思。当事人基于实际交易需要而签订合同，在特定条件下会作出特定的意思表示，只要其意思表示是真实的，且不违背法律的强制性或者禁止性规定，即应当予以保护。最后，最高人民法院作出终审判决：撤销二审判决，维持一审判决。

- **合同履行时应注意的问题**

当事人订立合同的最终目的在于合同的履行，为此，无论合同条款如何完美，如果所订立的合同最终得不到切实履行，当事人的目的就会落空。因此，合同履行过程亦是不容忽视的重要环节。

在合同履行过程中，当事人应特别注意以下三个方面的问题。

➤ 首先，对合同原件以及合同履行中的所有书面记录都必须妥善保管和保存。如发生合同争议与纠纷，合同原件便是有力证据和依据。即便合同已履行完毕，也不要随便丢弃合同原件，尽可能保管时间长些，最短不应少于2年期限。现在用电子数据电文方式交流普遍，如QQ、微信、电子邮件等，因此尤其要特别注意双方电子数据电文来往证据的留存，不要随便删除这些原件，如须取证这些电子数据电文交流证据时，可以交由公证机关下载保存并打印，以制作成公证书。

➤ 其次，对合同履行的法定期限和约定期限要进行区分和引起重视。例如，《合同法》第54、55条对于撤销权如此规定，要求享有撤销权的当事人自知道或者应当知道撤销事由之日起一年内行使撤销权，否则该撤销权消灭。又如，《合同法》第158条对于质量异议期间如此规定：买受人在合理期间内未通知，或者自标的物收到之日起两年内未通知出卖人的，视为标的物的数量或者质量符合约定，但对标的物有质量保证期的适用质量保证期，不适用该两年的规定。

➤ 最后，对送货、支付款项等合同履行事项要注意保存单据。例如，送货时，要按照合同的要求，由合同经办人签收或授权的代理人签收，保存签收单据。支付合同款项时，要依照不同的支付方式保留支付单据。

- **合同解除应注意的问题**

➤ 合同解除的对象是有效成立的合同，无效合同不发生解除问题。

➤ 从自我保护角度而言，并非只要有违约情形就可以解除合同，而是在主客观情况发生重大变化，使得合同履行成为不必要或不可能的情况下，合同继续存在已失去积极意义，才允许解除。

➤ 合同解除意味着交易失败，交易成本增加，因此，从鼓励交易的角度而言，合同当事人应严格遵守合同约定，实际、全面、诚信履行合同。即使对方存在违约行为，除非另有约定，当事人不得任意解除合同，而必须遵循《合同法》第 94 条关于法定解除的规定①。

➤ 通常情形下，合同目的与合同的主要义务是紧密相连的，违反合同主要义务将使合同目的落空，会导致合同解除；单纯违反依诚实信用原则所产生的附随义务，如果不导致合同目的落空，则不能据此解除合同；但是，如果附随义务的不履行将导致合同目的落空的，则同样可以解除合同。

➤ 不适当履行与合同解除。不适当履行包括履行主体不适格、履行标的有瑕疵、履行地点、履行期限、履行方式及履行费用等不符合合同约定。一般而言，债的不适当履行并不能就此导致合同的解除，只有导致当事人合同目的落空的情况下或者当事人约定的合同解除情形出现才能解除合同。

经典案例

成都讯捷通讯连锁有限公司与四川蜀都实业有限责任公司、四川友利投资控股股份有限公司房屋买卖合同纠纷案②

【基本案情】2006 年 9 月 20 日，蜀都实业公司（甲方）与成都讯捷通讯连锁有限公司（乙方）签订《购房协议书》约定："甲乙双方按照互惠、互利的原则，经多次协商，就蜀都大厦北一楼及中庭售房事宜形成如下一致意见：1. 乙方购买甲方所拥有的蜀都大厦北一楼及中庭建筑面积 2 100 平方米，总价格 6 750 万元（最后按照房管部门

---

① 《合同法》第 93 条规定：当事人协商一致，可以解除合同。当事人可以约定一方解除合同的条件。解除合同的条件成就时，解除权人可以解除合同。第 94 条规定：有下列情形之一的，当事人可以解除合同：(1) 因不可抗力致使不能实现合同目的的；(2) 在履行期届满之前，当事人一方明确或者以自己的行为表明不履行主要债务的；(3) 当事人一方迟延履行主要债务，经催告后在合理期限内仍未履行的；(4) 当事人一方迟延履行债务或者有其他违约行为致使不能实现合同目的的；(5) 法律规定的其他情形。

② 最高人民法院民事判决书〔2013〕民提字第 90 号，载《最高人民法院公报》，2015 年第 1 期（总第 219 期）。

办理的产权证为准进行结算)。2. 本协议签订之日起,甲方收到乙方预计购房定金1 000万元,待购房合同签订时,该定金自动转为购房款。3. 甲、乙双方应就购房合同及付款方式等问题在本协议原则下进行具体磋商。4. 甲、乙双方均应遵守本协议所确定的原则,违反则违约方向守约方支付违约金1 000万元。5. 甲、乙双方就该宗房屋买卖合同签订时,本协议自动失效。"2006年9月14日和2006年9月18日,讯捷公司向四川友利公司(蜀都实业公司同意的支付方式)共支付了500万元,注明款项用途为预付购房定金。蜀都实业公司于2007年1月4日将讼争的房屋交付讯捷公司使用至今。

2009年9月28日,讯捷公司向蜀都实业公司发出《商函》,内容主要是:"金融危机对行业的侵蚀,市场的变化致使我公司手机销售额及利润大幅下滑;另一方面,房地产销售价格整体向下走的态势,能否请贵公司在原协议的基础上对约定购买价格作出一定的让步!我们期望值在人民币6 000万元左右。"2009年9月28日,蜀都实业公司向讯捷公司发函,要求讯捷公司在30日内安排人员到蜀都实业公司就房屋买卖正式合同进行协商,并支付三年场地使用费。次日,讯捷公司回函同意于2009年10月9日就购房事宜进行商谈。2009年10月10日,蜀都实业公司向讯捷公司发函,要求对蜀都实业公司拟定的《房屋买卖合同》文本予以回复。讯捷公司于2009年10月12日回函确认收到蜀都实业公司提供的《房屋买卖合同》文本。2009年10月20日、2009年10月28日、2009年12月9日,蜀都实业公司与讯捷公司组织相关人员及律师就房屋买卖中的相关问题进行了三次协商,双方就讯捷公司是否应当支付场地使用费、买卖过户税费的负担、产权证的办理及购房尾款的支付时间、出售房屋所涉抵押的解除等问题进行协商后未达成一致意见。2009年11月4日,蜀都实业公司向讯捷公司发函,要求讯捷公司支付场地使用费,具体标准由双方协商,房屋买卖税费由讯捷公司全部承担。次日,讯捷公司回函,不同意支付场地使用费,要求税费的负担按照国家法律法规及政策,由蜀都实业公司与讯捷公司双方各自承担自行部分,讯捷公司同意在房屋产权及土地使用权过户后当即付清全部剩余房款。2009年11月12日,蜀都实业公司向讯捷公司发函,主要内容是:1. 双方依据《购房协议书》就房屋买卖合同内容磋商长达三年时间,但至今仍在买卖合同的许多重大问题上存在着严重分歧,导致双方一直未签订《房屋买卖合同》,因此双方的房屋买卖关系未成立。2. 讯捷公司无偿占用蜀都实业公司房屋三年,应当支付场地占有使用费。3. 蜀都实业公司不同意讯捷公司提出的付款方式。4. 由讯捷公司承担房屋买卖全部税费是蜀都实业公司出卖二手房的交易条件,从未发生改变。2009年11月17日,讯捷公司向蜀都实业公司回函,主要内容是:1. 讯捷公司认为双方的房屋买卖已经实际履行。2. 讯捷公司占有并使用房屋系合法的,不应向蜀都实业公司支付场地占用费。3. 讯捷公司坚持在房屋过户登记后才向蜀都实业公司支付全部购房尾款。4. 蜀都实业公司提出房屋买卖税费全部由讯捷公司承担缺乏依据和违反国家相关法律规定。2010年3月3日,蜀都实业公司通过成都市蜀都公证处向讯捷公司发函,内容为:"2009年12月9日贵我双方就相关善后事宜进行了协商,由于双方存在重大分歧,未能达成一致意见。此后,双方又就善后事宜进行了数次协商,但仍未取得任何结果。为此,我公司经慎重研究后,通知贵公司:1.解除贵我双方于2006年9月20日签订的《购房协议书》;2.请贵公司收在本函后三十日内腾退该房屋;3.请贵公司在收到本函后三十日内向我公司支付占用该房屋期间应付的场地使用费并办理相应的财务结算(定金、使用费等费用的退还和支付)。"

讯捷公司向一审法院提出诉讼请求:要求确认与蜀都实业公司于2006年9月20日签订的《购房协议书》已成立并合法有效,确认蜀都实业公司于2010年3月3日作出的解除2006年9月20日签订的《购房协议书》解除函无效。蜀都实业公司则认为《购房协议书》无效,要求讯捷公司腾退房屋并支付场地使用费。

【法院判决】受理该案的一审法院判决:一、讯捷公司与蜀都实业公司于2006年9月20日签订的《购房协议书》成立并有效;二、蜀都实业公司于2010年3月3日作出的解除其与讯捷公司2006年9月20日所签《购房协议书》的解除函无效。二审法院判决:维持一审判决中讯捷公司与蜀都实业公司于2006年9月20日签订的《购房协议书》成立并有效;撤销一审判决中"蜀都实业公司于2010年3月3日作出的解除其与讯捷公司2006年9月20日所签《购房协议书》的解除函无效",判决讯捷公司腾退房屋,返还给蜀都实业公司。最高人民法院再审终审判决:撤销二审判决,维持一审判决。

【裁判要旨】预约,即"约定将来订立一定契约的契约"。通常,人们把将来要订立的契约称为本约,而以订立本约为其标的合同便是预约。因实际中预约的形态多种多样,仅根据当事人合意内容上是否全面,并不能准确地界定预约和本约。因此,界定当事人之间订立的合同是预约还是本约,不能简单孤立地仅凭借双方之间订立的协议来加以认定,而是应当综合审查相关协议的内容以及当事人之后为达成交易进行的磋商甚至具体的履行行为等事实,从中探寻当事人的真实意思,并据此对当事人之间法律关系的性质作出准确的界定。《合同法》第93条、第94条规定了合同解除的法定解除和约定解除两种情形。当事人之间未对单方解除合同作出约定,即当事人不享有约定解除权,此外,其也不存在法定解除情形,因此,一方当事人要求单方解除合同的,不能获得支持。

● 合同违约应注意的问题

➢ 收集和保存对方违约证据,是维权的重要措施。违约证据,包括当事人违反合同约定和因其违约造成损失及其造成损失的证据,如合同原件、人证、物证、书证等。要违约方承担违约责任,必须有相应的证据支撑。

➢ 完全赔偿。违约方对于守约方因违约所遭受的全部损失承担赔偿责任。具体包括直接损失和间接损失、积极损失和消极损失。违约损害赔偿范围以在订立合同时预见或者应当预见的因违反合同可能造成的损失为赔偿范围,合理预见规则是民法公平原则的体现。

➢ 及时减轻损失的合理措施。一方当事人违约给另一方当事人造成了损失,另一方当事人应当及时采取措施防止该损失的扩大;倘若没有及时采取措施,造成损失扩大的,不得就扩大的损失部分要求对方赔偿。因此,合同当事人在因对方违约造成自己损失时,不能坐等对方赔偿损失,而应当积极采取措施防止扩大损失,以维护自己的利益。

➢ 定金、违约金、损害赔偿金并存的处理(如表2-3所示)。

(1)违约金与定金并存。由非违约方选择其中一种,为追求最大利益,一般请求支付违约金,同时要求返还定金。

(2)违约金与损害赔偿金并存。违约金小于损失,可要求增加;违约金过分大于损失,可要求适当减少;违约金虽高于损失但不过分,可要求适用违约金。

(3)定金与损害赔偿金并存。可以并用(前者带有惩罚性质,后者为填补性质)。

(4)"三金"并存的情形。比较违约金、损害赔偿金的大小,以确定违约金的适用数额;违约金确定,比较定金数额,从中选择一个有利的赔偿数额。

表2-3 定金、违约金、损害赔偿金并存时的处理

	定金	违约金	损害赔偿金
区别	合同当事人为确保合同的履行而约定由一方按合同标的额的一定比例预先支付对方的金钱	按照当事人的约定,一方当事人违约的,应向另一方当事人支付的金钱	违约方以支付金钱的方式来弥补受害方因违约行为所遭受损失的责任形式
并存之一	与违约金并存,由非违约方选择其中一种	与定金并存,非违约方为追求最大利益,一般请求支付违约金,并要求返还定金	
并存之二		与损害赔偿金并存,如高于损失但不过分,守约方可要求适用违约金	与违约金并存,当违约金小于损失,可以要求增加,违约金大于损失,可要求适当减少违约金
并存之三	与损害赔偿金并存,可以并用。定金带有惩罚性。支付定金方违约,无权要求返还定金,接受定金方违约,双倍返还定金		与定金并存,可以并用。损害赔偿金带有填补性。
并存之四	三者并存,比较违约金、赔偿金的大小,以确定赔偿金的数额;违约金一定,比较定金数额,从中选择有利于守约方的数额	三者并存,比较违约金、赔偿金的大小,以确定赔偿金的数额;违约金一定,比较定金数额,从中选择有利于守约方的数额	三者并存,比较违约金、赔偿金的大小,以确定赔偿金的数额;违约金一定,比较定金数额,从中选择有利于守约方的数额

2. 市场准入

什么是市场准入

"市场准入"(Market Access)是有关国家和政府准许公民和法人进入市场,从事商品生产经营活动的条件和程序规则的各种制度和规范的总称。它是商品经济发展到一定历史阶段,随着市场对人类生活的影响范围和程度日益拓展和深化,为了保护社会公共利益的需要而逐步建立和完善的。其实质是国家对市场主体资格的确立、审核和认可,是国家对市场经济活动基本的、初始的管理制度。

视频链接

专车调查[①]

累了吗?让脑袋休息一下,扫描如下二维码,了解更多课后内容。

- 市场准入制度的立法模式

(1) 自由放任模式。

(2) 特许主义模式。采取这种方式准许设立企业主要有以下形式:由国家元首发布命令而设立;经国家特许的方式设立;由国家立法机关制定特别法律许可设立。

(3) 准则主义模式。

(4) 行政许可主义模式。

(5) 混合模式。

- 市场准入制度的基本形式

尽管各界对市场准入的理解仍不尽相同,但不外乎包括国际法意义和国内法意义上这两方面的内容。囿于主题与篇幅原因,本书只探讨国内法意义上的市场准入。在国内法意义上,国内市场准入据国内市场准入的宽严度进行划分,又可分为一般市场准入和特殊市场准入;特殊市场准入又可分为经济性市场准入、社会性市场准入和垄断性的市场准入(见图2-1)。

[①] 资料来源:http://jingji.cntv.cn/2015/09/12/VIDE1442064430752296.shtml。

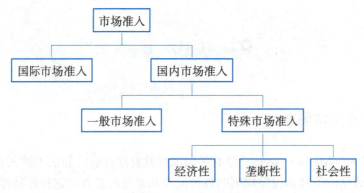

图 2-1 市场准入类别

一般市场,是对所有企业开放的市场。一般市场准入制度是所有市场经营主体进入市场、从事市场经营活动,都必须遵循的一般条件和程序规则。特殊市场准入,则是指市场经营主体进入特殊市场、从事市场经营活动,都必须遵循的特殊条件和程序规则。通常而言,市场主体只有经国家特许审批等才能进入特殊市场。

➢ 一般市场准入制度。这是市场经营主体进入市场、从事市场经营活动都必须遵守的一般条件和程序规则。它主要通过工商登记制度来实现。工商登记是政府在对申请者进入市场的条件进行审查的基础上,通过注册登记,确认申请者从事市场经营活动资格,使其获得实际营业权的各项活动的总称。

工商登记制度的三个基本功能如下。

(1) 规范市场主体,使市场主体普遍具备从事市场经营活动的能力。

(2) 掌握市场主体的基本情况,保证国家对市场经营活动进行有效的管理与监督。

(3) 公开市场主体的基本情况,保护消费者和其他市场经营主体的利益。

➢ 特殊市场准入制度。这是规定市场经营主体进入特殊市场从事经营活动所必须具备的条件和程序规则的制度。它主要通过审批许可制度来实现。

审批许可制度,是指国家有关部门对社会成员直接设立企业和其他类型的经济组织进行特定的生产经营活动进行审查,在符合法律规定的条件下,准许其进入某种市场、从事生产经营活动的一种市场准入制度。

➢ 涉外市场准入制度。一国对外国资本进入国内市场而规定的各种条件和程序规则,以及一国对本国资本进入国际市场而规定的各种条件和程序规则,形成涉外市场准入制度。

- **市场准入制度设立的基本原则**

➢ 弥补市场失灵。市场准入不一定能够弥补市场失灵,也不一定是能为市场机制、行为监管替代的最佳方法。设定市场准入制度要符合经济规律,符合社会主义市场经济发展的要求,监管者要加强研究论证,避免任意性,注重事中监管,尽量发挥市场机制本身的作用,充分利用市场主体、民间机构的自律和辅助监管作用。避免政府在市场准入问题上掌握过度的控制权同时又流于形式。

➢ 部分替代市场机制。解决问题方面:凡是通过市场机制能够解决的,应当由市场机制去解决;通过市场机制难以解决,但通过公正、规范的中介组织、行业自律能够解决的,应当通过中介组织和行业自律去解决;通过事中事后监督能更好地解决问题的,不采取市场准入的方式规制;对既有的不符合上述要求的有关市场准入的规定,应当取消。概括起来就是"市场优先""自律优先""事后机制优先"的原则。

➢ 适用范围的特定性。从现行立法的规定来看,需要经有关部门审查才能设立的企业主要包括:(1)药品生产企业和药品经营企业;(2)金融组织;(3)外商投资企业;(4)文物经营企业;(5)计量器具的生产、修理企业;(6)食品生产经营企业和食品摊贩;(7)烟草经营企业;(8)化学危险品经营企业;(9)麻醉药品经营企业;(10)广告经营企业;(11)通讯服务经营企业;(12)锅炉压力容器生产企业;等等。

当然,审批事项随着一国经济发展、体制转型都会发生变化。如2014—2015年,为推进全民创业、配合垄断性行业改革,国务院多次做出取消和调整行政审批项目等事项的决定,大大降低市场进入门槛。

资料链接

特殊市场准入的法律规制

特殊市场准入由以下三方面构成。

(1)经济性市场准入的法律规制:这是对自然垄断领域(如有线通信、电网、水网、铁路运输、管道燃气等)和存在严重的信息不对称领域(如银行、保险、证券等)市场准入进行的规制。自然垄断行业需要市场准入规制的一个重要理由是这些行业具有外部效应、具有公共物品的属性,而市场不能提供充分的公共物品。为此,政府往往根据行业不同,制定不同的市场准入制度。如有些地方政府还专门制定了《银行业金融机构市场准入、变更和退出管理办法》。

(2)垄断市场准入的法律规制:通过禁止垄断间接地使其他市场主体进入市场。它是由司法部门实施的,对垄断行为、不正当竞争行为的政府规制。

(3)社会性市场准入的法律规制:这是旨在通过颁发许可证、营业执照、资格证书、设立标准等方式对涉及健康、卫生、安全、公害等产品或服务进入市场而进行的法律方面的规制。与世界各国放松经济性规制的同时加强社会性规制一样,近年来我国在社会性市场准入方面的法律规制也在逐步加强。

资料链接

市场准入的必要性:这些年,有关PX项目的那些争议

从2007年至今,PX项目争议已近9年,每次争论都伴随着一次次选址和群体事件,9年间,共有过8次较大的群体事件与PX项目有关。

2007年6月,为抵制PX项目落户厦门海沧区,部分厦门市民以"散步"的形式,

集体在厦门市政府门前表达反对意见。最终,该项目落户漳州漳浦的古雷港开发区。

2008年5月,为抵制彭州石化项目,约200位成都市民在市区进行"散步"行动。参加的人员都戴着口罩,默不作声,整个游行过程持续约2小时。

2011年8月,大连市民众抗议福佳大化PX项目,该事件促使大连市委和大连市人民政府于当天作出将该项目立即停产并搬迁的决定。

2012年10月,宁波市镇海区部分村民因镇海炼化一体化项目拆迁而集体上访,最终宁波市政府承诺不再建设PX项目,并停止推进整个炼化一体化项目。

2013年5月,成都市民针对成都PX项目进行了一系列反对活动。

2013年5月,昆明市民为反对安宁石化项目走上昆明市街头抗议,昆明市市长李文荣承诺:"大多数群众说不上,市人民政府就决定不上。"

2014年3月,茂名市民为反对PX项目游行,百度百科上也上演了一场PX词条的"上甘岭争夺战"。

2015年,位于福建漳州雷古的PX工厂再次发生爆炸,又将多年来颇受争议的PX推上了舆论浪尖,上次爆炸发生于2013年。

从PX项目屡屡下马,到垃圾焚烧厂被迫流产,再到火葬场放弃建设,近年来,多地反复上演"上马→抗议→停止"的剧情,有的地方还做出了"永不再建"的承诺。一边是,民众一概反对,PX成了群体过敏反应的本能姿态;另一边是,产业需要与地方发展机遇,PX项目,想说爱你真的不容易。

资料链接

市场准入法律规制的必要性:电梯吃人事件

扫描如下二维码,获得案件详情。

诸如此类的事件在我们身边频频发生,我们不禁要问,为何本应安全的电梯如此让人不安心?在事关人的生命与财产安全的电梯行业,是否有特定的行业安全标准来对整个行业进行规范?目前电梯行业缺乏行之有效的行业安全标准,特别是法律规范,现行的行业安全标准没有充分考虑到电梯行业的特性,不符合目前电梯行业的发展情况。这种安全标准的缺失是造成电梯屡屡出现安全问题的重要原因。因此,要解决电梯安全问题,必须制定新的行业安全标准,以此来规范电梯行业的发展。除了要加强电梯制造、安装、使用外,还应该制定电梯后期管理和维护方面的行业安全标准。

> 资料链接

市场准入国际调查

西蒙·杰克(Simeon D. Jankov)等人曾对85个国家的市场准入规则进行了调查,涉及刚成立的企业在其正式运营之前所必须承受的多项程序、法定消耗的时间以及支付的费用等,其调查结果显示:

➤ 每个国家的市场准入程序千差万别。非洲东南部国家莫桑比克就规定,一家刚成立的企业若要正式运营,须完成19道申请程序,前后经历至少149个工作日,花费256美元;相反,加拿大的企业则只需花费280美元,等待2个工作日,完成2道程序即可符合法定条件正常运营。

➤ 遵循法定准入程序成立一家企业所花费的成本各不相同。比如,在美国约该数字占人均生产总值的0.5%,在多米尼加共和国却是人均生产总值的4.6倍,而世界平均数据是约占人均年收入的47%。

➤ 政府对市场准入的规制程度实质上与政治体制、法治环境等因素有密切关系。也就是说,对准入有严格规范的国家往往伴随着高度腐败以及大量非法定的经济体系,而不是更高质量的公共物品或私人产品;但是,对于更为民主的有限政府的国家而言,则往往实行更宽松的准入制度。可见,尽管政府设置市场准入制度是希望从公共利益出发、纠正市场失灵下所发生的资源配置的非效率性和分配的不公正性,从而实现维护社会秩序和稳定的目的,但是,在制度运行实践中,受"管制冲动"、利益集团游说等因素影响,市场准入制度容易成为政府寻租的手段,原本"其使用至少不会给其他人带来利益受损的结果"的市场准入机制,会突破其应有的"弥补市场失灵"的界限,给创业者带来不应有的障碍甚至损害。

因此,了解一国的政治体制、法律制度(含市场准入制度)、法治环境(含市场准入制度运行环境)是创业者投资创业前必须做的一项基本功课。

二 我国市场准入理念变革

市场准入门槛对于一个产业的发展具有重要作用,它不仅决定了一个产业的产业组织形式,同时也决定了一个产业的平均企业规模,是政府规制一个产业的重要手段。根据不同的产业发展的特点,制定相应的市场准入门槛是一个产业顺利成长的保证。

2013年11月,党的十八届三中全会作出《中共中央关于全面深化改革若干重大问题的决定》(以下简称《决定》),特别指出要建立公平开放透明的市场规则,做到实行统一的市场准入制度,在制定负面清单基础上,各类市场主体可依法平等进入清单之外的领域。这既是对十八大精神的深刻解读,也为我国政府变革市场准入理念指明了方向。

- **市场准入制度设立理念:市场准入标准统一**

市场准入制度合理与否的一个重要标准就是统一性,即是否对各类企业一视同仁。

因为，企业只有按照统一的资格条件进入市场，才有可能使经济运行的微观主体遵循普遍性的行为规范，为市场体系的统一性奠定坚实基础；才有可能对各种市场信号作出正常反应，不断加强经营管理，调整产品结构，提高经济效益；也才有可能自觉应对市场变化，积极参与市场竞争，优胜劣汰，实现资源优化配置。

我国市场准入制度统一性不足的重要表现是，民间资本进入金融、石油、电力、铁路、电信、资源开发、公用事业等领域存在隐形市场准入障碍。近年来，国家已经出台了一系列放宽民间投资市场准入的政策，但政策的原则性、导向性大于可操作性，民间投资进入上述行业仍面临种种隐形障碍。有三个原因。一是政策执行中的附加条款。在政策执行中，一些地方和部门以结合实际情况为名增加一些限制性条款。二是准入审批中的"潜规则"。我国市场准入程序较为复杂，法定行政审批涉及多个部门，部门审批又都有内部规则，垄断性行业审批还有特殊规则，操作过程也不透明，使主管部门在审批中往往对不同性质、不同归属的企业实行不同尺度和标准，造成民间资本在市场准入中不得不付出额外成本。三是体制壁垒。一些垄断性行业体制改革滞后，政企不分，主管部门能够利用行政权力维护所属企业利益，通过经营条件、结算办法等方面的规定，阻碍民间投资进入。

- **市场准入标准管理模式：负面清单模式**

当前，我国市场准入制度缺乏统一性的一个重要表现是，实行以正面清单为基础、以行政许可为主导的市场准入制度。也就是说，把允许进入的领域都列在清单上面，没有列入清单的领域或项目，则不允许进入。然而，对允许进入的领域，还要通过行政许可确认准入企业。《决定》指出："要在制定负面清单基础上，各类市场主体可依法平等进入清单之外的领域。"

负面清单（Negative List）指仅列举法律法规禁止的事项，对于法律没有明确禁止的事项，都属于法律允许的事项。负面清单作为一种国际通行的外商投资管理办法，其特征在于以否定性列表的形式标明外资禁入的领域。实践证明，此种模式的采用，对于激发市场主体的活力、扩大市场主体的准入自由、减少政府管制，具有重要的现实意义。在我国，自从上海自贸区率先在外商投资的准入领域实行负面清单制度以来，已经形成一种"非禁即入"的负面清单管理模式，并在全国逐步推行①。

- **市场准入工作重点：切实推进配套改革和制度创新，构建公平的市场准入环境**

依据《决定》精神，必须抓好三件事情。一是对外商投资实行准入前国民待遇加负面清单的管理模式。所谓准入前国民待遇，是指在企业设立、取得、扩大等阶段给予外国投资者及其投资不低于本国投资者及其投资的待遇。二是要推进工商注册便利化，削减资质认定项目，由先证后照改为先照后证，把注册资本实缴登记制逐步改为认缴登记制。三是要推进国内贸易流通体制改革，建设法治化营商环境。

---

① 王利明："负面清单管理模式与私法自治"，载《中国法学》，2014年第5期。

工商注册制度便利化政策解读[①]

(1) 注册资本登记制度改革的意义是什么？

改革工商登记制度，推进工商注册制度便利化，对加快政府职能转变、创新政府监管方式、建立公平开放透明的市场规则、保障创业创新，具有重要意义。

(2) 注册资本登记制度改革的总体目标是什么？

通过改革企业注册资本及其他登记事项，减少对市场主体自治事项的干预，进一步放松对市场主体准入的管制，降低准入门槛，优化营商环境，促进市场主体加快发展；通过改革监管制度，进一步转变监管方式，强化信用监管，促进协同监管，提高监管效能；通过加强市场主体信息公示，进一步扩大社会监督，促进社会共治，激发各类市场主体创造活力，增强经济发展内生动力。

(3) 注册资本登记制度改革的主要内容有哪些？

实行注册资本认缴登记制、放宽注册资本登记条件、简化住所（经营场所）登记手续、推行新版营业执照和电子营业执照、营业执照由原来的15种简化为8种、改革年度检验制度、将企业年度检验制度改为企业年度报告公示制度、推进企业诚信制度建设。

资料链接

国务院关于取消和调整一批行政审批项目等事项的决定（国发〔2015〕11号）

[①] 资料来源：《国务院关于印发注册资本登记制度改革方案的通知》（国发〔2014〕7号）。

3. 扶持政策：产业政策与创业政策

▷ 何谓产业政策

产业政策是政府为了实现一定的经济和社会目标而对产业的形成和发展进行干预的各种政策的总和。这里的"干预"包括规划、引导、促进、调整、保护、扶持、限制等方面的含义。

产业政策是政府为实现促进产业发展与经济增长的目标，制定的调控经济发展或某个行业的生产、经营与交易活动，以及直接或间接干预商品、服务、金融等一系列政策的总称，具体手段包括财政、金融、土地、进出口、税收、政府采购、知识产权保护与行政措施等。

- 产业政策的作用

在市场经济条件下，政府制定与实施产业政策不是要取代或者排斥市场机制对经济活动的基础性调节作用，而是在充分尊重并利用市场机制的基础作用的前提下，对市场缺陷的必要补充。

产业政策是实现宏观调控的重要手段，在促进创业就业、协调经济社会发展中起着重要作用。

- 产业政策与创业

党的十八大报告指出，推进经济结构战略性调整是加快转变经济发展方式的主攻方向，必须以改善需求结构、优化产业结构、促进区域协调发展、推进城镇化为重点，着力解决制约经济持续健康发展的重大结构性问题。优化产业结构是加快形成新的经济发展方式的重要途径。因此，必须把构建现代产业发展新体系作为优化产业结构的主要任务，促进第一、第二、第三产业协调发展，逐步形成以农业为基础、工业为主导、战略性新兴产业为先导、基础产业为支撑、服务业全面发展的产业格局。

鼓励多渠道多形式就业，促进创业带动就业，为贯彻劳动者自主就业、市场调节就业、政府促进就业和鼓励创业的方针，在结构调整中创造创业机会，扩大就业是一个必然选择。

> **延伸阅读**
>
> **我国产业政策的演进与发展**
>
> 20世纪80年代后期，中国正式制定产业政策。产业政策的制定与实施分为两个阶段。第一阶段从20世纪80年代末期至20世纪90年代末期，产业政策的重点是推动总体产业发展，希望通过制定产业政策全面提升产业升级，促进产业发展，推

动经济增长。第二阶段是从2000年至今,产业政策的重点是促进重点产业升级与产业结构调整,产业政策不断细化、覆盖范围不断扩大,除了制定针对总体经济发展的产业政策外,针对重点产业的产业政策不断增多。

1978—1988年,随着逐步实施产业结构调整政策,第二产业畸重状况有所改善,第三产业发展速度加快,三种产业间的比例关系有所协调。

1992年,在确立社会主义市场经济体制改革目标之后,为解决产能过剩与推动产业结构优化,政府不断强调发挥产业政策的作用。有效推动产业发展,带动就业创业,促进经济快速增长。

1992—2000年,是政府逐步发挥产业政策作用、推动产业发展、促进经济发展重要作用的时期,1994年颁布的《90年代国家产业政策纲要》是确立社会主义市场经济体制改革目标后第一个正式的产业政策。1997年通过颁布《当前国家重点鼓励发展的产业、产品和技术目录》等产业政策,努力引导和约束企业行为,调节产能过剩与推动结构调整。

2005年后颁布《关于发布实施促进产业结构调整暂行规定的决定》等政策,分别对国家鼓励类、限制类、淘汰类产业目录提出明确要求,并确定综合利用行政、财税、价格、信贷、环保审批等多种手段进行宏观调控,提出鼓励、限制和淘汰三类目录的原则和具体配套政策措施,希望通过产业政策促进支柱产业发展,从而带动就业创业发展。

法条链接

统筹协调的产业政策与积极的就业政策

《就业促进法》第11条规定,县级以上人民政府应当把扩大就业作为重要职责,统筹协调产业政策与就业政策。第12条规定,国家鼓励各类企业在法律、法规规定的范围内,通过兴办产业或者拓展经营,增加就业岗位。国家鼓励发展劳动密集型产业、服务业,扶持中小企业,多渠道、多方式增加就业岗位。国家鼓励、支持、引导非公有制经济发展,扩大就业,增加就业岗位。

▶ □ 何谓创业政策

伦德斯特罗姆(Lundstrom)和史蒂文森(Stevenson)是最早关注并研究创业政策的两位学者。他们认为:"创业政策是为激励一国或地区经济主体的创业精神并提高其创业活动水平而采取的政策措施。它针对创业过程的前期、中期和后期各个阶段,着眼于创业者的创业动机、机会和技能,以鼓励更多的人创建自己的企业作为首要目标。"

创业政策是以刺激创业为本质,以支持创业过程为核心,以减少初创企业的不确定性为目标,通过改善文化、制度等环境因素,运用政策工具来培育创业家和中小企业,促进创业活动的政策。

大学生创业政策的本质、核心和目标与一般的创业政策并无差别,只是它是针对大学生这一特定目标群体而制定的,其宗旨是通过增强大学生的创业意识,提升大学生的创业能力,从而有效地促进大学生创业。

● 创业政策的类型

党的十七大提出"实施扩大就业的发展战略,促进以创业带动就业","完善支持自主创业、自谋职业政策,加强就业观念教育,使更多劳动者成为创业者";党的十八大提出"引导劳动者转变就业观念,鼓励多渠道多形式就业,促进创业带动就业"。创业可以增加就业机会,是落实建设新型国家战略的需要。大学生创业既是我们教育体制改革和高新技术产业跨越式发展的动力源,也是繁荣社会主义市场经济、加速我国经济发展的动力源。为此,国家和政府出台了一系列的创业政策性文件。

➢ 创业能力扶持政策。创业能力扶持政策是指通过创业培训、创业指导、创业孵化等一系列举措,强化大学生的创业意识,提升大学生创业能力,实现大学生成功创业。

资料链接

大学生创业扶持政策

1. 大学生创业引领计划。2010年5月,人力资源和社会保障部发出《关于实施大学生创业引领计划的通知》(人社部发〔2010〕31号),大学生创业引领计划包含创业培训、政策扶持、创业指导、创业孵化等内容。该计划希望通过调动社会各方面力量,采取一系列鼓励、引导和扶持措施,强化创业意识,提升创业能力,改善创业环境,健全创业服务,引导和带领一大批大学生通过创业实现就业。

2. 国家级大学生创新创业训练计划。2012年2月,教育部发布《关于做好"本科教学工程"国家级大学生创新创业训练计划实施工作的通知》,国家级大学生创新训练项目经费由中央财政和地方财政共同负担,该计划重在推动人才模式的改革,包括对导师队伍建设的改革、改革大学生创业条件的设置、营造良好的创业文化氛围。

3. 普通本科学校创业教育活动。2012年8月1日,教育部办公厅印发《关于〈普通本科学校创业教育教学基本要求(试行)〉的通知》(教高厅〔2012〕4号),要求高等学校推动创业教育科学化、制度化、规范化建设,切实加强普通高等学校创业教育工作。

➢ 创业融资扶持政策。目前我国大学生创业基金项目主要有中国大学生就业创业基金、国家科技型中小企业技术创新基金、中小企业国际市场开拓资金、华图教育大学生创业基金、中国青年创业国际计划等。

➢ 创业开办扶持政策。大学生创业的实体往往是各类型的企业,在开设的过程中,一般须缴纳企业注册登记费、证照工本费、管理费等行政事业性收费,这些费用的缴纳使得原本就囊中羞涩的大学生更加举步维艰。近年来,国家出台了一些减免行政事业性收费的政策,如2011年财政部、国家发改委印发的《关于免征小型微型企业部分行政事业性收费的通知》,免征小型微型企业22项收费,为大学生创业减轻了负担。

➢ 创业税收扶持政策。国家为支持和鼓励大学生创业,对大学生创业群体给予税收上的优惠,大学生创业每户每年免税8 000元。2010年10月,财政部、国家税务总局出台《关于支持和促进就业有关税收政策的通知》,对持"就业失业登记证"或"高校毕业生自主创业证"的高校毕业生从事个体经营的,在3年内按每户每年8 000元为限额依次扣减当年应当缴纳的营业税、城市维护建设税、教育费附加和个人所得税。

同时,地方政府也出台了一系列的创业扶持政策,进一步细化的国家创业扶持政策。例如,2011年7月重庆市启动的《泛海扬帆——重庆大学生创业行动》,2011年12月杭州市推行的《杭州大学生创业三年行动计划(2011—2013年)》等。

➢ 创业人事扶持政策。各地方政府和高校未来鼓励大学生创业,在人才引进、户籍和居住证管理、档案管理和学籍管理等方面出台一系列扶持政策。例如,天津市《促进高校毕业生就业的意见》规定,对在校大学生自主创业的保留2年学籍;上海市对于大学生创新创业的免费提供2年的企业员工人事档案管理,并免费提供有段创业政策、创业资金申请、资金使用、营销技巧、员工管理等的培训服务;南京市鼓励高校允许全日制在校大学生休学创业,并将休学创业计入学分。

● 大学生创业园

大学生创业园是政府或高等学校为鼓励大学生创业,依托政策优惠,提供大学生创业资助基金、融资担保、贷款贴息和场地租金优惠等资助,专门为大学生创业提供指导和综合服务的机构。2009年9月,辽宁省成立大学生创业教育实训基地,这是全国首家为大学生创业提供综合指导与服务的省级公益性基地。2014年5月9日,国务院办公厅下发了《关于做好2014年全国普通高等学校毕业生就业创业工作的通知》,明确2014—2017年在全国范围内实施大学生创业引领计划。"十二五"期间,江西省实施"江西省高校学生科技创新创业活动计划",计划在"十二五"期间投入5 000万元,建设50个"大学生科技创新创业基地";投入2 500万元资助,培育2 500个大学生科技创新创业项目。

政 策 链 接

大学生主要创业政策性文件

表2-4 我国现行大学生创业促进政策相关文件(2002—2015)(部分)

2002年	国务院办公厅转发教育部等部门《关于进一步深化普通高等学校毕业生就业制度改革有关问题意见的通知》国办发〔2002〕19号(2002.3);教育部、公安部、人事部、劳动保障部《关于切实做好普通高等学校毕业生就业工作的通知》教学〔2002〕16号(2002.9);教育部《关于进一步加强普通高等学校毕业生就业指导服务机构及队伍建设的几点意见》教学〔2002〕18号(2002.12)等

(续表)

2003年	人事部《关于做好2003年全国普通高等学校毕业生就业接收工作的通知》人发〔2003〕10号(2003.1);教育部《关于进一步深化教育改革,促进高校毕业生就业工作的若干意见》教学〔2003〕6号(2003.4);国务院办公厅在《关于做好2003年普通高等学校毕业生就业工作的通知》国办发〔2003〕49号(2003.5);财政部、国家发展和改革委员会《关于切实落实2003年普通高等学校毕业生从事个体经营有关收费优惠政策的通知》财综〔2003〕48号(2003.6);2003年6月,劳动与社会保障部《关于贯彻落实国务院办公厅关于做好2003年普通高等学校毕业生就业工作的通知若干问题的意见》劳社部发〔2003〕14号(2003.6);国家工商行政管理局《关于2003年普通高等学校毕业生从事个体经营有关收费优惠政策的通知》工商个字〔2003〕第76号(2003.6)等
2004年	人事部《关于加快发展人才市场的意见》国人部发〔2004〕12号(2004.2);国务院办公厅《关于进一步做好2004年普通高等学校毕业生就业工作的通知》国办发〔2004〕35号(2004.4)等
2005年	国务院《关于进一步加强就业再就业工作的通知》国发〔2005〕36号(2005.12);人事部办公厅关于转发辽宁省人事厅、公安厅《关于高校毕业生通过中国东北毕业生人才市场办理就业手续有关问题的通知》国人厅发〔2005〕146号;劳动和社会保障部《关于上报高校毕业生就业工作情况的函》劳社培就司函〔2004〕131号(2005.12)等
2006年	财政部、国家发展改革委《关于对从事个体经营的下岗失业人员和高校毕业生实行收费优惠政策的通知》财综〔2006〕7号(2006.1);人事部、教育部、财政部、劳动和社会保障部、国务院国有资产监督管理委员会、国防科学技术工业委员会《关于建立高校毕业生就业见习制度的通知》国人部发〔2006〕17号(2006.2);劳动保障部办公厅《关于开展大中专技校毕业生就业服务月活动的通知》劳社厅函〔2006〕388号(2006.8)等
2007年	国务院办公厅《关于切实做好2007年普通高等学校毕业生就业工作的通知》国办发〔2007〕26号(2007.4);劳动和社会保障部《关于做好2007年高校毕业生就业有关工作的通知》劳社部发〔2007〕13号(2007.4);国务院《关于建立健全普通本科高校高等职业学校和中等职业学校家庭经济困难学生资助政策体系的意见》国发〔2007〕13号(2007.5);教育部、人事部、劳动保障部《关于积极做好2008年普通高等学校毕业生就业工作的通知》教学〔2007〕24号(2007.11);等等
2008年	国务院《关于做好促进就业工作的通知》国发〔2008〕5号(2008.2);劳动和社会保障部《关于印发2008年培训就业工作安排的函》劳社培就函〔2008〕1号(2008.2);劳动与社会保障部关于贯彻实施《国务院关于做好促进就业工作的通知》劳社部发〔2008〕8号(2008.3)等
2009年	国务院办公厅《关于加强普通高等学校毕业生就业工作的通知》国办发〔2009〕3号(2009.1);共青团中央办公厅关于印发《关于建立共青团"青年就业创业见习基地"的指导意见(试行)》中青办发〔2009〕3号(2009.1);国家工商总局《关于实施三年百万高校毕业生就业见习计划做好毕业生就业创业工作的通知》工商个字〔2009〕121号(2009.6)等

(续表)

2010年	人力资源社会保障部、发展改革委、财政部《关于进一步实施特别职业培训计划的通知》人社部发〔2010〕13号(2010.2);国务院《关于加强职业培训促进就业的意见》国发〔2010〕36号(2010.10);等等
2011年	国务院《关于进一步做好普通高等学校毕业生就业工作的通知》国发〔2011〕16号(2011.5);教育部《关于做好2011年全国普通高等学校毕业生就业工作的通知》教学〔2010〕11号(2011.11)等
2012年	教育部《关于做好2012年全国普通高等学校毕业生就业工作的通知》教学〔2011〕12号;人力资源社会保障部《关于加强高校毕业生职业培训促进就业的通知》人社部发〔2012〕20号(2012.3);国务院办公厅《关于做好2013年全国普通高等学校毕业生就业工作的通知》国办发〔2013〕35号(2012.5)等
2013年	人力资源和社会保障部《关于建立31个大中城市就业形势分析月报制度的通知》人社部函〔2013〕67号(2013.4);人力资源社会保障部《关于实施离校未就业高校毕业生就业促进计划的通知》人社部发〔2013〕41号(2013.5);人力资源社会保障部、教育部、财政部《关于做好高校毕业生求职补贴发放工作的通知》人社部发〔2013〕43号(2013.6);财政部、人力资源社会保障部、中国人民银行《关于加强小额担保贷款财政贴息资金管理的通知》财金〔2013〕84号(2013.9)等
2014年	国务院办公厅《关于做好2014年全国普通高等学校毕业生就业创业工作的通知》国办发〔2014〕22号(2014.5);人力资源和社会保障部、国家发展和改革委员会、教育部等九部委《关于实施大学生创业引领计划的通知》人社部发〔2014〕38号(2014.5)等
2015年	中央组织部、人力资源社会保障部等九部委《关于做好2015年高校毕业生"三支一扶"计划实施工作的通知》人社部发〔2015〕34号(2015.7);人力资源社会保障部《关于做好2015年全国高校毕业生就业创业工作的通知》人社部函〔2015〕21号(2015.2)等

● **高校毕业生的创业优惠政策**

➢ 免收有关行政事业性收费。高校毕业生从事个体经营,且在工商部门注册登记日期在其毕业后2年内的,自其在工商部门首次注册登记之日起3年内免收管理类、登记类和证照类行政事业性收费。

➢ 享受培训补贴。离校后登记失业的毕业生,参加人力资源社会保障部门举办的创业培训,可享受职业培训补贴。

➢ 免费创业服务。有创业意愿的高校毕业生,可免费获得公共就业服务部门提供的创业指导服务,包括项目开发、方案设计、风险评估、开业指导、融资服务、跟踪扶持等内容。

➢ 参加"三支一扶"工作服务期满自主创业的,可享受行政事业性收费减免、小额贷款担保和贴息等有关政策。

➢ 自主创业的高校毕业生,可以个人委托政府批准的人事代理机构办理委托管理。

创业法学

经典案例

陈宏雷的创业故事①

"仅仅是一个小规模的代理商,年利润就可达上百万元,这对于我们这些刚毕业的大学生来说,无疑是个巨大的诱惑。"事隔两年,再回忆起当初的创业动机,陈宏雷仍是一脸的骄傲。

"如果不是老板太苛刻,我也不会想到去抢他的生意。"毕业三年,已成为一个小老板的陈宏雷笑着说。

2008年,陈宏雷从河北农业大学毕业,并顺利被保定一家主营润滑油的贸易公司录取。工作之初,他和所有刚走出大学校门的学生一样,充满激情且干劲十足。短短半年内,已成为公司销售量最多的业务员。

然而,随着业绩不断提升,他的工资却一直原地不动,老板甚至还编出各种理由克扣工资,忍无可忍的陈宏雷随即递交辞职申请。

2009年年初,陈宏雷与和他一起辞职的张军,将两人手头20余家客户资料详细罗列出来,并凑了8万余元,开始创办属于自己的企业。然而,接下来的创业经历并不如他想象的那么顺利。

由于资金略紧,开业之初,陈宏雷想尽各种办法减少开支。没有存货仓库,他就把亲戚家的库房腾出一块空地堆放货物,办公室选在房租比较便宜的保定市郊区;进货渠道上也竭尽所能,运用各种关系、通过各种渠道寻找最便宜的商品。

"刚开始时,什么都不会,也不懂,一步一步都是在摸索中开始的。"陈宏雷告诉记者,由于市区内竞争压力大,自身又欠缺工作经验和人脉关系,他们只好用最笨的办法,通过网络寻找一切有可能使用润滑油的企业,范围不仅局限在保定市区,还扩展到周边县域。"但县域的企业多建立在村落当中,即使有地图也很难找到。我们又没有车,只能靠公交车或步行。"陈宏雷说,他曾为寻找某家企业在大热天徒步行走了15公里。不过值得欣慰的是,公司运营一年后,他们就收回了成本,并开始盈利。

- **小额担保贷款优惠政策**

自愿到西部地区及县以下的基层创业的高校毕业生,自筹资金不足时,也可向当地经办银行申请小额担保贷款。关于小额担保贷款的优惠政策,其主要内容如下。

➢ 可申请小额担保贷款的人员。登记失业人员、军队退役人员、被征地农民、残疾人、随军家属、高校毕业生、返乡农民工自谋职业、自主创业以及境外就业的,有创业愿望和创业能力、经营项目符合国家产业政策、具有完全民事行为能力、无不良信用记录、具备偿还贷款能力的城乡妇女,均可申请小额担保贷款。

➢ 小额担保贷款的用途。小额担保贷款是指通过政府出资设立担保基金,委托担保机构提供贷款担保,由经办商业银行发放,以解决符合一定条件的待就业人员从事

---

① 张汝山、张林编著:《大学生创业案例解析》,南京大学出版社2013年版。

个体经营自筹资金不足的一项贷款业务。小额担保贷款主要用做自谋职业、自主创业或合伙经营和组织起来创业的开办经费和流动资金。

➢ 小额担保贷款额与贷款期限。国家规定个人申请额度最高不超过5万元,劳动密集型小企业最高不超过200万元。各地区对申请小额担保贷款额度有不同规定,许多地区额度还高于5万元,如山东省规定,对符合条件的妇女合伙经营和组织起来就业的,人均贷款额度上限为10万元。小额担保贷款的期限一般不超过2年,可展期1年。

➢ 小额担保贷款申请程序。小额担保贷款按照自愿申请、社区推荐、人力资源社会保障部门审查、贷款担保机构审核并承诺担保、商业银行核贷的程序,办理贷款手续。各国有商业银行、股份制商业银行、城市商业银行和城乡信用社都可以开办小额担保贷款业务,各地区根据实际情况确定具体经办银行。在指定的具体经办银行可以办理小额担保贷款。

➢ 属于小额担保贷款的微利项目。中国人民银行、财政部、原劳动和社会保障部等联合下发了《关于改进和完善小额担保贷款政策的通知》(银发〔2006〕5号),明确由各省、自治区、直辖市、计划单列市人民政府结合实际确定微利项目的范围。项目范围主要包括家庭手工业、修理修配、图书借阅、旅店服务、餐饮服务、洗染缝补、复印打字、理发、小饭店、小卖部、搬家服务、钟点服务、家庭清洁卫生服务、初级卫生保健服务、婴幼儿看护和教育服务、残疾儿童教育训练和寄托服务、养老服务、病人看护、幼儿和学生接送服务等。

➢ 小额担保贷款微利项目贴息比例。登记失业人员、就业困难人员、军队退役人员和残疾人申请小额担保贷款并从事微利项目的,由同级财政据实全额贴息(展期不贴息);符合条件的其他人员申请小额担保贷款并从事微利项目的,由同级财政给予50%(中央财政和地方财政各承担25%)的贴息。

资料链接

各地创业资金支持政策

目前,各地方政府在创业基金、小额担保贷款、现金资助、政策优惠、创业奖学金等方面出台了一系列融资扶持政策,鼓励大学生创业。

上海市2005年启动大学生科技创业基金,用于资助上海高校毕业生以科研成果或专利发明创办科技企业;重庆市在小额担保贷款基金中,设立1亿元的大中专毕业生创业基金,对于高校毕业生自主创业的,可从毕业学年起申请小额担保贷款,并按规定享受财政贴息政策。

山东省2011年出台《山东省省级大学生创业引领专项扶持资金管理使用暂行办法》,对支持大学生创业显著的市给予补助,并对经省人力资源社会保障厅、省财政厅评审认定并授牌的省级大学生创业孵化示范基地和创业示范园给予一次性奖励。

广东省2009首次设立科技型中小企业技术创新专项资金,对成功申请这一专项资金的大学生创业项目给予最高20万元的无偿资助。

> 广西省2012年3月开始实行《加快推进微型企业发展工程实施方案》，在校大学生申办微型企业可以享受包括政府资金补助在内的多项优惠政策；天津市设立大学生创新、创业奖，大学生只要独立或合伙完成注册公司就有机会申报创业奖，并且申报创业奖可以延伸到毕业后两年内。
>
> 江西省2014年出台大学生创业优惠政策，离校未就业、到小微企业就业或自主创业的高校毕业生，可由当地省、市、县一级的公共就业人才服务机构免费保管其档案。实施新一轮大学生创业引领计划，利用三年时间，从普及创业教育、加强创业培训、提供工商登记和银行开户便利、提供多渠道资金支持和经营场所支持、加强创业公共服务等方面，帮助大学生自主创业，提高大学生创业比例。

本章概要

创业法律环境包括市场自由、市场准入和创业政策三个方面。市场自由是创业法律环境的重要组成部分，市场自由包括竞争自由、经营自由和合同自由。创业组织作为市场主体，有订立合同的自由，有公平竞争的权利，但自由是有边界和限度的，是在法律限度内的自由，违反合同、违背公平竞争，将会带来创业风险。

创业企业设立，存在市场准入的问题。政府对市场准入的规制程度实质上与政治体制、法治环境等因素有密切关系。因此，创业者对了解该国的政治体制、法律制度（含市场准入制度）、法治环境（含市场准入制度运行环境）等情况。

创业政策是以刺激创业为本质，以支持创业过程为核心，以减少初创企业的不确定性为目标，通过改善文化、制度等环境因素，运用政策工具来培育创业家和中小企业，促进创业活动的政策。大学生创业享受创业培训、免费创业服务、小额担保贷款、创业税收扶持等创业优惠政策。产业政策是实现宏观调控的重要手段，在促进创业就业，协调经济社会发展中起着重要作用。

专题讨论

1. 你认为理想的创业法律环境是怎样的？
2. 你如何理解"大众创业、万众创新"的创业法律环境？
3. 你认为创业扶持政策和创业竞争政策哪一个更重要？
4. 面对"打车难"的现象，人们开始在科技领域内寻找新的方法来解决这一问题，打车软件由此产生并获得巨大成功。一方面，打车软件解决了司机和乘客之间的信息不对称问题、降低了司机的空驶率、节约了双方的交易成本、有利于社会公共资源的优化配置；另一方面，"烧钱"大战使得打车软件市场开始了重新洗牌，没有雄厚资金支撑的打车软件公司开始纷纷退出了相关市场；同时，黑车的混入、司机挑客、恶意刷单、乘客安全、投诉无门、监管漏洞、老年人打车难、个人信息安全保护等一系列问题也不容忽视。请问：从市场准入、市场监管的角度如何看待打车软件治理问题？

创业实训

设计滴滴打车准入政策及扶持政策框架

加盟滴滴专车分为"带车加盟"和"应聘司机"两种形式①。带车加盟会比应聘司机要求高些,首先需要有营运资质以及交通全险,对于车辆的价位同样也有要求,最低要求在 10 万元以上,车辆本身的里程数要求在 8 万公里以下。据介绍,滴滴公司规定不接受个人挂靠,必须由本人先加盟租赁公司,审核资料通过后才能加盟。加盟租赁公司的车辆才有资格进入公司的管理范畴。

应聘司机首先需要登记个人信息,还要进行面试。个人应聘司机,对于驾龄暂无强制规定,只需要有驾驶证,通过简单的路考即可上路。对司机个人形象的考核也将成为面试的环节,滴滴专车要求司机必须按国宾车队司机标准着装接送乘客,白色衬衫、蓝色西裤、黑色皮鞋、白色手套。对于加盟的车辆也有要求,凯美瑞、雅阁、奔驰、宝马等品牌同级别及以上车型即可。

根据所提供的材料,结合现行规定,请分析滴滴打车是否存在市场准入政策?如存在,请草拟滴滴打车市场准入政策框架。现行创业扶持政策是否有利于滴滴打车制度的推行?请设计如何争取滴滴打车扶持政策框架。

---

① 参见网管之家:《怎么成为滴滴打车司机》,http://www.bitscn.com/shouji/soft/480708.html,2015 年 6 月 18 日访问。

第三章 创业组织法

【创业视频扫一扫】

乔 布 斯[①]

苹果公司从一家成立于车库的三人合伙制公司发展成为誉满全球、市值最大的上市公司,其成功不仅仅源于乔布斯本人的个人魅力,还源于乔布斯组建了强大的管理团队以及对管理团队和核心员工的有效激励。请扫一扫如下二维码,观看视频"乔布斯",与小伙伴及老师讨论在不同的创业时期应选择怎样的创业组织形式,并开始本章的学习。

创 业 导 读

从史蒂夫·乔布斯的创业故事来看,在创业之初,乔布斯和他的创业伙伴选择了合伙企业的组织形式,但毕竟个人能力有限,创业者难以筹措到足够的创业资金。后来,乔布斯改变了创业组织形式,选择了有限责任公司的创业组织形式并创建了新的苹果电脑有限公司,但由于公司股权结构没有安排好,乔布斯没有获得对公司的控制权,最终导致乔布斯被逐出自己亲手创建的苹果公司。

在乔布斯重新创业并创立了 NeXT 公司时,他吸取了上一次"下野"的教训,持有了公司 63%的股份并获得了对公司的控制权。后来,在迪士尼公司收购乔布斯经营的皮克斯公司时,乔布斯再次吸取教训,在迪士尼董事会获得一席之地并成为迪士

---

① 资料来源:http://v.youku.com/v_show/id_XNjIyMjY4MjM2.html?from=s1.8-1-1.1。

尼最大的个人股东。在1996年,苹果公司收购NeXT软件公司时,乔布斯作为NeXT软件公司最大股东再次回归苹果公司。在出任苹果公司董事会成员之后,乔布斯辞掉了与他意见不合的主管,换上了他信任的人并重组了苹果公司的董事会。乔布斯还积极推动了苹果公司的股票期权计划,大大激发了公司高管和员工的积极性。通过一些积极措施,在吸取了被自己创建的苹果公司踢出局的教训后,乔布斯重新牢牢地掌握了对苹果公司的控制权。

苹果公司从一家成立于车库的三人合伙制公司发展成为誉满全球、市值最大的上市公司,其成功不仅仅源于乔布斯本人的个人魅力,还源于乔布斯组建了强大的管理团队以及对管理团队和核心员工的有效激励。当然,最重要的是,乔布斯在不同的创业时期选择了适当的创业组织形式,特别是苹果公司的上市最后造就了乔布斯及其创业伙伴的财富传奇。

★ 1. 创业组织形式的选择

创业组织形式,是指创业者在创业活动中,以何种形式设立企业,从事生产经营活动。根据商主体法定原则,企业的法律组织形式是由法律规定,创业者只能设立符合法律规定的企业组织形式,而不得任意创设法律规定之外的企业组织形式。

依照我国现有法律法定,创业者可以选择的创业组织形式主要有四种:个体工商户、个人独资企业、合伙企业和公司企业。

▶ □ 个体工商户

在创业初期,创业者可以个人或与其家庭成员一同设立个体工商户,用个人财产或家庭共有财产进行投资,如果收益供家庭成员享有,则企业债务以家庭共有财产清偿。在所有的创业组织形式中,个体工商户这种创业组织形式无需较多资金,也不用办理复杂的登记手续,是最为普遍和广泛使用的一种创业形式。但是,这种创业组织形式的优势和劣势也十分明显。

- **个体工商户的优势**
  ➢ 成立简便——这是一种设立和维持成本不高的企业结构形式,受政府的要求与约束最少;
  ➢ 独享利润——经营者无须与其他人分享利益经营收益;
  ➢ 企业控制权强——在整个运营中,企业控制权和决策权皆归创业者拥有;
  ➢ 灵活性——创业者可以日常的决策形式,迅速回应企业和市场的需求;
  ➢ 税收方面——创业者无须缴纳企业所得税,只需缴纳个人所得税;
  ➢ 关闭容易——创业者可自行关闭,停止交易。

- **个体工商户的劣势**
  - ➤ 无限责任——创业者对企业所有债务负责，如果涉及家庭财产，则以家庭财产负责；
  - ➤ 企业稳定性差——如果创业者生病或死亡，企业将陷入瘫痪或倒闭；
  - ➤ 资金来源少——创业者个人或家庭财产毕竟有限，难以筹措到长期资金；
  - ➤ 管理欠科学——企业经营单靠个人能力和技巧，制约了企业长期、稳定、健康的发展。

总之，从创业角度而言，个体工商户这种创业组织形式，解决创业者个人生存问题容易，但寻求较大的发展较难。为此，这种创业组织形式比较适合于创业初期阶段。

轶事趣闻

子承父业，硕士养猪[①]

累了吗？让脑袋休息一下，扫描如下二维码，了解更多课后内容。

二 个人独资企业

个人独资企业，系由一名自然人（中国公民）投资，财产为创业者个人所有，创业者以其个人财产对企业债务承担无限责任的企业形式。个人独资企业不具备法人资格，创业者设立个人独资企业，不得使用"有限""有限责任""公司"等字样。从法律上而言，有学者认为，个人独资企业和个体工商户很难用明确的标准来予以区分[②]。

- **个人独资企业的优势**
  - ➤ 出资额没有限制；
  - ➤ 设立容易；
  - ➤ 创业者对企业的控制力强；
  - ➤ 无须缴纳企业所得税。

---

① 许顺：《统领猪大军的硕士"猪倌"》，http://www.ytnews.cn/2013/06/20/100187408.html，2015年6月30日访问。

② 详细内容参见史际春著：《企业和公司法》（第二版），中国人民大学出版社2008年版，第397—400页。

- 个人独资企业的劣势

➢ 创业者须承担无限责任,一旦经营不善,创业者不仅以独资企业的财产清偿债务,还须用自己的其他财产清偿债务;

➢ 个人独资企业难以在资本市场上筹集资金,企业所有权转让也比较困难。

与个体工商户创业组织形式一样,个人独资同样非常容易满足不同个体的投资创业需求,但由于其上述劣势的存在,同样仅适合创业初期阶段。

延伸阅读

《个人独资企业法》催生 21 世纪中国经济发展新亮点[①]

1999年8月30日,我国颁布了《中华人民共和国个人独资企业法》,这是继《公司法》《合伙企业法》之后,我国制定的第三部规范市场主体的法律,也是与个体经济关系最为密切的一部法律。

当年,我国著名经济学家厉以宁就指出,《个人独资企业法》的出台无异于私营经济领域的又一场革命,它将会有效地促进个人独资企业积极、快速地发展。"如同当年农村普遍开展联产承包责任制,个人独资企业将掀起新一轮经济发展热潮。"《个人独资企业法》之所以获得如此高的评价,其原因不外乎如下三个方面。

首先,《个人独资企业法》使我国市场主体立法趋于完备。自从党的十四大确定了建立社会主义市场经济体制的目标以来,我国立法机关按照社会主义市场经济的要求,确定以投资方式和责任承担形式作为标准,将企业划分为公司企业、合伙企业、个人独资企业等基本类型,从而合理地构建规范市场主体的法律框架。《个人独资企业法》充分体现了设立简便、鼓励发展的原则,鼓励公民个人依法进行投资经营活动。长期以来,企业设立程序烦琐、时间太长影响了个人投资创业的积极性。《个人独资企业法》借鉴发达国家的经验和做法,为个人投资创业提供了便利条件。

其次,《个人独资企业法》使更多国人的投资创业梦想成为现实。中国缺少"老板"是失业问题产生的一个重要原因。中国劳动学会常务理事葛寿昌教授认为:如果社会上大家都不愿意当企业家去雇人,而都等着别人来雇佣自己,失业现象就不可避免地产生出来。《个人独资企业法》的出台使个人创业变得更加容易,将使更多的人有机会去投资创业,去雇佣更多的人。这样,一则增加了就业机会,二则刺激了经济增长,真可谓一石多鸟。

最后,《个人独资企业法》增强了个人投资者的风险意识。《个人独资企业法》的实施,一方面使个人投资创业的门槛降低了,另一方面则使个人投资者的风险意识增强了。《个人独资企业法》明确规定:投资人以其个人财产对企业债务承担无限责

[①] 吴伟光:"《个人独资企业法》催生21世纪中国经济发展新亮点",载《南方经济》,2002年第1期。

任。个人独资企业解散后，原投资人仍须对个人独资企业存续期间的债务承担偿还责任。如果投资人在申请企业设立登记时明确以其家庭共有财产作为个人出资的，应当依法以家庭共有财产对企业债务承担无限责任。面对个人独资企业这种责任形式的规定，无形之中，投资者和经营者的责任心也增强了。

在当下我国大众创业、万众创新的新时代，个人采用个人独资企业形式来投资创业将会是我国未来经济快速增长的新亮点。

合伙企业

个体工商户和个人独资企业发展到一定的时期，为进一步整合潜在投资者的资金和技术，很可能演变成为合伙企业。

合伙企业，是指由合伙人订立合伙协议，共同出资，共同经营，共享收益，共担风险，并对合伙企业债务承担无限连带责任的企业组织形式。根据我国《合伙企业法》，由于合伙人的责任不同，创业者可以选择设立普通合伙、有限合伙和特殊的普通合伙三种形式。

➢ 普通合伙——所有合伙人对合伙企业债务承担无限连带责任；
➢ 有限合伙——有限合伙人以出资额为限对合伙企业债务承担有限责任，其他普通合伙人对企业债务承担无限连带责任；
➢ 特殊的普通合伙——因故意或重大过失造成企业债务的合伙人对企业债务承担无限连带责任，其他合伙人对该债务则以出资额为限承担有限责任。

● **合伙企业的优势**
➢ 成立简单——合伙企业的成立程序简单、费用较低；
➢ 直接回报——创业者可直接分享利润，合伙人将被激励而全力以赴；
➢ 灵活性——合伙企业比独资企业可能获得更多的资金和技能；
➢ 敏感性——合伙企业通常能以日常决策迅速回应企业的需要；
➢ 私密性——合伙人没有必要向公众披露企业财务及运行情况。

● **合伙企业的劣势**
➢ 风险较高——无论何种合伙形式，至少有一个合伙人需要对合伙企业债务承担无限责任；
➢ 融资能力较差——相比下文提及的公司企业而言，合伙企业在资本市场获得资金的能力较弱；
➢ 退出较难——当其中一个合伙人要退出合伙企业时，需要有事先约定的退出事由发生或经全体合伙人一致同意；
➢ 连续性差——由于合伙企业具有浓厚的人合性质，任何一个合伙人的破产、死亡或退伙，都将导致合伙企业的解散，不利于企业的可持续发展。

延伸阅读

有限合伙制度大有可为

我国 2006 年新修订的《合伙企业法》适应时代发展的需要，增加了有限合伙的形式。有限合伙具有普通合伙和公司所不具备的优点，在大众创业、万众创新的时代将大有可为。

首先，有限合伙人的责任有限性将极大调动创业者的投资热情。不同的创业者拥有不同的风险偏好。资金实力强大者，敢于冒险，愿意投资普通合伙，愿意对合伙债务承担无限连带责任；资金实力较弱者，注重稳妥，不敢冒很大的投资风险，也不愿对合伙债务承担无限连带责任。然而，在有限合伙中，普通合伙人既享有对合伙事务的管理权，又对合伙债务承担无限责任，这就把普通合伙人与有限合伙的命运紧紧捆在一起，也为普通合伙人努力提高有限合伙的经营绩效提供了巨大的动力和压力，从而避免或者降低了普通合伙人的道德风险。同时，由于有限合伙人对合伙债务负有限责任，这可以免除其诸多后顾之忧。这有助于有限合伙企业吸引更多的有限合伙人入伙，从而筹集更多的创业资本。

其次，有限合伙协议的灵活性方便了创业者按照自己的意愿安排合伙事务，有利于实现投资者与投知者的最佳组合，做到有钱的出钱，有力的出力。采用有限合伙的形式，各合伙人的出资方式可以突破公司法上的诸多限制，可以在合伙协议中自行约定，从而使得资金、资产、资源、技术、劳务等诸要素的拥有者，基于自己的意志通过有限合伙以无限责任或有限责任的形式出现，从而实现取长补短、优势互补。拥有技术成果的人可以以技术成果出资且不受出资比例限制。有富余资金又无心经营的人，可以仅仅提供资金而不承担经营管理的责任，且可以在合伙协议中约定与出资比例不同的损益分配比例。一无所有但精通经营之道的人士也可以以自己的管理才能出资。可以说，有限合伙更有利于实现全民创业的需要。

再次，有限合伙的税负单一性有利于避免双层征税并激发投资者的创业热情。我国取消了对合伙企业征收企业所得税的做法，这对有限合伙的健康迅猛发展无疑是个巨大推动。对于有限合伙人而言，要想获得有限责任待遇、降低投资风险，投资于有限责任公司或者股份有限公司亦无不可，但投资于有限合伙，相比公司更多的税收优惠待遇，对于创业者而言无疑将产生巨大的诱惑。

最后，有限合伙的经营活动比公司的经营活动更具有保密性。凡是公司，都要满足起码的信息披露制度要求，即公示要求。上市公司遵守的信息披露要求比起其他类型的公司来说更加严格。根据《合伙企业法》的规定，合伙企业应当遵守的信息披露要求要比公司宽松得多，而且此种要求仅以满足合伙企业债权人和政府监管机构为限。有限合伙的这种保密性，对于有限合伙中的有限合伙人和普通合伙人当然具有很强的吸引力。

视频链接

房产抵押 14 万 6 是合伙入股还是借款①

累了吗？让脑袋休息一下，扫描如下二维码，了解更多课后内容。

视频链接

合伙做生意，要同甘共苦、共担风险②

累了吗？让脑袋休息一下，扫描如下二维码，了解更多课后内容。

▶ □ 公司企业

公司是由股东出资设立，股东以其出资额为限对公司债务承担有限责任，公司以其全部财产对公司债务承担责任的企业形式。根据我国《公司法》的规定，创业者可以选择投资设立有限责任公司和股份有限公司。

- **有限责任公司**

有限责任公司的股东人数有法律限制，一般不超过 50 人，因此，股东之间具有很强的人合性，公司也具有很强的封闭性。如果创业者设立中小企业，有限责任公司的形式是一种较好的选择。

➤ 有限责任公司的优势：公司的设立程序较为简便，组织机构简单，由于股东人数一般较少，公司也比较容易管理。这种企业形式既保留有限责任的优点，又克服了股权分散、股东责任心不强的缺点。同时，由于企业具有很强的封闭性，公司的财务及运营信息无须向社会公开，易于保护企业商业秘密。

➤ 有限责任公司的劣势：这种企业形式的最大缺点是融资能力不强，股权转让

---

① 资料来源：http://baidu.pptv.com/watch/5449998682479387951.html？page=videoMultiNeed。
② 资料来源：http://baidu.pptv.com/watch/08157889579057780708.html？page=videoMultiNeed。

受到严格限制,规范化程度较低,缺乏公开性以及公众监督。

- 一人公司

如果创业者只有一个股东,又想获得有限责任制度的保护,创业者可以选择设立一人有限公司。

➤ 一人公司的优势:这种企业形式因为只有创业者一个股东,其工作效率高、决策迅速;市场适应性强,更有利于保护企业商业秘密。

➤ 一人公司的不足:这种企业形式组织机构难以健全,缺乏有效的制约机制,不利于债权人利益的保护,也不利于企业的进一步发展壮大。

- 股份有限公司

股份有限公司的主要特点是将公司全部资产分为等额股份,股东人数无最高限制,股东责任具有有限性,股份的发行和转让具有公开性和自由性,公司的经营状况具有公开性,公司信用基础具有很强的资合性。

➤ 股份有限公司的优势:有利于集资,分散风险,公众性强,股份转让方便,股东变更容易,企业经营管理规范性程度高。

➤ 股份有限公司的不足:设立程序和运行管理比较复杂;易受大股东操纵与控制并形成垄断;股东流动性大,对公司缺乏责任感;股票自由流通,使得股东购买股份有较强的投机性,不易保持公司的稳定发展。

不同创业组织形式的比较

就我国公民个人创业而言,创业者可以单打独斗,选择个体工商户或个人独资企业的形式,也可以与他人合作设立合伙企业,还可以共同投资设立有限责任公司或股份有限公司。但是,不同的创业组织形式在法律地位、注册条件和财产性质等方面均存在着明显的差异。表3-1对四种不同创业组织形式的主要差异进行了比较。

表3-1 不同创业组织形式的比较

项　　目	个体工商户	个人独资企业	合伙企业	公　司　企　业
法律地位	非企业法人	非企业法人	非企业法人	企业法人
责任形式	无限责任	无限责任	无限连带责任	有限责任
注册资本	创业者申报	创业者申报	合伙协议约定	全体股东认缴
出资形式	创业者以个人财产或家庭财产出资	创业者自由出资	约定:货币、实物、土地使用权、知识产权或者其他财产权利、劳务	法定:货币、实物、知识产权、土地使用权等可以用货币估价并可依法转让的财产
组建成本与难易	成本低、易设立	成本低、易设立	成本低、易设立	成本高、设立相对容易
财产权属性质	创业者个人所有或家庭共有	创业者个人所有	合伙人共同共有	法人财产权

创业法学

(续表)

项 目	个体工商户	个人独资企业	合伙企业	公 司 企 业
出资转让	创业者个人决定转让	创业者个人决定转让	合伙人一致同意	有限责任公司股东过半数同意；股份有限公司股份自由转让
经营主体	创业者或其家庭成员	创业者自己经营或委托他人经营	合伙人共同经营或委托经营	公司经营决策机构——董事会及经理负责经营
事务决策权	创业者个人	创业者个人	全体合伙人或从约定	股东会、董事会、经理
利润分配	创业者个人或家庭成员	创业者个人	全体合伙人或从约定	股东按出资比例（有限责任公司股东可按章程约定）
解散程序	注销	注销	注销	注销并公告
解散后义务	2年诉讼时效	5年内承担责任	5年内承担责任	无

✪ 2. 创业组织形式选择应考虑的因素

如表3-1所示，不同形式的创业组织在诸多方面存在着明显的差异，创业组织形式的选择也是随着创业环境和条件的变化而变化的。在很多成功的创业中，创业者个人最初从一个个体户开始，然后邀请志同道合的投资者加入，个体户逐渐演变成合伙企业。随着更多的投资者加入，合伙企业逐渐演变成有限责任公司；随着企业规模的扩大、融资需求的提高，有限责任公司逐渐向股份公司进行转变。随着企业规模的进一步扩大和对资金的更多需求，公司逐渐演变为上市公司，从而实现了企业由小变大、由弱变强的演变过程，也实现了创业者的创业梦想。创业组织形式选择的演变过程如图3-1所示。

经 典 案 例

井冈之子——彭小峰的创业之路[①]

累了吗？让脑袋休息一下，扫描如下二维码，了解更多课后内容。

---

① 《十大井冈山之子候选人彭小峰先进事迹》，http://www.jxcn.cn/34/2011-8-7/30093@948184.htm，2015年6月30日访问。

图 3-1 创业组织形式选择演变图

在创业过程中,创业者选择哪种创业组织法律形式,必须综合考量多种因素,包括但不限于:税收、开办费用的多寡和程序繁简,资本和信用的需求程度,控制管理方式、利润分配和亏损的承担方式,投资人的责任范围、权利转让、存续期间等因素。

投资人的法律责任——风险有多大

投资者创业希望获得投资回报,但风险和收益往往是并存的。在考虑获取投资收益时,首先应正确评估投资风险,考虑投资失利的情况下所须承担的法律责任。投资者法律责任,具体表现为:投资者是否直接对企业的债务承担责任?投资者对企业的债务承担的是有限责任还是无限责任?投资者是否承担连带责任?

根据我国法律规定,不同的创业组织类型,投资者承担的法律责任是不同的。

➤ 就个体工商户和个人独资企业而言,投资者个人投资,独享投资收益,但投资者对于企业的债务则须承担无限责任,投资者必须以其个人或其家庭共有财产对企业的债务承担责任。

➤ 就合伙企业而言,合伙人根据合伙协议,共同出资,共同经营,共享收益,共担风险。合伙企业的风险根据合伙企业类型的不同而有所不同。如果投资者设立的是普通合伙企业,作为普通合伙人,投资者须对合伙企业的债务承担无限连带责任;如果投资者设立的是有限合伙企业,则有限合伙人对合伙企业的债务承担有限责任,普通合作人则须对合伙企业的债务承担无限连带责任;如果设立的是普通的特殊合伙,则因故意或重大过失造成合伙企业的债务的合伙人须对合伙企业债务承担无限连带责任,其余合伙人对该债务则仅以认缴的出资额为限承担有限责任。

➤ 就公司企业而言,无论选择的是有限公司还是股份有限公司,投资者仅以其出资额为限对公司债务负责,公司以全部财产对外承担责任。当然,如果存在公司法人人格否认的情形,股东则必须以自身财产对公司的债务承担无限连带责任。

税收负担——收益有多高

投资者进行创业的目的在于获得投资收益,但企业和投资者税收负担的轻重则直接影响投资者获得收益的多少,税收负担是创业者在选择创业组织形式时必须考虑的因素之一。

企业的税收负担主要是根据企业组织的法人人格来确定的,创业组织形式不同,相应的国家税收政策也有很大的差异。

➤ 如果创业者选择个体工商户、个人独资企业和合伙企业形式,由于这些组织形式不具有独立的法人人格,因而无须缴纳企业所得税,而投资者仅须缴纳个人所得税。

➤ 如果创业者选择公司这种组织形式,由于公司具有独立法律人格,是独立的纳税主体,公司应以其经营所得缴纳企业所得税,并适用专门的税率。在公司依法纳税后,作为公司股东的自然人或法人从公司分配所得的股息和红利,还须缴纳个人所得税或企业所得税。

可见,合伙企业和独资企业的利润在分配至投资人手中时,只缴纳一次所得税,而公司的利润分配则存在二次缴税。同样的经营业绩,由于税负的不同,公司股东的收益率则不如个人独资企业和合伙企业投资人的高。当然,在税收上,国家对公司有一些税收优惠的措施,如减税、免税以及税收抵扣,而个人税负中抵扣的部分给纳税人带来的利益并不是很大。

开办费用的大小与程序的繁简——创业门槛有多高

企业开办时,通常会发生一系列的费用。开办费用不得列入企业注册资本金范围内。一般对小额开办费由投资者直接支付,花费数额较大时由公司设立人先期垫付后再经创立大会审核计入公司成本费用。就我国而言,企业开办的费用大小不一,少则几十、几百元,多则上万元、百万元。这当然是投资者在投资创业时须考虑的一个因素。

➤ 对于开办个体工商户的投资者来讲,由于其经营规模不大,雇工人数不是很多,他所要筹措投入运营的资金不会太多,开办费也相对要少得多,并且开办的手续也很简单。依据我国现行法律法规规定,投资者只须提供户籍证明或身份证明、营业场地使用证明、非国家党政机关工作人员身份证明即可直接向工商登记机关申请营业执照。个人独资企业的开办费用虽然较个体工商户要大一点,但开办的程序也不甚复杂。合伙企业赖以存在的法律基础是合伙协议,合伙协议的制定与法律的某些强制性规定不得相抵触,否则无效。合伙企业成立时应提交合伙协议、合伙人身份证明、企业经营场所使用证明等文件,所需要费用也不会太高。

➤ 公司企业成立时,则在手续的复杂性上远胜于独资企业和合伙企业,开办的费用也较大。如果开办股份公司,则程序更为复杂,费用也更大,提交的文件会更多,开办费少则几万元,多则达到上百万元。

此外,投资者还须考虑设立企业的资本和信用问题。就普遍的情况来看,创业者有足够的资本,并愿意以个人信用为企业信用的基础,而且预计企业规模不会有很大的扩展,采用个人独资企业形式较为适宜;如投资人有一定的资本,但尚不足,又不想使未来的企业规模太大,或者扩大规模受太多的条件限制,采用合伙企业或有限公司的形式更为适宜;如需资金额巨大,而且希望所经营的事业规模宏大,采用股份有限公司较为适宜。投资人资金不足时,可以联合其他投资者共同创办企业,也可以先设立有限责任公司,待时机成熟后变更为股份有限公司。

延 伸 阅 读

2015年6月,江西省人民政府办公厅印发了《关于在全省全面推行三证合一登记制度改革的通知》(赣府厅字〔2015〕58号),自2015年7月1日起,将在全省全面推行三证合一登记制度改革。

视 频 链 接

"三证合一"面临行政部门系统不兼容问题[①]

累了吗?让脑袋休息一下,扫描如下二维码,了解更多课后内容。

▢ 投资者对企业的控制能力——话语权有多重

投资者对于企业事务的控制和管理,是企业投资者所享有的仅次于收益权的重要权利。法律在规定投资者的收益、风险和责任时,也充分考虑了投资者对于企业的控制

---

① 资料来源:http://v.ifeng.com/news/society/201508/0137d703-18d9-4dd9-88ca-7afac130a2c6.shtml。

力因素。投资者对于企业的控制和管理方式取决于出资人数量、出资额度和创业组织形式的法律地位。

➤ 如果选择个体工商户和个人独资企业，由于企业出资人仅为一人且承担无限连带责任，企业由投资人直接经营管理，因而投资者对企业享有完整的、他人无法分享的企业控制权。即便是投资者委托或聘用他人管理企业事务，投资人对于管理人的选择、聘请、辞退、薪酬等方面享有直接的控制权和决定权。

➤ 如果选择的是普通合伙企业，由于合伙人共同出资、共同管理，并相互之间承担连带责任，那么合伙人之间必须相互尊重，合伙人对企业的控制权也不能太大。对于合伙事务，则必须进行友好协商或者根据约定或法定的方式来进行表决。普通事务则实行多数决原则，重大实务则需全体合伙人一致同意方可。如果选择的是有限合伙，则有限合伙人不能执行合伙实务，亦无权对外代表合伙企业，自然在企业中没有太大的话语权。

➤ 如果选择的是公司企业，作为公司股东的投资者尽管享有资产收益、参与重大决策和选择管理者等权利，但通常不直接负责公司日常事务的处理，而是通过公司的组织机构，包括股东会、董事会和监事会来对公司的生产、经营、管理和决策施加影响。公司控制权采用资本多数决的原则，因此，股东在公司的话语权在很大程度上取决于其在公司的出资或股份中所占的比重。比重越大，话语权就越重，控制力就越强；相反，比重越小，话语权就越轻，控制力就越弱。当然，如果投资者选择公司企业形式，又希望能完全控制公司，则可以采取一人有限责任公司形式。一人公司不设股东会，其机构的设立和人员的安排一般遵照唯一股东的意愿，但并不意味着唯一股东就可以为所欲为，相反，唯一股东必须保持高度自律，尊重和保持一人公司的独立性，否则就可能得不到有限责任的法律保护。在股东和公司人格发生混同的情况下，唯一股东可能对公司债务承担无限连带责任。

经典案例

乔布斯的"下野"与回归①

说起乔布斯的创业历程，不得不提乔布斯在苹果公司的下野与回归。1977年1月3日，新的苹果电脑公司注册成立，公司股权结构为史蒂夫·乔布斯、史蒂夫·沃兹以及马库拉各占30%，工程师罗德·霍尔特(Rod Holt)占10%。这样的股权结构为后来乔布斯被逐出苹果家门埋下了伏笔。

1985年5月，由于公司内部的权力斗争，苹果公司从百事可乐挖过来的CEO约翰·斯科利(John Sculley)获得董事会支持并解除了乔布斯在Macintosh部门的职务。5月31日，苹果电脑公司公布第一季度大幅亏损及大裁员，同时宣布解除乔布斯的所有职务，只保留一个董事长的空头衔。当年9月13日，乔布斯辞去董事长职

---

① [美]沃尔特·艾萨克森(Walter Isaacson)：《史蒂夫·乔布斯传》，管延圻等译，中信出版社2011年版。

务,正式离职。作为苹果公司的创始人,他被自己一手创办的公司踢出家门。

后来,乔布斯创立了Next公司。这一次乔布斯吸取了上一次"下野"的教训,持有了Next公司63%的股份并获得了公司的控制权。后来,Next公司更名为NeXT公司。1987年,NeXT公司获得了富翁罗斯·佩罗(Ross Perot)的投资。1989年,佳能公司向NeXT公司投资1亿美元。1993年,NeXT公司更名为NeXT软件公司。在离开苹果电脑公司的那段时间里,除了创办和经营NeXT外,乔布斯还于1986年斥资1000万美元购买了视觉效果工作室——皮克斯(Pixar)公司,并出品了一些最受欢迎的动画电影,包括《玩具总动员》《玩具总动员2》《怪物公司》《海底总动员》等。1995年,皮克斯公司在纳斯达克上市,乔布斯身家超过10亿美元。2006年,迪士尼用74亿美元的价格收购皮克斯,收购后两者合并,乔布斯再次吸取教训,在迪士尼董事会获得一席之地并成为迪士尼最大个人股东。

1996年12月20日,苹果电脑公司宣布以4.27亿美元收购NeXT软件公司。作为NeXT软件公司最大股东,乔布斯从这项交易中获得了1亿美元现金和150万股苹果公司股票。乔布斯最终回归苹果,并出任苹果电脑公司董事会主席吉尔·阿米里奥(Gil Amelio)的顾问。由于苹果电脑公司的大幅度亏损以及股票价格的大幅下跌,1997年8月,乔布斯成为苹果电脑董事会成员。接下来,乔布斯用自己的朋友替换苹果电脑公司的董事,重组了董事会。受这些举措的刺激,苹果股价开始上扬,并暂时摆脱了濒临破产的尴尬境地。此外,乔布斯还对苹果进行了大刀阔斧的改革:首先,他重估了苹果股票期权的价值,把员工的业绩与股票奖金挂钩,来激发员工的士气;其次,他引入了微软,促使微软向苹果注资1.5亿美元并促成微软同意为Mac计算机研发办公软件;再次,乔布斯辞掉了与他意见不合的主管,换上了他信任的人;最后,他还出台了一些大大小小的新规定。通过这些措施,在吸取了被自己创建的苹果公司踢出局的教训后,乔布斯重新牢牢地掌握了对苹果公司的控制权。

视频链接

央视评论:乔布斯的"三起三落"[①]

累了吗?让脑袋休息一下,扫描如下二维码,了解更多课后内容。

---

① 资料来源:http://news.cntv.cn/world/20111006/104163.shtml。

> **视频链接**
>
> ### 真功夫股权之争[1]
>
> 累了吗？让脑袋休息一下，扫描如下二维码，了解更多课后内容。
>
>

> **视频链接**
>
> ### 为保马云控制权，阿里巴巴弃港赴美上市[2]
>
> 累了吗？让脑袋休息一下，扫描如下二维码，了解更多课后内容。
>
>

□ 投资权益的转让——脱手有多难

投资者须注意投资的安全性、营利性和变现性。所谓变现性，是指投资所形成的权益是否能够自由转让，将投资转换成现金。很显然，能够自由转让、没有任何限制的投资对于投资者而言具有更大的经济利益，否则便是一种隐性的风险。

➤ 就个体工商户和个人独资企业以及一人公司这种独资企业而言，由于投资者是唯一的所有者，如果投资者转让他经营的事业，就等于出售企业，完全退出投资经营，则意味着独资企业的终止，因此，不存在投资转让的问题。

➤ 就合伙企业而言，合伙人的投资转让则受到合伙协议和法律的限制。一般而言，只要经企业合伙人的一致同意，合伙人的权利都是可以转让的。合伙人的可以转让的权利主要分为以下三种：第一种是基于出资形成的与其他合伙人对合伙财产的共有权。合伙人在合伙存续期间不得要求分割合伙财产，除非全体合伙人均表示同意，且要避开合伙事业的繁忙季节，于特定的时间提前提出；第二种是合伙人对合伙事业的管理

---

[1] 视频来源：http://baidu.hz.letv.com/watch/04518273045279267263.html。
[2] 视频来源：http://tv.cntv.cn/video/VSET100147902268/531a16746e3f3dde6785f2860a4e5c44。

权,不得转让;第三种是合伙人从合伙事业中分得的利益,是合伙人的个人财产,可由合伙人任意转让处理给第三人,但该第三人无权参与合伙管理,即使该第三人为普通合伙人的债权人。此外,根据我国法律的规定,合伙人转让其权利的,其他合伙人在同等的条件下享有优先受让权。

➤ 就公司而言,股东转让其投资权益也要区分不同的公司类型。如果是有限责任公司,除法定情形外,股东不得要求公司退还其出资财产,而只能通过转让股权退出公司。股东之间可以自由转让股权;股东向股东之外的人转让股权,则应当经公司股东过半数同意,并应提前书面通知其他股东,其他股东在同等条件下享有优先购买权。如果是股份有限公司,股东也可自由转让其股份,须依法律和章程的规定办理,如转让的场所、持股的期限、转让的份额等。但是,如果是上市公司,股东转让股份则可根据法律规定在证券交易所自由进行。此外,无论公司类型如何,在法定情形下,异议股东都享有股份回购请求权,可以要求公司按照合理的价格收购其持有的股权。

总之,这三种主要的创业组织形式各有利弊,创业者可以根据自身的需要和实际情况,仔细权衡各类企业投资者的权利、义务、收益及风险,从而作出最适合自己投资的企业组织形式选择。

以获取最大投资回报为目的,个体工商户、个人独资企业和合伙企业当为最有利的形态,投资者既为出资者又是经营者,经营成果可直接由投资者享有和支配,且企业自身不是纳税主体,不必缴纳企业所得税,使投资者获得较多的利益分配。

以投资安全性为首要条件,必须避开无限责任,可选择有限责任公司、股份有限公司或者以有限合伙人的身份投资有限合伙企业。一方面,投资者只在认缴的出资额内对企业承担有限责任,从而有效地控制了投资风险;另一方面,投资者还可以委派管理者参与企业的经营管理,或者以自己的行为监督管理。另外,公司股东可比较自由地转让股权,比较方便地退出所投资的企业。

如果以谋求对企业的直接控制权为主旨,则可以采取个体工商户、个人独资企业和合伙企业,投资者作为出资者,可以直接行使企业管理权限,使企业按自己的意愿运行。

经 典 案 例

朱健康诉张建敏、伊芝民合伙份额转让合同纠纷案[①]

【基本案情】2002年4月,为投资创业,张建敏与朱健康、王芳丽共同出资购买潼关县家都百货大楼,其中张建敏出资94万元,占总出资额的20%。同年4月24日,三方办理了房产登记。该房产由朱健康管理,三方共同对外出租收取租金并按份分红。2005年11月,张建敏提出分房方案,但因三方协商不成而未果。2006年1月,张建敏与朱健康签订了《房产买卖合同》,约定张建敏将家都百货大楼20%份额的房

---

① 一审:渭南市潼关县人民法院〔2010〕潼民初字第154号(2010年12月25日);二审:渭南市中级人民法院〔2011〕渭中法民一终字第156号(2012年1月16日);再审审查:陕西省高级人民法院〔2012〕陕民二申字第1174号(2013年1月11日)。

屋所有权出售给朱健康，交易价格为140万元。2006年1月，张建敏出具领条领到房产款70万元；2006年3月，张建敏再次出具领条领到房产款70万元。后被告张建敏以及第三人伊芝民反悔，并辩称，涉诉房屋未经张建敏之妻伊芝民的书面同意，不得转让，该合同应为无效合同。后来，朱健康起诉请求确认合同有效，并要求被告张建敏及第三人伊芝民履行《房屋买卖合同》。

【裁判结果】受理一审法院经审理认为：被告张建敏转让房产，未征得其配偶伊芝民的书面同意，过错在于被告张建敏，不能对抗善意有偿受让的原告朱健康。况且，在合同已经签订且原告已经依约履行义务的情况下，应当支持原告诉讼请求。于是，渭南市潼关县人民法院于2010年12月25日作出〔2010〕潼民初字第154号民事判决：一、原告朱健康与被告张建敏于2006年1月24日经双方签字盖指印的《房屋买卖合同》合法有效；二、被告张建敏应继续履行合同约定协助原告朱健康办理房屋过户手续。

被告张建敏、第三人伊芝民向渭南市中级人民法院提起上诉，受理法院经审理认为：张建敏、朱健康、王芳丽三人共同出资购买潼关县百货大楼，并共同出租，按份分红，该房产应属于三自然人合伙共有房产。第三人伊芝民并不是该房产登记的共有人，也没有以合伙人身份参与对该房产的管理、经营。因此，上诉人张建敏以及伊芝民主张房产份额为夫妻共有财产，转让应有伊芝民书面同意，缺乏事实和法律依据，不予采纳。此外，张建敏和伊芝民长期共同生活，在张建敏退出合伙经营，且两次收到合同约定款项的情况下，上诉人伊芝民应当知道房产权利被转让的事实。于是，渭南市中级人民法院于2012年1月16日作出〔2011〕渭中法民一终字第156号民事判决：驳回上诉，维持原判。

二审判决生效后，张建敏、伊芝民向陕西省高级人民法院申请再审。受理法院经审理认为：张建敏的投资行为发生在夫妻关系存续期间，伊芝民认为张建敏与朱健康之间的转让行为侵害了其权利，请求确认《房产买卖合同》无效，对此，伊芝民负有举证责任，证明朱健康与张建敏之间的转让行为侵害了自己的合法权益并证明朱健康不构成善意第三人。本案中，张建敏、朱健康与王芳丽是合伙关系，对合伙房产约定按份共有，伊芝民不是该合伙关系的成员，对房产不享有共有权，因此，朱健康受让张建敏房产份额时，是否审查了张建敏与伊芝民协商一致，不是认定朱健康是否构成善意第三人的必要要件。张建敏在进行房产份额转让的过程中，意思表示真实，朱健康在受让过程中，并未采取欺诈、胁迫手段，亦无损害伊芝民利益的主观故意。综上，伊芝民主张朱健康的行为不构成善意取得，《房产买卖合同》无效的理由不能成立。于是陕西省高级人民法院于2013年1月11日作出〔2012〕陕民二申字第1174号民事裁定：驳回张建敏、伊芝民的再审申请。

【案件评论】本案裁判观点是正确的，理由如下：第一，合伙人是合伙财产份额的名义权利人，根据商事外观主义原则，受让人基于合伙人的权利外观作出民事行为，属于正当信赖，应为善意，受到法律保护。第三人基于对合伙人合伙财产份额权利的信任，而受让取得，应为善意第三人，受到法律保护。第二，从本案来看，张建敏和伊芝民长期共同生活,在张建敏退出重大的合伙经营,且两次收到合同约定款项的情况下,朱健康也有理由相信伊芝民应当知道房产权利被转让的事实,从而被判定为善意。根据我国《婚姻法解释(一)》第17条的相关规定,夫妻双方内部未协商一致的,但他人有理由相信其为夫妻双方共同意思表示的,也不能对抗善意第三人。此外,朱健康在受让合伙份额的过程中,已经支付了140万元的合理对价,并无恶意损害第三人的情形,认定合同有效,也有利于平衡受让人与第三人之间的利益,符合衡平原则。

3. 创业组织的治理结构

创业组织的治理结构,即创业组织的管理和控制体系,其目的是有效降低企业代理成本,在企业的所有者不干预企业日常经营的情况下,促使企业的经营者最大化企业投资者的利益。为此,建立创业组织,就必须在创业组织内部进行合理分权与制衡,来确保创业组织的决策效率和稳健持续发展,同时保护创业组织债权人的利益。

基于创业组织的形式选择不同,各创业组织的治理机构也存在明显不同。下面就个人独资企业、合伙企业和公司企业三种典型的企业形式分而论之。

个人独资企业的治理

由于个人独资企业是个人出资、个人经营,企业财产的所有权和控制权合二为一,一般不会发生所谓"两权分离"的问题,也不会产生所谓代理成本的问题,但并不是说,如果创业者选择个人独资企业形式就无须关注企业治理问题。对于个人独资企业的治理,我们得分以下两种情况进行讨论。

➢ 创业者自己经营。如果创业者选择个人独资企业形式,自己出资,并亲自经营企业,对企业的债务承担无限责任。此时,企业利益与个人利益直接相关,这就对创业者个人形成了最直接的激励与约束作用。为获得投资回报,创业者就必须尽到最大的注意义务和勤勉义务,否则,个人独资企业利益受损,就直接导致创业者个人利益受损。须注意的是,如果创业者在企业登记时就明确以家庭财产作为个人出资的,将以家庭共有财产对企业承担无限责任。考虑到我国《婚姻法》明确规定了婚前财产制和约定财产制度[1],为此,如果是已婚的创业者就必须在企业登记时明确出资财产是个人所有还是夫妻共有,以免将来在债务的履行上给家庭带来不必要的麻烦。

---

[1] 我国《婚姻法》第19条规定:"夫妻可以约定婚姻关系存续期间所得的财产以及婚前财产归各自所有、共同所有或部分各自所有、部分共同所有。约定应当采用书面形式。没有约定或约定不明确的,适用本法第17条、第18条的规定。夫妻对婚姻关系存续期间所得的财产以及婚前财产的约定,对双方具有约束力。夫妻对婚姻关系存续期间所得的财产约定归各自所有的,夫或妻一方对外所负的债务,第三人知道该约定的,以夫或妻一方所有的财产清偿。"

经典案例

企业债务，投资人补充清偿①

【基本案情】涟水县欣欣工艺品厂（以下简称欣欣工艺）是季海涛投资设立的个人独资企业，季海涛的妻子章华松也参与了该企业的经营。2010年底起，欣欣工艺品厂和南通旭立毛纺织有限公司（旭立毛纺）发生业务往来。截至2012年年底，欣欣工艺尚欠旭立毛纺货款59.81万元。旭立毛纺多次向欣欣工艺催要但被告没有付款。因为欣欣工艺为个人独资企业，季海涛为其投资人，章华松与季海涛是夫妻，故旭立毛纺将上述三主体作为共同被告诉至江苏省涟水县人民法院，请求判令三被告共同清偿原告货款59.81万元。

在庭审中，被告季海涛辩称：原告起诉季海涛主体不适格，因为被告欣欣工艺是个人独资企业，是季海涛以个人财产投资设立的。根据我国《个人独资企业法》规定，个人独资企业性质属于非法人组织，有独立的法律主体资格，享有相应的权利能力和行为能力，能以自己的名义进行法律行为。故请求驳回原告对被告季海涛的起诉。

被告章华松也辩称：章华松虽然与季海涛是夫妻关系，但不以夫妻共有财产对外承担债务。因为，我国《个人独资企业法》规定，在登记的时候明确以家庭财产作为投资，最后才以家庭财产对外承担责任。季海涛在登记时明确是以其个人财产投资的，所以只能以季海涛的个人财产对外承担责任，故原告的请求不能成立。

【裁判结果】受理法院经审理认为：（一）原告与被告欣欣工艺之间的毛线买卖合同，其内容不违反法律、行政法规的强制性规定，为有效合同，但被告欣欣工艺对欠原告货款实际数额为30万元，被告欣欣工艺应给付给原告。（二）原告要求被告季海涛与被告欣欣工艺共同还款无法律依据。被告欣欣工艺是个人独资企业，工商登记时注明是被告季海涛个人财产投资的，故被告季海涛是投资人。依我国《个人独资企业法》规定，只有当个人独资企业的财产不足清偿债务的，投资人才以其个人的财产清偿，这是补充责任，故对原告要求被告季海涛对被告欣欣工艺所欠的货款承担共同还款责任，本院不予支持，但被告季海涛应对被告欣欣工艺的财产不足以清偿原告货款的部分承担给付责任。（三）原告要求被告章华松承担共同还款责任本院不予支持。因为，本案的买卖合同是原告与被告工艺品厂所订，被告章华松不是合同当事人，根据合同相对性原理，被告章华松不应承担履行该合同义务的责任。其次，我国的《个人独资业法》规定，在明确以其家庭共有财产作为个人出资的，应当依法以家庭共有财产对企业的债务承担无限责任。被告欣欣工艺在设立登记时明确是以被告季海涛以个人财产设立的，故对原告要求被告章华松对被告欣欣工艺的债务共同承担责任，本院不予支持。

---

① 江苏省涟水县人民法院《南通旭立毛纺织有限公司诉涟水县欣欣工艺品厂等买卖合同纠纷案民事判决书》〔2013〕涟商初字第142号。

> 最后法院判定：被告涟水县欣欣工艺品厂于判决生效后一个月内给付原告南通旭立毛纺织有限公司货款30万元。被告季海涛对被告涟水县欣欣工艺品厂的财产不足以清偿的部分承担给付责任。驳回原告南通旭立毛纺织有限公司的其他诉讼请求。

➢ 委托他人经营。个人独资企业的创业者也可以委托或聘请他人来管理企业事务，此时，则会发生企业治理上所谓的"两权分离"和"代理成本"的问题。为最大化企业利益和创业者个人利益，创业者应与受托人或聘用的管理人签订书面合同，明确委托的具体内容和授予的权利范围。作为个人独资企业的受托人或被聘用的管理人员应履行诚信、勤勉义务，按照与创业者签订的合同负责个人独资企业的事务管理，否则须对创业者承担责任。须注意的是，如果创业者委托他人经营，对受托人或聘用管理的职权进行限制，则不得对抗善意第三人。为此，为最大化保护自己的权利，创业者在委托他人经营时，必须对授权的内容加以明确，并要求企业经营者在进行商事活动时，通过明示的方式提请交易对方注意授权的内容。

合伙企业的治理

由于合伙人对合伙企业的债务承担无限连带责任，创业者如果选择合伙企业这种创业组织形式，则将面临着较高的法律风险。为此，创业者应根据具体的合伙企业形式，加强对合伙企业事务的管理，合理分配合伙企业内部权限，促进合伙企业的稳健经营。

● 普通合伙企业

在普通合伙中，各合伙人共同出资、共同经营、共享收益、共担风险，对企业的债务承担无限连带责任。尽管不存在所谓的"两权分离"和"代理成本"的问题，但由于合伙人共同负责合伙事业经营，共同执行合伙事务，个别合伙人难免出现道德风险问题。如果选择普通合伙的创业组织形式，创业者就必须注意合伙企业的治理。

➢ 第一，必须通过书面合伙协议的形式将合伙的目的及经营范围、合伙人出资方式、数额及缴付期限、利润分配与亏损分担方式、入伙与退伙、争议的解决方法等事项事先予以明确，以免事后发生争议。

➢ 第二，要特别对合伙事务的执行进一步明确。尽管我国《合伙企业法》第31条对那些必须经全体合伙人一致同意的事项进行了列举，但仍然可以通过合伙协议的方式另行约定。为此，创业者为防范其他合伙人的道德风险，在各合伙人共同执行合伙事务时，就应当进行明确的分工并进行有效监督，同时根据《合伙企业法》第29条和第30条的规定，来建立合伙企业事务执行异议的解决机制。

● 有限合伙企业

在有限合伙中，存在着普通合伙人和有限合伙人。普通合伙人对合伙债务承担无限连带责任,有限合伙人以出资额为限承担有限责任;普通合伙人执行合伙事务,有限合伙人不执行合伙事务。可见,有限合伙企业中的这两种合伙人在风险负担、企业控制权等方面存在明显不同,因此,有限合同中将存在明显的"两权分离"和"代理成本"问题。为平衡普通合伙人和有限合伙人的利益,如果创业者选择此类有限合伙企业形式,有必要加强对此类合伙企业事务的管理。

➢ 第一,必须通过书面合伙协议的形式明确各类合伙人的权利和义务。为防范执行合伙事务的普通合伙人的道德风险,有必要对普通合伙人执行合伙事务的权限、范围等内容进行明确约定。

➢ 第二,应赋予有限合伙人监督权限,包括经营管理建议权、合伙财务情况的知情权、对侵犯合伙利益的普通合伙人的诉讼权、代位诉讼权等法定权利[1]。

● **特殊的普通合伙企业**

此类合伙形式主要适用于以专业知识和专门技能为客户提供有偿服务的专业服务机构,如创业者将提供法律服务、税务服务、会计及审计服务等时,则可以采用特殊的普通合伙形式。这类合伙的最大特点是合伙债务承担的问题,即如果一个或数个合伙人在执业中因故意或重大过失造成合伙企业债务,该合伙人对合伙债务承担无限责任或无限连带责任,其他合伙人则以出资额为限承担有限责任。为有效规避此类风险,创业者应加强对此类合伙企业的风险管理。

➢ 第一,应签订书面合伙协议明确各自的分工,明确各自的职责范围,防止在日后的企业运行中,难以判定到底是哪些合伙人造成合伙企业的损失。

➢ 第二,应通过建立执业风险基金或者办理执业责任保险的形式来分散此类经营风险。如果办理执业责任保险,到底是由合伙企业投保还是由某些合伙人自行投保,是合伙企业还是某些合伙人作为被保险人,则应通过合伙企业的内部协议来予以明确,并通过与保险公司签订的保险合同条款再次予以确定。当然,保费的缴纳也是一个应当明确的问题,毕竟涉及各方的利益。

> **延 伸 阅 读**
>
> **马云创业与阿里巴巴的合伙制度[2]**
>
> 累了吗?让脑袋休息一下,扫描如下二维码,了解更多课后内容。
>
>

---

[1] 参见我国《合伙企业法》第68条。
[2] 百度百科——阿里巴巴集团,http://baike.baidu.com/link?url,2015年7月12日访问。

视频链接

上海国际医学中心试水"医生合伙人"制度[①]

累了吗？让脑袋休息一下，扫描如下二维码，了解更多课后内容。

公司企业的治理

公司治理结构要解决的三个基本问题

➤ 第一，如何保证股东获得投资回报，即协调股东与公司的利益关系问题。在所有权与经营权分离的情况下，由于股权分散，股东有可能失去对公司的控制权，公司被内部人（即公司管理者）所控制。这时控制企业的内部人有可能诱发道德风险而做出违背股东利益的决策，直接侵犯了股东的利益。这种情况引起股东不愿投资或股东"用脚表决"的后果，都将会有损于公司的长期发展。公司治理正是要从制度上保证公司所有者（股东）的控制与利益。

➤ 第二，如何协调公司内各利益集团的关系问题。这主要包括对公司管理层、公司核心员工和其他普通员工的激励以及对公司管理层进行有效的制约。

➤ 第三，如何提高公司自身的抗风险能力问题。随着公司不断发展，公司规模也将不断扩大，公司中股东与公司的利益关系、公司内各利益集团的关系、公司与其他企业的关系以及公司与政府的关系将变得越来越复杂，公司的发展也将面临各种风险。公司如何练好"内功"，增强抗风险能力，保持稳健发展，长久屹立于市场，变成"百年老字号"企业，这都将是公司治理要解决的问题，也是目光远大的创业者在创业过程就需要重点关注的问题。

公司治理机构的作用与功能

一个完善的公司治理结构，能有效地缓解各种利益关系的冲突，增强企业自身的抗风险能力。为达成这种目的，现代公司法对于公司的治理结构采取了股东权力原则、激励与约束并举的权力制衡原则、信息披露与透明度原则和利益相关者参与公司治理的原则。

我国《公司法》要求无论是有限责任公司还是股份公司都必须采用"三会制"，即设立股东会、董事会和监事会，并将公司决策权赋予股东会、执行权赋予董事会、监督权赋予监事会，以实现权力机关之间的制约与平衡。此外，上市公司还必须设置独立董事，通过外部的独立监督力量来确保公司不同的权力机关正确行使职权和进行有效的监督

[①] 资料来源：http://baidu.hz.letv.com/watch/04518273045279267263.html? page=videoMultiNeed。

制约。我国一般公司治理结构上的"三会制"运行基本结构如图 3-2 所示。

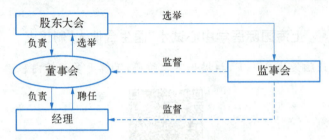

图 3-2 公司治理结构上的"三会制"

在公司创业初期,公司规模一般较小,公司股东人数一般也较少。根据我国《公司法》的规定,如果创业者选择有限责任公司的形式,则可以不设董事会和监事会,只设一名执行董事和一至两名监事即可。此外,有限责任公司的经理,也可以根据公司具体情况选择设立。

如果创业者选择设立一人有限公司。一人公司不设股东会,应由股东会、董事会和监事会履行的全部职责由创业者个人负责履行,但应采用书面形式签名后置备于公司以供查验。

轶事趣闻

百年老字号李锦记的家族企业治理与创新①

累了吗?让脑袋休息一下,扫描如下二维码,了解更多课后内容。

视频链接

国美股权之争落幕 陈晓胜出引发各种思考②

累了吗?让脑袋休息一下,扫描如下二维码,了解更多课后内容。

---

① 李新春、何轩、陈文婷:"战略创业与价值企业创业精神的传承:基于百年老字号李锦记的案例研究",载《管理世界》,2008 年第 10 期。

② 视频来源:http://baidu.v.ifeng.com/watch/04226697581080858958.html?page=videoMultiNeed。

● **发挥公司章程在公司治理中的作用**

公司章程是公司设立的必备文件,是公司经营行为的基本准则,也是公司制定其他自治规章的重要依据。公司章程是投资者对于公司重要事务及公司的组织和活动作出的具有规范性的长期安排,在公司治理中具有重要地位。

公司章程素有"公司宪章"之美誉,是公司存在和运营的基础性法律文件。凡是公司的基本权利和义务以及公司治理的组织架构,都必须借助公司章程予以规定和细化。公司章程一经法定程序制定并生效之后,它不仅对公司具有约束力,对公司的股东也具有约束力,同时对公司的董事、监事及高级管理人员以及公司债权人都具有约束力。

作为公司的自治性规则,公司章程的自治也是法律限制下的自治,它不得违反公司法中的强制性规定,不得违背公序良俗,也不得剥夺股东的固有权利。

在实践中,出于对公司监管的需要,公司登记机关和证券监管机关在要求当事人提交公司章程时会提供公司章程"范本"和"指引"以供参照,但须注意的是,这些"范本"和"指引"并非完全强制性地要求照抄,而是让当事人根据自身公司的实际情况选择性地加以参考。为此,在制定公司章程时,创业者应根据创业活动的具体情况,由各创业投资人充分进行协商,对公司未来重要事务以及公司治理组织架构进行合理安排,以确保公司日后正常稳健地运行。

视 频 链 接

公司章程:我要当总经理[①]

累了吗?让脑袋休息一下,扫描如下二维码,了解更多课后内容。

★4. 创业组织的登记与审批

▶ □ **企业设立登记的基本程序**

投资创业,无论选择何种创业组织形式,都必须到工商行政管理部门办理登记,否则不得从事经营活动。不同种类的创业组织形式,在办理设立登记时所需提交的材料

[①] 视频来源:http://www.cctv.com/video/jingjiyufa/2007/12/jingjiyufa_300_20071226_1.shtml。

各有不同，但登记程序和流程基本相同。

图 3-3 显示的就是一个公司企业登记开办的一般流程。在企业设立登记之后，在运营的过程之中，企业名称和住所、经营范围、企业法定代表人、组织结构、经营期限等事项发生变化的，则须到工商行政部门办理变更登记手续。

| 1. 核名 | ◆ 企业名称查询。申办人提供法人和股东的身份证复印件。申办人提供公司名称 3—20 个，写明经营范围 |

| 2. 审批 | ◆ 经营范围中有特种许可经营项目的，须报相关部门办理特种许可证，根据行业情况及相应部门规定，分别分为前置审批和后置审批。|

| 3. 刻章 | ◆ 企业办理工商注册登记过程及日后的经营中，都须使用企业图章，由公安部门刻出：公章、财务章、法人章、企业名称章等 |

| 4. 申领营业执照——工商局 | ◆ 工商局对企业提交的材料进行审查，确定符合企业登记申请，经工商行政管理局核定，即发放工商企业营业执照，并公告企业成立 |

| 5. 申领组织机构代码证——质量技术监督局 | ◆ 公司必须申办组织机构代码证，企业提出申请，通过审定，由质量技术监督局发放 |

| 6. 申领税务登记证——税务局 | ◆ 办理税务应提供的材料：经营场所租房协议复印件；所租房屋的房产证复印件 |

| 7. 正式营业 | ◆ 以上三证（营业执照、组织机构代码证、税务登记证）拿到后，即可以正式营业，进行创业 |

图 3-3　公司注册登记开办流程图

资料链接

注册公司须提供哪些材料

根据我国 2014 年新修订的《公司法》以及《公司登记管理条例》，创业者如果注册公司，则须提供如下材料：

1. 全体投资人签署的《企业名称预先核准申请书》。
2. 申请名称冠以"中国""中华""国家""全国""国际"字词的，提交国务院相关部门批准文件复印件。

3. 公司法定代表人签署的《公司设立登记申请书》。

4. 全体股东签署的《指定代表或者共同委托代理人的证明》(股东为自然人的由本人签字；自然人以外的股东加盖公章)及指定代表或委托代理人的身份证复印件(本人签字)应标明具体委托事项、被委托人的权限、委托期限。

5. 全体股东签署的公司章程(股东为自然人的由本人签字，自然人以外的股东加盖公章)。

6. 股东的主体资格证明或者自然人身份证明复印件，股东为企业的，提交营业执照副本复印件；股东为自然人的，提交身份证明复印件。

7. 董事、监事和经理的任职文件及身份证明复印件。

8. 依据《公司法》和公司章程的规定和程序，提交股东会决议、董事会决议或其他相关材料。股东会决议由股东签署(股东为自然人的由本人签字；自然人以外的股东加盖公章)，董事会决议由董事签字。

9. 法定代表人任职文件及身份证明复印件。

10. 住所使用证明(自有房产提交产权证复印件；租赁房屋提交租赁协议原件或复印件以及出租方的产权证复印件；以上不能提供产权证复印件的，提交其他房屋产权使用证明复印件)。

11. 《企业名称预先核准通知书》。

12. 公司申请登记的经营范围中有法律、行政法规和国务院决定规定必须在登记前报经批准的项目，提交有关的批准文件或者许可证书复印件或许可证明复印件。

二 企业组织的审批

企业组织的审批，包括前置审批和后置审批。

● **前置审批**

前置审批，就是企业经营范围中，根据法律法规的规定，涉及应由相关行政部门审批的项目，在办理企业工商登记之前，应先到相应的行政主管部门进行审批，并在企业登记申请书上做出批复。企业登记审批属于行政权限，必须根据行政授权进行，由此各地行政审批事项各有不同。随着国家对行政权限的控制，需要审批的事项在逐年减少，因此，创业者投资创业，须根据投资创业范围提前进行查询，以了解哪些经营事项须审批。

企业工商登记前置审批事项

2014年11月5日，国务院常务会议决定削减前置审批、推行投资项目网上核准，释放投资潜力、发展活力，部署加强知识产权保护和运用，助力创新创业、升级"中国制造"。

目前涉及前置审批内容的主要包括出版、电子公告服务、广播电影电视节目、教育、文化、新闻、药品和医疗器械以及医疗保健等项目。创业者在这些领域投资创业，则必须在进行工商登记前到相应的行政主管部门办理审批手续，如出版需要去当地省新闻出版局申请、电子公告服务需要在当地的省通信管理局申请、广播电影电视节目需要到当地省广播电影电视局申请、教育需要到当地省教育厅申请、文化需要到当地省文化厅申请、新闻需要到当地省人民政府新闻办公室申请、药品及医疗器械需要到当地省食品药品监督管理局申请、医疗保健需要到当地省卫生厅申请。

在办理相关行政审批手续后，创业者方可到当地工商行政管理机构办理企业登记手续。

• **后置审批**

后置审批，则是指在企业设立登记并领取了营业执照之后，在一定的期限内到相应的行政部门申请特定经营项目的审批。同前置审批一样，各地因经济发展不同，对于需要后置审批的项目也各有不同。至于具体哪些是需要后置审批的项目，创业者在设立企业时，应根据自己预想的经营范围，并根据所在地的具体情况，到当地的工商管理部门进行咨询或到官网上查询。

资 料 链 接

2014年国务院决定改为后置审批的工商登记前置审批事项目录

2014年10月23日，国务院印发了《关于取消和调整一批行政审批项目等事项的决定》，取消和下放58项行政审批项目，取消67项职业资格许可和认定事项，取消19项评比达标表彰项目，将82项工商登记前置审批事项调整或明确为后置审批。另建议取消和下放32项依据有关法律设立的行政审批和职业资格许可认定事项，将7项依据有关法律设立的工商登记前置审批事项改为后置审批，国务院将依照法定程序提请全国人民代表大会常务委员会修订相关法律规定。相关内容可以参阅《国务院决定取消和下放管理层级的行政审批项目目录（共计58项）》《国务院决定取消的职业资格许可和认定事项目录（共计67项）》《国务院决定取消的评比达标表彰项目目录（共计19项）》以及《国务院决定调整或明确为后置审批的工商登记前置审批事项目录（共计82项）》，相关具体内容可以参阅国务院信息公开网站和国家工商行政管理总局网站。

▶▶ □ 合伙协议的签订及公司章程的编制

个人独资企业，由于只有一个出资人，其单独出资，且承担无限责任，因此在设立个人独资企业时,投资人只须提交设立申请书、投资者的身份证明、经营场所证明及其他工商行政机关需要提交的文件。

对于合伙企业和公司企业而言,由于出资不止一人,为此,合伙企业的合伙人之间的书面合伙协议和公司发起人之间订立的发起协议及公司章程都是办理工商登记的必要法律文件。

- **合伙协议**

书面合伙协议书是合伙企业设立的必备法律文件,也是调整合伙人内部关系的基本依据,直接关系到合伙人之间的权利、义务和责任的分配。合伙协议书的内容,遵循当事人意思自治的原则,合伙人可以自由作出约定,只要不违反法律、法规的强制性规定,当事人之间的约定优先于法律规定。

一般而言,合伙协议应当载明如下内容:
- 合伙企业的名称和主要经营场所的地点;
- 合伙目的和合伙经营范围;
- 合伙人的姓名或者名称及住所;
- 合伙人的出资方式、数额和缴付期限;
- 利润分配、亏损分担方式,合伙事务的执行;
- 入伙与退伙的方法及程序;
- 合伙事务争议的解决办法;
- 合伙企业的解散与清算及违约责任等事项。

全体合伙人必须在协议上签名。合伙协议尽可能约定具体、明确、易于操作和执行,如合伙人以劳务出资,应约定劳务的质与量、折价的多少,以及在提供劳务期间参与企业分配的比例。利润分配是合伙协议的核心内容,尽管法律并不要求按照合伙人的出资比例来分配利润而完全可以按照当事人的约定来确定,但如果约定不明,则将平均分配。退伙的条款也必须明确具体,应尽可能较详细地列出除名的情形,以便将来能及时将有重大违约或重大责任的合伙人剔除在合伙企业之外。

- **公司章程**

公司章程是公司存在和活动的基本依据,是公司行为的根本准则,也是设立公司必备的、最为重要的法律文件。

如果投资人设立有限责任公司,其公司章程应当载明下列事项:
- 公司名称和住所;
- 公司经营范围;
- 公司注册资本;
- 股东的姓名或者名称;
- 股东的出资方式、出资额和出资时间;
- 公司的机构及其产生办法、职权、议事规则;
- 公司法定代表人;
- 股东会会议认为需要规定的其他事项。

全体股东还应当在公司章程上签名、盖章。

如果投资者设立的是股份有限公司,公司章程还应当包括公司设立方式,公司股份总数、每股金额和注册资本,发起人的姓名或者名称、认购的股份数、出资方式和出资时间,董事会的组成、职权和议事规则,监事会的组成、职权和议事规则,公司利润分配办法,公司的解散事由与清算办法,公司的通知和公告办法以及股东大会会议认为需要规定的其他事项。

我国公司法尊重公司自治及股东的自治权利,强调公司章程在公司经营及管理中的作用,允许公司与股东就公司有关事项做出安排。如果公司法定代表人是公司中的重要角色,根据我国《公司法》的规定,股东可以根据公司实际情况来确定是由董事长、执行董事或经理来担任法定代表人的职务;股东也可以在章程中对股东会、董事会和监事会的职权做出最适合本公司情况的安排;股东还可以在章程中对公司利润的分配、股东表决权、股权利转让等事项做出切合实际的安排。诸如此类的条款,创业者在制定公司章程时不能不给予足够的重视。

鉴于我国《公司法》的许多规范是任意性规范,投资者不应简单套用格式化的公司章程来申请完成本公司的工商注册登记,而应根据自身的情况,充分利用《公司法》给予的自治空间,制定出最有利于维护自己权益的公司章程,必要时应寻求律师的专业服务。

经典案例

童丽芳等13人诉上海康达化工有限公司确认决议无效纠纷上诉案①

【基本案情】被告上海康达化工有限公司登记股东为49个自然人,原告童丽芳等13名自然人系该公司的股东。2006年7月29日,被告召开股东会会议,讨论修改公司章程事宜。修改后引起争议的章程内容有:(一)第25条规定了股东享有的权利,共有7项。该条第(四)项规定:"按照出资比例分取红利,公司新增资本时,按照股东会决议可以优先认缴出资。"(二)第24条规定了自然人死亡后其股权的处置办法,其中第(二)项规定,合法继承人只继承部分股东权利(继承章程第25条规定的7项股东权利中的4项)和所有义务;第(三)项规定继承人可以出席股东会,必须同意由股东会作出的各项有效决议。(三)第29条规定,股东会作出的决议,须经出席会议的股东所持表决权过半数通过。但股东会作出有关公司增加或者减少注册资本,分立、合并、解散或者变更公司形式及修改公司章程的决议必须经出席会议的股东所持表决权的三分之二以上通过。(四)第41条规定,公司不设监事会,设监事一名,由公司工会主席担任。

原告认为,被告不顾原告的反对,操纵股东会强行通过《上海康达化工有限公司

---

① 一审:上海市浦东新区人民法院〔2006〕浦民二(商)初字第2800号;二审:上海市第一中级人民法院〔2007〕沪一中民三(商)终字第172号。

关于修改公司章程的决议》。上述决议内容实质上是公司的少数大股东利用优势表决权,损害甚至剥夺其他股东的合法权益,达到其完全操纵公司的目的。由于上述章程条款内容违法而无效,且基于上述无效条款是章程的一部分,故原告起诉请求法院确认2006年7月29日通过的《上海康达化工有限公司关于修改公司章程的决议》无效。

【裁判结果】法院经审理认为,公司章程是调整一个公司所有股东之间、股东与公司之间法律关系的必备性文件,它是股东意思自治的体现,但章程的自治性是相对的,以不违反法律、行政法规的强制性规范为前提。

第一,关于公司章程第24条第(二)项、第(三)项内容的效力。《公司法》第76条规定:"自然人股东死亡后,其合法继承人可以继承股东资格;但是,公司章程另有规定的除外。"法院认为,基于公司所具有的人合性,法律允许公司章程对已故股东的继承人成为公司股东设置一定的限制条件。然而,一旦章程规定继承人可以继承死亡股东的股东资格,则该继受取得资格的股东就应当依法享有法律所赋予的股东权利,而不应当对其股东权利加以随意限制。《公司法》第43条规定:"股东会会议由股东按照出资比例行使表决权;但是,公司章程另有规定的除外。"股东会会议是股东表达自己意志的场所,股东在股东会上有表决权,这是股东基于投资人特定的地位对公司的有关事项发表意见的基本权利。法律赋予公司章程自治权,即公司章程可以规定另外的行使表决权的方式,但并不能因此剥夺股东行使表决权的权利。现修改后的公司章程第24条第(二)项、第(三)项显然剥夺了继承股东的上述权利,违反法律的规定,应当确认无效。

第二,公司章程第25条第(四)项内容的效力。《公司法》第35条规定:"股东按照实缴的出资比例分取红利;公司新增资本时,股东有权优先按照实缴的出资比例认缴出资。但是,全体股东约定不按照出资比例分取红利或者不按照出资比例优先认缴出资的除外。"据此,法院认为,在有的情况下,考虑到有限责任公司的人合因素,可以不按照出资比例优先认缴出资,但必须经过全体股东的约定。修改后的公司章程第25条第(四)项的内容违反了上述法律的规定,应当确认无效。

第三,公司章程第29条内容的效力。《公司法》第44条规定:"股东会的议事方式和表决程序,除本法有规定的外,由公司章程规定。股东会会议作出修改公司章程、增加或者减少注册资本的决议,以及公司合并、分立、解散或者变更公司形式的决议,必须经代表三分之二以上表决权的股东通过。"修改后的公司章程第29条内容违反了《公司法》对于公司上述事项法定表决方式的规定,亦属无效。

第四,公司章程第41条内容的效力。本案被告注册资金达500多万元,且股东人数较多,被告应当设立监事会。现被告不设监事会,仅设监事一名,显然与《公司法》第52条的规定不符。根据法律规定,监事会应当包括股东代表和适当比例的公司职工代表,股东代表由股东会选举产生,职工代表由公司职工通过职工代表大会、职工大会或者其他形式民主选举产生。现被告通过公司章程直接规定监事由公司的工会主席担任,与公司法规定不符。且并非所有职工都是工会会员,而作为职工代表

> 的监事是由全体职工选举产生,工会主席和职工代表监事的选举受不同法律调整,两者的主体和范围亦不相一致。讼争条款实际上剥夺了一部分职工(未加入工会的职工)依法享有的选举监事的权利。故原告主张讼争章程第41条无效的主张成立。
>
> 综上,依照《公司法》的上述规定,法院判决如下:被告上海康达化工有限公司2006年7月29日通过的《上海康达化工有限公司关于修改公司章程的决议》中"上海康达化工有限公司章程"第24条第(二)项、第(三)项,第25条第(四)项,第29条,第41条的内容无效;对原告童丽芳等13人的其余诉讼请求不予支持。
>
> 宣判后,原告童丽芳等13人不服一审判决,向上海市第一中级人民法院提起上诉。二审法院经审理判决驳回上诉,维持原判。

★5. 创业组织的解散与清算

一、创业组织解散

企业的解散,是指由于企业发生不能存续的事由,退出市场,停止经营活动。根据商法的企业维持原则,商法一直致力于发挥企业集中人力、物力、财力的机能,并致力于防止因企业的解散、清算所造成的不必要损失。尽管创业者可以凭自由意志决定企业的存续期间,并在期限届满之后解散企业,但在企业的运行过程中,如果出现了法定的情形,创业者必须解散企业,并进行相应的清算,最终办理注销登记手续,以保护创业者以及企业相关者的利益。

我国《个人独资企业法》《合伙企业法》及《公司法》都对企业的解散作出了规定,一般包括自愿解散和依法解散。

➤ 所谓自愿解散,即根据投资人的自由意思而终止企业的经营,并退出市场竞争。例如,全体合伙人一致同意或公司权力机关决定解散企业,合伙协议或公司章程约定的企业存续期间届满或约定的解散事由出现,或者企业因为合并、分立等变更行为导致原企业解散,都属于企业的自愿解散。

➤ 所谓依法解散,即根据法定的条件,如果条件满足,投资者必须解散所投资的企业。在依法解散中,法定的条件一般包括如下方面:(1)个人独资企业的投资人死亡或者被宣告死亡,无继承人或者继承人决定放弃继承;(2)合伙企业的合伙协议或公司章程约定的经营期限届满、解散事由或企业的经营目标无法实现等;(3)企业的投资人数达不到法定要求,如合伙企业只剩下一个合伙人,有限责任公司的股东不足两人等;(4)企业被依法吊销营业执照、责令关闭或者被依法撤销,如我国《公司法》就规定了公司的法院判决解散、公司行业主管机关命令解散以及公司因破产而解散等情形;(5)法律、行政法规规定的其他情形。

四 创业组织的清算

企业的清算,是指依法对解散的企业的财产进行清理,收回债权,清偿债务后分配剩余财产和分担债务的行为。企业清算是注销企业的最后一个流程,一般包括清理债权债务、安置职工、清缴税款等,只有这些工作完成后,方可报工商行政管理局办理注销登记。在办理注销登记手续后,创业组织的主体资格消灭。

根据我国《个人企业法》《合伙企业法》和《公司法》的规定,无论企业解散是自愿解散还是依法解散,在解散后都必须对企业的资产进行清算。通常,企业的清算一般包括以下程序。

- **通知和公告债权人**

企业组织解散,无论是由投资人自行清算,还是由债权人申请人民法院指定清算人进行清算,都应当在清算前的法定时间内通知债权人,以便于债权人及时申报债权。至于如何通知,法律上并无明确规定,从证据角度而言,投资者最好是采用书面信函的通知形式,并留有存根以备事后查验。

- **组建清算组织**

企业清算,必须组建清算组织负责清算事宜。个人独资企业的清算,由于投资人承担无限责任,投资人可以自行清算。合伙企业可以由全体合伙人担任清算人,也可以指定一个或者数个合伙人或者委托第三人担任清算人。公司解散,应当在解散事由出现之日起15日内成立清算组,开始清算。有限责任公司的清算组由股东组成,股份有限公司的清算组由董事或者股东大会确定的人员组成。逾期不成立清算组进行清算的,债权人可以申请人民法院指定有关人员组成清算组进行清算。人民法院应当受理该申请,并及时组织清算组进行清算。如果是企业破产清算,则应由债权人会议组成清算组或由人民法院指定清算组进行清算。

清算人的主要职权包括清算其企业财产、编制资产负债表和财产清单、通知债权人、处理与清算有关企业的尚未了结事务、清缴企业所欠税款、清理债权与债务、处理企业清偿债务后的剩余财产、代表企业参加诉讼或者仲裁活动。

- **企业财产清偿顺序**

企业进行清算后,企业财产应当按照如下顺序清偿:

- ➢ 首先,支付清算费用;
- ➢ 其次,支付所欠职工工资和社会保险费用;
- ➢ 再次,缴纳企业所欠税款;
- ➢ 最后,清偿企业其他债务。

企业财产在清偿上述债务后仍有剩余的,个人独资企业的财产归该投资人所有。合伙企业则按合伙协议约定的利润分配办法在合伙人之间进行分配。公司则按照股东出资比例或持股比例分配给公司股东。

须注意的是,在企业清算期间,企业不得开展与清算目的无关的经营活动。企业投资人也不得转移、隐匿企业财产干扰企业清算的顺利进行。在企业清算结束后,清算人应当编制清算报告,经全体投资人签名、盖章后,向企业登记机关报送清算报告,申请办理企业注销登记。企业注销后,个人独资企业和普通合伙的合伙人对企业存续期间的债务仍应承担无限连带责任,公司企业则因为实行有限责任原则,即使企业财产不足以清偿所有债务的,其债务也最终消灭。

经 典 案 例

深陷"问题奶粉"危机的三鹿集团破产清算案

石家庄三鹿集团曾是一家集奶牛饲养、乳品加工、科研开发为一体的大型企业集团,奶粉产销量连续14年实现全国第一。2008年3月以来,消费者反映婴幼儿食用三鹿婴幼儿奶粉后,出现尿液变色或尿液中有颗粒现象。2008年8月,经检测发现三鹿奶粉中含有三聚氰胺。2008年9月11日,国务院成立联合调查组,三鹿奶粉事件逐步清晰。石家庄三鹿集团生产的三鹿婴幼儿配方奶粉受到三聚氰胺的污染,导致大量的婴幼儿患肾结石。

三鹿牌婴幼儿配方奶粉重大食品安全事故发生后,三鹿集团于2008年9月12日全面停产。在全国范围内实施了疾风骤雨般的应急处理后,三鹿事件后续的赔偿所产生的债务问题也逐步浮出水面。截至2008年10月31日,经财务审计和资产评估,三鹿集团资产总额为15.61亿元,总负债17.62亿元,净资产-2.01亿元。2008年12月19日三鹿集团又借款9.02亿元付给全国奶协,用于支付患病婴幼儿的治疗和赔偿费用。至此,三鹿集团净资产为-11.03亿元,已经严重资不抵债。

依据我国《企业破产法》的有关规定,申请人(债权人)石家庄商业银行和平西路支行向石家庄市中级人民法院提出了对被申请人(债务人)石家庄三鹿集团股份有限公司进行破产清算的申请。2008年12月23日,石家庄市中级人民法院将受理破产清算申请的裁定书送达三鹿集团股份有限公司。2009年2月12日,河北省石家庄市中级人民法院发出民事裁定书,正式宣布引爆中国"问题奶粉"危机的石家庄市三鹿集团股份有限公司破产。

2009年2月12日上午,石家庄市中院召集三鹿集团债权人举行第一次债权人会议,法院合议庭当场宣读了三鹿集团破产的有关法律文书。合议庭当天还宣读了指定债权人会议主席的决定书,指定债权人石家庄发展投资有限责任公司法人代表李爱民为主席。李爱民主持了对三鹿破产的财产变价方案的表决,并获得通过。

依据我国《企业破产法》的规定,破产企业的债务偿还顺序,首先是破产清算组费用、企业拖欠政府的税费、工人的工资和社保缴费,然后是银行等优先权债权人,最后才是一般债权人,消费者的损害赔偿就属于一般债权人级别。

由于管理不善,对产品质量把关不严,三鹿集团为了谋取利益而添加对人体有害的"三聚氰胺"等化学物质,导致了多年的兴旺毁于一旦,甚至危害了众多婴幼儿。由于明显资不抵债,三鹿集团到最后对那些受害的婴幼儿父母都没有做出合理的赔偿,导致社会各界人士的不满和责骂。尽管三鹿集团负责人最后受到了法律制裁,但三鹿事件真正影响的不是三鹿一家企业,而是中国的整个奶制品行业,乃至对整个中国的品牌都产生了相当大的不利影响。

资料链接

全国首宗证券公司破产清算案结案(2011)①

累了吗?让脑袋休息一下,扫描如下二维码,了解更多课后内容。

★6. 企业组织的破产保护

市场竞争激励,商业风险客观存在,投资者创业设立企业目的是要获取投资收益,但不能清偿到期债权的现象也是客观存在的。无论是有限责任还是无限责任,最终解散企业或者注销企业,都非投资者所愿,也不利于社会发展,更不符合商法所坚持的企业维持原则。为此,当企业不能清偿到期债务,存在资不抵债或者清偿能力明显不足时,企业的投资者要善用破产保护制度,避免自己费心、费力、费事所设立的企业因注销而烟消云散。

由于个体工商户、个人独资企业和合伙企业不具有法人资格并实行无限责任,所以也不存在破产的问题。这里所说的破产保护,主要是针对实行有限责任的公司企业而言的。当公司企业因不能清偿到期债务,公司股东和公司债权人都可以向人民法院申请破产,对公司的债务进行公平清偿。破产是一种特殊的企业债务清偿程序,也是一种概括性民事执行程序。

破产,既是公司企业债权人保护自己债权的一种方式,也是公司企业的投资者进行自我救济的一种策略手段。根据我国法律规定,破产制度一般包括重整制度、和解制度和清算制度。为避免公司因清算而注销,公司投资者应充分利用重整和和解制度,使陷入困境的公司能够东山再起。

▶ □ 重整

所谓重整,是指不对无清偿能力的公司财产立即进行清算,而是在受理破产申请的

---

① 资料来源:http://v.youku.com/v_show/id_XMzM0NTkzODE2.html。

人民法院的主持下由公司债权人和债务人达成协议,制定公司重整计划,规定一定的重整期限,使得公司债务人能按照一定的方式全部或部分清偿债务,同时债务人公司可以继续经营公司事务的一种制度。

重整制度试图使陷入困境的公司,在消极分配公司财产之前,通过公司债权人的适当让步和公司自身努力,尝试使公司走出支付不能的困境,恢复公司正常持续经营能力,从而保障公司债权人、公司投资人和公司雇员等各利益相关方的最终利益。因此,如果当公司没有出现持久的且难以恢复或者即使恢复也毫无经济意义的情况时,公司本身以及公司债权人都应当考虑重整。

➤ 重整的申请。公司重整的申请,既可以是公司债权人提出,也可以是公司本身提出,还可以由公司占注册资本 10%以上的股东提出。公司本身既可以在出现破产事由之后、破产申请提出前直接申请重整,也可以在公司债权人申请公司破产被人民法院受理后、破产宣告前提出。

➤ 重整计划的提出。申请重整的公司,应当编制公司重整计划草案,向人民法院和债权人会议提出,并就重整计划向债权人会议进行说明并接受询问。

为获得公司债权人会议的通过,公司编制的重整计划草案,应包括增减公司注册资本、公司合并或分立、资产收购、置换或处置、股权或债权转让、债务减免、第三人代公司清偿债务或提供清偿担保、职工分流等安排。此外,还应当合理设置重整的期限以及重整的监管人,以获得债权人的信任并最终通过重整计划,避免公司直接进入破产清算程序。

▶▷ 二 和解

为避免公司进入破产清算程序,陷入债务危机的公司为获得破产保护,可直接向人民法院提出和解申请,也可以在公司债权人提出破产申请后,直接与全体债权人达成和解协议,来缓解公司危机,帮助公司走出困境。

➤ 公司提出和解,无非是希望在人民法院的帮助下,使公司的债权人能延长债务的偿付期限或适当地减少债务数额或豁免部分债务,来减轻困境公司的财务压力,最终使公司能够渡过难关,改善公司财务状况,最终实现公司债务的全部清偿。

➤ 公司提出和解申请的,应当提出和解协议草案。为了使和解协议草案最终得到债权人会议的通过,和解协议应包括分期或延期偿还债务的期限、减少债务的额度、债务豁免的额度、清偿债务的计划、清偿债务的财产来源、清偿债务的担保、公司改善财务状况的措施及实施方案等。

➤ 和解协议经债权人会议通过并经人民法院裁定认可后,对债务人公司和全体债权人均有约束力。和解协议生效后,破产程序中止,破产宣告受到阻止,公司恢复对公司财产和营业事务的控制权和管理权。此时,公司应严格按照和解协议的约定,改善公司经营及财务状况,避免公司陷入最终的清算程序。

> **视频链接**
>
> ### 尚德无法偿还巨额欠款宣布破产重整①
>
> 累了吗?让脑袋休息一下,扫描如下二维码,了解更多课后内容。
>
>

> **经典案例**
>
> ### 无锡尚德破产重整方案获债权人会议高票通过②
>
> 由于光伏产能过剩、国内光伏应用市场发展滞后,加上欧美针对中国光伏企业"双反"调查等诸多不利因素,以及企业战略决策失误、光伏企业间价格无序竞争等"内外交织"困境,曾经是国内光伏企业"龙头老大"地位的无锡尚德太阳能电力有限公司(以下简称无锡尚德),2013年3月20日经无锡市中级人民法院依据《破产法》裁定进入破产程序,瞬间被社会各界和国内外媒体舆论所高度关注。
>
> 2013年11月12日,在无锡中院合议庭主持下,备受关注的无锡尚德破产重整案迎来了"峰回路转"的时刻:由债权人和股东组成的五个表决组,在第二次债权人会议上一致通过由江苏顺风光电科技有限公司为战略投资人(以下简称顺风光电)。重整草案规定,顺风光电将作为重整方完成重组流程后,按照相关规定将支付30亿元现金,收购股权并解决无锡尚德相关费用与债务的清偿。此外,在无锡尚德重整计划获得人民法院裁定批准后两年内,重整方除收购资金外,计划另外根据无锡尚德的发展需要投入不少于30亿元的资金,用于技术改造和增资扩产等。
>
> 据了解,无锡尚德不仅有500多个境内债权人,同样也有债权金额极高的境外债权人,涉及境内外法律体系的交叉与协调。管理人则以市场与司法两大手段实现各方的利益衡平,一方面通过市场化的手段引进重整方,充分实现无锡尚德的重整价值,由其提供资金偿付债务,使得广大债权人得以公平、及时且最大限度的受偿,有效解决众多债权人之间就无锡尚德有限财产如何受偿的利益冲突问题;另一方面则体现立法原旨,帮助无锡尚德实现凤凰涅槃,重焕新生。通过无锡尚德的经营能力与盈利能力的恢复,又最大限度地满足职工等各方关联主体的利益不受损害,达到社会稳定与经济效益的最大化。这一实际操作经验,也将推动《企业破产法》制度本身与司法实践的深化完善。

---

① 资料来源:http://my.tv.sohu.com/us/63349385/54852667.shtml。
② 《无锡尚德宣告破产》,http://finance.china.com.cn/industry/special/sdpc/index.shtml,2015年6月3日访问。

创业法学

> 无锡尚德破产重组管理人清算组组长杨二观介绍,按照相关规定,重整后的无锡尚德在未来经营中继续沿用"尚德"品牌,深耕光伏行业,并持续专注光伏电池组件的开发、生产和销售。在市场销售方面,通过建立优秀的销售网络及优化客户服务体系,争取国内外客户;同时利用顺风光电自身投资发电站的优势,以及欧盟 500 MW 左右配额、美国市场和日本市场每年 200—500 MW 的销量,以及国内市场等每年至少 200—500 MW 的销量,可以预测无锡尚德 2014 年的组件销售量将达 1.5 GW 左右,并随着光伏市场的持续扩大而同步增长,有望"重回"清洁能源产业的世界级企业行列。
>
> 据了解,无锡尚德得以在法院主持下"涅槃重生",其标志性意义在于通过债转股等方式破产重整,既最大限度解决了广大债权人的债务清偿担忧,维护了经济社会平稳运行,又坚持市场化运营,在破产法机制下减少行政干预,这是实施完全市场化、法治化方式推动企业转型的又一典型案例。

❖7. 创业组织高层管理团队的组建、激励与约束

▶ □ 如何组建高层管理团队

● 为何要组建创业组织高层管理团队

在上述四种创业组织形式中,个体工商户和个人独资企业的出资人、合伙企业的合伙人、公司企业的股东,都直接参与企业事务的管理,但毕竟人的能力、精力都是有限的,面对日益激烈的市场竞争,出资人直接参与创业企业众多事务的处理,有时候就显得力不从心。

毕竟,不是每个创业者都是超人,对于企业的经营和管理也不可能都面面俱到。特别是在出资人众多的合伙企业和公司企业,企业事务的管理涉及企业的直接控制权,出于公平和效率的考量以及源于法律的规定,大多数企业还是委托有能力的出资人,或者对外招聘职业经理人来管理企业事务。

为此,"一个好汉三个帮",组建一支包括企业总经理、财务经理、市场经理以及法务经理等在内的高效创业组织高层管理团队就是创业者成功创业的关键。

延 伸 阅 读

"疯狂英语"的个人英雄主义和"新东方"的集体英雄主义[①]

在中国最近十几年的英语培训市场上,还有一个与新东方一样堪称奇迹的品牌,

---

① 《新东方俞敏洪:成功来自团队而非个人》,http://news.cntv.cn/20101127/104693.shtml,2015 年 7 月 20 日访问。

> 那就是由李阳创办的"疯狂英语"。"疯狂英语"提倡一种喊话式英语学习法,曾经在多所大学校园里火热流行。但是,进入21世纪"疯狂英语"的风头渐弱,究其原因,"新东方"是一帮人在做一个共同的事业,而"疯狂英语"却是李阳一个人在做。
>
> 对于这一点,李阳自己也曾反思过,他说:"新东方有数千名全亚洲最顶尖的英语老师,而我只是一个老师,差得太远了!"无独有偶,曾有记者采访俞敏洪,问到他和李阳有什么不同,俞敏洪曾如是说:"他是个人英雄主义,我是集体英雄主义。"
>
> 俞敏洪把新东方的成功归纳为团队的力量。新东方之所以在众多英语培训学校中脱颖而出,要归功于它拥有一群堪称当时国内最优秀的英语老师。这些王牌老师构成了新东方独特的魅力和良好的口碑,最终奠定了新东方在中国英语培训市场上NO.1的地位。

- 创业组织高层管理团队从何而来

创业者应通过哪些渠道找到适合企业发展,又与自己志同道合的有管理能力的人才来组建高层管理团队呢?一般而言,主要包括以下两个渠道。

➢ 熟人渠道。熟人渠道主要包括家人、朋友、目前及以前的商业伙伴。这种在熟人圈子内选择的好处是:创业者早已与他们建立了可靠的个人关系,对于每个人的能力都很了解,并建立了良好的工作联系。这种找人渠道,在创业初期能加速团队的形成和决策的制定。当然,招聘熟人也有不好的地方,那就是熟人关系会带来原有关系的心理负担,熟人之间也会因为有相同的背景、工作经验、教育背景等很难给团队带来互补的技能。不论如何,毕竟"亲兄弟,明算账",即使在招聘熟人担任公司高层管理团队时,也必须与其签订劳动合同,明确各自的权利和义务,以免事后引发不必要的争议。

➢ 陌生人渠道。对于那些具有成为高层管理者的潜能,或者先前有创业经历的人,创业者可以通过私人关系、商业伙伴或者传统的招聘方法,包括通过职业介绍所、猎头公司、分类招聘广告等来找到这些人。不熟悉的陌生人将是创业组织高层管理团队多元化的一个潜在来源。他们可以给创业企业和创业者带来互补性的新的观点、技能和经验。同样,创业者也必须同其签订劳动合同来明确各自的权利和义务,最重要的是对方的职责、职务、薪酬、奖励与惩罚等内容,这是对这些高层管理者的有效激励和约束。

- 选择创业组织高层管理团队的标准是什么

组建一个高效的企业高层管理团队,最重要的是弥补创业者本人在能力、精力、经验等方面的不足,形成企业内部的互补关系,从而帮助创业组织获得和使用这些高层管理团队成员所具有的稀有的、有价值的战略性资源。选择创业高层管理团队应综合考虑如下一些因素。

➢ 志趣与兴趣爱好。在创业者挑选高层管理团队成员时,对方的个人魅力和吸引力将是创业者重点考虑的因素。对于创业者而言,与相互吸引的人共事会让人觉得舒服和安心,这样会使创业者感到放松,有助于提供一个舒适的、创业者可以充分发挥才能和创造力的工作环境和氛围。

创业法学

➢ 年龄与教育背景。创业者挑选高层管理团队成员是因为创业组织需要,通过引进外部经营和管理人才来加强创业组织的人才资源基础,为此,选择对象的年龄、教育背景、工作经验和任期长短都将是选择时必须考虑的因素。如果高层管理团队由年龄较轻、受过良好教育、职能多样的人组成时,他们将更可能促进创业企业的创新和变革。否则,由年纪较大、任期较长、被公司赋予较大决定权的人组成的高层管理团队,则将更倾向于遵循与企业经营事业主要趋势相一致的战略。

➢ 资金与人际关系。资金也是创业组织在招聘高层管理团队成员的一个考虑因素。寻找财务合伙人的创业者通常允许合作者加入董事会或高层管理团队中来。特别是创业者创始资金不足的情况下,为克服企业初创的资金困境,也很欢迎资金实力比较雄厚的成员成为合伙人或公司的发起人,并最后担任创业组织的高层管理人员。此外,拥有良好的社会关系,广阔的人脉资源也是选择高层管理团队成员的一个考虑因素。我国是一个人情社会,在全面推进依法治国的大背景下,与政府各部门、商务界、技术界等保持良好的社会关系,都将是创业组织发展并壮大的良好的社会基础。这些人将有助于创业企业获得或接近更多的资源,获得更多的发展机会。

经典案例

新东方创始人俞敏洪和他的创业管理团队[1]

对于迅速发展的初创企业来说,也许有多个关键因素决定其能否取得更大的成功,但其中最重要也最困难的要数"团队建设"。原因很简单,没有人会拥有企业不断发展扩大后所需的全部技能、经验、关系或者声誉。因此,一个创业者至关重要的工作是组建一个核心团队。新东方的成功,在很大程度上就是团队的成功。

当年,新东方的创始人俞敏洪毅然辞去北京大学教师职务开始自己的创业生涯。虽然在创办新东方培训学校之初,他独自承担宣传、授课等所有的工作,但毕竟人的精力是有限的。此时的新东方属夫妻店阶段,规模小,业务范围狭小。俞敏洪意识到,新东方需要更多的合作伙伴,帮他控制英语培训各个环节的质量,这样才能创造名气,才能把企业做大并在同行业中脱颖而出。而这样的人,不仅要有过硬的专业知识和能力,更要和俞敏洪本人有共同的办学理念。

他首先想到的是远在美国的王强和加拿大的徐小平等人,实际上这也是俞敏洪思考了很久所做的决定——这些人不仅符合业务扩展的要求,更重要的是这些人作为自己在北大时期的同学、好友,在思维上有着一定的共性,肯定比其他人能更好地理解并认同自己的办学理念,合作也会更坚固和长久。这时他遇到了一个和他有着共同梦想、惺惺相惜的朋友杜子华。在一次会面中,俞敏洪和他谈了教育的创业,当然这次会面也改变了杜子华单打独斗实现教育梦想的生活,杜子华最终决定在新东

---

[1] 《创业管理:俞敏洪团队创业研究》,http://wenku.baidu.com/link?url=oz_Ipvv0o8U8V8RuqSfavsJPoCP-qCUSY2IA19DKQ1NVtksGvGz_Wqj82oEi4DGVfh0YmRFBrHQ3heXZoaIfuylf_wAFwupLQK2ggYTWhl7,2015年7月8日访问。

方实现自己的追求和梦想。不久以后,徐小平和王强都站在了新东方的讲台上。

1997年,俞敏洪的另一个同学包凡一也从加拿大赶回来加入了新东方。新东方就像一个磁场,凝聚起一个个年轻人的梦想。这群在不同土地上为了求学,洗过盘子、贴过广告、做过推销、当过保姆的年轻人,终于找到一个突破口,年轻人身上积蓄的需要爆发的能量在新东方充分得到了释放。就这样,从1994年到2000年,杜子华、徐小平、王强、胡敏、包凡一、何庆权、钱永强、江博、周成刚等人陆续被俞敏洪网罗到了新东方的门下,而此时的新东方进入了快速发展阶段。

俞敏洪领导的新东方在全球拥有北京、上海、广州、武汉、西安、天津、南京、成都、重庆、沈阳、深圳、长沙、济南、哈尔滨、襄樊、太原、多伦多、蒙特利尔等地的18所新东方学校、2家专业研究机构、5家子公司及北美分公司,业务涵盖教育研发、图书杂志出版、在线教育、教育软件开发、文书写作、留学咨询等多个领域。2011年7月,俞敏洪领导的新东方教育科技集团在美国纽约交易所上市,俞敏洪也因持有公司31.18%的股权(4 400万股)而获得了超过10亿元人民币的财富,成为中国最富有的老师。

俞敏洪的创业成功之处是为新东方组建了一支年轻而又充满激情和智慧的管理团队,俞敏洪的温厚、王强的爽直、徐小平的激情、杜子华的洒脱、包凡一的稳重,五个人的鲜明个性让新东方总是处在一种不甘平庸的创业氛围当中。

马云和他的早期创业团队①

作为一支高效的创业团队,通常呈现一些共同的基本特征,主要包括共同的愿景和目标、互补的技术及商业技能、团队间充分信任、高效的领导才华以及充分的授权等。在创业团队的资质中,创业者的资质似乎是最重要的,其核心资质条件包括冒险、毅力以及不畏失败的创业精神;为团队规划愿景、鼓舞团队士气的领导能力;概念技能、对行业远景及未来机会识别的能力等。在阿里巴巴众多成功要素中,马云领导的优秀团队尤其值得聚焦。

表3-2　阿里巴巴公司早期创业成长时的团队背景

职　　位	经　历　与　特　长
CEO 马云	生于杭州,毕业于杭州师范学院,后于杭州电子工学院任教;1995年在西雅图第一次接触互联网,后创办海博网络;1999年创立阿里巴巴公司

---

① 任荣伟、林显沃:"新创新企业早期成长中的异质性资源的塑造与整合分析:以阿里巴巴公司的早期创业成长为例",载《技术经济与管理研究》,2008年第6期。

(续表)

职　位	经　历　与　特　长
CEO 蔡崇信	生于台湾,是耶鲁大学经济学和法学博士,曾在华尔街做了四年律师,1999年以瑞典著名投资公司瑞银达集团副总裁的身份考察阿里巴巴,后加盟阿里巴巴。放弃副总裁职位及百万美元年薪而领取500美元月薪。其加盟为阿里巴巴带来了500万美元的投资。后主持阿里巴巴在香港的总部,负责国际市场推广、业务拓展及公司财务运作
CEO 吴炯	生于上海,1989年获密歇根大学计算机学士学位,1996年加入雅虎公司,并主持公司搜索引擎和电子商务技术的开发,是雅虎搜索引擎的首席设计师。曾获美国授予的搜索引擎核心技术专利,后主持雅虎电子商务基础软件系统的设计和应用。2000年加盟阿里巴巴
CEO 吴明生	生于香港,曾获拉夫伯勒科技大学和伦敦商学院授予的工程学和科学硕士学位。曾在《财富》500强企业英维恩集团担任中国区总裁4年,在另一家500强企业 Ivensys Pls 担任中国区总裁,并曾在美国通用电器工作15年,历任要职。2001年加盟阿里巴巴,后协助马云进行公司文化、团队合作等人力资源领域的工作

如表3-2所示,在阿里巴巴早期创业的梦幻四人核心创业管理团队中,他们不仅在技术及商业技能上互补,而且在各自商业领域都是事业有成。马云汇聚人气的领袖魅力从管理层中精英荟萃也可看出,如软银的孙正义和前世贸组织总干事萨瑟兰是公司的顾问,管理层中聚集了来自16个国家和地区的网络精英,而且许多顶尖级大学,包括美国哈佛、斯坦福、耶鲁大学的优秀人才也涌向了阿里巴巴。

视　频　链　接

电影：中国合伙人[①]

累了吗? 让脑袋休息一下,扫描如下二维码,了解更多课后内容。

▶▶ □　如何加强对高层管理团队的激励

无论是委托内部的出资人还是聘请外部的职业经理人来管理企业事务,都会涉及

---

① 资料来源：http://www.iqiyi.com/dianying/20130625/998300fe69a925cc.html? vfm=2002_2345f.

企业高层管理团队的激励,毕竟"既要马儿跑得快,又要马儿不吃草"的想法是不实际的。高层管理团队的企业管理知识和技能同时会涉及人力资本的问题。高层管理团队的人力资本具有稀缺性、专用性、专有性和难以度量性的特点,只能激励不能压榨,因此,对企业组织的经理人力资本进行物质激励和精神激励是一个永恒的主题。对高层管理团队的激励不仅仅影响管理团队的绩效,更多地将直接影响创业的成败,因此,有效的激励是保持创业团队士气和稳定的关键。创业者要想通过创业创造财富,就必须学会与帮助你创造价值和财富的管理团队分享财富。对创业组织高层管理团队的激励,不仅仅是财富(钱)的问题,而应结合物质和精神两个方面进行,实施物质激励与精神激励相结合,并恰当地使用短期激励与长期激励并用,以保证创业团队的稳定,保持创业企业的持续快速发展。

- 精神激励

精神激励是指由于工作本身、工作环境和组织特征带来的愉悦与满足感,主要是一种心理效用。精神激励主要可分为以下两块。

➢ 一种是与职业发展相关的职业性肯定。创业组织应给予企业高层管理团队以个人能力的提高和事业的发展,包括晋身机会、职业保障、自我发展、弹性工作时间、参与决策、工作挑战性、自我成就感等。

➢ 二是与工作环境相关的社会性肯定。创业组织应努力创造优越的工作环境、和谐的人际关系,包括组织声誉、领导魅力、交友机会、相互尊重、表扬和肯定等。精神激励重在精神鼓励,引导高层管理团队对创业组织的忠诚感和归属感。

- 物质激励

物质激励主要是指给予企业高管合理并具有吸引力的薪酬。高管薪酬主要由基本工资、津贴和补贴、福利及股权等构成。薪酬的各构成部分的作用和功能都是不同的,其中,基本工资主要是保障管理层基本生活之需要;津贴与补贴主要体现创业组织对企业管理层艰苦劳动之褒奖;福利则发挥"感情色彩"的作用,并帮助管理层应对生活中的各种危机;股权则体现了对管理层的长期激励作用,确保企业高层管理团队的人力资本能够参与创业企业的"剩余价值"的分配。

目前,对于创业期的高层团队的激励,给予股权激励是一种较为通用的做法。早期的股权激励的对象是企业的高层管理团队,近年来逐渐在各层次的员工阶层,特别是核心员工阶层实施了员工持股计划。股权激励的核心是股权的分配,目前比较通行的股权分配的方式主要有以下五种[①]:

➢ 按"岗位"认股。由创业组织的高层管理团队占大股或控制低位,其中主要经营者持股不低于25%,可在先缴纳50%的基础上分3年付清。

➢ 按"技术"认股。创业中的技术骨干持有一定的"技术股","技术股"的比例最高可达35%—45%。

➢ 按"知识"认股。具有高学位或高职称的管理技术人员,可用高于普通员工1—3倍的资金参与入股。

---

① 卢福财主编:《创业通论》(第二版),高等教育出版社2012年版,第126页。

➢ 按"工龄"认股。在创业组织连续工作达到5年以上的管理人员可获得高于普通员工5%—15%及以上的认股权。

➢ 按"绩效"认股。对业绩突出的高层管理人员奖励一定的认股权,一般不超过15%。

对于创业组织高层管理团队的激励,在创业初期资金较少的情况下,创业者应多给予精神激励,重在为管理团队的未来职业发展进行规划,使团队成员产生归属感进而留住高素质的人才。在企业发展到一定的程度时,则应根据高层管理团队的不同条件,给予一定的股权激励。但是,股权激励不是万能的,股权激励一定要注意对象和环境,要与企业的目标管理和绩效考核紧密结合,并注意股权激励的稳定性和灵活性,同时与其他的激励手段合理配合使用。总之,实施股权激励,可以使得企业高层管理团队拥有一定的剩余索取权并与创业者一起承担企业经营风险,从而将高层管理团队的利益和创业组织的利益有机地结合起来,达到优化企业治理结构、促进创业组织稳健快速发展的目的。

经典案例

用友软件的股权激励计划[①]

累了吗?让脑袋休息一下,扫描如下二维码,了解更多课后内容。

如何加强对高层管理团队的约束

信息不对称、合同的不完备性以及人的机会主义倾向导致了经济学中所谓代理成本的出现。在企业中,由于普通存在所有权与控制权的分离,容易使企业落入企业管理层之手,从而出现所谓的"经理革命"。为此,创业组织不仅要对高层管理团队实行激励,同时也要施加约束,建立对企业高层管理团队的约束机制,综合实施"胡萝卜"加"大棒"政策。

创业组织的约束制度,主要包括纪律条例、组织条例、财务条例、保密条例等,主要约束管理团队成员的不利行为、保证团队的稳定性。在制定对高层管理团队的约束制

---

① 参见《用友软件股份有限公司股票期权与限制性股票激励计划》,http://www.yonyou.com/,2015年6月3日访问。

度时,应注意约束制度与企业文化的适合性、约束制度的可操作性和完整性[①]。对于管理层的约束,主要通过以下两种方式来实现。

➤ 一种是通过企业章程或聘请协议,详细规范企业所聘请管理人员的权利和义务。在支付给管理人员约定的薪酬、赋予相应管理权限的同时,约定管理人员的各项义务,以促使管理人员规范经营管理,实现企业的稳健运行,实现投资人收益的最大化。

➤ 另一种是通过法律规定,将管理层的约束上升为法定义务,通过法律的强制力来约束管理层的行为。

关于企业章程和聘请合同的约束,取决于企业出资人与经理层的自由意思,只要不违反法律法规的强制性规定,当事人可以自由协商;关于法律的约束,则属于强制性的规范,当事人不能违反,否则将产生相应的法律后果。

- 管理层的忠实义务

忠实义务要求企业管理层在经营企业业务时,应毫无保留地为企业最大利益努力工作,当自身利益与企业利益整体发生冲突时,应以企业利益为先。从实质而言,忠实义务是为企业管理层行使企业经营管理权设置的一条"道德标准",它要求企业管理层团队人员在企业经营管理过程中,不得有下列行为。

➤ 自我交易。企业高层管理人员不得利用管理经营企业的机会,进行自我交易从而损害企业利益。当然,在不存在违反企业章程,且经信息披露,当事人表决回避要求并经股东会或股东大会批准后,这种自我交易并不应被禁止。

➤ 利用或篡夺企业的商业机会。企业高层管理人员未经企业董事会或股东会同意,不得利用职务便利为自己或他人谋取属于企业的商业机会,并从中牟利。

➤ 违规竞业。企业高层管理人员未经企业董事会或股东会同意,不得自营或为他人经营与所任职企业同类的业务。

➤ 私设账户。企业的高层管理人员不得将企业资金以个人名义或其他个人名义开立账户存储。

➤ 擅自贷款或担保。企业高层管理人员不得未经企业股东会、股东大会或董事会的同意将企业资金借贷给他人或以企业财产为他人提供担保,也不得接受他人与企业交易的佣金归为己有。

➤ 违规泄密。企业高层管理人员不得擅自披露企业商业秘密或有其他违反对企业忠实义务的行为。

- 管理层的善管义务

善管义务要求企业管理人员应诚信地履行对企业的职责,尽到普通人在类似情况下如同处理自己的事务那样谨慎的、合理的注意,为实现企业的最大利益努力工作。善管义务要求企业管理人员在作出经营管理决策时,应以企业利益为出发点,以适当的方式并尽合理的注意来履行职责。

那怎样才算企业的管理层尽到了善管义务呢？一般而言,长期司法实践中发展而

[①] 卢福财主编:《创业通论》(第二版),高等教育出版社2012年版,第128页。

来的商事判断规则可以作为一项判断标准：只要管理层在从事经营决策时，尽到了合理的注意，秉持为企业谋利的善意，又没有获取私利的冲突交易，那么管理层的商业决策就应当受到保护。为此，我国法律都要求各类企业的管理层必须遵守诚信原则，谨慎、认真、勤勉地在其职权范围内履行职责，为实现企业利益最大化而尽到合理的注意义务。

如果企业管理层在执行企业职务时，违反注意义务和善管义务，违反法律、行政法规或者企业章程的规定给企业造成损失的，应当承担赔偿损失等民事责任，情节严重的，将依法追究行政责任乃至刑事责任。

经典案例

科龙电器董事长顾雏军的罪与罚①

2006年7月，中国证监会对科龙电器及其董事长顾雏军进行处罚，认定科龙电器从2000—2001年，未按规定披露重大关联交易；认定科龙电器从2002—2004年，编造虚假财务报告、虚增利润等，科龙电器公司财务造假，3年虚增利润3.87亿元，欺骗股民，给股民的正常投资造成了巨大损失。作为科龙电器的高级管理人员，顾雏军是科龙电器公司虚假陈述行为的实际操纵人和实施者，应当承担连带赔偿责任。中国证监会认为，科龙电器的上述行为违反了原《证券法》第59条、第61条、第62条的有关规定，并依据原《证券法》第177条的规定，对科龙电器处以60万元罚款，对顾雏军给予警告，并处以30万元罚款。

此外，中国证监会依据《证券市场禁入暂行规定》第4条和第5条的规定，认定顾雏军为市场禁入者，自宣布决定之日起，永久性不得担任任何上市公司和从事证券业务机构的高级管理人员职务。

同时，中国证监会对于调查中发现的顾雏军侵占、挪用科龙电器巨额财产等涉嫌犯罪行为，将其依法移送公安机关查处然后由检察机关提起公诉。2008年1月30日，广州市中级人民法院对原科龙电器董事长顾雏军案做出一审判决：顾雏军犯虚报注册资本罪、犯违规披露、不披露重要信息罪、犯挪用资金罪，总和刑期有期徒刑12年，决定执行有期徒刑10年，并处罚金人民币680万元。顾雏军不服，向广东省高级人民法院提起上诉。2009年4月10日，广东省高级人民法院对科龙电器原董事长顾雏军案作出终审裁定：顾雏军分别构成虚报注册资本罪，违规披露、不披露重要信息罪，挪用资金罪。原审判决事实清楚、证据确实充分、定罪准确、量刑适当、程序合法，依法裁定驳回上诉，维持原判。

---

① 《中国证监会行政处罚决定书（科龙电器及顾雏军、刘从梦等相关人员）》（证监罚字〔2006〕16号）；中国证券监督管理委员会《关于对顾雏军等人实施市场禁入的决定》（证监法律字〔2006〕4号）。

视频链接

郎顾之争[①]

累了吗？让脑袋休息一下，扫描如下二维码，了解更多课后内容。

本章概要

选择合适的创业组织形式是创业者成功创业的组织保障。创业者选择创业组织形式时，应考虑设立创业组织的成本和费用、对创业组织的控制能力、税收负担、权益转让以及法律责任等因素。个体工商户、个人独资企业、合伙企业和公司企业可以满足创业者不同的需求。

创业者应关注市场的进入，也应关注市场的退出。既应了解创业组织的登记与审批程序，也要了解创业组织的解散与清算程序，更要注意创业失败所面临的风险，要善于利用法律制度来寻求保护。

在创业过程中，为保障创业组织的稳定性和防范创业经营管理所带来的各种隐形风险，创业者应完善创业组织的治理结构，稳固创业组织的控制权，在创业组织内部进行合理分权与制衡，以利于创业目标的达成。

创业者应优化创业企业的管理，组建高效的创业管理团队，灵活使用精神激励和物质激励手段，不断激发创业管理团队的潜能。同时，也应当采取合理措施，加强对创业管理团队的约束，不断降低创业管理管理团队的道德风险对创业带来的负面影响，不断促使创业活动持续、稳健地运行。

专题讨论

1. 你认为未来创业组织的发展趋势是什么？其原因何在？

2. 如果你选择创业，你最关注的是创业管理团队的道德风险，还是创业组织大股东的道德风险？其原因何在？

3. 创业者如何防范创业组织控制权的旁落？有哪些应对措施？

[①] 资料来源：http://www.tangdou.com/v/881428.html，http://www.iqiyi.com/v_19rro6fobg.html。

延伸阅读

健力宝控制权之争[①]

累了吗？让脑袋休息一下，扫描如下二维码，了解更多课后内容。

创业实训

拟定公司章程

江西某大学信息工程系大四某寝室四位同学合计毕业后自主创业，计划毕业后组建一家互联网信息公司，为中小学生提供互联网教育服务。

四位同学各有不同：张同学家底殷实，其父亲愿赠送20万元作为创业基金。王同学家境较差，无能力进行任何投资，但王同学在校期间，作出了若干发明，其中一项有关教育游戏软件的发明获得了国家专利，很多教育公司闻讯后都希望高价购买，但他想利用该专利技术作为创业资本，即使估价低一点也没关系。李同学父亲为政府教育行政部门官员，社会人脉甚广，也愿意借10万元给儿子创业，并答应将利用其良好的社会人际网络为儿子的创业寻找各种商业机会。龚同学家境一般，家庭负担较重，原打算毕业后去找一份安稳工作来养家糊口并照顾家人，其文笔好，口才佳，头脑灵活，善于协调各种关系，也希望参与到同学们的创业中来，但无法找到资金，希望张同学借5万元让其出资，在创业成功后一定偿还，并表示愿意出具字据，李同学也愿意为其担保。

根据大家商量的创业计划，如果毕业开设公司，还需要租赁房屋、购置设备、研发产品、开拓市场，现有的资金远远不够。此时，李同学通过父亲找到一个商人朋友文某，文某在听取了同学们的创业计划后，认为该创业计划切实可行，并符合目前国家倡导的"互联网＋"概念，又是教育行业，未来一定具有良好的市场远景，并表示愿意出资100万元投资同学们的创业计划，但表示，无论同学们如何出资，他都要对未来公司实现控股并担任公司法定代表人。

根据上述创业资源，请为未来拟成立的公司拟定一份发起人协议书，并根据发起人协议书草拟一份公司章程以供大家讨论。

[①] 黄倩、唐红娟："健力宝兴衰史：控制权之争"，载《方圆杂志》，2012年第1期。

第四章　创业融资法

【创业视频扫一扫】

对赌协议，是美酒还是毒药[①]

创业企业融资方式众多，所面临的风险各不相同。创业型企业应当合理选择融资方式，并注意防范各种风险以促进企业快速发展。请扫一扫如下二维码，观看视频"对赌协议，是美酒还是毒药"，与小伙伴及老师讨论创业企业如何选择合适的融资方式及应采取何种措施防范法律风险，并开始本章的学习。

创业导读

我国的企业类型按照规模划分，中小企业占据了大多数。中小企业在创造就业机会、活跃市场力量、创新市场需求方面作出了积极贡献。中小企业的发展，能够强化上述作用和功能，但是中小企业融资问题难一直是困扰其发展的难题。

创业企业融资方式众多，所面临的风险各不相同。创业型企业应当合理选择融资方式，并注意防范各种风险以促进企业快速发展。

例如，依靠对赌融资方式解决资金不足问题，融资企业可能进入发展快车道，并

[①] 资料来源：http://v.youku.com/v_show/id_XNDExNTg1MzU2.html。

创业法学

实现投融资双方双赢的结果，但是也可能深陷控制权旁落的泥潭。成功融资之道在于采取恰当的融资方式，同时在签订对赌协议条款过程中准确地分析并巧妙地避开可能面临的法律风险。

广大创业企业的发展都可能会面临资金瓶颈的问题，如何选择合适的融资方式，并采取相应措施防范法律风险是非常值得探讨的问题。本章将就上述问题展开讨论。

★ 1. 创业融资形式选择

企业的融资形式，从法律性质上来说分为两大类，即债权性融资和股权性融资。其中，债权性融资包括银行贷款、发行债券、应付票据和应付账款等方式，而股权性融资主要包括股票融资、员工入股、经销商入股等方式。两者的区别在于：债权性融资的债权人不直接介入企业的具体运营，其仅要求到期偿还约定的本金和利息；而股权性融资的权利人提供的资金构成了企业自身的资金，权利人将直接介入企业的运营，对于企业的具体决策享有投票权。

▶ □ 金融机构借贷

● 借贷法律关系

向银行或者非银行金融机构直接贷款，是企业最常用的融资方式。其中，约定偿还期限在一年以上的称之为长期贷款，反之是短期贷款。向银行等金融机构借贷，企业与金融机构间应签订资金借贷合同，双方是一种借贷法律关系（也有学者称之为信贷法律关系）。借贷合同是当事人约定一方将一定种类和数额的货币所有权移转给他方，他方于一定期限内返还同种类、同数额货币的合同。

在借贷法律关系中，主体一方是金融机构，另一方可能是自然人也可能是企业；客体是双方的权利义务；而标的是合同约定的货币资金。

借贷合同生效的法律要件包括以下五个方面：
➢ 主体，具备相应的行为能力（金融机构必须是拥有相应信贷牌照，而个人或企业必须具备相应的行为能力）；
➢ 双方意思表示真实有效；
➢ 不违反公共秩序和善良风俗；
➢ 合同标的可能、确定；
➢ 符合法定形式（如书面或者其他法律要求的形式）。

● 借贷的特点
➢ 借贷双方主体特定。贷款方必须是国家批准的专门金融机构。此类专门金融机构须拥有国家批准办理信贷业务的许可才能够从事贷款类业务,其他任何单位和个人无权发生借贷法律关系。专门金融机构可以分为政策性银行、商业银行和其他金融机构。借款方必须是独立核算的主体,包括企业、合伙或一般个人,国家社会机关团体等享受财政拨款的单位一般无权向金融机构贷款。

➢ 借贷合同必须符合国家信贷计划。国家通过控制信贷计划来对全国的货币信贷进行宏观调控,企业向金融机构的借贷也需要符合国家的信贷计划,超过信贷计划的借贷是无效的。

➢ 利率条款。基准利率是法定的,而浮动利率在最高和最低限度内可以由双方协商确定。

- 借贷的程序

➢ 提出申请。满足贷款条件的企业向金融机构提出书面贷款申请。

➢ 金融机构审批。金融机构依据有关的信贷政策和计划,对提出贷款的企业进行资质审查,主要审查内容包括财务状况、信贷记录、偿债能力、项目可行性、抵押情况等。

➢ 签订借贷合同。企业和银行就贷款金额、期限、利率等具体条款进行协商并签订正式合同。

➢ 企业获得贷款。

➢ 企业偿还贷款。

- 借贷的法律风险防范

➢ 利率风险。如果利率波动幅度较大,可能会导致企业的融资成本较大幅度波动,特别是利率上升的时候。

➢ 违约风险。如果企业无法偿还到期债务,将面临负面信贷记录和抵押物被处置的风险。

➢ 期限错配。借贷的期限应当和使用期限相匹配,否则若将短期资金用于长期项目,将出现偿还期限截止而项目尚未竣工的局面,导致本金利息出现无法偿还。

➢ 信贷政策风险。由于国家的信贷调控政策可能出现调整,这将直接影响到企业的融资能否成功。

财产抵押

财产抵押一般不作为独立的融资方式,而是作为借贷法律关系中对金融机构债权的一种担保。我国《商业银行法》第 36 条规定:"商业银行贷款,借款人应当提供担保。商业银行应当对保证人的偿还能力,抵押物、质物的权属和价值以及实现抵押权、质权的可行性进行严格审查。"抵押是指债务人或第三人不转移对财产的占有,将该财产作为债权人对债务履行的担保。

- 抵押合同订立

抵押的目的是为了担保主债务的履行,提供财产的人称之为抵押人,抵押人可能是债务人或者第三人,而债权人也同时是抵押权人,所提供担保的财产即为抵押财产。

《物权法》第 185 条规定,订立抵押合同必须采取书面形式。抵押合同一般包括下列条款：
- 被担保债权的种类和数额；
- 债务人履行债务的期限；
- 抵押财产的名称、数量、质量、状况、所在地、所有权归属或者使用权归属；
- 担保的范围。

- 可抵押财产的类型

根据我国《担保法》第34条的规定，下列财产可以抵押：
- 抵押人所有的房屋和其他地上定着物；
- 抵押人所有的机器、交通运输工具和其他财产；
- 抵押人依法有权处分的国有的土地使用权、房屋和其他地上定着物；
- 抵押人依法有权处分的国有机器、交通运输工具和其他财产；
- 抵押人依法承包并经发包方同意抵押的荒山、荒沟、荒丘、荒滩等荒地的土地使用权；
- 依法可以抵押的其他财产。

抵押人可以将前款所列财产一并抵押。

- 禁止抵押的财产类型

我国《担保法》第37条还规定了如下财产不得抵押：
- 土地所有权；
- 耕地、宅基地、自留地、自留山等集体所有的土地使用权，但本法第34条第(5)项、第36条第3款规定的除外；
- 学校、幼儿园、医院等以公益为目的的事业单位、社会团体的教育设施、医疗卫生设施和其他社会公益设施；
- 所有权、使用权不明或者有争议的财产；
- 依法被查封、扣押、监管的财产；
- 依法不得抵押的其他财产。

- 财产抵押的形式

- 一般抵押。一般抵押适用时，针对每个债务合同单独签订对应的抵押合同，对那些经常有债务往来的企业来说不灵活，适合不经常发生的合同使用，比如住房贷款。一般抵押规定见《物权法》第16章第1节。
- 浮动抵押。浮动抵押是以现有的和将有的动产作为抵押财产为债务提供担保，由于标的处于一个不确定的状态，而财产的额度最终在主债务偿还期限截止或者发生了当事人约定的事项时，在该时点上所有的动产将成为债权人优先受偿的标的。浮动抵押的优势在于以现有的和将有的财产为标的，一方面扩大了担保的财产范围，另一方面也可以维持对抵押财产的自由处分。其劣势在于财产的最终价值不稳定，处于变动的状态。《物权法》第181条和第189条对浮动抵押进行了规定。
- 最高额抵押。最高额抵押和浮动抵押不同，其处于不确定状态的并不是抵押财产的价值，而是所担保的债权不确定，即债务人或第三人对于一定期间内连续发生的债权都承担保证责任。当发生债务人拒不履行到期债务或者发生当事人所约定的情形时,抵押权人可以在最高限额内就该担保财产优先受偿。《物权法》第16章第2节中有相关规定。

- **财产抵押的效力**

根据我国《物权法》第179条的规定,财产设定抵押后的效力如下。

➤ 财产不转移占有。债务人或者第三人,并不转移对于抵押财产的实际占有。

➤ 债权人优先就该财产受偿。当发生债务人不履行到期债务或者发生当事人约定的实现抵押权的情形,债权人有权就该财产优先受偿。

三 民间借贷

- **何谓民间借贷**

民间借贷是指企业向民间非正式金融机构融资的一种途径,是相对于正规金融而言的。民间借贷的法律关系是一种民事借贷关系,须签订借贷合同,多数情况下需要财产抵押。目前民间借贷的种类包括民营银行、小额贷款公司、第三方理财、民间借贷连锁、担保、私募基金、网络借贷、典当行等。

- **民间借贷合同的生效**

民间借贷合同最好是采取书面形式(借据、收据、欠条等债权凭证以及其他能够证明借贷法律关系存在的证据),以便于发生纠纷时向法院举证。

依据最高人民法院2015年6月23日颁布的《最高人民法院关于审理民间借贷案件适用法律若干问题的规定》第9条规定,下列情形可以认为具备自然人之间借款合同的生效要件:(1)以现金支付的,自借款人收到借款时;(2)以银行转账、网上电子汇款或者通过网络贷款平台等形式支付的,自资金到达借款人账户时;(3)以票据交付的,自借款人依法取得票据权利时;(4)出借人将特定资金账户支配权授权给借款人的,自借款人取得对该账户实际支配权时;(5)出借人以与借款人约定的其他方式提供借款并实际履行完成时。

民间借贷合同被认定为无效的情形:(1)套取金融机构信贷资金又高利转贷给借款人,且借款人事先知道或者应当知道的;(2)以向其他企业借贷或者向本单位职工集资取得的资金又转贷给借款人牟利,且借款人事先知道或者应当知道的;(3)出借人事先知道或者应当知道借款人借款用于违法犯罪活动仍然提供借款的;(4)违背社会公序良俗的;(5)其他违反法律、行政法规强制性规定的。

- **民间借贷的风险防范**

➤ 避免被认定为非法集资。非法集资是指单位或者个人违反我国相关金融秩序规定,以承诺回报(现金、实物、股权等)为对价,向不特定对象筹集资金(公开发行股票、债券等)的行为。依据国务院2007年7月25日颁布的《国务院办公厅关于依法惩处非法集资有关问题的通知》,非法集资的主要特征为:(1)一是未经有关监管部门依法批准,违规向社会(尤其是向不特定对象)筹集资金;(2)承诺在一定期限内给予出资人货币、实物、股权等形式的投资回报;(3)以合法形式掩盖非法集资目的。区分特定和不特定对象,是划分非法集资和民间借贷的关键标准。

创业法学

➤ 避免被认定为诈骗。诈骗与民间借贷的关键区别在于,诈骗需要有非法占有为目的。在刑法中,集资诈骗罪的构成要件如下:(1)必须有非法集资行为;(2)集资是通过使用诈骗方法实施的;(3)非法集资数额必须达到较大才构成犯罪。

➤ 避免被认定为非法金融业务活动。依据国务院1998年7月13日颁布的《非法金融机构和非法金融业务活动取缔办法》第4条规定,非法金融业务活动包括非法吸收公众存款、非法集资、非法发放贷款等活动。其中,非法吸收公众存款是指未经中国人民银行批准,向社会不特定对象吸收资金,出具凭证,承诺在一定期限内还本付息的活动;所谓变相吸收公众存款,是指未经中国人民银行批准,不以吸收公众存款的名义,向社会不特定对象吸收资金,但承诺履行的义务与吸收公众存款性质相同的活动。

- **民间借贷的利率**

➤ 谨慎约定利率数额和形式。创业者要对民间金融利率的约定方式概念清晰,一般民间金融约定的是月利即"分",即一个月百分之几。利率可适当高于银行同类同期的贷款利率,但最高不得超过银行同类贷款利率的4倍(含利率本数),超过部分的利息法律不予保护。同时,应谨慎对待复利借贷,以避免出现利息滚动过于庞大、影响偿还能力的结果。

➤ 借贷双方没有约定利息,出借人主张支付借期内利息的,人民法院不予支持。自然人之间借贷对利息约定不明,出借人主张支付利息的,人民法院不予支持。除自然人之间借贷的外,借贷双方对借贷利息约定不明,出借人主张利息的,人民法院应当结合民间借贷合同的内容,并根据当地或者当事人的交易方式、交易习惯、市场利率等因素确定利息。

➤ 借贷双方约定的利率未超过年利率24%,出借人请求借款人按照约定的利率支付利息的,人民法院应予支持。借贷双方约定的利率超过年利率36%,超过部分的利息约定无效。借款人请求出借人返还已支付的超过年利率36%部分的利息的,人民法院应予支持。

➤ 借据、收据、欠条等债权凭证载明的借款金额,一般认定为本金。预先在本金中扣除利息的,人民法院应当将实际出借的金额认定为本金。

法 条 链 接

1998年7月13日,国务院颁布,《非法金融机构和非法金融业务活动取缔办法》。

2007年7月25日,国务院颁布,《国务院办公厅关于依法惩处非法集资有关问题的通知》。

2011年12月2日,最高人民法院颁布,《最高人民法院关于依法妥善审理民间借贷纠纷案件促进经济发展维护社会稳定的通知》。

2015年8月6日,最高人民法院颁布,《最高人民法院关于审理民间借贷案件适用法律若干问题的规定》。

2015年8月28日,最高人民法院颁布,《最高人民法院关于认真学习贯彻适用〈最高人民法院关于审理民间借贷案件适用法律若干问题的规定〉的通知》。

> **经典案例**
>
> **吴某某诉某房地产开发有限公司民间借贷、担保合同纠纷案**[①]
>
> 累了吗?让脑袋休息一下,扫描如下二维码,了解更多课后内容。
>
>

企业与公司债发行

- **发行债券概念**

债券是债务人依照法律程序发行,承诺按约定的利率和日期支付利息,并在特定的日期偿还本金的书面债务凭证。由企业所发行的债券被称为公司债券或者企业债券。

- **企业或公司债券的特征**

➢ 债券是债务凭证,是对债权的一种证明。债券持有人和债券发行企业是一种债权债务关系。

➢ 债券的收入为利息。这种利息的收益是按照固定的比率和期限来确定的,和公司的经营业绩无关。

➢ 债券的风险较小。相对于股票而言,债券的风险较小因为收入预期较为稳定,而股票的收入波动较大。

➢ 债券是有期限的。债权具有期限截止之日,并非像股票一样是持续性的投资。

- **企业或公司债券的类型**

➢ 依照债券上是否标记有债券持有人的姓名,可以分为记名债券和无记名债券。

➢ 按照是否能转换为股票分类,可以分为可转换债券和不可转换债券。一般而言,可转换债券的利率要低于不可转换债券。

➢ 按是否有财产抵押分类,可以分为抵押债券和信用债券。前者具备财产抵押,后者则不具备。

➢ 按照是否参与公司盈余分配分类,可以分为参加公司分配债券和不参加分配公司债券。其中,参加公司分配债券除了可以请求利息外,还能够按照约定参加公司的盈余分配。

➢ 按债券利率分类,可以分为固定利率债券和浮动利率债券。前者的利率是固定值,而后者的利率会按照某一标准浮动。

[①] 案例来源:《最高人民法院公报》,2011 年第 11 期(总第 181 期)。

- 企业或公司债券的发行

我国《证券法》第 16 条中对发行企业和公司债的条件进行了约定：

➢ 股份有限公司的净资产不低于人民币 3 000 万元，有限责任公司的净资产不低于人民币 6 000 万元；
➢ 累计债券余额不超过公司净资产的 40%；
➢ 最近三年平均可分配利润足以支付公司债券一年的利息；
➢ 筹集的资金投向应符合国家产业政策；
➢ 债券的利率不超过国务院限定的利率水平；
➢ 国务院规定的其他条件。

公开发行公司债券筹集的资金，必须用于核准的用途，不得用于弥补亏损和非生产性支出。上市公司发行可转换为股票的公司债券，除应当符合以上规定的条件外，还应当符合《证券法》关于公开发行股票的条件，并报国务院证券监督管理机构核准。

《公司债券发行与交易管理办法》第 18 规定了符合下列条件的公司债券可以向公众投资者公开发行，也可以自主选择仅面向合格投资者公开发行。

➢ 发行人最近三年无债务违约或者迟延支付本息的事实；
➢ 发行人最近三个会计年度实现的年均可分配利润不少于债券一年利息的 1.5 倍；
➢ 债券信用评级达到 AAA 级；
➢ 中国证监会根据投资者保护的需要规定的其他条件；
➢ 未达到前款规定标准的公司债券公开发行应当面向合格投资者；仅面向合格投资者公开发行的，中国证监会简化核准程序。

存在下列情形之一的，不得公开发行公司债券：

➢ 最近 36 个月内公司财务会计文件存在虚假记载，或公司存在其他重大违法行为；
➢ 本次发行申请文件存在虚假记载、误导性陈述或者重大遗漏；
➢ 对已发行的公司债券或者其他债务有违约或者迟延支付本息的事实，仍处于继续状态；
➢ 严重损害投资者合法权益和社会公共利益的其他情形。

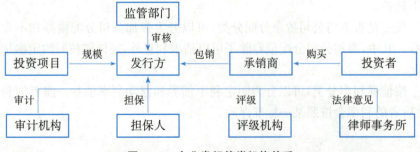

图 4-1 企业发行债券机构关系

发行人就发行,须提供发行人关于本次公司债券发行的申请报告,并且提供发行人董事会决议、股东会或股东大会决议(或者法律法规以及公司章程规定的有权机构决议)。

经典案例

梅花生物科技集团股份有限公司公开发行2015年公司债券（第一期）发行公告（面向合格投资者）摘要[①]

债券发行总额：梅花生物科技集团股份有限公司发行不超过30亿元人民币公司债券(以下简称"本次债券")已获得中国证券监督管理委员会证监许可〔2015〕1713号文核准。采取分期发行方式,基础发行规模为10亿元,超额配售不超过5亿元。

债券面值为不超过15亿元人民币公司债券,每张面值为100元人民币,共计1 500万张,发行价格为100元每张。债券为无担保债券。

发行人的信用评级为AA,而本期债券的信用评级也为AA。发行人最近的财务指标都符合相关法律的要求。

本期债券期限为5年固定利率债券,询价区间在4%—6%,而同时包括了该债券第3年后发行人上调票面利率选择权和投资者回售选择权。也就是说,发行人可以选择在债券存续第3年上调后2年的利率,而债券购买者也有权在债券存续第3年选择是否将持有的债券按面值回售给发行人。

该债券发售仅面向合格的投资者。合格投资者通过向主承销商提交《网下利率询价及申购申请表》的方式参与网下询价申购。合格投资者网下最低申购单位为10 000手(1 000万元),超过10 000手的必须是1 000手(100万元)的整数倍,主承销商另有规定的除外。

法条链接

《公司债券发行与交易管理办法》(2015)

[①] 《梅花生物科技集团股份有限公司公开发行2015年公司债券(第一期)发行公告(面向合格投资者)》,http://money.163.com/15/0729/01/AVLH7QRI00253B0H.html,2015年7月31日访问。

> **法条链接**
>
> 《公开发行证券的公司信息披露内容与格式准则第 24 号——公开发行公司债券申请文件(2015 年修订)》
>
>

IPO 融资

何谓 IPO

所谓 IPO,就是公开募股(Initial Public Offerings),是指一家企业或公司(股份有限公司)第一次将它的股份向公众出售(首次公开发行,指股份公司首次向社会公众公开招股的发行方式)。

IPO 融资的优势

➢ 融通更多的股权资本。发展中的公司对于资金的需求比较强烈,故通过 IPO 上市以后能够筹得更加充沛的资本。

➢ 增强股票的变现能力。股票在上市以后,能够向社会公众发售并在证券市场上流通,增强了股票的变现能力。

➢ 避免股权过度集中。以股权为对价换取融资,能够保证吸引其他资本进入,避免股权过度集中,同时也分散了投资风险。

➢ 提高企业的知名度。公司上市之后,其股价的涨跌背后是投资者的评价和信任。

➢ 市场确定企业价值。公司的价值通过股票价格市场化来认定,能够更好地激励管理层改进自己的治理水平。

IPO 融资的劣势

➢ 牺牲部分隐私。按照法律规定,上市公司须承担更多的信息披露义务,所以须向公众公开更多的财务和管理信息。

➢ 承担更多的披露成本。由于公司筹备上市须花费一些费用,上市之后定期的信息披露也要花费更多费用。

➢ 股价扭曲公司实际价值。股价非理性波动的时候,可能会受到人为因素影响而扭曲。

IPO 的条件

《证券法》第 13 条规定了公司发行新股,应当符合的条件:

- 具备健全且运行良好的组织机构;
- 具有持续盈利能力,财务状况良好;
- 最近三年财务会计文件无虚假记载,无其他重大违法行为;
- 经国务院批准的国务院证券监督管理机构规定的其他条件。

上市公司非公开发行新股,应当符合经国务院批准的国务院证券监督管理机构规定的条件,并报国务院证券监督管理机构核准。

● **IPO 的信息披露**

- 根据审核需要,中国证券监督管理委员会(以下简称中国证监会)可以要求发行人、保荐人和相关证券服务机构补充文件。如果某些文件对发行人不适用,可不提供,但应向中国证监会作出书面说明。
- 发行人控股股东、实际控制人应当对招股说明书出具确认意见,确认招股说明书中与其相关的内容真实、准确、完整、及时,且不存在指使发行人违反规定披露信息,或者指使发行人披露有虚假记载、误导性陈述或重大遗漏的信息的情形。
- 保荐人应当对发行人的成长性出具专项意见,并作为发行保荐书的附件。发行人为自主创新企业的,还应当在专项意见中说明发行人的自主创新能力。
- 首次公开发行所须提供的部分文件。这包括招股说明书(申报稿),发行人控股股东、实际控制人对招股说明书的确认意见,发行公告(发行前提供)。

> **法 条 链 接**
>
> 2006 年 5 月 17 日,证券监督管理委员会颁布,《首次公开发行股票并上市管理办法》。
>
> 2014 年 6 月 11 日,证券监督管理委员会颁布,《公开发行证券的公司信息披露内容与格式准则第 29 号——首次公开发行股票并在创业板上市申请文件(2014 年修订)》。

▣ 员工入股

● **何谓员工入股**

员工入股(员工持股)是指企业提供优惠的激励措施,让企业的雇员获得企业的股票,而成为股东的角色。此时,员工与企业的关系不仅是一种简单的雇佣关系,还是企业的所有人。企业的业绩将通过持有股票的形式更加紧密地与雇员的业绩相联系。员工入股属于一种内部融资的方式,可以减轻员工懈怠的道德风险。因为持股以后员工也成了企业的主人,必须承担企业经营失败的风险。

● **员工入股的类型**

员工入股包括增资入股和股权转让。

- 增资入股。一方面增加股东人数,另一方面增加注册资本。通过到工商部门办理相应的变更登记完成入股程序。
➢ 股权转让。增加股东人数,但是不增加注册资本。现有股东将股份转让给员工。

- 员工持股计划的资金和股票来源
➢ 员工持股计划可以通过以下方式解决所需资金:(1)员工的合法薪酬;(2)法律、行政法规允许的其他方式。
➢ 员工持股计划可以通过以下方式解决股票来源:(1)上市公司回购本公司股票;(2)二级市场购买;(3)认购非公开发行股票;(4)股东自愿赠予;(5)法律、行政法规允许的其他方式。

- 员工入股的程序
➢ 召开股东大会。公司的原有股东经过讨论,对于增资扩股或者股权转让事项表决通过。
➢ 员工入股。增资扩股类,员工将资金通过银行转入公司账户,公司出具相应的增资证明。股权转让类,原有股东应当和新入股股东签订股权转让协议,主要条款一般应当包括背景条款、公司介绍、出让方情况、受让方情况、双方权利义务、股东会决议情况以及其他条件。
➢ 修改公司章程。根据具体的员工入股情形,修改公司章程的相应条款。
➢ 变更工商注册登记。企业根据实际情况到工商部门变更股东持股情况和企业注册资本金。

- 股权转让的限制
➢ 受让人非原有股东需要过半数股东同意。《公司法》第35条规定,股权向股东以外的人转让需要全体股东过半数同意。
➢ 发起人转让股权限制。《公司法》第142条规定,发起人持有的该公司股份,自公司成立之日起1年内不得转让。公司公开发行股份前已发行的股份,自公司股票在证券交易所上市交易之日起1年内不得转让。
➢ 高管股权转让限制。这些限制主要包括:公司董事、监事和高级管理人员在职期间每年转让股权不得超过25%;股票上市交易1年内不得转让以及离职半年内禁止转让。

经 典 案 例

广州广电运通金融电子股份有限公司第一期员工持股计划[①]

广州广电运通金融电子股份有限公司,成立于1999年7月8日,注册资本为106 559 010.00元。2015年3月,广电运通公司发布了《广州广电运通金融电子股份有限公司第一期员工持股计划》,依据该持股计划:

---

① 《广电运通2015员工持股计划书》,http://www.cninfo.com.cn/finalpage/2015-03-11/1200687922.PDF?COLLCC=2105283135&,2015年7月31日访问。

持股对象：公司部分董事、监事、高级管理人员公司及全资、控股子公司符合认购条件的员工。

资金来源：资金来源为员工合法薪酬、自筹资金等合法的途径。单个员工的认购金额起点为 17 760 元，认购总金额应为 17 760 元的整数倍。本员工持股计划设立时的资金总额不超过人民币 88 800 万元。

股票来源：员工持股计划设立后委托资产管理人管理，并全额认购资产管理人设立的广州证券鲲鹏运通 1 号定向资产管理计划，该资产管理计划通过认购本公司非公开发行股票的方式持有上市公司股票。

本次认购计划金额不超过人民币 88 800 万元，认购股份不超过 5 000 万股，本员工持股计划份额所对应股票总数不超过公司本次非公开发行后股本总额的 10%；任一员工持股计划持有人持有员工持股计划份额所对应的上市公司股票数量不超过公司股本总额的 1%。

股票锁定期：本次股票认购计划，自从上市公司公告标的股票登记至资产管理计划名下时起算 36 个月。

持股计划程序：由于广电运通是国有企业，其员工持股计划需要：(1) 公司非公开发行股票事项经广东省国资委批准；(2) 经公司股东大会批准；(3) 公司非公开发行股票事项经中国证监会核准。

法条链接

2014 年 6 月 20 日，中国证券监督管理委员会颁布，《关于上市公司实施员工持股计划试点的指导意见》，该指导意见对于员工持股计划的基本原则、主要内容、实施程序和信息披露以及对于员工持股计划的监管等方面都给出了相应的指导意见。

2015 年 9 月 14 日，深圳证券交易所颁布，《创业板信息披露业务备忘录第 20 号——员工持股计划》。

2015 年 6 月 18 日，中国保险监督管理委员会颁布，《中国保监会关于保险机构开展员工持股计划有关事项的通知》。

经销商入股

生产企业和经销商可能会因为各自的利益诉求不同而出现冲货（未经厂家允许，经销商私自将货物转移至非属销售区销售）或者是低价销售的行为。倘若通过入股的形式将两者的利益诉求统一起来，能够促使经销商从企业的角度行事，规避上述两种行为。

- 经销商入股的优势
  ➢ 满足经销商自身的投资需求。由于经销商本身也存在投资的需求，而其对上线生产企业的情况较为了解,可以较为放心地入股其中。

➢ 规避经销商过度竞争行为。经销商通过入股的形式和企业成为利益共同体,其在决策的时候也需要考虑到所入股企业的利益。在一定程度上,能够规避冲货和倾销的行为。

➢ 满足了企业的融资需求。企业与经销商有较丰富的合作基础,对相互的财力信用情况较为了解,能够促成相应的投资计划。

● 经销商入股须注意问题

➢ 前期充分的调研。企业应当对现有的潜在投资者进行充分调研,对其投资意愿、金额、方式等进行充分的调查,以设定相应的投资方案。

➢ 寻找典型入股经销商。为了形成示范效应,应当寻求几个典型的成功经销商入股例子,以成为其他经销商入股的榜样。

➢ 谨慎设置经销商入股方案。经销商入股也需要逐步的尝试,股权不宜短期内发生较大波动。

● 经销商入股的程序

经销商入股程序参见上述员工入股部分。

经典案例

衡水老白干酒业的经销商入股案例[①]

河北衡水老白干酒业股份有限公司 2014 年 12 月 1 日晚间披露的非公开发行预案显示,战略投资者、经销商以及员工持股将通过定向增发的方式入股,该次非公开发行拟股价为每股 23.58 元,总股份在 3 500 万股以内,总募集资金在 82 530 万元,主要用于偿还银行贷款和补充流动资金。

此次发行对象包括北京航天产业投资基金(有限合伙)等 5 个,其中汇添富定增 37 号由老白干酒部分优秀经销商以自筹资金不超过 14 770 万元认购,鹏华增发 1 号由部分优秀经销商以自筹资金不超过 14 000 万元认购,均全额用于认购本次非公开发行的股票。

分析表明,此次定增完成后衡水老白干集团持股比例将由目前的 36.11% 稀释至 28.88%,但仍为控股股东,衡水市国资委仍为实际控制人。员工持股占比为 3.09%,经销商持股共计 6.97%,2 名战略投资者各占 4.97%。

老白干方面表示,通过此次增资吸引了优秀经销商在内的资本进入,提升了自身实力,能够依托经销商的营销网络优势,增强市场竞争力并能拓宽与其他行业的合作范围,并极大缓解由于库存所带来的资金占用问题。

---

① 李琪:《老白干酒推员工和经销商入股》,http://www.dfdaily.com/html/136/2014/12/2/1210773.shtml,2015 年 7 月 30 日访问。

华兹卜的涂料经销商入股案例①

知名环保涂料企业广东华兹卜（国家火炬计划重点高新技术企业）也表示将从2015年起逐步放开自身股权，欢迎涂料经销商入股。华兹卜所推行的经销商入股计划打破了涂料经销商与生产企业之间传统的代理、经销和分销的合作模式，开创了该行业厂商合作的新模式。经销商通过入股生产企业，能够参与生产企业的日常经营管理，同时也能够获得相应的代理权，在同行中获得竞争优势地位。生产企业通过吸纳经销商入股，代价是稀释了部分股权，但是能够与经销商获得更广泛的利益共识，提升综合实力。

风投融资

- **何谓风投融资**

风投融资也称风险投资（Venture Capital），即具有高风险、高潜在收益的投资。由于处于创业阶段的企业，缺乏充足的资产和信用较为薄弱，故通常无法获得银行的贷款。所以，处于成长时期的企业很可能须到风险资本市场上去寻找投资。风险投资一般是高新技术、生产与经营技术密集型企业较为常用的融资方式。

- **风险投资的类型**

➢ 种子资本。在此阶段企业会比较专注于产品的研发，或者开发出特有的商业模式。

➢ 导入资本。企业在这个阶段已经有自己的商业模式和产品，但是还未开始盈利。

➢ 发展资本。企业在这个阶段已经开始盈利，但是需要资金以进一步扩张。

➢ 风险并购资本。企业在这个阶段融资主要目的是为上市做准备，也可能是满足并购的需要。

- **选择风险投资应考虑的因素**

企业在选择风险投资商的过程中应该考虑以下五个因素。

➢ 资金实力。风险投资商最好是拥有较为丰富的资源和雄厚的财力，以便能够为企业提供超额的资助。

➢ 投资偏好。有些风险投资商在投资过程中，偏好介入企业的日常经营决策，而有些投资商仅仅是要求分析财务报告，根据本企业的实际情况和需要进行选择。

➢ 成功案例参考。企业应当调查该投资商是否有成功的投资案例，是否能够在

---

① 尹萧璘：《涂料经销商入股厂家可实现"双赢"》，http://jiaju.sina.com.cn/news/q/20150313/406907.shtml，2015年7月30日访问。

企业处于逆境时候持续地支持企业,帮助其扭转局面。

➢ 潜在资源。除了提供资金和财务管理咨询外,投资商是否能够为企业提供额外的资源,比如是否能够介绍重要的客户等。

➢ 风险投资策略。风险投资商并非长期的投资者,其在特定的情况下会撤出投资。这种撤资行为会对企业产生什么影响,需要企业进行评估并制定相应的预案。

经典案例

IDG 风险投资注资金蝶软件案例①

在财务软件行业中,一直流传着"北用友,南金蝶"的说法,而金蝶软件公司能够和用友软件公司在国内市场平分秋色,很关键的因素是得益于 1998 年的一次成功的风险投资。

1998 年以前软件行业处于高速发展的阶段,所谓的"三高"状态,即高投入、高回报、高风险。深圳金蝶软件公司自成立初期,每年主要财务指标都以 300% 的速度增长,可见其对于资金的需求非常旺盛。可是,由于其所能提供的担保资产有限,从正规的银行金融部门所能获取的贷款非常有限,而资金的紧缺严重限制了金蝶软件公司的发展。

1998 年 IDG 广州太平洋技术创业有限公司正在寻找合作伙伴,其通过中间人主动与金蝶软件公司接触。这对于金蝶软件公司是一个重大的利好消息,没有经过国外风险投资复杂的申请程序和中介机构的介入,双方洽谈数月后迅速签订合作协议。

金蝶软件公司通过此次风险投资共获得 2 000 万元人民币,代价是出让了其 25% 的股权。利用该笔资金,金蝶软件公司在短期内获得了井喷式的发展机会。仅用了一年时间,市场占有率从 1997 年的 8% 扩张到 1998 年的 23%,随后每年的营业额都以 50% 的速率增长,而员工规模也从最初的 5 个人增加到数千人。

在 2001 年金蝶软件公司在香港创业板正式上市,其风险投资方 IDG 持有公司 20% 的股权。通过此后数次套取现金,将投入的资金回收了 1.2 亿港元,共计人民币 2 亿元左右。投资回报率达到了 10 倍,IDG 在金蝶公司的股份也减少到了 4.1%,标志着风险投资逐渐退出。

金蝶软件公司能够打动风险投资,最关键的因素在于其拥有一个非常能干的团队,特别是其创办人徐少春。该公司的管理团队思想开放,具备超前战略意识和企业战略设计能力,工作作风务实又不缺乏创新意识。

法条链接

1999 年 12 月 30 日,国务院办公厅颁布,《国务院办公厅转发科技部等部门关于

---

① 余勇:"成功之道:广东风险投资经典案例——IDG VC 投资深圳金蝶",载《广东科技》,2008 年第 7 期。

建立风险投资机制若干意见的通知》。

2008年10月18日,国务院办公厅颁布,《国务院办公厅转发发展改革委等部门关于创业投资引导基金规范设立与运作指导意见的通知》。

信托融资

- **何谓信托**

信托融资是间接融资的一种方式,我国《信托法》第2条对信托进行了定义,即委托人基于对受托人的信任,将其财产权委托给受托人,由受托人按委托人的意愿以自己的名义,为受益人的利益或者特定目的,进行管理或者处分的行为。

- **信托融资的设立**
  - ➢ 必须有合法的信托目的。
  - ➢ 必须有确定的信托财产,并且该信托财产必须是委托人合法所有的财产。
  - ➢ 应当采取书面形式。书面形式包括信托合同、遗嘱或者法律、行政法规规定的其他书面文件等。采取信托合同形式设立信托的,信托合同签订时信托成立;采取其他书面形式设立信托的,受托人承诺信托时信托成立。

- **信托融资的效力**

有下列情形之一的,信托无效:
  - ➢ 信托目的违反法律、行政法规或者损害社会公共利益;
  - ➢ 信托财产不能确定;
  - ➢ 委托人以非法财产或者本法规定不得设立信托的财产设立信托;
  - ➢ 专以诉讼或者讨债为目的设立信托;
  - ➢ 受益人或者受益人范围不能确定;
  - ➢ 法律、行政法规规定的其他情形。

- **申请信托融资的流程**

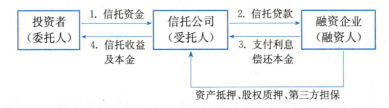

图4-2 信托融资流程简示图

信托融资的流程如图4-2所示,具体来说,有以下四步。

  - ➢ 申请信托融资。第一种方式是自行寻找合作的信托公司,并就相关事项进行洽谈。第二种方式是通过合作银行间接与信托公司联系。
  - ➢ 制定相关项目设计。根据企业所处的行业,并综合考虑自身融资需求,设计对应的信托产品。该信托产品的设计须考虑资金成本和风险大小。

➢ 选择合适的合作银行。信托公司会要求企业开设专门的信托账户,故须选择合适的银行,希望其能够为企业提供建议,同时与信托公司应当有良好的合作关系。

➢ 合同具体条款问题。比如,信托产品的总规模、年回报率、期限、管理费等。

- 信托融资方式的选择

不同企业及同一企业在不同发展时期都有不同的融资需求,须依据不同的企业类型选择相应的信托产品。中小企业大体上可以分为制造类、高科技类、服务类和社区加工类。企业的生命周期也可以分为种子期、起步期、成长期和成熟期四个时期。信托融资方式较为灵活,能够按照中小企业的类型及所处生命周期阶段设计相应的信托融资方式(如表 4-1 所示)。

表 4-1 不同类型、不同生命周期企业的信托融资方式选择

生命周期 企业类型	种子阶段	起步阶段	成长阶段	成熟阶段
制造类	融资租赁资金信托	结构化融资类资金信托	信托贷款	财产信托、受益权转让
服务类	结构化融资类资金信托	股权受益权资金信托	信托型 PE	管理层收购(MBO)信托
高科技类	信政合作类资金信托	信托型 PE	管理层收购(MBO)信托	信托贷款
社区加工类	民间互助信托基金	民间互助信托基金	信政合作类信托基金(政府扶持)	信托贷款

法条链接

2001 年 4 月 28 日,全国人民代表大会常务委员会颁布,《中华人民共和国信托法》。

三 众筹融资

- 何谓众筹

所谓众筹(Crowd Funding),就是通过中介平台,向公众筹集资金和其他物质支持的融资方式。完整的众筹法律关系中,主体包括筹资人、出资人和筹资平台。筹资人也称项目发起人,其一般是为了特定目的筹集资金。这些目的可能包括灾难重建、民间集资、竞选活动、创业募资、艺术创作、自由软件、设计发明、科学研究以及公共专案等;出资人是愿意投入资金支持众筹项目的不特定公众,主要是广大互联网用户,通过在线支付等方式对项目进行资助;中介平台是众筹平台的创建人,通常是采取建立相应网站的

形式,同时该创建人还需要承担对筹资项目审核监督、保护出资人利益的责任。

- 众筹的类型

众筹大体上可以分为债权众筹、股权众筹、回报众筹和捐赠众筹。其中,债权众筹为投资者对筹资项目或公司注资,作为对价取得相应比例的债权,并依据该债权取得孳息和本金;股权众筹为投资者对筹资项目或公司注资,作为对价取得一定比例的股权,享受股东的权利;回报众筹是指投资者通过注资获得的相应产品或服务,也可以认为是一种预售商业模式;捐赠众筹是单纯的捐赠类众筹,其不以收取回报为代价。这四种众筹类型的特点比较如表4-2所示。

表4-2 众筹类型的特点比较

分 类	债 权 众 筹	股 权 众 筹	回 报 众 筹	捐 赠 众 筹
含 义	投资者对项目或公司进行投资,未来获取利息收益并收回本金	投资者对项目或公司进行投资,获得其一定比例的股权	投资者对项目或公司进行投资,获得产品或服务	投资者对项目或公司进行无偿捐赠
代表公司	人人贷	天使汇	点名时间	微公益
注册资本	1亿元人民币	25万元人民币	100万元人民币	5 500万元人民币
盈利模式	收取成交额一定比例的服务费	1. 收取项目筹资额5%的服务费 2. 收取投资人的服务费为项目收益额的5%	早期点名时间收取项目筹资额的10%服务费,自从2013年开始取消服务费	公益性

- 众筹的流程

➢ 众筹发起人在众筹平台发起筹资项目,对该项目创意和前景进行描述,设置相应的筹资期限和最低金额。

➢ 在筹资期限内,出资人通过对发起人项目的描述及自身的投资意向,选择是否投资及投资的数量。发起人的项目在筹资期限内必须达到筹资最低金额,成功后发起人将获得相应的资金,否则筹资项目将宣告筹资失败,已筹集资金将退回投资人。

➢ 成功的筹资项目,发起人将获得回报的承诺,回报可以是实物也可能是服务。众筹的流程如图4-3所示。

法 条 链 接

2015年7月18日,十部委颁布,《关于促进互联网金融健康发展的指导意见》。

2015年4月27日,国务院颁布,《国务院关于进一步做好新形势下就业创业工作的意见》。

2014年12月18日,证监会颁布,《私募股权众筹融资管理办法(试行)(征求意见稿)》《货币市场基金监督管理办法》。

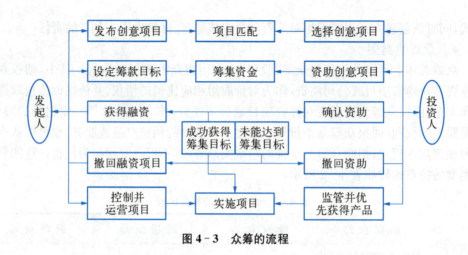

图 4-3 众筹的流程

对赌协议

• **何谓对赌协议**

对赌协议也称"价值调整机制"（Valuation Adjustment Mechanism），其法律本质是一种期权的形式。对赌协议即投资方与融资方在签订协议时，对企业现有的价值暂且搁置争议，通过对企业未来业绩目标进行约定。根据所约定的情形不同，企业业绩未达到预期目标则投资方行使权利，倘若企业业绩达到预期目标则由融资方行使权利。

• **对赌协议包含的要素**

➢ 签订对赌协议的主体。对赌协议的主体包括投资方和融资方。投资方一般是国外的私募股权投资基金，如摩根士丹利、高盛等。融资方一般是处于上升时期的民营企业。

➢ 对赌协议以融资为主要目的。在国外对赌协议可能涉及财务业绩、赎回补偿、股票发行等方面的条款，而在国内一般以企业业绩为不确定条件。假设企业在期限内完成了相应的业绩指标，投资方将按事先约定价格注入资本或者出让一部分股权给管理层。如果企业未能在期限内完成相应的业绩指标，管理层反而需要将约定的股权转让给投资方。

➢ 对赌对象和投资工具。投资方一般会以股权、股权认购权、投资额等作为对赌对象，而以可转换优先股或者是可转换债券为投资工具。

• **对赌协议效力分析**

➢ 原股东为义务人的对赌协议有效。这类对赌协议有两种。一种是股权转让性质，即投资方约定一定的条件以受让原股东的股权，倘若在约定时间内条件实现，投资方应履行一定义务；否则，股权出让方以及其他股东履行一定义务。另一种是定向增发性质，即公司原股东向投资方定向增发一定股份，同时约定一定条件，在相应条件实现时投资方履行一定义务，否则原股东履行一定义务。

虽然有观点认为上述对赌约定对于投资者有利，属于一种保底条款，但是上述两种情形都是以原有股东为义务对象，而不是以公司为义务对象，实际上并不存在损害公司其他股东和债权人的利益。投资人与公司之间的关系依旧适用公司法的规定。依据私法自治原则,只要双方当事人意思表示真实自愿,在不违反法律禁止性规定和社会公序良俗的前提下,对赌协议是合法有效的。

➢ 名为联营实为借贷的效力。对赌协议虽然是名义上的增资行为,但是和传统的联营并非一回事情。传统的联营是在企业创立初期通过签订联营合同的形式确定相应的权利义务,随后加入的企业并不参与公司的日常经营,仅提供部分资金以获取固定收益;而对赌协议的投资人,是以股东身份参与公司的治理决策。虽然对赌协议通过设置对赌条款在一定程度上可以缓解经营风险,但是本质上和借贷是完全不同的法律关系。

常见的对赌协议条款如表4-3所示。

表4-3 常见对赌协议条款

	达到目标	未达到目标
财务绩效	通常会规定如企业完成净收入指标,则投资方进行第二轮注资	如企业收入未达标,则管理层转让规定数额的股权给投资方;或者企业资产净值未达目标,则投资方有权增加相应的董事会席位
非财务绩效	通常会规定如企业的市场份额增长到约定的目标,则管理层可获期权认购权	如企业完成了新的战略合作或取得了新的专利权,则投资方进行第二轮注资
赎回补偿	若企业能按约定回购投资方股权,则投资方在董事会获得多数席位或累积股息将被降低	若企业无法按约定回购投资方股权,则投资方在董事会获得多数席位或累积股息将被提高
企业行为	若企业销售部或市场部采用了新的技术,则投资方转让规定数额的股权给管理层	若企业无法在一定期限聘任新的CEO,投资方在董事会获得多数席位
股票发行	在企业成功获得其他投资,且股价达到一定水平的情况下,则投资方对企业管理层的委任状失效	要求企业在约定的时间内上市,否则有权出售其持有的股份
管理层去向	管理层在职,则投资方可进行第二轮追加投资	要求管理层在职,如管理层被解雇,则失去未到期的员工股

视频链接

对赌协议效力[①]

累了吗?让脑袋休息一下,扫描如下二维码,了解更多课后内容。

---

① 资料来源:http://v.youku.com/v_show/id_XMTMzMTg4MjkwNA==.html?from=s1.8-1-1.2#paction。

> **经典案例**
>
> 苏州工业园区海富投资有限公司与甘肃世恒有色资源再利用有限公司、香港迪亚有限公司、陆波增资纠纷案[①]
>
> 扫描如下二维码，获取案件详情。
>
>

一 创业融资方式选择

企业的生命周期一般划分为四个阶段——种子阶段、创业阶段、成长阶段和成熟阶段，而企业的规模也对应为微型企业、小型企业、中型企业和大型企业。处于不同发展阶段的企业，对资金的需求各不相同，建议采用的融资方式也不相同。

- **种子阶段**

处于这一阶段刚组建的企业，各种企业技术还不成熟，其研制的产品还没有打开市场局面，生产规模也较小，企业管理层对于企业运营缺乏经验。此时的企业运营风险非常大，风险投资对于这种企业将非常谨慎。假设企业寻求其他的融资方式，如抵押贷款可能会面临抵押物不足的困境。所以，处于这一阶段的企业应当主要采取内部融资的方式，即由企业的创始人提供各种资本，其次是民间借贷及由政府资助的创业基金。

- **创业阶段**

企业在渡过了种子阶段就迈进了创业阶段，此时企业一般情况下已经摸索出产品的生产工艺和销售方案，主要面临的任务是将产品尽快地投入生产，并打开市场局面。此时企业的资金需求主要是为了满足产品生产和市场拓展的需要。在创业阶段的企业，已经通过前期筹集了一定的资金，能够利用这些已有资产进行再融资。此时的融资应当以股权性融资为主、债权性融资为辅，尤其是应当关注风险投资及有担保的贷款。

- **成长阶段**

处于成长阶段的企业，其生产、销售和售后服务的整体规模已经得到扩张，产能也得到了进一步的释放。企业的经营风险得到了有效的降低，同时利用前期的经营和信用记录，能够获得商业银行信贷资金和其他信用融资方式的支持。而此时寻求风险投资的持续帮助也是一个较好的选择，但是应当避免选择股权性融资的方式，以防止股权被进一步稀释。

---

① 资料来源：曾锦：《从对赌协议第一案看对赌协议的风险防范》，中国律师网 http://www.acla.org.cn/lvshiyuanchuang/9595.jhtml，访问日期：2015年7月12日。

- **成熟阶段**

进入成熟阶段的企业,发展进入了稳定时期。各种组织机构趋于完善,公司治理水平优良,企业管理层经验丰富,企业的产品销量和市场占有率稳步提升,企业信用记录良好。处于该阶段的企业应当优先考虑采用股权性融资,即应当主要在资本市场上采取发行股票、企业债券等形式的大规模融资。与此同时采取部分债权性融资为辅助的融资结构以降低整体融资成本,并在条件成熟的时候考虑上市融资。

在企业各个生命周期阶段的融资方式的选择如图4-4所示。

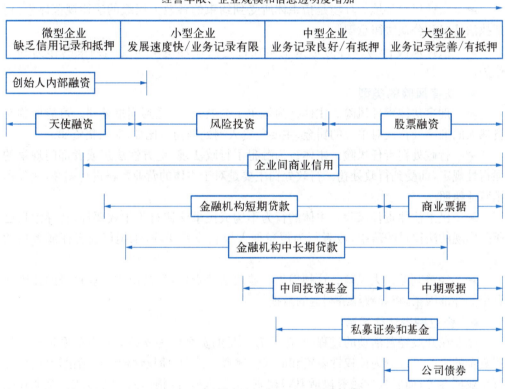

图4-4 企业生命周期与融资方式选择

✪2. 创业融资交易结构

▶ □ 企业融资法律风险

- **何谓法律风险**

"法律风险是指在特定的法律规范体系管辖范围内,法律规范对人们的各种行为有着具体的禁止、允许和授权自行约定的规定,当人们的作为或不作为与这些规定或基于这些规定的约定存在差异时，行为主体就存在因违反法律禁止性规定或违反基于法律规范相关规定的约定，或者由于未能充分利用法律所赋予的权利，从而承担不利后果的可能性。"①简单地说，法律风险是由于主体的作为或者不作为与法律的约束不相符合，进而承担不利法律后果的情形。

- 法律风险构成
  ➢ 法律风险主体。主体是指在法律上享受权利承担义务的个体，其是行为（作为与不作为）的发出者。主体类型可能是自然人也可能是组织，不同的主体会影响法律风险的产生和责任的承担。
  ➢ 法律风险环境。环境是指主体所受到约束的各效力层级的法律规范体系，包括执法情况和公众法律意识。
  ➢ 法律风险行为。行为是指主体在特定法律环境下所受到约束的作为和不作为。

- 法律风险的类型
  ➢ 刑事法律责任风险。主体行为触犯了公共秩序，受到刑事处罚。可能面临对自然人的刑事处罚及对单位的罚金、主要负责人判处刑罚。比如，非法集资罪。
  ➢ 行政处罚责任风险。主体行为触犯了行政法规、地方性法规或者部门规章的强行性规定，而受到行政处罚。行政处罚主要是对于主体的营业资格进行剥夺，比如吊销营业执照。
  ➢ 民事法律责任风险。主体的行为不构成民事法律行为生效要件，将导致自己所欲实现的法律目的落空，或者行为侵犯他人权利或者违约，承担侵权责任或者违约责任。
  ➢ 经济利益损失风险。这种损失不涉及法律责任，但是由于企业自身的原因或者市场外部因素，将导致经济利益的减损。

- 企业融资法律风险

企业在开展经营活动的过程中，需要有充足的资金作为支持。企业的融资行为按照资金的来源可以分为债权性融资和股权性融资。其中，债权性融资包括银行借款、发行企业债券等；而股权性融资包括IPO融资、员工入股、经销商入股等方式。企业在融资的过程中，也可能由于管理不善而出现法律风险。所以，企业的融资法律风险即是企业在从事融资行为的过程中，由于不确定性因素导致的法律责任的承担或者收益变动的风险。

▶ □ 企业债权性融资风险控制

- 企业债权性融资风险

债权性融资风险是指企业的债权性融资行为给企业带来的风险，具体包括两种情况：一种是由于企业借债行为管理不善，导致企业的现金流量耗尽而出现资不抵债的

---

① 吴江水：《完美的防范：法律风险管理中的识别、评估与解决方案》，北京大学出版社2010年版，第4页。

现象；另一种情况是企业资金利用效率不足而出现损害企业利益的情况。

➢ 现金流量耗尽风险。现金流量耗尽风险是指在企业通过债权性融资的方式筹集资金以后，在后续的特定期间内出现了现金流出量超过流入量的现象，也即企业不能及时地偿还借债本息。

这种风险只有当特定的情形出现时才会发生，具体的表现为某一债务不能够在债务期限截止的时候得到偿还。该风险对后续的企业经营是相对独立的，不涉及其他的业务。

➢ 收支性支付风险。收支性支付风险是指企业在采取债权性融资后，由于经营不善出现了利用资金收入还不能偿还到期的本息之和的情况。这种风险对企业而言是系统性风险，会对企业的其他债务产生不利影响。引发这种风险的原因并不是现金流量的安排出了问题，而是企业对于资金的利用效率不足，甚至盈利能力还不能偿还利息。

➢ 企业破产风险。前述两种风险如果处理不妥当，可能会影响企业的后续运营。依据我国《破产法》第 2 条规定："企业法人不能清偿到期债务，并且资产不足以清偿全部债务或者明显缺乏清偿能力的，依照本法规定清理债务。"企业在启动破产程序后，可以进行重整，否则将面临清算的风险。

- **企业债权性融资风险控制措施**

➢ 谨慎规划债务规模。企业应当根据实际资金需求及自身偿还能力，制定相应的融资计划，避免过度举债以出现无法到期偿还的局面。一方面可能会影响企业的信用，导致后续举债受限；另一方面可能会出现无法偿还导致经营失败的局面。企业在制定举债计划的时候，应当谨慎规划、合理举债。

➢ 多种债权性融资方式相结合。企业在进行债权性融资的过程中，应当采取多种债权性融资方式相结合的措施，以避免风险过度集中在某几种渠道之中。一旦该种融资方式出现困难，将给企业带来较为严峻的财务风险，也即所谓的采取多渠道融资以分散融资风险。

➢ 合理搭配债务期限。长期债务和短期债务各有不同的用途，企业应当根据自身的资金需求选择对应的方式。整体来说，长期债务的资金利用效率更高；而短期债务需要面临持续的偿付利息压力，更容易出现偿付困难。所以，企业应当合理搭配两者的比例，避免出现单一的债务期限结构的现象。

二 企业股权性融资风险控制

- **企业股权性融资风险的类型**

股权性融资风险是指企业的股权性融资行为给企业所带来的风险。具体包括以下四种类型。

➢ 控制权风险。IPO 发行新股，新引入的股东将稀释原有的股东对公司的控制权。同时，如果企业本身的股权结构较为分散，将进一步导致 IPO 所发行新股对原有股东持股比例的稀释作用。可能会出现，原有持股股东失去对于创业企业实际控制的局面。

➢ 代理成本风险。采取股权性融资以后,可能会引起股东和管理者之间的委托代理成本问题。由于股东和管理者之间存在信息不对称,管理者可能会存在懈怠的道德风险,损害股东的利益。相应的管理者对于公司经营所作出的决策,如果事后发生了经营失败也并没有相应的追究机制,由此加大了股权性融资的风险。

➢ 恶意收购风险。企业通过股权性融资,就可能会面临被股票市场上其他购买者恶意收购股份的风险。恶意收购完成以后,企业的原有股东可能会丧失对企业的控制权。这种情况往往发生在企业自身的股权价格被低估,而收购者的实力又比较强劲。

➢ 退市风险。公司发行股票上市以后,如果经营不善还可能出现退市风险。退市可以分为主动退市和被动退市。主动退市由公司股东会和董事会决议通过。被动退市是由监管部门作出的决定,《证券法》第56条规定了证券交易所中止企业股票上市的情形:

（1）公司股本总额、股权分布等发生变化不再具备上市条件,在证券交易所规定的期限内仍不能达到上市条件；

（2）公司不按照规定公开其财务状况,或者对财务会计报告作虚假记载,且拒绝纠正；

（3）公司最近三年连续亏损,在其后一个年度内未能恢复盈利；

（4）公司解散或者被宣告破产；

（5）证券交易所上市规则规定的其他情形。

- **企业股权性融资风险的防范**

➢ 股权性融资决策规划。企业在决定采取股权性融资策略以后,需要制定详尽的融资策略。在制定规划的时候,须特别注意以下四个方面的内容。

（1）股票发行总规模。股票发行的总规模就是此次股权性融资的整体规模,即资金的总额。在确定企业发行股票的总体额度之前,须权衡三个因素。第一是企业本身的资金需求量。企业应当尽可能精确地测算其未来所需要的资金总量,以发行相应的股份。第二是企业所期望实现的资本结构。一般来说,债权性融资的成本低而风险大,相对而言股权性融资成本较高但是风险较低,企业应当合理配置这两种融资方案。第三是法律所规定的最低筹资额。例如,股权众筹的最低限额是100万元。企业在确定股票发行规模的时候,须满足最低的筹资额。

（2）筹资方式的选择。股票发行的销售可以采用两种方式,即自销和承销。自销是指发行股票的企业自行负责将股票销售给投资者。另一种是承销,需要有一个证券承销机构来帮助企业销售股票。承销本身也可以分为代销和包销。区别为包销在实际的资金募集过程中,假设没有将所有的股份发售完毕需要承担兜底的责任；而代销并不承担全部的发行风险,其将发售剩余的股票交还给发行企业。故企业在选取发售股票的方式时,须考虑以下三个因素：第一,企业对发行股票的预估。如果是创业型企业,最好选择包销模式。第二,发行成本估计。包销的成本要高于代销。第三,对筹资的迫切程度。包销的方式能够确保企业尽快获得所需要的资金。

(3) 发行时机的选择。股票发行的时机对于股票发行成败与否也非常关键。在发行时机的选择上,企业主要须考虑的因素包括市场的整体行情和该行业的兴盛程度。企业选择在市场行情及本行业处于上升阶段的时候发行股票,其获得成功的可能性更大。

(4) 中介机构的选择。企业在发行股票的时候,需要中介结构提供大量的服务,包括律师、会计、证券承销商等方面的工作。选择良好的中介服务商,可以给企业成功融资增加筹码。

➢ 代理成本风险防范。降低委托代理成本,主要通过两个方面的制度来构建:一方面是企业构建完善的内部控制制度,另一方面是在市场上形成相应的约束。大体来讲即构建完善的激励机制,以尽量降低道德风险。此处主要讨论企业自身的制度构建问题。

(1) 完善法人治理结构。现代公司的治理结构,将经营权、所有权、监督权相互分离。股东能够通过选取及换取合适的管理者,来对懈怠的管理者进行制约,而公司的重大决策也需要股东具有相应的参与权。通过组建监事会及职工工会等都能够有效地对管理层履行职责进行监督,以此降低道德风险和委托代理成本。

(2) 设计合理的报酬制度。报酬是激励管理者的重要手段,如果将企业的经营业绩和其报酬相匹配将极大地促进管理者积极地履行职务。一般而言,对于经营者的报酬,有工资、奖金和红利三种形式。工资是一种固定的收入,起到最低的保障作用,和绩效无关;奖金须考核当年的业绩,能够起到较强的激励作用;股利是直接与企业的长期经营业绩相关联,最能体现管理者的付出水平,但是风险也最大。企业应当制定相应的报酬制度,通过内部管理条例的形式或者直接在章程中约定。

➢ 恶意收购风险防范。如果企业的股价处于波动的时期,容易成为恶意收购的目标。一般情况下,收购方主动和企业原股东沟通,并就有关事项达成一致可以被认为是善意的,否则一意孤行的收购可能是恶意的。

(1) 剥离资产。企业可以通过将业务进行拆分,收缩业务范围而同时将不重要的附属业务出售。集中优势资源发展核心业务,避免附属业务拉低股价,以阻止恶意收购。

(2) 在章程中加入保护性条款。例如修改章程,规定在企业面临恶意收购的时候,提高赞成票的比例,以阻止恶意收购实现。

(3) 回购股份。企业或公司通过溢价回购本公司的股份,保证公司的控制权掌握在自己手中。

(4) 股东自我收购。企业的股东自行购买企业的本身股份,以保证控制权不旁落。

(5) 转为非上市。当企业在面临恶意收购的时候,由某一投资者购买,以此将上市公司转变为非上市公司。

(6) 皇冠宝石策略。通过将企业的主要资产(皇冠宝石)出售,以降低对方的收购意愿。

(7) 毒丸计划。企业向普通股股东派发优先股,一旦发生企业被收购的情形,持有优先股的股东就可以转换为一定数量的收购方股票。

(8) 金降落伞计划。即在公司的章程中作出约定，如果收购方对于原有企业的管理层进行重组时，需要向原有管理层支付大额的补偿金。

(9) 白衣骑士。即企业为了避免遭受恶意收购，而主动寻找善意收购者，以更加优惠的条件促成善意收购。

➢ 退市风险防范。证监会2001年11月30日颁布的《亏损上市公司暂停上市和终止上市实施办法(修订)》第5条规定："公司出现最近三年连续亏损的情形，证券交易所应自公司公布年度报告之日起十个工作日内作出暂停其股票上市的决定。因国家有关会计政策调整，导致公司追溯调整后出现三年连续亏损的情形，不适用前款规定。"

该实施办法第10条还规定了企业恢复上市的条件："公司股票暂停上市后，符合下列条件的，可以在第一个半年度报告披露后的五个工作日内向证券交易所提出恢复上市申请：(一)在法定期限内披露暂停上市后的第一个半年度报告；(二)半年度财务报告显示公司已经盈利。"

二 融资退出法律问题

● 企业对赌协议的退出

➢ 对赌条款未实现时原股东责任的承担。在传统的担保合同中，假设担保合同所担保的债权没有实现，保证人将承担连带责任。在对赌协议中，原股东相当于保证人的地位，其在公司不能够达到对赌协议中所约定的相应财务指标的情况下，需要向投资人承担相应的赔偿责任。如果对赌协议中原股东一方是多个主体，就面临着赔偿责任是否需要连带承担的问题。各股东的经济实力并不完全一致，故会影响实际的赔偿责任履行，而采取连带承担责任的方式将有利于投资者，而采取按份承担责任的方式将有利于原股东。所以，原股东在签订对赌协议时，就应当仔细斟酌约定出现对赌协议中财务指标无法达标时原股东的责任承担形式。

股东约定按份责任时，也须考虑到采取平均承担方式还是按出资比例承担的方式。采用按照出资比例承担赔偿责任的方式较为科学和公平。这体现了风险和收益相匹配的原则，因为企业对股利一般情况下是按照出资比例来分配的，而对赌协议中的收益分配同样也是采取按照出资比例的多少来划分，这里的责任承担方式与其他部分保持一致。

➢ 公司破产时原股东责任的承担。破产是公司不能偿还到期债务，依据法律将进入破产程序。在这个时期公司破产的原因主要有两种：一种是由于企业自身运营原因，在尚未到达对赌协议所约定的截止期限，企业就已经出现财务困境，进而出现破产；而另一种情况是由于对赌协议所约定的期限截止，企业在无法实现预期的业绩指标后，依据对赌协议输给对方相应的股份，而在随后的经营中出现经营失败，导致破产的情形出现。

在签订对赌协议之初，往往容易忽视约定在出现企业破产情形的时候，原有股东是否应当承担回购股权的义务。支持原有股东承担回购股权义务的观点认为，原有股东在约定的时间内未完成约定的企业业绩,甚至经营失败导致破产,负有回购股权的义务;而不支持原有股东承担回购股权义务的观点认为,公司破产是对赌协议所未约定的特殊事由,其不属于对赌协议中回购条款所涵盖的范围,出现此情形的时候原有股东并不负有回购股权的义务。

实际的操作中,应当以对赌协议中的约定为准。但是依据法理来说,破产是公司法中的强制程序,并不属于对赌协议的效力范畴。即对赌协议效力仅涵盖了公司正常运营时期的权利关系,而并不必然包括破产事件发生时候的权利义务关系。而且在实践中,一旦发生了破产事由,公司的股权等财产都已经被冻结,实际上不能够实现股权的回购,却增加了投资人的损失得到偿还的保障。

- 风险投资的退出

风险投资的退出方式一般包括四种形式,即首次公开上市退出、并购退出、回购退出和清算退出。

➤ 首次公开上市退出。企业通过股份公开上市的形式(IPO),能够将风险投资企业所拥有企业的私有股份,通过公开上市的形式实现资金变现。由此也实现了将私有股权转换为公共股权,通过市场来认定股票的价值,以此实现增值回报。对于企业而言,其不仅可以保持控制权的独立性,同时也获得了持续融资的渠道。

➤ 并购退出。这是指利用其他企业对目标企业采取收购或者兼并的形式,以促使其风险投资所投入企业的资本能够退出。采取这种措施的,一般而言是由于无法满足IPO上市的条件,而风险投资企业可能寻求其他企业对其所拥有的股份进行收购。

➤ 回购退出。这种方式是指通过向企业本身的管理层出售风险资本家手中所拥有的股份,以保证风险资本家能够退出的方式。这种退出方式和并购在本质上是一致的,区别在于购买者是目标企业的管理层。这种方式的最大优势在于保持了企业的独立性,其控制权不会被分散。

➤ 清算退出。通过破产管理或清算来实现非自愿的退出。风险与收益总是相互伴随,而风险投资本身就蕴含着非常高的风险,一旦发生了投资项目失败的事件后,目标企业会被法院宣告破产。风险资本家也应当选择回收剩余资金,用于其他投资。

融资与控制权

- 股权性融资与控制权

股权性融资与债权性融资的不同之一就在于,债权性融资需要企业负担其偿还本金和利息的责任,而股权性融资则需要企业放弃对企业的部分控制权和所有权。我国《公司法》第105条规定,股东大会选举董事监事,可以依照公司章程的规定或者股东大会的决议,实行累积投票制。《公司法》第103条规定每一股份拥有一表决权,故实际上对公司的股份拥有数量多少也就决定了在公司中的话语权轻重。

- 融资结构影响企业控制权

现代公司理论认为融资结构起码在三个层次上可以影响企业的治理结构,并最终影响治理水平的高低。(1) 激励效应。不同的融资结构可以对公司管理层具备不同的激励效应,以督促其勤勉工作,实际上能够起到降低委托代理成本的作用。(2) 信息传递效应。外部投资者通过企业的财务报表,分析企业的融资结构能够提供的经营信息。(3) 控制效应。融资方式在某种程度上影响了企业的控制权分配。

融资结构影响企业控制权转移。企业产权或者说控制权是一种动态的依存状态,其实际控制权可能会发生转移,而股东是正常情况下的所有者。假设 X 是企业的总收入,而 A 是需要支付给所有员工的薪酬总和,B 是需要支付给债权人的款项(本金+利息),C 是分配给股东的红利。

> 当 $X \geqslant A+B$ 的时候,认为企业的控制权掌握在股东的手中;
> 当 $X \geqslant A+B+C$ 的时候,认为企业的控制权掌握在管理层手中;
> 当 $A \leqslant X < A+B$ 的时候,认为企业的控制权掌握在债权人手中;
> 当 $X < A$ 的时候,认为企业的控制权掌握在员工手中①。

所以,企业的控制权是处于一种可以转移的状态,在正常情况下股东和经理人是企业的控制者,而当企业面临破产清算管理的情形时候,控制权就转移到了债权人手中;如果企业的融资完全是依靠内部员工入股,也可能会出现控制权在员工手中的情形。

- **不同融资形式对控制权的影响**

上述多种的融资形式如员工入股、对赌协议、风险投资等在股权控制方面,各有不同的影响。

> 员工入股。上文已经阐述了,如果企业完全采取内源性融资的措施,即完全从员工中融资将导致企业的控制权实际由员工掌握。但是,在实际中这种情况比较少见,而维持一定程度的员工持股,在某种程度上弱化了股东和管理层对企业的绝对掌控,加强了员工参与重大决策的话语权,一定程度上降低了委托代理成本。在一些创业企业里,员工持股计划可以激发员工的工作热情与奉献精神。

> 对赌协议。由于企业的创始人对于企业的控制权比较强势,而投资方为了避免信息不对称往往会希望通过与创始人签订协议而做出一定的承诺,即在融资方无法满足既定的业绩目标的情况下,需要原有企业的管理层出让一部分股权。实际上通过对赌协议中约定股权出让的条款,有可能导致企业的控制权出现转移。所以,在约定对赌协议的过程中,应当较为谨慎地对待企业股份的转移条款,避免出现企业控制权丧失的风险。

> 风险投资。风险投资被企业选中为融资方式之后,将可能会出现交易成本的提升。这种交易成本包括风险投资人的决策与原有企业管理层的决策不一致而出现的偏差,也包括企业家在创业初期由于缺乏相应的管理技能而出现的经营失败或者低效。所以,为了降低这种增加的成本,应当由风险投资家拥有更多的企业控制权,以避免投资方和原有经营方出现决策分歧,而同时投资方也具备更丰富的经营管理经验和能力。随着融资企业自身的探索,其经营管理经验会积累得更加丰富,风险投资应当适时退

---

① 张维迎、吴有昌:"公司融资结构的契约理论:一个综述",载《改革》,1995 年第 4 期。

出,以将企业控制权还给原有管理层。

> **资料链接**
>
> **创始人李国庆与风险投资商争夺当当网控制权的案例**[①]
>
> 累了吗?让脑袋休息一下,扫描如下二维码,了解更多课后内容。
>
>
>
> 企业创始人在融资时,应当明确约定未来企业的股权如何分配,同时应当明确约定企业增值后对于管理团队的奖励条款。风险投资商,也可以在协议中约定竞业禁止条款,以限制管理层在一定期限内不得跳槽到竞争对手企业中,威胁本企业的发展。企业创始人和风险投资商之间的博弈,实际上是企业控制权和利益分配权的争夺。前面两种权利的配置,一方面是企业创始人和风险投资商之间的利益分配问题,另一方面也可能会涉及对企业管理层的激励与约束问题。

二 员工入股

允许员工入股以后,对于企业来说员工就具备了双重身份:其一方面按照与企业的劳动雇佣关系可以享受企业的各种工资、福利,另一方面还凭借着公司股东的身份分享企业的红利。

• 劳动就业歧视与员工入股

劳动就业歧视是与劳动公平相对应的一个概念。劳动公平是指雇员在就业中平等获得就业机会和就业的待遇,仅在岗位有特殊需要及工作性质要求或者涉及国家安全等不可回避因素的需要下允许差异,除此之外,在面对就业机会和待遇面前一律平等。而劳动就业歧视是违反劳动公平原则的一切总和。

员工入股可以缓解雇员的劳动就业歧视问题。一方面表现在,公司的股票公开发行以后,普通员工和市场上其他投资者一样也应该享有平等的购买公司股票的权利。这种权利不应当因为是本公司雇员而受到剥夺或者限制。另一方面,由于员工入股以后成了公司的股东,利用自身的股份投票权,能够在公司的员工待遇福利等重大事项决策中拥有更多的话语权,能够保证其所代表的职工的利益得以实现。

[①] 资料来源:http://www.corp-planning.com/newsd169.html,访问日期:2015年8月5日。

● 股权稀释与员工入股

股权稀释是指公司资本通过吸纳更多的资金,在充实了股本金的同时,也让原有股东的持股比例在整个公司资本中下降的过程,其直接导致了原股东在公司的决策话语权的弱化。员工入股是指公司的股票对内部员工定向持有,一般是持有普通股。这种内源性的融资也在一定程度上稀释了原有股东的持股比例。"员工期权池"指的是公司管理层所预留的普通股期权的综合,此类期权所预留的目的是激励职工,但是这些期权不一定完全被发行或者行权,公司将根据实际情况采取相应的措施,一般一次期权激励不应当超过10%的股份较为合适,避免引起持股比例巨大的波动。

3. 创业融资担保

对于创业而言,担保制度在债权融资方面扮演着相当重要的角色。通过担保,可以为自己的债权、第三人的债权、他人的信用或者财产来督促债务人履行债务。担保具有平等性、自愿性、从属性、保障性和补充性等特点。

根据我国目前的法律规定,担保主要有五种方式,包括保证、抵押、质押、留置和定金,而在创业的融资过程中,保证、抵押和质押则是最为常见的担保形式。

保证须注意的法律问题

保证是保证人和债权人约定,当债务人不履行债务时,保证人按照约定来履行债务或承担相应的责任。保证是一种人保的形式,无须提供特定的财产进行担保,同时,保证人是债权债务合同之外的具有清偿能力的第三人。为此,我国《担保法》第13条规定,保证人与债权人应当以书面的形式订立保证合同。保证合同应包括:被保证的主债权种类、数量;债务人履行债务的期限;保证的方式;保证担保的范围;保证期间以及其他需要约定的事项。

在创业过程中,创业者可以采用保证方式来进行融资,可以寻找有清偿能力并愿意为你创业组织融资债务提供担保的自然人或者法人或其他组织提供保证。

须注意的是,在签订保证合同时,必须对保证的形式做出明确约定。关于保证的形式,主要有两种,即一般保证和连带保证。

在一般保证中,保证人只有在债务人不履行债务的时候才承担责任;而在连带保证中,保证人和债务人对债务承担连带责任。两者最大的区别在于一般保证的保证人享有先诉抗辩权,而连带保证人不享有这种权利。先诉抗辩权是指保证人在没有对主债务人的财产强制执行而取得实效之前,可以拒绝债权人要求其履行保证债务的请求。先诉抗辩权使得保证人在保证关系中享有特殊的权利,可以达到延期履行保证债务的效果。先诉抗辩权只适用于一般保证,在连带保证中,保证人和债务人对融资债权的履行无先后次序,债权人可以任意选择保证人或债务人要求其履行债务。

须注意的是,根据我国《担保法》规定,在下列三种情形下,保证人不享有先诉抗辩权,包括债务人变更住所,导致债权人要求其履行债务发生困难的;人民法院受理债务人破产案件并中止执行程序的;保证人以书面形式放弃优先抗辩权的。为此,无论是创业组织作为融资债务人还是作为其他组织的保证人,在通过保证方式进行融资时,务必对双方的具体情况进行详细掌握,免得在债务清偿时发生不必要的麻烦。

经 典 案 例

高喜民与郝治斌保证合同纠纷案[①]

累了吗?让脑袋休息一下,扫描如下二维码,了解更多课后内容。

二 抵押须注意的法律问题

所谓抵押,是指以特定的财产但不转移该财产的占有来担保债务的履行。在创业过程中,如果创业组织有自己的财产,就可以用来进行抵押融资。在采用抵押方式融资,须注意以下两个方面的问题。

- **须明白哪些财产可以用来抵押**

可以用来抵押进行融资的财产可以是动产,也可以是不动产,但并不是所有的财产都可以用来抵押。

根据我国《物权法》和《担保法》的规定,不得用来设立抵押的财产包括:土地所有权;耕地、宅基地、自留地等集体所有权的土地使用权(法律规定可以抵押的除外);学校、幼儿园、医院等公益性目的财产及设施;所有权、使用权不明或有争议的财产;依法被扣押、监管的财产以及法律、法规规定不得设立抵押的其他财产。除此之外,包括建筑物及其他土地上的附着物;建设用地使用权;土地承包经营权;生产设备原材料及成品与半成品;建设中的建筑物及船舶、汽车及航空器;交通工具及其他未禁止设立抵押的财产都可以用来设立抵押。

[①] 一审:延安市宝塔区人民法院〔2012〕宝民初字第00734号民事判决书(2012年7月2日);二审:延安市中级人民法院〔2012〕延中民终字第00393号民事判决书(2012年12月20日);再审审查:陕西省高级人民法院〔2013〕陕审民申字第01123号民事裁定书(2013年8月21日)。

另外,关于房地产的抵押,我国采用"房地一体主义"的抵押模式,即用房屋来进行抵押融资的,该房屋占有范围内的建设用地使用权一并抵押;用建设用地使用权进行抵押的,该土地上的建筑物一并抵押。

同时,在采用抵押融资活动中,创业组织还可以采用企业动产浮动抵押的方式,即无论是个人独资企业、合伙企业,还是公司企业,都可以企业现有的以及将来拥有的生产设备、原材料、半成品及产品一并进行抵押。这种抵押方式可以大大简化融资手续,增强创业组织的融资能力。

经 典 案 例

江苏新澄特钢集团公司诉上海爱使股份有限公司确认抵押合同效力案[①]

累了吗?让脑袋休息一下,扫描如下二维码,了解更多课后内容。

- **须明白如何签订抵押合同**

采用抵押进行融资,必须签订书面抵押合同,明确约定被融资债权的种类及数额、偿还期限,抵押财产的名称、数量、质量、状况、权利归属以及担保债务的范围。

抵押合同是一种特殊的合同种类,当事人的抵押权,除了抵押合同生效要件外,还涉及抵押物登记这一法定环节。抵押物登记,根据抵押物的不同,分为法定登记和自愿登记。

➢ 所谓法定登记,即法律要求为之,不登记则抵押权不生法律效力。

➢ 所谓自愿登记,未登记则不得对抗善意第三人。

根据我国《物权法》第187条之规定,抵押物属于《物权法》第180条规定的建筑物及土地附着物,建设用地使用权,以招标、拍卖、公开协商等方式取得的荒地等土地承包经营权以及正在建造的建筑物,应当办理抵押登记手续,抵押权自登记时设立。如果当事人以《物权法》第180条规定的生产设备、原材料、半成品、产品以及交通工具以及正在建造的船舶、航空器来设立抵押的,抵押权自抵押合同生效时设立,未经登记,不得对抗善意第三人。此外,如果创业组织以《物权法》第181条规定的企业动产办理浮动抵押的,应当向抵押人所在地的工商行政管理部门办理登记,抵押权自抵押合同生效时设立,未经登记不得对抗善意第三人,也不得对抗创业组织在正常经营活动中已支付了合理价款并取得抵押财产的买受人。

---

① 一审:江苏省江阴市人民法院〔2009〕澄民一初字第3628号(2009年9月10日)。

经典案例

王景毅诉邓州市房地产市场管理处等确认抵押合同无效及返还房屋产权证纠纷案[①]

累了吗？让脑袋休息一下，扫描如下二维码，了解更多课后内容。

办理质押须注意的几个法律问题

所谓质押，即指以特定的财产并转移该财产的占有来担保债务的履行。根据质押财产种类的不同，可以分为动产质押和权利质押。为此，在筹措资金时，创业组织也可以根据自身企业拥有的各类动产和各项权利，采用质押的方式来进行融资。

采用质押方式进行融资，须注意以下三个方面的问题。

- 如何正确设立动产质权

我国法律并未对可以设立质押的动产做出明确的规定，为此，只要是法律、法规不禁止财产，都可以用来设立质押。设立动产质押，必须签订书面质押合同，并就被担保债权的数额和种类，债务人偿还的期限，质押财产的名称、数量与质量及状况，担保债务的范围等做出明确的约定。

通过质押方式进行融资，设立质押必须交付质押物，质权自质押物交付时设立。这一点与抵押权的获得存在明显不同。

- 哪些权利可以用来出质

根据我国《物权法》的规定，创业组织可以将以下权利出质以获得金融融资：汇票、本票、支票；债券、存款单；仓单、提单；可以转让的基金份额、股权；可以转让的商标专用权、专利权、著作权等知识产权中的财产权以及法律、法规规定的可以出质的其他财产权利。

- 权利质押何时生效

关于质权生效的时间，因创业组织用以出质权利的种类不同而各异。

➢ 如果用汇票、本票、支票、债券、存款单、仓单、提单出质的，质权自交付权利凭证时设立；没有权利凭证的，质权自办理有关登记时设立。汇票、本票、支票、债券、存款单、仓单、提单的兑现日期或提货日期先于主债权到期的，质权人可以兑现或提货并以

[①] 一审：河南省邓州市人民法院〔2004〕邓法民初字第 866 号(2004 年 11 月 9 日)；二审：河南省南阳市中级人民法院〔2005〕南民三终字第 184 号(2005 年 5 月 8 日)。

此提前清偿债务或将其提存。

➤ 如果用基金份额、股权出质的,质权自证券登记结算机构办理质押登记时设立;以其他股权出质的,质权自工商行政部门办理登记时设立。在质权设立后,出质人不得转让基金份额或股权,但经质权人同意后可以转让,并就转让的价款提前清偿或提存。

➤ 如果用商标专用权、专利权、著作权等知识产权中的财产权办理质押的,质权自有关部门办理质押登记时设立。质押设立后,出质人不得转让出质的知识产权,但经质权人同意转让的,应将获得转让价款提前清偿或提存。

➤ 如果用创业组织的应收账款出质的,质权自信贷征信机构办理出质登记时设立。质押设立后,出质人不得转让应收账款,但经质权人同意转让的,应向质权人提前清偿或提存。

由此可见,权利类型多种多样,这给创业组织采用质押融资提供了多种选择,创业组织可以灵活使用,以缓解创业资金融通的难题。

经 典 案 例

朱国峰诉严宏股权质押合同纠纷案①

累了吗?让脑袋休息一下,扫描如下二维码,了解更多课后内容。

✦ 4. 创业融资与组织治理

▶ □ 影响公司组织治理结构的因素

公司的组织治理是一种制度安排,通过契约和治理手段,依据企业产权理论和委托代理理论,以此为基础对于代理人进行激励和约束,从而实现各方利益相关者之间的剩余索取权和企业控制权之间的匹配。

- 股权结构

股权结构是公司的所有资产在所有股东之间的分布比例情况。股权结构主要通过

---

① 浙江省诸暨市人民法院民事判决书〔2009〕绍诸商初字第 694 号。

两种角度来分析：一种是股权的集中程度，另一种是股东的身份分布。其中，股权集中程度是指股权的分布是呈现集中还是分散的结构。依据我国证券法的规定，超过5％的持股比就是大股东，而中小股东为持股比例低于5％以下的股东。其中，大股东又可以分为控股股东和非控股股东。股东的身份分布，即股东的身份是较为单一还是多元，例如属于金融机构还是实体企业。

- **董事会制度**

依据《公司法》第41条规定："有限责任公司设立董事会的，股东会会议由董事会召集，董事长主持；董事长不能履行职务或者不履行职务的，由副董事长主持；副董事长不能履行职务或者不履行职务的，由半数以上董事共同推举一名董事主持。"董事会相当于公司的决策机关，董事会对公司治理结构的影响主要体现在以下三个方面。

➤ 首先是董事会规模。较大规模的董事会能够为企业决策提供较为丰富的信息来源，而且避免了CEO独裁的情形发生，但是其规模不能无限庞大以避免出现低效的情况。

➤ 其次是董事长与首席执行官是否合一。这两个职位合一能够较好地解决决策的形成到落实之间的不协调，同时也能减少监督成本。但是，这种合一的设置也受到一些学者的质疑，认为两种职责相互分离可以更好地发挥董事会的监督作用。

➤ 最后是董事的从属性，即在董事会中外部董事特别是独立董事的比例多少问题。独立董事的设置初衷是为了保护股东利益，以试图扭转管理层对于公司控制权的侵蚀现象。

▷ □ 企业融资中的代理成本和信息不对称

企业选择不同的融资方式会影响企业的资本结构，而企业在经营过程中也将面临企业控制权的配置问题。企业实际上是一个多资源的结合体，其生产要素来自债权人、股东和管理层，这三方都希望能够实现自身利益最大化。由于利益诉求各不相同，选择不同的融资方式也会产生不同的道德风险及利益冲突问题，从而增加企业的委托代理成本，影响企业的生产效率。所以，不同融资方式有不同的资本结构，继而会影响企业的控制权归属。

- **代理成本**

企业发展到一定规模，可能聘用职业经理人管理企业的日常运营。股东是委托人，而经理人可以认为是股东的代理人。由于股东和管理人之间利益并不完全一致，将出现委托代理成本的问题。代理成本的内涵较为广泛，包括为了监督约束代理人的行为、履行代理人的职责的成本，还包括了由于执行职务无效造成损失的部分。所以，代理成本简单地总结为监督成本、约束成本和剩余损失成本之和。

➤ 股权性融资代理成本。企业在选取外部融资方式的时候，可以采取债权性融资和股权性融资两种备选方式。假设企业采取了股权性融资方式，比如发行股票的方式，会导致原有企业创始人的股权受到稀释，其对于公司的控制权会受到削弱。这种方式也增加了创业企业原有股东的额外的监督成本，包括：（1）股东作为委托人的监督成本；(2) 经理人作为代理人的担保成本；(3) 代理人和委托人间决策差异而导致的委托人福利降低。

➢ 债权性融资代理成本。企业在采取债权性融资方式的时候，同样也会面临代理成本的问题。代理成本产生的原因在于企业外部借款人与企业创始人之间的利益冲突。企业负债后，企业的经营者增加了能控制的财产而其责任却没有相应增加（有限责任），其有利益驱动去从事更加冒险的行为，因为一旦成功将获利，而失败后损失将由债权人分担。因此，债权人将反过来要求一个比较高的资金回报，以弥补其承受损失的风险。由此，企业采取债权性融资方式的委托代理成本包括债权人对企业经营的监督成本、发生经营失败的破产成本、采取债权性融资方式而产生的机会成本。

➢ 复合融资方式降低代理成本。由于采取股权性融资和债权性融资都会产生相应的代理成本，故最优的资本结构需要权衡两种代理成本。股权性融资的代理成本随着企业原有创始人的占股比例越高而成本越低，即当企业股票完全由创始人拥有的时候，委托代理成本为零；而当企业完全由外部投资人控股的时候，委托代理成本最大。债权性融资的代理成本随着负债的比例上升而提高，当企业的资金完全是来自负债，其委托代理成本最大；当负债比例最低的时候，委托代理成本最低。

- **信息不对称**

企业采取股权性融资方式或者债权性融资方式所产生的委托代理成本，很大原因是因为企业各利益相关者之间存在信息不对称。假设企业的各利益相关者之间不存在信息不对称的问题，也即股东能够对于企业的实际经营者，包括债权人能够对于企业股东及经营者行为及时完整地知悉，相互之间的利益可以通过谈判达成平衡，则能够杜绝委托代理成本的问题。

但是，实际上不存在这种假设的环境，信息不对称的现象将作为企业运营的常态而存在。由于信息不对称的存在，将引起企业外部投资者的投资意愿下降而导致融资失败，还可能会增加企业的融资成本，最后促使企业管理层的投资低效现象产生。

创业企业融资中的利益冲突及化解

从企业融资的角度看，利益相关者主要包括公司管理层、企业股东、企业债权人。这些利益相关者之间是合作与竞争关系，各利益主体都想谋求自身的利益最大化，同样也是用这个标准来指导自己的行为。

- **各相关利益主体及行为分析**

➢ 管理层及其行为分析。

（1）持股管理层。持股管理层是指同时具备了公司董事会成员和公司经理层的身份。作为股东，有内在驱动去勤勉经营，以实现股东利益最大化，并且这种驱动随着其持股比例的上升而增强。但是，由于他同时也是企业的管理人员，其利益诉求和股东不完全一致，所以其具体的行为倾向还是取决于其具体的持股比例。

（2）非持股经理。经理人在作出决策的时候，更倾向于作出利于企业的长远发展的决策,因为这样能够保证经理人的长期稳定职业环境和需求。所以,职业经理人比股东更愿意放弃短期的股利,从企业的长远发展来制定发展策略;而股东关注更多的是盈利股利及其分配的问题。

➢ 股东及其行为分析。股东的基本利益是根据出资额的多少而决定受益权和投票权。

(1) 股东受益权。大多数股东都是追求最大限度地收回投资并进而获利。中小股东更加关注的是短期的股利分配,因为他们参与公司的决策成本很高,所以更倾向于选择短期的利益满足。大股东更看重公司的长远发展,因为他们可以掌握公司的实际控制权。

(2) 投票权。投票权一方面表现在对于公司的管理人员人事任命,另一方面表现在公司的重大经营决策方面。在现代企业制度下,股东基本上采取投票方式来表决自己的意愿。投票有两种形式:一种是用手投票,一种是用脚投票。用手投票是指股东采取游说、联合等方式寻求持有相同投票意见的股东,并共同表决以实现自己所支持的决策通过,或者以此罢免替换相应的公司管理层;当用手投票这种机制无法发挥作用的时候,股东就可以采取用脚投票的方式,即市场退出方式,将手上的股票出售以退出该企业的股东身份。小股东更多的是采取联合用手投票或者用脚投票的方式;而大股东的影响力更加强大可以采取用手投票的方式,因为其股份比例较大具有更强的决策能力。

➢ 债权人及其行为分析。债权人对于企业的利益诉求主要是货币形式,其主要是通过向企业请求相应的财产而实现。具体对于债权人而言,可以分为两个阶段。一个阶段是在正常经营过程中,可以要求企业依据契约或者债券利率支付相应的利息,及在期限截止的时候偿还本金。另一阶段是当企业经营发生危机时,在破产阶段的时候债权人对于企业的利益请求权就转换成了企业的破产分配请求权。

- **债权人和股东利益冲突**

企业采取发行公司债券和签订借贷契约向金融机构借款的时候,企业所有者股东、经营管理人和债权人之间形成了以借贷关系为载体的委托代理关系。在这种委托代理关系中,债权人将其资金出借给企业是委托人,而股东和管理人作为资金的支配人是代理人。

➢ 债权人不能参与到企业的日常经营中,但是股东能参与到企业的经营中。

➢ 股东的利益通过股票价格上升并出售来实现,而债权人的利益通过向企业索取利息和本金来实现。

➢ 债权人的收益具有较为确定的偿还期限,而股东的偿还期限较为不确定,其出资在企业的正常存续期间是不能收回的,仅能期待股利分配。

所以,股东的道德风险在于,两者所处的地位不同,股东所承担的风险和支付结构促使其存在着夺取本属于债权人利益的道德风险。

- **经理人和股东的利益冲突**

当企业采取向外部公开发行股票的形式融资后,虽然股东是该资源的所有人,但是企业的股东是实际掌控人。股东由于信息不对称等原因,同时也因为其对于企业的所有权也是不完整的,对于企业的掌控不够全面。经理人可能存在道德风险,利用对企业的支配地位从事利于自身的行为。

➤ 经理人倾向于短期项目,而股东倾向于收益高的项目。

➤ 经理人倾向于风险较小的投资,股东倾向于收益高的项目。

➤ 经理人倾向于将资金用于企业的再生产,而股东更倾向于将资金采取红利的形式分配。

- 缓解各方利益冲突的措施

➤ 债权性融资与股权性融资相结合。这样能够降低企业融资综合代理成本。通过定期支付利息,从这个角度减少了企业管理层能够支配的资金,也能够激励企业管理层较为勤勉地工作。同时,一定的股权比例融资也可以扩大企业的自有资本,能够在面对债权人时候具备更强博弈实力。

➤ 加强企业管理层的剩余索取权。将其所支配的企业资源赋予相适应的剩余请求权,将能够缓解这种道德风险的发生。所以,可以采取管理层持股等措施,提高管理层在企业的剩余索取权,以激励其勤勉工作。

➤ 寻求管理层替代者。在市场中寻求现有管理层的替代者。由于企业的管理者为企业付出了企业家才能,而作为回报其也接受了相应的报酬,除此之外其还能够借企业的名气享有一些额外的回报。当股东向管理层发难,甚至将其罢免替换的时候,将影响管理层的履历,以致影响其今后的职业生涯。所以,管理层在得知自己有被替换的风险时,会倾向于勤勉工作。

本 章 概 要

债权性融资在法律上是指融资方与资金提供者形成了债权债务法律关系。其优势是资金成本相对较低,能够确保原股东对于企业的控制权,同时利于发挥财务杠杆效应;其劣势是融资风险高、限制条件较多,而且融资额度有限。股权性融资在法律上是指企业让渡一部分企业所有权,以此换取企业增资并增加股东数量的融资形式。其优势是融资风险相对较低;其劣势为可能会丧失部分企业控制权。科学的法律融资策略应当是将债权性融资和股权性融资相结合。

企业融资会产生利益冲突的问题,可以采取债权性融资与股权性融资相结合、加强企业管理层的剩余索取权、寻求管理层替代者等措施来缓解多方主体间的利益冲突。

企业在从事融资担保业务时候,需要区分担保的类型有保证、抵押、质押、留置和定金之分,其法律效力各不相同。同时,应当注意担保物本身的可转让性和签订抵押、质押合同的程序问题。

专 题 讨 论

1. 小微企业融资难在哪里?如何化解?
2. 众筹与非法集资的界限在哪里?
3. 如何平衡融资和公司控制权的关系?

拟定融资方案及评估法律风险

1. 大学生小明是某社交网络的草根明星,其粉丝有数万人之多,其中大部分是校友。现其和室友商议成立一家母校纪念品销售公司,主要从事纪念册、明信片等校友纪念物品的销售,但是缺少相应的资金。

2. 小王大学毕业后,到父亲开设的房地产企业中上班,协助父亲打理企业日常经营。其父亲的企业在当地小有名气,有一个楼盘正在开发,但是由于经济环境不太景气,企业亟需资金以继续建设。父亲和小王正在商量如何解决融资问题。

3. 小红是英语专业的硕士研究生,其了解到现在学习外语的需求特别旺盛。其打算利用暑期开一个外语培训班,面向中小学生。目前已经寻到一些志同道合的伙伴,分工为宣传招生、备课授课等。目前须预付上课场地费用(包括电脑、饮水、空调等设施)、购买教材的费用。小红及伙伴们家境还算富裕,有一定的零花钱。小红的舅舅是沿海某企业高管,打电话邀小红暑期去他那里旅游。

4. 小李是某重点学校的软件专业高才生,潜心职员工作5年后,决心自己也创业做老板。在辛苦经营了10年后,逐渐得到了业内的承认,其企业规模也逐渐扩大,目前有员工50余人。最近有一个软件项目需要资金,同时小李从人力资源部了解到,有数名老员工被竞争对手以高薪诱惑,正处于犹豫阶段。

请分别选择上述一种情形组成四支融资项目工作团队,制定融资工作方案(程序)并评估融资法律风险(风险防范)。

第五章 创业经营管理法

【创业视频扫一扫】

湘鄂情从餐饮到跨界

当经济增速放缓、行业不景气时,创业者可以探索经营创新,企业经营本身就是不断地闯关。请扫一扫如下二维码,观看视频"高端消费遇冷湘鄂情一夜间顾客消失""剥离餐饮主业 斥巨资投入互联网",与小伙伴及老师讨论创业企业跨界转型是否可取及应采取何种措施防范法律风险,并开始本章的学习。

视频1:高端消费遇冷湘鄂情一夜间顾客消失①

视频2:剥离餐饮主业 斥巨资投入互联网②

---

① 资料来源:http://baidu.v1.cn/watch/4077794932881373787.html?page=videoMultiNeed。
② 资料来源:http://v.baidu.com/link?url=dm_00pw_klemzFaU2vO4w7zo2Cc1yuX_dCEHtgd-yB9KwhC-tqPQIQDpKn0Cgz_gv-Lpi1WjzS5ob1Id3PZwXyPG1yeruHJrS1pWF9jWLD54_MR7yhhCo0-c.&page=videoMultiNeed。

> **创业导读**
>
> 如滴滴CEO程维所言:"创业是一条没有尽头的路,路上是打不完的仗。"当经济增速放缓、行业不景气时,创业者可以探索经营创新,企业经营本身就是不断的闯关。作为第一家登陆A股市场的餐饮民营企业,湘鄂情在餐饮行业内第一次创业的成绩有目共睹。全国高端餐饮行业遭遇寒冬,转型大众餐饮,入股房地产、环保、影视公司等一系列令人"伙呆"的跨界并购,都映射着湘鄂情再次创业的决心;一纸36亿元的融资计划,不但正式开启了"民营餐饮A股第一股"大数据、新媒体、环保"混搭"时代,而且昭示着湘鄂情破釜沉舟之志。
>
> "二次创业"浴火重生还是"继续作死"?这唯有时间和市场才能检验。只是,远离昔日主业,创业者应当要有转型清晰的战略思路,要对新进领域经营活动可能涉及的各项法律风险有一定预判。对上市公司而言,他们还要肩负更重的社会责任,不能拿股民的钱乱投资,最后让股民为风险买单。

✪ 1. 竞争合规管理

2013年,竞争执法机构——国家发展和改革委员会(以下简称"国家发改委")在反垄断调查上持续发力,开具4张罚单,罚款近15亿元。1月,就液晶面板案件对韩国三星、LG,中国台湾地区奇美、友达等6家国际大型面板生产商罚金3.53亿元人民币;2月,白酒巨头茅台五粮液被罚4.49亿元人民币;8月,合生元等6家乳粉企业被罚6.7亿元人民币;8月,老凤祥等部分金店被罚1 059.37万元人民币。2014年,中国高举反垄断利剑,对扰乱市场秩序的内外资企业都不留情,一年共开出18亿元罚单,创下历史纪录。其中,12家从事价格垄断的日本车企共被处罚12.35亿元。2015年9月,广东省发改委依法对东风日产汽车垄断案作出行政处罚,对东风日产汽车销售有限公司罚款1.233亿元,对广州地区17家经销商罚款1 912万元。

执法机构对竞争违法企业的重拳出击,不仅引发了舆论对"反垄断新常态"的点赞,挑战了企业与公众对行政罚款数字的理解,同时,也宣示了我国竞争执法机构已走出"躺在匣中睡眠"的境遇,竞争执法力量不容小觑。那些以为"竞争就是鱼死网破"的企业,也不得不开始认真对待"不知是何物"的反垄断法,并努力寻找避免反垄断法律风险的"秘诀"。

▶▶ □ 为什么要竞争合规

● 什么是竞争合规

竞争合规(Compliance)是指企业及其员工主动地遵守竞争法律规定,其含义主要包括:(1) 企业及其员工主动遵守公司总部所在国和经营所在国的竞争法律规定;

(2) 企业员工主动遵守企业制定的竞争合规制度。

近年来,制定竞争合规制度的企业越来越多。例如,在日本,截至 2010 年 12 月,超过 3 000 人的企业中,已经有 97.8%的企业建立了竞争合规制度,1.7%的企业正在研究制定竞争合规制度;从行业分布来看,金融保险业已经有 93.6%的企业建立了竞争合规制度,2.1%的企业正在研究制定竞争合规制度。再如,在韩国,自 2001 年竞争合规制度实施以来,截至 2010 年 12 月,实施了竞争合规制度的企业数量已经从最初的 13 家稳步增加到 372 家(具体增长幅度如表 5-1 所示);而在申请进行合规等级评估的企业中,获得 A 等级的企业数量也由 2006 年的 38.3%上升到 2013 年的 64.3%。

表 5-1　2001—2010 年韩国企业制定竞争合规制度一览

年　度	2001	2002	2003	2004	2005	2006	2007	2008	2009	2010
总　数	13	56	101	173	232	268	323	337	266	372
新增数	13	43	45	72	59	36	55	14	29	6

实际上,建立竞争合规制度,意味着企业必须付出一定的甚至较高的制度制定成本及制度运行成本(如培训、审计费用的增加、必要的交易机会的放弃等)。那么,企业选择制定与实施竞争合规制度的激励来源为何?尤其是在反垄断案件发现率还比较低的情况下,企业做出合规承诺的合理性为何?

● **竞争合规益处有几何**

制度成本是制度运作整个动态过程所付出的代价,它的高低是人们做出法律供给决策的主要依据,是人们选择遵守或者规避法律甚至违反法律的"晴雨表"。如果竞争合规制度是合理的,那么它必然满足合规收益大于合规成本、合规收益大于违法收益的法则。对做出合规承诺的企业来说,其可以获得的经济收益亦是十分明显的。这种收益包括"潜在的不利后果避免"与"潜在的优势"两部分(如表 5-2 所示)。

表 5-2　企业建立竞争合规制度收益一览

潜在的不利后果避免	潜在的优势
高达企业营业额 10%的罚金	帮助企业及时发现、终止、报告反垄断违法行为
由违法或者犯罪导致的名誉损失(包括企业和个人)	帮助企业员工识别交易对手,降低与之交易而招致反垄断法律风险的概率
剥夺董事资格	具有自然辩解的效果(如果企业制定了有效的竞争合规制度,法庭、陪审团或者政府就会认为,企业缺乏主观故意,垄断行为不成立)
刑事责任,包括监禁刑(卡特尔案件)	在反垄断刑事案件的定罪量刑中,有效的竞争合规制度是一个法定的从宽处罚情节;不具备完备的合规制度则被视作企业不诚信的标记
由于配合执法机构调查而支付的时间、精力等成本	视具体情节,有效的合规制度可以帮助企业获得至少 10%,最多 100%罚金的减少

(续表)

潜在的不利后果避免	潜　在　的　优　势
合同的无效(卡特尔案件)	
诉讼成本(包括执法机构发动的行政诉讼、刑事诉讼以及受害人发动的民事诉讼)	

必须指出的是,对企业员工而言,有效的合规制度不仅能够帮助他们(包括高管)正确识别、准确评估潜在反垄断法律风险,对其可能的非法行为予以预警,降低其陷入法律制裁的概率、避免因此遭受的声誉损失;而且能够教授其与执法机构进行"博弈"的技巧,如通过尽早"告密"以获取刑事责任的赦免或者减轻,最终实现控制反垄断法律风险的目的。总之,有效的竞争合规制度既能帮助企业及其员工避免潜在的不利后果,也能给他们带来多种潜在的优势,这种收益是综合性质的,它不能够用传统的成本-收益的会计方法来计算。但是,可以确定的是,在反垄断法律责任不断加大、反垄断执法不断严格的背景下,除了做出合规承诺,企业没有其他更合理的选择。事实上,当一些企业还沉溺在抱怨制定与实施竞争合规制度会增加其运营成本,准备"一意孤行"之时,许多企业已经因为顺利完成"没有合规——有效合规"的转向而大获收益。

竞争合规"红线"有哪些

● 不正当竞争红线

在激烈的市场竞争中,经营者难免为了争取有利的竞争地位和相对优势,采取各种竞争手段为自己谋取利益。当这种竞争手段不仅损害了竞争对手的利益,而且对市场秩序带来严重影响时,这些竞争手段就被认为是不正当的。为保障社会主义市场经济健康发展,鼓励和保护公平竞争,就必须制止不正当竞争行为。不正当竞争行为是指经营者违反公序良俗和公认的商业道德,损害其他经营者或者消费者的合法权益,扰乱社会经济秩序的行为。我国在1993年颁布了《反不正当竞争法》。该法在第二章列举了应禁止的具体的不正当竞争行为,这些具体行为即构成了不正当竞争行为的红线。

> **视　频　链　接**
>
> **《武林外传》与不正当竞争**[①]
>
> 观看电影《武林外传》,请从竞争法的角度对掌柜佟湘玉及影片所涉经营竞争行

[①] 资料来源:http://v.baidu.com/movie/15350.htm?&q=%E7%94%B5%E5%BD%B1%20%E6%AD%A6%E6%9E%97%E5%A4%96%E4%BC%A0。

为进行评价。

➤ 混淆行为。该行为是指经营者使用与他人相同或相似的商业标识,致使自己的商品或服务与他人的商品或服务产生混淆、造成购买者误认误购、减损他人商业标识的市场价值的行为。"混淆"的实质在于,足以使相关公众对商品的来源产生误认,包括误认为与知名商品的经营者具有许可使用、关联企业关系等特定联系,因此,在相同商品上使用相同或者视觉上基本无差别的商品名称、包装、装潢,应当视为足以造成和他人知名商品相混淆。经营者不得采取下列不正当手段从事市场交易,损害竞争对手:(1)假冒他人注册商标;(2)擅自使用知名商品特有的名称、包装、装潢,或者使用与知名商品近似的名称、包装、装潢,造成和他人的知名商品相混淆,使购买者误认为是该知名商品;(3)擅自使用他人的企业名称或者姓名,引人误认为是他人的商品;(4)在商品上伪造或者冒用认证标志、名优标志等质量标志,伪造产地,对商品质量作引人误解的虚假表示。

资 料 链 接

《最高人民法院关于审理不正当竞争民事案件
应用法律若干问题的解释》

(1)关于知名商品的认定:第1条。
(2)有区别商品来源的显著特征的商品的名称、包装、装潢,应当认定为反不正当竞争法第五条第(二)项规定的"特有的名称、包装、装潢"。
(3)不认定为知名商品特有的名称、包装、装潢情形:第2条。
(4)如何认定"装潢"——由经营者营业场所的装饰、营业用具的式样、营业人员的服饰等构成的具有独特风格的整体营业形象,可以认定:第3条。
(5)如何认定企业名称、姓名:第6条。
(6)如何认定"使用":第7条。

假设××是国内知名企业的名称,你是一个生产同类商品企业的老板。如果你想傍××名牌,有什么方式可以较好地规避法律的禁止性规定?

实践中的做法有:利用境外企业名称。也就是说,在境外注册"××A"公司,回到境内以"××A"公司名义生成销售或以"监制""授权生产""委托加工"等形式,许可他人使用该境外企业名称。

该类行为法律风险:

(1)经营者将国内外知名企业字号或商标在境外注册公司,然后回到境内以境外注册的企业名义生产销售或以"监制""授权生产""委托加工""商标使用许可"等形式,许可他人使用其在境外注册的企业名称,引起消费者误认误购,造成市场混淆的,其行为构成了不正当竞争行为,按《浙江省反不正当竞争条例》的有关规定定性处罚①。

(2)经营者生产、销售的商品所标注的境外企业名称或商标,与他人在境内注册的商标或企业名称相同或近似,造成市场混淆的,其行为侵犯了他人现有的在先权利,构成侵权行为,可按《商标法》或《企业名称登记管理规定》的有关规定定性处罚。

➤ 商业贿赂行为。经营者不得采用财物或者其他手段进行贿赂以销售或者购买商品。在账外暗中给予对方单位或者个人回扣的,以行贿论处;对方单位或者个人在账外暗中收受回扣的,以受贿论处。经营者销售或者购买商品,可以以明示方式给对方折扣,可以给中间人佣金。经营者给对方折扣、给中间人佣金的,必须如实入账;接受折扣、佣金的经营者必须如实入账。

法条链接

国家工商总局在给福建省工商行政管理局
《关于旅行社或导游人员接受"人头费""停车费"等费用
是否按商业贿赂行为定性的请示》

---

① 参见《浙江省工商行政管理局关于对标注境外企业监制等问题定性的批复(浙工商检〔2002〕20号)》。

视频链接

揭秘葛兰素史克(中国)商业贿赂链条[①]

累了吗？让脑袋休息一下，扫描如下二维码，了解更多课后内容。

经典案例

进场费：商业贿赂还是营销策略？——吉马酒业案[②]

【案件简介】2004年5月，厦门市工商局检查发现，福建吉马集团下属全资子公司厦门吉马酒业有限公司(简称吉马酒业)以"专场费""赞助款"的名义，向厦门市7家餐饮娱乐服务企业支付现金21万元，从而使其产品在这些餐饮娱乐企业取得独家促销权。厦门市工商局认为吉马酒业上述行为已构成商业贿赂，处以罚款人民币15万元，并责令其改正。吉马集团对此表示不服，认为其向7家餐饮娱乐服务企业支付现金21万元不仅有入账，而且有交税，不能算是商业贿赂。2004年6月11日，吉马集团向福建省工商局申请行政复议。福建省工商局经过审查，做出了复议决定，维持厦门市工商局对吉马酒业的行政处罚。福建省工商局公平交易处表示，对吉马酒业的判定主要是根据《反不正当竞争法》，他们认为吉马酒业的行为已经违反了公平交易的原则。随后，吉马集团将厦门市工商局告上法庭。厦门市思明区人民法院对这起案件作出了判决，支持被告厦门市工商局的行政处罚决定。吉马集团不服，向厦门市中级人民法院提起上诉。该案于2005年审结。在厦门市中级人民法院作出的终审判决中，法院认定吉马酒业公司以"专场费""赞助费"名义取得长城系列葡萄酒的独家销售权的行为不是商业贿赂，判令厦门市工商局撤销其对吉马酒业做出的行政处罚。

【法理分析】从实践看，对于酒楼、超市等相关部门因经营投入而向销售商收取一定的费用，或经销商为促销其商品而向酒楼、超市等相关部门支付一定的钱、物的行为，在目前法律法规未明确规定为违法前，不宜简单地将这种行为认定为商业贿赂行为。商业贿赂的本质在于职务利益上的交换，是行贿方对可以影响交易的对方职员、代理人的收买。因此，应当从商业行贿和商业受贿两个方面界定商业

---

① 资料来源：http://baidu.v.ifeng.com/watch/07202871002492371063.html?page=videoMultiNeed。
② 张文章、余小静："进场费：商业贿赂还是营销策略"，载《中华工商时报》，2005年10月27日第6版。

贿赂,并以职务利益交换作为认定违法的标准,从而避免与正当商业促销行为相混淆。

> 虚假宣传行为。虚假宣传行为又称误导行为,是指经营者在商业活动中利用广告或者其他方法,对商品或者服务提供与实际内容不相符合的虚假信息,导致客户或消费者误解的行为。这种行为严重违反诚实信用原则,违反公认的商业准则,是一种严重的不正当竞争行为。虚假宣传行为具体包括利用广告或者其他方法,对商品的质量、制作成分、性能、用途、生产者、有效期限、产地等作引人误解的虚假宣传。在实践中,人民法院通常根据日常生活经验、相关公众一般注意力、发生误解的事实和被宣传对象的实际情况等因素,对引人误解的虚假宣传行为进行认定。可以说,"足以造成相关公众误解"是认定虚假宣传行为的"结果标准";而下列行为是认定虚假宣传行为的"客观表现标准":(1)对商品作片面的宣传或者对比的;(2)将科学上未定论的观点、现象等当作定论的事实用于商品宣传的;(3)以歧义性语言或者其他引人误解的方式进行商品宣传。当然,以明显的夸张方式宣传商品,不足以造成相关公众误解的,不属于引人误解的虚假宣传行为。

视 频 链 接

虚假广告何如炮制①

累了吗?让脑袋休息一下,扫描如下二维码,了解更多课后内容。

> 侵犯商业秘密行为。商业秘密,是指不为公众所知悉、能为权利人带来经济利益、具有实用性并经权利人采取保密措施的技术信息和经营信息。经营信息包括经营计划、客户名单、标书等。

我国《反不正当竞争法》明确禁止的侵犯商业秘密行为的表现形式:(1)以盗窃、利诱、胁迫或者其他不正当手段获取权利人的商业秘密;(2)披露、使用或者允许他人使用以前项手段获取的权利人的商业秘密;(3)违反约定或者违反权利人有关保守商业秘密的要求,披露、使用或者允许他人使用其所掌握的商业秘密。另外,第三人明知或者应知上述所列违法行为,获取、使用或者披露他人的商业秘密,视为侵犯商业秘密。

---

① 资料来源:http://www.iqiyi.com/w_19rs4nf5dt.html。

> **资料链接**

《最高人民法院关于审理不正当竞争民事案件应用法律若干问题的解释》(第9条—17条关于商业秘密的认定)

(1) 可以认定有关信息为公众所知悉的情形：第9条。

(2) 可以认定"能为权利人带来经济利益、具有实用性"的情形——有关信息具有现实的或者潜在的商业价值，能为权利人带来竞争优势：第10条。

(3) 在正常情况下足以防止涉密信息泄漏的，应当认定权利人采取了保密措施情形：第11条。

(4) "反向工程"：指通过技术手段对从公开渠道取得的产品进行拆卸、测绘、分析等而获得该产品的有关技术信息。通过自行开发研制或者反向工程等方式获得的商业秘密，不认定为反侵犯商业秘密行为。

(5) 关于商业秘密中的客户名单：第13条。

> **资料链接**

相对秘密性的理解

(1) 不要求为一方独享。他人因为独立开发、反向工程、许可等方式获得同一信息，并不构成秘密性的消除。(2) 对信息的粗略公开、报道、判决，产品的公开使用。在不涉及具体细节、确切内容等情况下，不影响信息的秘密性。(3) 来自公共信息的信息组合。个别信息的公共性不影响信息的秘密性。

> **经典案例**

兴泰科技诉陈海荣侵害商业秘密纠纷案①

【案件简介】陈海荣于2001年年底进入原告公司工作，并于2005年6月8日与原告签订保密协议。陈海荣于2005年11月自原告公司离职，其时陈海荣担任原告公司销售经理一职，因职务可接触和掌握原告公司客户名单、进销合同、进销记录等商业秘密。陈海荣离职之时以盗窃等不正当手段获取原告公司上述商业秘密，并于离职之后利用上述商业秘密与原告公司进行商业竞争，其行为已违反保密协议之约定。

【裁判要点】虽然其中部分客户信息可为社会公众所知悉，但该客户名单作为一个整体其他人无法从公知领域获得，故本院认为该客户名单具有秘密性。

---

① 资料来源：〔2006〕海民初字第24252号民事判决书。

新华旅游社有限公司诉虹桥旅行社等侵害商业经营秘密案①

扫描如下二维码,获取案件详情。

【裁判要点】(1)本案是因旅行社职员集体离职并带走相关业务资料而引发的经营秘密侵权案件,主要涉及上海新华旅游社有限公司的客户名单以及相关的经营信息是否构成经营秘密的问题。在审理经营秘密侵权案件中,被告往往从"新颖性"角度进行抗辩,即原告主张的经营信息能从公开渠道获得,是任何人都能使用的公知信息。(2)本案中,原告主张的是"华东地区旅游"项目经营信息,包括旅行社的名称、综费、游程安排、供应标准等。被告的主要抗辩理由也是这些信息要素从行业公开的资料上都能查询到,而且原告的旅游广告等宣传资料也有介绍,所以不具有新颖性。这就涉及如何看待信息要素的"公开性"与经营信息的"新颖性"之间的关系,信息要素公开是否影响经营信息整体新颖性的问题。(3)在判断经营信息是否具有新颖性时,首先要确定经营信息的范围,然后从整体上进行考量和判断。因为任何经营信息都是由各种信息要素组成的,而单个信息要素则有可能来源于公开渠道,也有可能由权利人对外公开。但是,信息要素不等同于要求保护的经营信息本身,信息整体要素的公开也不等于经营信息就丧失新颖性。如果由各个公开信息要素所组成的经营信息整体不为公众所知悉,它就具有新颖性。本案中,从单个要素看,原告要求保护的旅行社的名称、综费、游程安排等都可以从公开渠道查询到,但具体到原告与每个旅行社就某一个旅游项目所达成的具体综费,在公开渠道是难以获得的,而这正是原告所要求保护的。这些经营信息被被告从原告处带走,并产生经济效益,也从另一面说明了这些经营信息具有新颖性。

➤ 不正当有奖销售行为。该行为是指经营者在销售商品或提供服务时,以提供奖励(包括金钱、实物、附加服务等)为名,实际上采取欺骗或者其他不当手段损害用户、消费者的利益,或者损害其他经营者合法权益的行为。我国《反不正当竞争法》禁止经营者从事的有奖销售行为包括:(1)采用谎称有奖或者故意让内定人员中奖的欺骗方式进行有奖销售;(2)利用有奖销售的手段推销质次价高的商品;(3)抽奖式的有奖

---

① 一审案号:上海市第二中级人民法院〔2001〕沪二中知初字第 123 号民事判决书;二审案号:上海市高级人民法院〔2002〕沪高民三(知)终字第 86 号。

销售，最高奖的金额超过 5 000 元。

视频链接

有奖销售"奖品"可否享受"三包"[1]

累了吗？让脑袋休息一下，扫描如下二维码，了解更多课后内容。

➤ 诋毁商誉行为。商誉（Goodwill）是人们对经营者以及经营者提供的商品或服务的一种总的积极的社会综合评价。我国《反不正当竞争法》第 14 条规定，经营者不得捏造、散布虚伪事实，损害竞争对手的商业信誉、商品声誉。可见，商誉主要包括商业信誉和商品声誉两种。诋毁商誉行为则指经营者为了获得竞争利益，自己或者利用他人捏造、散布虚假事实等不正当手段，损害他人商誉的行为。

经典案例

间接竞争关系中的经营行为也可以构成不正当竞争[2]

【案件简介】天津华商公司原是杭州小拇指公司的加盟商，后因天津华商公司违反《特许连锁经营合同》，在未经杭州小拇指许可的情况下，天津市小拇指汽修公司、天津市华商公司通过网站自行进行招商加盟，并多处擅自使用"小拇指图"标识，且存在单独或突出使用"小拇指"的情形，杭州小拇指以此举侵害了其注册商标专用权、构成不正当竞争为由提起诉讼。2013 年 2 月 19 日，天津市高级人民法院对这起侵害商标权一案做出终审判决，兰建军、杭州小拇指汽修科技股份有限公司胜诉。

该争议焦点涉及两个关键问题：一是经营者是否存在超越法定经营范围的违反行政许可法律法规行为及其民事权益能否得到法律保护；二是如何认定反不正当竞争法调整的竞争关系。

【裁判要点】

1. 经营者是否具有超越法定经营范围而违反行政许可法律法规的行为，不影响其依法行使制止商标侵权和不正当竞争的民事权利。

---

[1] 资料来源：http://www.tudou.com/programs/view/a-E15sg42jI/。
[2] 2014 年 7 月，最高人民法院发布第七批指导性案例。

> 2. 经营者之间是否存在竞争关系是认定构成不正当竞争的关键。反不正当竞争法并未限制经营者之间必须具有直接的竞争关系，也没有要求其从事相同行业。经营者之间具有间接竞争关系，行为人违背反不正当竞争法的规定，损害其他经营者合法权益的，也应当认定为不正当竞争行为。
>
> 【案件价值】"小拇指汽车维修商标侵权案"对于厘清实践中的困惑和疑问，正确把握反不正当竞争法所调整的竞争关系具有较强的指导意义。

➢ 低价倾销行为。该行为是指经营者以排挤竞争对手为目的，以低于成本的价格销售商品。低价倾销违背企业生存原理及价值规律，在市场竞争中往往引发价格大战、中小企业纷纷倒闭等恶性竞争事件，甚至导致全行业萎缩的严重后果。1998年，上海市场牛奶经销商为争夺市场低价倾销，造成行业亏本经营、不堪支撑就是明证。后由政府有关部门依法出面干预，才使牛奶市场竞争秩序重新走上正轨。另外，反不正当竞争法第11条列举了4种例外情况：（1）销售鲜活商品；（2）处理有效期限即将到期的商品或者其他积压的商品；（3）季节性降价；（4）因清偿债务、转产、歇业降价销售商品。

- 垄断红线

➢ 垄断协议。垄断协议是指排除、限制竞争的协议、决定或者其他协同行为。如果缔结垄断协议的经营者具有竞争关系，处于同一产业链的同一生产或者销售环节，如生产商之间、批发商之间、零售商之间，那么这种协议被称为"横向垄断协议"。根据协议的不同内容，横向垄断协议包括以下六种类型：（1）固定或者变更商品价格的协议；（2）限制商品的生产数量或者销售数量的协议；（3）分割销售市场或者原材料采购市场的协议；（4）限制购买新技术、新设备或者限制开发新技术、新产品的协议；（5）联合抵制交易的协议；（6）国务院竞争执法认定的其他垄断协议。

如果缔结垄断协议的是经营者与交易相对人，两者处于同一产业链供求关系的垂直纵向环节，如生产商与批发商之间、批发商与零售商之间，那么这种协议被称为"纵向垄断协议"。根据协议的不同内容，纵向垄断协议包括以下三种类型：（1）固定向第三人转售商品的价格的协议；（2）限定向第三人转售商品的最低价格的协议；（3）国务院竞争执法认定的其他垄断协议。

我国《反垄断法》第13条和第14条对垄断协议作了禁止的原则规定，但是该法第5条亦规定，经营者可以通过公平竞争、自愿联合，依法实施集中，扩大经营规模，提高市场竞争能力。同时，该法第15条规定，经营者能够证明所达成的协议属于下列七种情形之一的，可以得到豁免：（1）为改进技术、研究开发新产品的；（2）为提高产品质量、降低成本、增进效率，统一产品规格、标准或者实行专业化分工的；（3）为提高中小经营者经营效率，增强中小经营者竞争力的；（4）为实现节约能源、保护环境、救灾救助等社会公共利益的；（5）因经济不景气，为缓解销售量严重下降或者生产明显过剩的；（6）为保障对外贸易和对外经济合作中的正当利益的；（7）法律和国务院规定的其他情形。另外，如果属于上述情形前5项而不适用反垄断法的，还必须满足"经营者还应当证明所达成的协议不会严重限制相关市场的竞争,并且能够使消费者分享由此产生的利益"的条件。

视 频 链 接

我为祖国喝茅台①

请根据此视频思考:垄断的危害性为何?

资 料 链 接

行业协会组织的垄断协议

我国《反垄断法》严厉禁止行业协会组织本行业的经营者从事反垄断法规制的垄断协议行为。行业协会违反该法规定,组织本行业的经营者达成垄断协议的,竞争执法可以处 50 万元以下的罚款;情节严重的,社会团体登记管理机关可以依法撤销登记。

在实践中,常见的六种形态包括:第一,通过推广技术标准化提高市场进入门槛;第二,通过自律公约等变固定、变更价格;第三,通过统一价格计算公式变相固定、变更价格;第四,分割销售市场、原材料采购市场;第五,联合抵制、惩罚不合作的厂商;第六,其他组织本行业的经营者达成垄断协议的行为。

经 典 案 例

多地保险行业协会受到反垄断处罚

2013 年 7 月,国家工商总局公布了 12 起典型性垄断案例,其中,9 起因行业协会组织经营者达成垄断协议而遭查处,保险案例占 4 起。

受到处罚的理由主要是行业协会组织成立了新车保险服务中心,并对成员单位的保费进行了调控,对各保险公司份额进行了划分,要求新车承保业务必须在新车服务中心办理,否则予以处罚。

---

① 资料来源:http://video.baomihua.com/11221241/12869190。

国家工商总局认为,保险行业协会与保险公司之间通过签订合作协议使原本具有明显竞争关系的保险企业结成利益联盟,对业务份额或计划形成依赖,丧失参与竞争的动力和积极性,具有明显的排除、限制新车保险市场有效竞争的法律特征。属于反垄断法中禁止的"分割销售市场"和《工商行政管理机关禁止垄断协议行为的规定》所禁止的"划分销售商品的数量"的垄断协议。

➢ 滥用市场支配地位。

(1)市场支配地位的概念与认定。市场支配地位是指经营者在相关市场内具有能够控制商品价格、数量或者其他交易条件,或者能够阻碍、影响其他经营者进入相关市场能力的市场地位。

市场支配地位的认定与推定

市场支配地位认定标准:(1)该经营者在相关市场的市场份额,以及相关市场的竞争状况;(2)该经营者控制销售市场或者原材料采购市场的能力;(3)该经营者的财力和技术条件;(4)其他经营者对该经营者在交易上的依赖程度;(5)其他经营者进入相关市场的难易程度;(6)与认定该经营者市场支配地位有关的其他因素。(《反垄断法》第 18 条)

市场支配地位推定标准:(1)一个经营者在相关市场的市场份额达到二分之一的;(2)两个经营者在相关市场的市场份额合计达到三分之二的;(3)三个经营者在相关市场的市场份额合计达到四分之三的。有前款第 2 项、第 3 项规定的情形,其中有的经营者市场份额不足十分之一的,不应当推定该经营者具有市场支配地位。值得一提的是,市场支配地位推定制度,允许有关经营者通过事实予以反证。易言之,被推定具有市场支配地位的经营者,有证据证明不具有市场支配地位的,不应当认定其具有市场支配地位。

资料链接

《工商行政管理机关禁止滥用市场支配地位行为的规定》

累了吗?让脑袋休息一下,扫描如下二维码,了解更多课后内容。

（2）滥用市场支配地位行为的分析框架。首先，对案件所涉相关市场、市场支配地位进行认定，以确定行为的主体；其次，对具有市场支配地位的企业具有滥用市场支配地位的行为进行认定；再次，企业进行抗辩；最后，判断企业是否需要承担法律责任（如图5-1所示）。

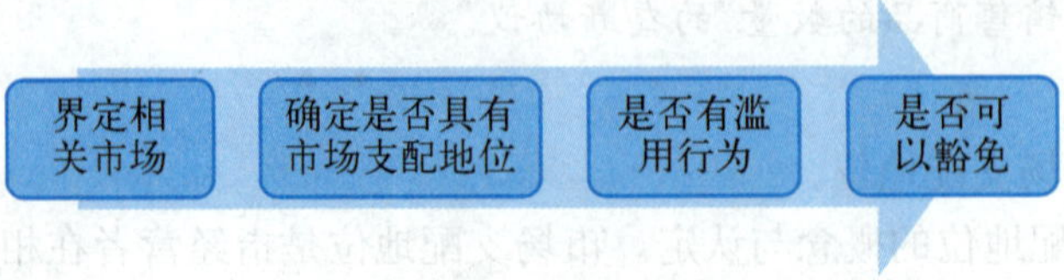

界定相关市场 → 确定是否具有市场支配地位 → 是否有滥用行为 → 是否可以豁免

图5-1 认定滥用市场支配地位行为的一般逻辑

典型违法行为

（1）以不公平的高价销售商品或者以不公平的低价购买商品；
（2）没有正当理由，以低于成本的价格销售商品；
（3）没有正当理由，拒绝与交易相对人进行交易；
（4）没有正当理由，限定交易相对人只能与其进行交易或者只能与其指定的经营者进行交易；
（5）没有正当理由搭售商品，或者在交易时附加其他不合理的交易条件；
（6）没有正当理由，对条件相同的交易相对人在交易价格等交易条件上实行差别待遇；
（7）国务院竞争执法认定的其他滥用市场支配地位的行为。

工商行政管理机关认定上述第（2）—（6）项所称的"正当理由"时，应当综合考虑下列因素：① 有关行为是否为经营者基于自身正常经营活动及正常效益而采取；② 有关行为对经济运行效率、社会公共利益及经济发展的影响。

➤ 经营者集中。
（1）经营者集中概念。经营者集中又被称为企业合并、企业集中、企业结合，是指两个或两个以上的经营者合并、经营者通过取得股权或者资产的方式取得对其他经营者的控制权、经营者通过合同等方式取得对其他经营者的控制权或者能够对其他经营者施加决定性影响的行为。

资料链接

反垄断法意义上的经营者集中与企业法意义上的企业合并之区别

后者是指两个或两个以上独立的企业，通过取得财产或股份等形式被一个新的企业所取代或合并成一个企业的行为，包括吸收合并和新设合并两种形式。它强调的是参与合并企业的主体资格的变更或者消灭。前者不仅仅包括企业法上的企业合并,还泛指一个经营者对其他经营者产生支配性影响的所有形式。如取得其他经营者足够数量有表决权的股份或者实质性资产,经营者之间通过委托经营、联营等方式形成控制与被控制关系,经营者直接或者间接控制其他经营者的人事等。反垄断法规范经营者集中,注重于经营者集中对市场竞争关系产生的影响,旨在维护一个均衡的和竞争性的市场结构,确保市场主体间的充分有效的竞争。

(2)集中控制制度:强制事先申报制度。《反垄断法》第21条规定,经营者集中达到国务院规定的申报标准的,经营者应当事先向国务院竞争执法申报,未申报的不得实施集中。当然,如果申请集中的经营者之间存在实质控制关系,如参与集中的一个经营者拥有其他每个经营者50%以上有表决权的股份或者资产的或者参与集中的每个经营者50%以上有表决权的股份或者资产被同一个未参与集中的经营者拥有的,那么可以不向国务院竞争执法申报。

申报标准为:① 参与集中的所有经营者上一会计年度在全球范围内的营业额合计超过100亿元人民币,并且其中至少两个经营者上一会计年度在中国境内的营业额均超过4亿元人民币;② 参与集中的所有经营者上一会计年度在中国境内的营业额合计超过20亿元人民币,并且其中至少两个经营者上一会计年度在中国境内的营业额均超过4亿元人民币。

(3)审查流程。商务部经营者集中反垄断审查流程如图5-2所示。

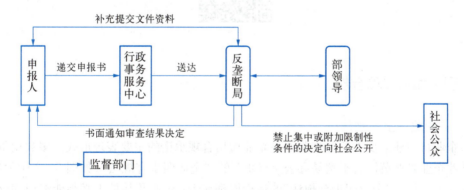

图5-2　商务部经营者集中反垄断审查流程图

(4)审查期限。审查期限包括初步审查(30天)、深入审查(90天)、延长审查(60天)三种类型。

(5)审查结果。一是允许集中,如果集中不会产生排除、限制竞争效果;二是限制允许(附条件许可),如果集中总体上利大于弊,但是仍然具有损害竞争的可能性;三是禁止集中,如果集中具有或者可能具有排除、限制竞争效果在限制允许情形下,执法机构往往附加减少集中对竞争产生不利影响的限制性条件来不禁止经营者集中,经营者接受附加的限制性条件是执法机构批准集中的前提。

> **资料链接**
>
> **2015 知识产权与反垄断高峰论坛：全方位披露反垄断执法数据**[①]
>
> 　　商务部共审结经营者集中案件 1 143 件（截至 2015 年 6 月 30 日），其中无条件批准 1 117 件，禁止 2 件，附条件批准 24 件。对于 24 件附条件批准的案件，其中有 6 件已经监督执行完毕。
> 　　截至 2015 年 9 月，商务部已经调查了 50 多起违反反垄断法的经营者集中行为，其中 31 起案件已经调查完毕，对 11 件案件进行了处罚，涉及 17 家企业。这些企业中既有国有企业，也有民营企业和外资企业。

> **经典案例**
>
>
>
> **商务部 2009 年第 22 号关于禁止可口可乐公司
收购中国汇源公司审查决定公告**[②]
>
>
>
> 　　累了吗？让脑袋休息一下，扫描如下二维码，了解更多课后内容。
>
>

如何实现合规

- **企业四步合规法**

　　企业自主建立反垄断合规制度是企业做出合规承诺的主要表现形式。多数竞争执法推荐企业参照英国公平贸易办公室（OFT 的）"企业四步合规法"（如图 5-3 所示）来完成这项工作。"企业四步合规法"的运行原理在于：企业及其员工必须能够识别反垄断法律风险（例如，企业是不是在相关市场内具有市场支配地位？在投标中与竞争者是否谈论了价格？），然后才能在此基础上准确评估法律风险（企业与竞争者一致的行为是不是会构成卡特尔，这种卡特尔是否可以被豁免？），（如果不可以被豁免）企业则要思考如何控制法律风险（停止该交易或者向执法机构报告），而以上三个步骤都建立在企业开展内部审计的基础上。

---

① 资料来源：大成律师事务所。
② 资料来源：http://www.mofcom.gov.cn/aarticle/b/c/200903/20090306108617.html。

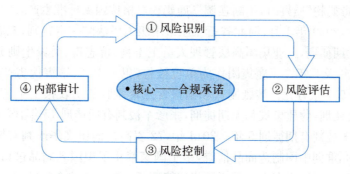

图 5-3　企业四步合规法

- 企业竞争合规"四环节"

有效的合规制度是以设计良好的规则作为基础的,能够让企业产生认同感的、设计合理的制度是反垄断合规制度有效的必备要件。依上述"企业合规四步法",企业自主建立与运行竞争合规制度必须紧盯"四大环节"(如图 5-4 所示)。

图 5-4　企业竞争合规"四环节"

2. 产品质量与广告管理

一　产品质量管理

无论是意欲进入中国市场的跨国公司,还是准备进入市场的创业组织,或者是为这些企业提供法律服务的专业人士,产品质量责任中的法律风险管理都是他们必须要面对的一个重要问题,因为保证其所提供的产品或服务的质量与安全是企业的基本义务。很多国家法律法规都强制性要求生产、销售企业对产品或者服务承担严格责任,一旦违反法律规定,后果非常严重,甚至可能导致企业破产。三鹿奶粉事件后诸多奶粉企业的结局便是例证。

- 管理的动因:"合格产品"有风险

2008 年 9 月,甘肃、江苏、陕西、山东、安徽、湖南、湖北、江西、宁夏等地接连发生婴儿异常患上肾结石病例。经初步调查,这些婴儿患病前都吃三鹿奶粉,而三鹿集团回应外界盛传的"毒奶粉"质疑时,不断强调三鹿奶粉严格按国家标准生产,产品质量检测合格。尽管如此,2009年1月,河北省石家庄市中级人民法院一审宣判,三鹿前董事长田文华被判处无期徒刑,三鹿集团高层管理人员王玉良、杭志奇、吴聚生则分别被判有期徒刑15年、8年及5年。三鹿集团作为单位被告,犯了生产、销售伪劣产品罪,被判处罚款人民币4 937余万元。涉嫌制造和销售含三聚氰胺的奶农张玉军、高俊杰及耿金平三人被判处死刑,薛建忠被判无期徒刑,张彦军被判有期徒刑15年,耿金珠被判有期徒刑8年,萧玉被判有期徒刑5年。2014年,72岁高龄的田文华改判有期徒刑18年。此外,该事件亦重创中国制造商品信誉,多个国家禁止了中国乳制品进口。那么,缘何产品质量合格的产品,当事人还是要承担法律责任?要解决这个问题,我们必须从产品瑕疵、产品缺陷与产品质量不合格这三个我国有关产品质量的立法文件中经常涉及的基本概念的辨析入手。

> 产品质量不合格。这是指产品质量不符合国家有关法律法规规定的质量要求,或者不符合明示采用的产品标准、产品说明、实物样品或者以其他方式表明的质量状况。

> 产品瑕疵。这是指产品不具备该种物通常具备的价值、效用或契约预定效用或出卖人所保证的品质。

> 产品缺陷。这是指产品存在危及人身、他人财产安全的不合理的危险;产品有保障人体健康、人身、财产安全的国家标准、行业标准的,是指不符合该标准。

产品质量是指产品满足规定要求的程度。主要包括产品的可用性、安全性、可靠性、经济性、维修性等方面的内容;有时还包括产品的品种、规格、款式、造型、外观、包装等表面状况等。产品不能满足上述规定要求的程度的,即为产品质量不合格。既然有质量不合格,那么其必以"格"之存在为前提。"格"者,标准也。"格"来自主观能动地创造,难免因为技术、利益等各种因素导致"格"的设置不合理,不合理的"格"之下产品存在危及人身、他人财产安全的不合理的危险也就不是没有可能的。这也可以解释缘何在现实生活中,产品质量不合格通常表现为产品存在缺陷或瑕疵,但如果据此把产品质量不合格完全等同于产品缺陷或产品瑕疵,未免失之偏颇。简单地说,尽管产品质量不合格与产品缺陷、产品瑕疵有着密切的联系,但两者之间同样也存在着明显区别,相互不能够完全替代。三者的关系如图5-5所示。

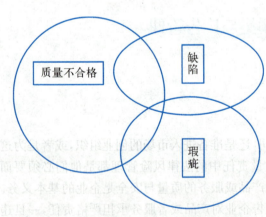

图5-5 产品瑕疵、产品缺陷与产品质量不合格关系图

我国《产品质量法》对上述产品质量问题规定了严格的责任,在第49条、第50条强调"生产、销售不符合保障人体健康和人身、财产安全的国家标准、行业标准的产品的","在产品中掺杂、掺假,以假充真、以次充好,或者以不合格产品冒充合格产品的"要没收

违法生产、销售的产品,并处罚款;情节严重的,吊销营业执照;构成犯罪的,依法追究刑事责任。避免产品质量法律风险着实必要。

> **资料链接**
>
> **产品缺陷责任的免责条件**
>
> 根据《产品质量法》第29条规定,产品缺陷责任的免责条件有三个,即未将产品投入流通的;产品投入流通时,引起损害的缺陷尚不存在的;将产品投入流通时的科学技术尚不能发现缺陷的存在的。

● **管理的宗旨:流淌道德血液**

2011年,强生婴儿洗发水被爆含有致癌物质后,其亚太区有关负责人一方面否认涉及"双重标准",另一方面却声称产品配方根据所在地区的不同而不同,与当地消费者偏好、法规要求以及使用条件等因素相关。如此完全站在企业利益角度的回应,显然无法得到消费者认同。强生产品陷入"致癌门"事件后,许多消费者特别是婴幼儿父母纷纷表达气愤和对强生产品的不信任,他们表示不会再购买和使用强生婴幼儿产品。诚然,强生不是个案,当前一些企业见利忘义、丧失道德底线,导致食品安全事件时有发生,一些人道德缺失、产品质量问题导致的人间惨剧也不少见。要解决这些问题,仅仅依靠法律是不足够的。法律法规作为社会公器,往往是在社会问题演进到一定程度之后产生的,具有滞后性特点。法律法规的约束是底线约束。负责任的企业,应当流淌着"道德血液"。现代社会,人们对企业道德的期望越来越高。近年来,许多知名的跨国企业不断地进行"道德革命",推出了"绿色伙伴计划""环保奖"等,均受到舆论好评。反之,以种种理由为自己产品存在的问题开脱,不仅难逃道义谴责,而且会影响自身生存和发展。

孔子说"德不孤,必有邻",有道德、有文化的企业,知名度和美誉度高,客户不但多而且忠诚度高,企业实现盈利目标的可能性大,可持续经营的成长空间也大。相比来说,企业道德建设所消耗的成本如同"半斗米",却能换来"一年粮"。从这个层面说,道德已经不单单与"经济效益"并驾齐驱,而是左右"经济效益"能否长久的生产能量、发展潜力。

> **轶事趣闻**
>
> **徽商之道**
>
> 在中国明清时期繁荣兴盛的十大商帮之中,徽商以自身的文化优势和"贾而好儒"的特色,一度执商界之牛耳,雄踞中国300年。徽商的成功,除了天时、地利、人和诸多因素之外,还由于作为一种新兴生产关系,从总体上看,徽商有良好的法制观念,所谓"宁奉法而折阅,不饰智以求赢"。奉法、守法是徽商成功的法宝。
>
> 朱文炽贩茶不欺:婺源茶商朱文炽贩茶至珠江逾期,新茶已成陈茶,他在交易中,老老实实,"必书'陈茶'两字,以示不欺",当地贩子极力要他将"陈"字改"新"字,

朱文炽却不为利诱,不听谗言,"坚执不移",以诚信为本,没有改换,为此他亏损了数万金也不怨悔。吴鹏翔烧货:清代休宁商人吴鹏翔一次购进了800斛胡椒,后来发现这批胡椒有毒,为防止原货主退货后可能仍拿去损害顾客,他毅然将这些胡椒全数买下,并当众全部烧掉,自己承担了损失。

徽商的历史告诉人们,自觉遵守商海游戏规则,依法有序进入市场,是商战成功的重要条件。在市场经济大潮中出现的一些弊病,进一步说明了弘扬中华优秀传统文化,以古人为借鉴,加强法制教育的重要性。新时代的商人应该以史为鉴,自觉守法,提高商业道德水平,在为社会主义经济发展作贡献的同时,实现自身人文素质的飞跃。

- 管理的核心:控制法律风险六要点

➢ 建立健全质量管理体系。质量管理以质量管理体系为载体,一个成熟的质量管理体系能确保企业各项质量活动协调运行。企业要建立健全质量管理体系,必须从产品生产、原材料供应链、产品验收、质量异议等环节着手。

➢ 进行产品质量认证。产品质量认证也称产品认证或合格认证,是指依据产品标准和相应技术要求,经认证机构确认并通过颁发认证证书和认证标志来证明某一产品符合相应标准和相应技术要求的活动。

从认证内容上分,产品质量认证分为安全认证和合格认证。安全认证是指根据安全标准进行认证或只对商品标准中有关安全的项目进行的认证。它是对商品在生产、储运、使用过程中是否具备保证人身安全与避免环境遭受危害等基本性能的认证,属于强制性认证。实行安全认证的产品,必须符合《标准化法》中有关强制性标准的要求。合格认证是依据商品标准的要求,对商品的全部性能进行的综合性质量认证,一般属于自愿性认证。实行合格认证的产品,必须符合《标准化法》规定的国家标准或者行业标准的要求。2003年8月1日,我国开始对涉及人类健康和安全、动植物生命和健康以及环境保护和公共安全的产品实行强制性认证制度。列入认证目录的产品,必须经指定机构认证获得认证证书和认证标志后,方能进口、出厂销售以及在经营活动中使用。

产品认证的分类如图5-6所示。

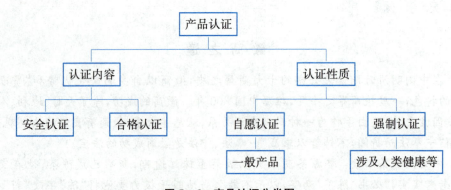

图5-6 产品认证分类图

➤ 严格履行产品质量义务。

(1) 生产者的产品质量义务。

① 对内在质量的法定要求：产品不存在危及人身、财产安全的不合理的危险，有保障人体健康、人身、财产安全的国家标准、行业标准的，应当符合该标准；产品具备产品应当具备的使用性能，但是，对产品存在使用性能的瑕疵作出说明的除外；产品质量应当符合在产品或者其包装上注明采用的产品标准，符合以产品说明、实物样品等方式表明的质量状况。

② 对包装标识的法定要求：有产品质量检验合格证明；有中文标明的产品名称、生产厂厂名和厂址；根据产品的特点和使用要求，需要标明产品规格、等级、所含主要成分的名称和含量的，用中文相应予以标明；需要事先让消费者知晓的，应当在外包装上标明，或者预先向消费者提供有关资料；限期使用的产品，应当在显著位置清晰地标明生产日期和安全使用期或者失效日期；使用不当，容易造成产品本身损坏或者可能危及人身、财产安全的产品，应当有警示标志或者中文警示说明。裸装的食品和其他根据产品的特点难以附加标识的裸装产品，可以不附加产品标识。

③ 对特殊商品包装的法定要求：易碎、易燃、易爆、有毒、有腐蚀性、有放射性等危险物品以及储运中不能倒置和其他有特殊要求的产品，其包装质量必须符合相应要求，依照国家有关规定作出警示标志或者中文警示说明，标明储运注意事项。

④ 禁止性规定：不得生产国家明令淘汰的产品；不得伪造、冒用他人厂名、厂址；不得伪造或者冒用质量标志；不得生产假冒伪劣产品，如在产品中掺杂、掺假，以假充真、以次充好，以不合格产品冒充合格产品等。

(2) 销售者的产品质量义务。

① 应当建立并执行进货检查验收制度，验明产品合格证明和其他标识。

② 应当采取措施，保持销售产品的质量。

③ 不得销售国家明令淘汰并停止销售的产品和失效、变质的产品。

④ 销售的产品的标识应当符合法定标识规定。

⑤ 不得伪造产地，不得伪造或者冒用他人的厂名、厂址。

⑥ 不得伪造或者冒用认证标志等质量标志。

⑦ 不得掺杂、掺假，不得以假充真、以次充好，不得以不合格产品冒充合格产品。

资 料 链 接

不合格产品分类与处理

一类叫处理品，是指产品质量虽然未达到规定的使用性能要求，或者未达到明示采用的产品标准、产品说明、实物样品等方式表明的质量状况，但是，不存在危及人体健康和人身、财产安全的危险，仍然具备使用价值的产品。对于处理品，明确标出是"处理品""等外品""残次品"等字样，允许出厂降价销售。

另一类是劣质品，指产品质量不符合安全、卫生标准的要求，存在危及消费者人

> 身、财产安全的危险，或者失去了产品应当具备的使用性能。劣质品应严禁销售，在技术监督等有关执法部门的监督下进行销毁，或作必要的技术处理。

➢ 主动召回缺陷产品。产品召回是指由缺陷产品的制造商、进口商或者经销商选择更换、赔偿等积极有效的补救措施消除其产品可能引起人身伤害、财产损失的缺陷的过程。为了加强我国产品质量管理，完善对消费者保护，维护我国市场经济健康发展，2004年3月15日，国家质量监督检验检疫总局、国家发展和改革委员会、海关总署、商务部联合发布了《缺陷汽车产品召回管理规定》并于2004年10月1日正式施行，该规定不仅为在我国实施汽车召回制度在制度上铺平了道路，而且它以汽车业为突破口填补了我国产品召回制度的立法空白。

召回的程序分为主动召回程序和指令召回程序。主动召回是指产品的生产商、进口商或者经销商在获悉其生产、进口或者经销的产品存在可能危害消费者健康、安全的缺陷时，依法向政府部门报告，主动及时通知消费者，并从市场和消费者手中收回问题产品，采取予以更换、赔偿的积极有效的补救措施，以消除缺陷产品危害风险的制度。指令召回是指政府指令相关产品的生产商、进口商或者经销商及时通知消费者，并从市场和消费者手中收回问题产品，采取更换、赔偿的积极有效的补救措施，以消除缺陷产品危害风险的制度。无论何种形式的召回都是在主管部门的监督下进行的，虽然这两种不同的召回发起的原因有所不同，但概括而言，包括缺陷产品发现、主管机关立案调查（即风险评估）、通知企业召回、企业制定召回计划、企业实施召回计划、召回总结等不同阶段。

➢ 加强完善售后服务。"三包规定"是零售商业企业对所售商品实行"包修、包换、包退"的简称。它是指商品进入消费领域后，卖方对买方所购物品负责而采取的在一定限期内的一种信用保证办法。对不是因用户使用、保管不当，而属于产品质量问题而发生的故障提供该项服务。

"三包规定"是消费者维权的"老黄历"，消费者购买的产品出现以下情况，有权要求经销者承担三包责任：不具备产品应当具备的使用性能，而事先没有说明的；不符合明示采用的产品标准要求；不符合以产品说明、实物样品等方式表明的质量状况；产品经技术监督行政部门等法定部门检验不合格；产品修理两次仍不能正常使用。

➢ 适当选择投保产品责任险。产品责任保险和产品质量保险是很容易被混淆的两种保险。产品质量保险，是指承保制造商、销售商或修理商因制造、销售或修理的产品本身的质量问题而造成的，致使使用者遭受的如修理、重新购置等经济损失赔偿责任的保险。产品责任保险是指当被保险人因其产品存在缺陷致使第三人人身伤亡或财产损失依法应当承担损害赔偿责任时，由保险人承担赔偿责任的保险。

这两者的区别在于：首先，风险性质不同。产品责任保险承保的是被保险人的侵权行为，且不以被保险人是否与受害人之间订有合同为条件；而产品质量保险承保的是被保险人的违约行为，并以合同法供给方和产品的消费方签订合同为必要条件。其次，处理原则不同。对于产品责任事故的处理，在许多国家采用严格责任的原则，即只要不是受害人处于故意或自伤所致,便能够从产品的制造者或销售者、修理者等处获得经济赔偿;而产品质量保险的违约责任只能采取过错责任的原则进行处理,即产品的制造者、销售者、修理者等存在过错是其承担责任的前提条件。

广告管理

随着商品经济的发展,市场经济由"卖方市场"向"买方市场"的转化,市场竞争日趋激烈,争夺消费者和增加市场占有份额成为企业成败的关键。随着科学技术的进步,广告手段日益科学化和现代化,运用广告来开拓市场、争取消费者,成为企业开发市场、扩大商品销售的重要手段。

广告作为一种经济活动、传播活动,必须遵循相应的法律法规。这既是对广告活动本身是约束,又是对广告活动行为合法的正当保护。在世界范围内,各个国家都陆续制定了广告法规,从宏观上管理国家的广告行为。中国也于 1995 年正式实施《广告法》,2015 年 4 月对其进行了修订,新的《广告法》自 2015 年 9 月 1 日起施行。

- **广告主体资格管理**

从广义上说,广告管理是指国家广告监督管理机关依据有关法律规章和国家授予的职权,采用行政手段,代表国家对广告活动进行监督管理的全过程。其主要任务在于宣传贯彻执行国家有关法律法规和规章、审查广告主体的入市资格、监督检查广告主要的广告经营活动、通过查处广告违法行为,建立良好的广告市场竞争、维护广告市场秩序和消费者的合法权益。从参与广告管理的主体入手,广告管理包括政府行政管理、广告主的广告管理、广告经营者内部管理、广告行业自律、公众的社会监督等五种形态。由于本书旨在帮助创业组织控制广告法律风险,故本书中所言广告管理系指广告主(创业组织)的广告管理。涉及广告法律关系的主体主要有四个方面。

➢ 广告主,是指为推销商品或者服务,自行或者委托他人设计、制作、发布广告的自然人、法人或者其他组织。

➢ 广告经营者,是指接受委托提供广告设计、制作、代理服务的自然人、法人或者其他组织。

➢ 广告发布者,是指为广告主或者广告主委托的广告经营者发布广告的自然人、法人或者其他组织。

➢ 广告代言人,是指广告主以外的,在广告中以自己的名义或者形象对商品、服务作推荐、证明的自然人、法人或者其他组织。

广告主体资格违法是指广告主、广告经营者、广告发布者未取得合法主体资格的情况下,擅自参与广告活动的违法行为。广告主主体资格违法通常表现为:广告主未取得法人资格或法人资格不完备,如食品生产企业只有营业执照没有卫生许可证等;广告主从事的广告活动与其经营范围不符。广告经营者主体资格违法表现在未依法取得企业法人登记或广告经营登记;经营过程中超范围经营广告业务。广告发布者主体资格违法可能表现在:未进行广告经营登记取得广告经营许可证;广告发布者内部非广告部门从事广告经营业务;广告发布者超范围经营广告业务,如报社擅自从事户外广告经营业务。

- **广告行为管理**

从广告行为管理事项入手,创业组织的广告管理主要包括广告内容管理与广告发布行为管理(见表5-3)。

表5-3 广告行为管理

管理事项		具 体 内 容
广告内容管理	严防一般禁止性规定	● 使用中华人民共和国国旗、国徽、国歌 ● 使用或者变相使用国家机关、国家机关工作人员的名义或者形象 ● 使用国家级、最高级、最佳等用语 ● 损害国家的尊严或者利益,泄露国家秘密 ● 妨碍社会安定,损害社会公共利益 ● 危害人身、财产安全,泄露个人隐私 ● 妨碍社会公共秩序或者违背社会良好风尚 ● 含有淫秽、色情、赌博、迷信、恐怖、暴力的内容 ● 含有民族、种族、宗教、性别歧视的内容 ● 妨碍环境、自然资源或者文化遗产保护 ● 法律、行政法规规定禁止的其他情形
	遵循消费者权益保护方面的规定	● 广告主应当对广告内容的真实性负责 ● 广告中对商品的性能、功能、产地、用途、质量、成分、价格、生产者、有效期限、允诺等或者对服务的内容、提供者、形式、质量、价格、允诺等有表示的,应当准确、清楚、明白。广告中表明推销的商品或者服务附带赠送的,应当明示所附带赠送商品或者服务的品种、规格、数量、期限和方式。法律、行政法规规定广告中应当明示的内容,应当显著、清晰表示 ● 广告使用数据、统计资料、调查结果、文摘、引用语,应当真实、准确,并表明出处 ● 涉及专利产品或者专利方法的,应当标明专利号和专利种类。禁止使用未授予专利权的专利申请和已经终止、撤销、无效的专利做广告
	遵循未成年人保护方面的规定	● 不得在中小学校、幼儿园内开展广告活动,不得利用中小学生和幼儿的教材、教辅材料、练习册、文具、教具、校服、校车等发布或者变相发布广告,但公益广告除外 ● 在针对未成年人的大众传播媒介上不得发布医疗、药品、保健食品、医疗器械、化妆品、酒类、美容广告,以及不利于未成年人身心健康的网络游戏广告 ● 针对不满14周岁的未成年人的商品或者服务的广告不得含有下列内容:劝诱其要求家长购买广告商品或者服务;可能引发其模仿不安全行为
	恪守公平竞争方面的规定	● 经营者在市场交易中,应当遵循自愿、平等、公平、诚实信用的原则,遵守公认的商业道德 ● 广告不得贬低其他生产经营者的商品或者服务;经营者不得捏造、散布虚伪事实,损害竞争对手的商业信誉、商品声誉

(续表)

管理事项		具 体 内 容
广告内容管理	坚守特殊商品广告规定	• 关于麻醉药品、精神药品、医疗用毒性药品、放射性药品等广告 • 关于医疗、药品、医疗器械广告 • 关于保健食品广告 • 关于婴儿乳制品、饮料和其他食品广告 • 关于农药、兽药、饲料和饲料添加剂广告 • 关于烟草广告 • 关于酒类广告 • 关于教育、培训广告 • 关于房地产广告 • 关于农作物种子、林木种子、草种子、种畜禽、水产苗种和种养殖广告
广告发布行为管理	广告表现形式管理	• 广告应当具有可识别性,能够使消费者辨明其为广告。大众传播媒介不得以新闻报道形式发布广告。通过大众传播媒介发布的广告应当有广告标记,与其他非广告信息相区别,不得使消费者产生误解 • 广告应当真实、合法,以健康的表现形式表达广告内容,符合社会主义精神文明建设和弘扬中华民族优秀传统文化的要求 • 户外广告 • 以电子信息方式、互联网发送广告 • 注意比较广告、植入式广告、明星代言广告(不得为其未使用过的商品或者未接受过的服务作推荐、证明;不得利用不满10周岁的未成年人作为广告代言人)等特殊规定

轶 事 趣 闻

性感广告遭以方指责 广告明星只得加件衣服①

累了吗?让脑袋休息一下,扫描如下二维码,了解更多课后内容。

资 料 链 接

"可识别性"

实践热点:通过新闻报道形式变相为报道对象进行广告宣传。

---

① 资料来源:韩玉丽:《性感广告遭以方指责 广告明星只得加件衣服》,http://news.sina.com.cn/w/2004-11-26/09044351861s.shtml,2015年4月8日访问。

创业法学

> 法律规定：(1) 禁止将新闻报道和广告混为一谈、以新闻报道的形式变相发布广告,媒体广告要具有可识别性。(2) 强制性要求：新闻媒体广告必须有广告标识。(3) 新闻报道中不得标明商品生产者、销售者和服务提供者的详细地址、电话、电子信箱、互联网网址等联系方式。(4) 新闻媒体单位不得以通讯、专访、专题、特写、追踪报道等新闻报道形式发布或变相发布广告。以刊登、播发署名文章形式发布广告,应标注广告标记或声明其为广告。

视 频 链 接

《笑广告》恶搞春晚植入式广告①

累了吗？让脑袋休息一下,扫描如下二维码,了解更多课后内容。

资 料 链 接

植 入 式 广 告

  植入式广告（Embedded Advertisement）是指厂商将商品或其他具有代表性的符号、品牌、服务等有意且不醒目地加入任何形式的传播媒体中,以达到宣传效果,同时传播媒体可因此获得相当的对价。对于中国市场而言,尽管植入式广告是最近几年才伴随冯小刚的电影、春节联欢晚会、网络游戏等娱乐形式而被广大消费者所熟悉,但发展的速度同样惊人。制作成本4 500万元人民币的《非诚勿扰》,片中各项产品植入收入超过了2 000万元;2010年央视春晚整体广告收入已超过6.5亿元,而节目中的植入广告就贡献了近亿元。可以说,在中国植入式广告已然完成从含苞待放到尽情绽放的转向。

  尽管植入式广告效果良好、商业价值巨大,但对植入式广告的质疑之声也不绝于耳。植入式广告的"创新"之处在于其所具有的"隐蔽性",即广告信息和电影、电视的场景、情节发展等很好地融合,让观众在不知不觉中接受产品信息。但是,广告法却通常要求广告具有"可识别性",即"广告应当能够使消费者辨明其为广告。大众传播媒体不得以新闻报道形式发布广告。通过大众传播媒介发布的广告应当有广告标

---

① 资料来源：http://my.tv.sohu.com/us/1853249/4644407.shtml。

记,与其他非广告信息有区别,不得使消费者产生误解"。

植入式广告的法律风险:植入式广告的"隐蔽性"与广告规制的"可识别性"要求之间的冲突。

资料链接

比 较 广 告

比较广告(Comparative advertising),就是以任何明示或暗示的方法,指陈比较对象或其所提供的商品或服务的广告。比较广告有利于吸引消费者注意、有利于弱势品牌迅速提高其产品知名度、有利于促进产品销售,因此,在市场竞争日趋激烈的今天,比较广告作为一种特殊而新型的广告,越来越多地出现在市场竞争中。

然而,娃哈哈与农夫山泉的纯净水之争、高博特与昂立的"盐水瓶之争"、森林王地板遭遇集体诉讼、"蓝月亮"与"新汰渍"之争,被告不断败诉的事实也不断地提醒着经营者"不比不精彩"有如"悬崖边的舞蹈",跳得好很灿烂,跳得不好会坠入深渊。

"悬崖边的舞蹈"怎样才能跳得精彩又安全?法官的答案是:比较广告应当遵循法律规定的公平、诚实信用的原则和公认的商业道德。对比的内容要以客观存在的具体事实为依据,不得散布虚假信息;提供的信息必须全面,不得作片面的或引人误解的对比;内容的表述必须准确,不得让消费者产生歧义;应当尊重他人权益,不得诋毁他人商业信誉或商品声誉。总之,与其他广告形式相比较,比较广告更容易引人误解或诋毁他人名誉,因此,做比较广告应当持非常审慎的态度,避免产生纷争[①]。

比较广告的法律风险:不正当竞争法律风险。

经典案例

"蓝月亮"诉"新汰渍"案[②]

扫描如下二维码,获取案件详情。

[①] 广州蓝月亮有限公司与宝洁(中国)有限公司、广州浪奇宝洁有限公司不正当竞争纠纷案,〔2001〕粤高法知终字第 57 号民事判决书。

[②] 一审:广州市中级人民法院〔2000〕穗中法知初字第 20 号民事判决书。二审:广东省高级人民法院〔2001〕粤高法知终字第 57 号民事判决书。

【法理分析】该则广告应当表达的本意是,用新汰渍洗衣粉与用一般的洗衣粉相比,即使不用衣领净,也可以将衣领洗得干干净净,免去了用一般洗衣粉洗衣还得专门用衣领净洗衣领的烦琐。宝洁公司委托有关部门作出的检测也是为了证明这一结论。但是,有关部门的检测结论,并没有证明用新汰渍洗衣粉比用一般洗衣粉加衣领净对衣领有更好的洗涤效果。

广告将用衣领净洗衣领的画面处理为黑色,搓洗动作显得吃力,暗示衣领净是一种陈旧、落后的产品,洗涤效果不如新汰渍洗衣粉,对衣领净产品有贬低之意,而且没有事实依据。衣领净是一种辅助洗涤产品,即使是用宝洁公司的新汰渍洗衣粉洗衣,再辅以衣领净洗衣领,肯定会获得更好的洗涤效果。蓝月亮公司委托有关部门作出的检测结论也证明了这一点。然而,"用汰渍,不需用衣领净"的广告语会令人产生歧义:用汰渍洗衣粉可排除衣领净的使用,用汰渍洗衣粉再使用衣领净是多余的。这种误解必然会给衣领净产品市场带来负面影响。综上所述,本案宝洁公司的广告有言过其实的成分,会令人产生误解,并对衣领净产品有贬低之意,违反了反不正当竞争法和广告法的规定。由于广告中用蓝月亮衣领净具有独特外观的包装瓶代表衣领净产品,相关消费者会将该广告直接与蓝月亮衣领净联系起来,应当认定该广告行为构成对蓝月亮公司的不正当竞争,损害了蓝月亮公司的产品声誉,宝洁公司应当承担停止侵权、赔礼道歉、赔偿损失的民事责任。

资料链接

明星代言广告

在寻求"注意力经济"的时代,明星与商家从来都是天然的合作伙伴。然而,在商家意欲将明星价值转化为自己的品牌价值的路上,风险亦是无处不在。

(1) 明星代言虚假广告,不再是非难辨。2006年7月,61岁老人王立堂因为服用藏秘排油茶减肥失败,将藏秘排油茶的代言人郭德纲推上了崇文区法院被告席,指控郭德纲、生产厂家和刊登广告的报纸虚假宣传。事实上,明星代言虚假广告丑闻不断,成龙代言霸王乌发快被查出批号不合格,唐国强、解晓东代言"不孕不育医院"惹质疑,莫文蔚、大S、刘嘉玲、林心如、林忆莲、萧蔷、郑秀文等漂亮女星任代言人的日本SK-Ⅱ品牌多项化妆品近日被中国国家质检总局查出含有禁用成分。过去,对于明星而言,除了代言食品、药品虚假广告,代言其他广告承担损害赔偿责任还缺乏法律依据。《广告法》修改后,明星代言虚假广告不再是非难辨。《广告法》第56条规定:"广告代言人明知或者应知广告虚假仍设计、制作、代理、发布或者作推荐、证明的,应当与广告主承担连带责任。"

(2) "山寨明星"代言广告,真假难辨。"山寨明星"是指长得酷似明星的草根明星。商家为了节约广告开支,让一些"山寨明星"梳起与明星一样的发型,摆起一样的pose,甚至模仿明星的声调,为他们的产品或企业做广告。如"山寨"周华健代言皮鞋、"山寨"刘翔代言运动鞋、"山寨"周杰伦代言手机和 MP4 等。这些商家故意制造"冒牌明星"来宣传,误导消费者,其资金投入与真正的明星代言严重失衡。尽管"山寨明星"也有肖像权,只要产品没有使用明星本人的肖像,就不构成侵权,但是,如果"山寨"行为足以构成普通消费者的误认、误买的话,那么经营者的行为属于欺骗性交易的不正当竞争行为。如果"山寨明星"参与商家"虚假宣传"的广告经营行为,并从中获利,构成共同侵权,须与商家一同承担连带赔偿责任。此外,如果"山寨明星"的行为贬损、毁坏了真正明星的名声,扭曲了真正明星的形象,则构成名誉侵权。

山寨明星真假难辨①

累了吗？让脑袋休息一下,扫描如下二维码,了解更多课后内容。

(3)明星劈腿代言,并不鲜见。2005 年 7 月,北京市密云县人民法院在第一法庭公开开庭审理了北京新日电动车制造有限公司起诉北京中乾龙德文化发展有限公司、演员陆毅演出合同纠纷一案。原告与被告北京中乾龙德文化发展有限公司、陆毅签订协议,约定由陆毅作为北京新日电动自行车产品的形象代言人。合同期限自 2005 年 10 月 31 日至 2007 年 10 月 30 日止。2007 年 2 月,原告发现江苏可迪电动车科技有限公司也发布了以陆毅为形象代言人的广告,原告认为被告不应该同时代言同类产品,诉于法院,要求解除合同、返还多付酬金 72 万元,并支付违约金 48 万元。

✪3. 劳动关系管理

▶ □ 何谓劳动关系管理

● **劳动关系**

劳动关系,是人们为实现生产劳动过程而形成的一种社会关系,主要表现为劳动者和用人单位之间发生的关系,是劳动法调整的主要对象。具体而言,劳动关系是指

---

① 资料来源:http://baidu.56.com/watch/5386246679629295851.html?page=videoMultiNeed。

企业、经营管理者、职工及工会之间在企业的生产经营活动中形成的各种权、责、利关系。

> **资料链接**
>
> **法律规章对劳动关系成立的界定**
>
> 原劳动和社会保障部2005年5月25日颁布的《关于确定劳动关系有关事项的通知》第1条规定,用人单位招用劳动者未订立书面劳动合同,但同时具备下列情形的,劳动关系成立:(1)用人单位和劳动者符合法律、法规规定的主体资格;(2)用人单位依法制定的各项劳动规章制度适用于劳动者,劳动者受用人单位的劳动管理,从事用人单位安排的有报酬的劳动;(3)劳动者提供的劳动是用人单位业务的组成部分。第2条规定,用人单位未与劳动者签订劳动合同,认定双方存在劳动关系时可参照下列凭证:(1)工资支付凭证或记录(职工工资发放花名册)、缴纳各项社会保险费的记录;(2)用人单位向劳动者发放的"工作证""服务证"等能够证明身份的证件;(3)劳动者填写的用人单位招工招聘"登记表""报名表"等招用记录;(4)考勤记录;(5)其他劳动者的证言等。其中,(1)、(3)、(4)项的有关凭证由用人单位负举证责任。
>
> 我国《劳动合同法》第7条规定:"用人单位自用工之日起即与劳动者建立劳动关系。用人单位应当建立职工名册备查。"
>
> 可见,企业必须高度重视这些用工环节。

- **劳动关系管理**

劳动关系管理,是对劳动关系建立、维持和终止的管理活动。劳动关系管理是劳动关系主体对劳动关系运行的控制、协调活动,不同的劳动关系主体都可以从不同的角度出发,对劳动关系的运行进行管理。劳动关系管理包括雇主、雇员和社会三种视角,本教材主要是从创业企业(用人单位)的角度来阐述劳动关系管理。从企业角度,劳动关系管理主要包括劳动合同管理、企业用工管理、劳动标准管理、社会保险管理、劳务派遣用工及非全日制用工管理、劳动争议管理等方面。

创业为什么需要劳动关系管理

- **对于雇员来说**

对于雇员来说,劳资关系良好、合适的劳动关系管理,直接影响到劳动者权利的实现状况,进而影响劳动者的生活水平、身心健康、个人尊严和自我实现程度,从而影响企业的生产经营活动。

- **对于雇主来说**

对于雇主来说,劳动关系质量受企业文化、工作设计、培训开发、绩效管理、企业用工、劳动标准管理等制度影响。这些相关制度的实施,可能会使企业劳动力成本有所上升,但员工归属感和忠诚度将提高;可能会提高企业生产率、降低员工流失率、提高产品和服务质量,进而提高企业绩效,促进创业成功。

- 对于政府和社会来说

对于政府和社会来说,劳动关系质量如何,会影响到社会财富总量的创造与分配、就业率和分配率,进而影响社会和政局的稳定①。

可见,劳动关系是否和谐,对雇员、雇主、政府和社会都会产生重要影响,劳动关系管理对创业企业来说具有极端重要性,它将直接关系到能否成功创业。劳动关系对不同主体的影响如图5-7所示。

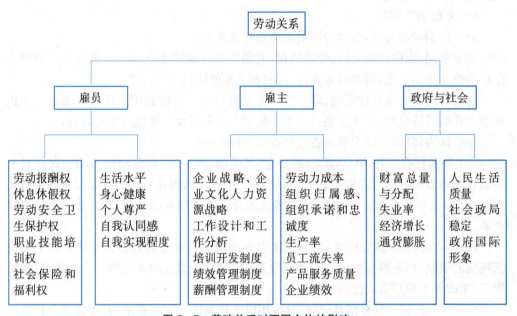

图 5-7 劳动关系对不同主体的影响

工人因劳动纠纷自焚纵火 致店主夫妇被烧重伤②

请根据此视频思考:创业为什么需要劳动关系管理?

---

① 于桂兰、于楠主编:《劳动关系管理》,清华大学出版社、北京交通大学出版社2011年版,第5页。
② 资料来源:http://baidu.56.com/watch/05853107259275786827.html? page=videoMultiNeed。

创业企业怎样进行劳动关系管理——创业企业劳动关系管理应掌握的原则和方法

创业企业劳动关系管理应当遵循自我管理原则、和谐劳动关系原则、以法为本原则,在方法方面,要立身行事,找到"抓手",重视榜样的示范作用,建立健全各方面的制度,通过完善的制度,才能对劳动关系进行规范管理,才能形成制度化、法治化的和谐劳动关系,从而降低成本和减少风险,进而提高企业效益,实现成功创业。创业企业劳动关系管理实务,具体包括以下四个方面。

- **劳动合同管理**

➤ 何谓劳动合同,劳动合同的主体资格条件如何?

劳动合同,也称劳动契约、劳动协议,它是指劳动者同企业、事业、机关单位等用人单位为确立劳动关系,明确双方责任、权利和义务的协议。

劳动合同的主体是特定的,即必须一方是具有法人资格的用人单位或能独立承担民事责任的经济组织;另一方是具有劳动权利能力和劳动行为能力的劳动者。

一般认为,自然人成为劳动者应具备以下四个标准。

（1）年龄标准。我国《劳动法》的规定,凡年满16周岁、有劳动能力的公民是具有劳动权利能力和劳动行为能力的人;男60岁、女55岁为退休年龄。一般只有男年龄在16—60岁,女年龄在16—55岁的人才能成为合格的劳动者,形成合法有效的劳动法律关系。

（2）体力标准。健康标准,这是从体力方面衡量公民是否具备劳动能力。主要包括疾病的限制,即各种岗位的职工都不得患有本岗位所禁忌或不宜的特定疾病,以及女职工、未成年工禁忌劳动范围的规定等。

（3）智力标准。只有精神健康、具备相应文化条件和职业资格的,才能成为相应岗位的劳动者。

（4）行为自由标准。只要具有人身自由,能独立支配自己的劳动力,就可以成为劳动者。此外,公务员、农村劳动者（乡镇企业职工和进城务工、经商的农民除外）、现役军人、家庭保姆不属于劳动者范围。

外国人在中国就业,应向中国有关部门申办就业许可证、职业签证、就业证、居留证,某些工作还要求具备中国政府承认的职业资格证书。

就用人单位而言,它是指依法招用和管理劳动者,并按法律规定或合同约定向劳动者提供劳动条件、劳动保护和支付劳动报酬的劳动组织。我国现阶段的用人单位包括企业、事业单位、国家机关、社会团体和个体经济组织,其中企业和个体经济组织是劳动法律关系的主要主体。一般来说,创业企业获得签订劳动合同主体资格条件是,经核准登记,领取营业执照即可。

➤ 劳动合同的订立。

劳动关系从何时开始建立

【案件简介】某动画制作公司于2014年年底为公司原画部部长招聘候选人,经过几轮面试,刘某入选。但刘某提出由于目前自己尚未离职,希望能在两个月以后入职。公司同意了刘某的要求,并与他签订了劳动合同,约定正式入职时间为2015年3月10日。可公司项目急需原画设计人员,无奈之下,该公司又招聘了一位资历尚浅的设计师应急。经过一个月的磨合,这位设计师表现出优异的成绩,公司决定将这位设计师提拔为原画部部长,2015年2月底,通知刘某解除劳动合同。

刘某要求公司向其支付解除劳动合同的经济补偿金,并对他的损失承担赔偿责任,包括工资损失、向原公司支付的违反服务期的违约金等。公司认为,劳动关系并未建立,不存在补偿,但又担心刘某提起仲裁。这种情况该怎样处理?

(1) 劳动关系建立的标志。《劳动合同法》第7条规定:"用人单位自用工之日起即与劳动者建立劳动关系。"可见,劳动关系的建立不是以劳动合同的订立为标志,而是以"用工"为标志。也就是说,即使用人单位没有与劳动者订立劳动合同,只要存在"用工"行为,该用人单位与劳动者之间的劳动关系即建立;如果只是签订了劳动合同,但还没有开始"用工",则劳动关系还没有建立。

(2) 不签订劳动合同的法律风险。《劳动合同法》第10条规定:"建立劳动关系,应当订立书面劳动合同。已建立劳动关系,未同时订立书面劳动合同的,应当自用工之日起1个月内订立书面劳动合同。"

其一,自用工之日起1个月内,用人单位与劳动者签订书面劳动合同,符合法律规定,无须向劳动者支付经济补偿。

其二,用人单位自用工之日起超过1个月不满1年未与劳动者订立书面劳动合同的,应当向劳动者每月支付2倍的工资,并与劳动者补订书面劳动合同。

其三,用人单位自用工之日起满1年未与劳动者订立书面劳动合同的,自用工之日起满1个月的次日至满1年的前一日应当向劳动者每月支付2倍的工资补偿,并视为自用工之日起满1年的当日已经与劳动者订立无固定期限劳动合同,应当立即与劳动者补订书面劳动合同。

劳动合同的必备条款和可备条款

《劳动合同法》第17条规定,劳动合同应当具备以下条款:① 用人单位的名称、住所和法定代表人或者主要负责人;② 劳动者的姓名、住址和居民身份证或者其他有效身份证件号码;③ 劳动合同期限;④ 工作内容和工作地点;⑤ 工作时间和休息休假；⑥劳动报酬；⑦社会保险；⑧劳动保护、劳动条件和职业危害防护；⑨法律、法规规定应当纳入劳动合同的其他事项。劳动合同除前款规定的必备条款外，用人单位与劳动者可以约定试用期、培训、保守秘密、补充保险和福利待遇等其他事项。

(3) 劳动合同的期限。

法条链接

《劳动合同法》第12条

劳动合同分为固定期限劳动合同、无固定期限劳动合同和以完成一定工作任务为期限的劳动合同。

法条链接

《劳动合同法》第14条

无固定期限劳动合同，是指用人单位与劳动者约定无确定终止时间的劳动合同。

用人单位与劳动者协商一致，可以订立无固定期限劳动合同。有下列情形之一，劳动者提出或者同意续订、订立劳动合同的，除劳动者提出订立固定期限劳动合同外，应当订立无固定期限劳动合同：① 劳动者在该用人单位连续工作满10年的；② 用人单位初次实行劳动合同制度或者国有企业改制重新订立劳动合同时，劳动者在该用人单位连续工作满10年且距法定退休年龄不足10年的；③ 连续订立2次固定期限劳动合同，且劳动者没有本法第39条和第40条第一项、第二项规定的情形，续订劳动合同的。

用人单位自用工之日起满1年不与劳动者订立书面劳动合同的，视为用人单位与劳动者已订立无固定期限劳动合同。

资料链接

劳动合同期限范例

【范例1】

本合同为固定期限劳动合同，合同期从_____年_____月_____日起至_____年_____月_____日止。

【范例2】
本合同为无固定期限劳动合同,合同期从＿＿＿＿年＿＿＿＿月＿＿＿＿日至法定解除或终止条件出现时止。

【范例3】
本合同为完成一定工作任务为期限的劳动合同,合同期从＿＿＿＿年＿＿＿＿月＿＿＿＿日起至＿＿＿＿＿＿＿＿完成之日止。

经典案例

李某十多年前进入某外资企业,今年李某刚续签了3年期劳动合同。后李某向企业提出要求订立无固定期限的劳动合同,企业称劳动合同尚在履行过程中,等到本合同期满以后再说。李某遂申请劳动仲裁。

争议焦点:李某是否应签订无固定期限劳动合同?

【分析】李某刚刚与该外资企业签订了3年固定期限劳动合同,表明李某同意订立有固定期限劳动合同,属于用人单位应当订立无固定期限劳动合同的例外情形,故用人单位可以不与李某订立无固定期限劳动合同。

(4) 无效劳动合同。《劳动合同法》第26条规定,下列劳动合同无效或者部分无效:① 以欺诈、胁迫的手段或者乘人之危,使对方在违背真实意思的情况下订立或者变更劳动合同的;② 用人单位免除自己的法定责任、排除劳动者权利的;③ 违反法律、行政法规强制性规定的。对劳动合同的无效或者部分无效有争议的,由劳动争议仲裁机构或者人民法院确认。

《劳动合同法》第28条规定,劳动合同被确认无效,劳动者已付出劳动的,用人单位应当向劳动者支付劳动报酬。劳动报酬的数额,参照本单位相同或者相近岗位劳动者的劳动报酬确定。

(5) 劳动合同订立应注意的事项:① 合同内容既要符合法律规定,又要切合实际,语言表达要准确明了;② 建立劳动关系,必须与劳动者签订书面劳动合同;③ 不得设定担保和收取抵押金;④ 劳动报酬不得低于集体合同规定的标准;⑤ 劳动合同期限包括试用期的期限;⑥ 防止出现无效劳动合同。

➤ 劳动合同的履行与变更。

(1) 劳动合同的履行。劳动合同的履行是指劳动合同的双方当事人按照合同规定,履行各自应承担义务的行为。劳动合同履行应当遵循亲自履行原则、全面履行原则、合法履行原则和协作履行原则。

(2) 劳动合同的变更。劳动合同的变更是指当事人双方对尚未履行或尚未完全履行的劳动合同,依照法律规定的条件和程序,对原劳动合同进行修改或增删的法律行为。常见的劳动合同的变更包括四个方面:① 劳动报酬的增加或减少;② 工作任务的变化;③ 合同期限长短的变动;④ 劳动工种或岗位的变动。

> **经典案例**
>
> 【案件简介】王某于2014年12月被某商场录用为合同制工人,合同期限为5年。按合同规定,王某从事收银工作。2015年5月,商场以营业员人手不够为由,调换王某去站柜台,王某不同意,遂发生争议。本案应如何仲裁?
>
> 【法理分析】商场的调令应当撤销,并恢复王某的原工作。根据《劳动法》第17条规定,变更合同应由双方协商一致,且这里的变更原因不属于法定变更事由,王某可以不同意。

(3) 劳动合同变更应注意的问题:① 劳动合同双方均可提出变更劳动合同的要求;② 变更劳动合同应当采用书面形式。变更后的劳动合同仍需要劳动合同双方盖章或签字,方能生效;③ 变更劳动合同仍应由劳动合同双方各执一份;④ 特定情形下,如用人单位的名称、法定代表人、主要负责人或者投资人等事项发生变更的,不需要办理劳动合同变更手续,劳动关系双方当事人应当继续履行原合同的内容;⑤ 原用人单位主体消灭,产生新的用人单位,如公司的合并、分立等,原劳动合同由承继用人单位继续履行,享有相应的权利和承担相应的义务;⑥ 劳动合同变更应当及时进行。劳动合同变更必须是在劳动合同生效后终止前进行,不能拖到劳动合同期满后进行。

➤ 劳动合同解除、终止与延长。

(1) 劳动合同解除的情形(如表5-4所示)。

表5-4 劳动合同解除的情形

种 类	适用情形	对 应 法 条
双方合意解除劳动合同	劳动合同双方当事人协商一致解除劳动合同	《劳动合同法》第36条规定,用人单位与劳动者协商一致,可以解除劳动合同
劳动者单方解除劳动合同	劳动者提前通知解除	《劳动合同法》第37条规定,劳动者提前30日以书面形式通知用人单位的,可以解除劳动合同;劳动者在试用期内提前3日通知用人单位的,可以解除劳动合同
	劳动者随时通知解除	《劳动合同法》第38条第1款规定,用人单位有下列情形之一的,劳动者可以解除劳动合同:(一)未按照劳动合同约定提供劳动保护或者劳动条件的;(二)未及时足额支付劳动报酬的;(三)未依法为劳动者缴纳社会保险费的;(四)用人单位的规章制度违反法律、法规的规定,损害劳动者权益的;(五)因本法第26条第1款规定的情形致使劳动合同无效的;(六)法律、行政法规规定劳动者可以解除劳动合同的其他情形
	劳动者无须通知解除	《劳动合同法》第38条第2款规定,用人单位以暴力、威胁或者非法限制人身自由的手段强迫劳动者劳动的,或者用人单位违章指挥、强令冒险作业危及劳动者人身安全的,劳动者可以立即解除劳动合同,不需事先告知用人单位

(续表)

种　类	适用情形	对　应　法　条
用人单位单方解除劳动合同	过失性解雇	《劳动合同法》第39条规定,劳动者有下列情形之一的,用人单位可以解除劳动合同:(一)在试用期间被证明不符合录用条件的;(二)严重违反用人单位的规章制度的;(三)严重失职,营私舞弊,给用人单位造成重大损害的;(四)劳动者同时与其他用人单位建立劳动关系,对完成本单位的工作任务造成严重影响,或者经用人单位提出,拒不改正的;(五)因本法第26条第1款第一项规定的情形致使劳动合同无效的;(六)被依法追究刑事责任的
	预告性解雇	《劳动合同法》第40条规定,有下列情形之一的,用人单位提前30日以书面形式通知劳动者本人或者额外支付劳动者1个月工资后,可以解除劳动合同:(一)劳动者患病或者非因工负伤,在规定的医疗期满后不能从事原工作,也不能从事由用人单位另行安排的工作的;(二)劳动者不能胜任工作,经过培训或者调整工作岗位,仍不能胜任工作的;(三)劳动合同订立时所依据的客观情况发生重大变化,致使劳动合同无法履行,经用人单位与劳动者协商,未能就变更劳动合同内容达成协议的
	经济性裁员	《劳动合同法》第41条规定,有下列情形之一,需要裁减人员20人以上或者裁减不足20人但占企业职工总数10%以上的,用人单位提前30日向工会或者全体职工说明情况,听取工会或者职工的意见后,裁减人员方案经向劳动行政部门报告,可以裁减人员:(一)依照企业破产法规定进行重整的;(二)生产经营发生严重困难的;(三)企业转产、重大技术革新或者经营方式调整,经变更劳动合同后,仍需裁减人员的;(四)其他因劳动合同订立时所依据的客观经济情况发生重大变化,致使劳动合同无法履行的。

(2)医疗期劳动关系的处理:解除流程(如图5-8所示)。

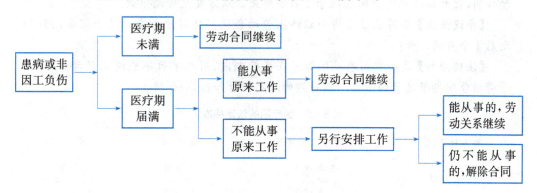

图5-8　医疗期劳动关系解除流程

(3)经济补偿金的计算方法。

一般情形为:经济补偿金＝工作年限×月工资。

(注:月工资是指劳动者在劳动合同解除或终止前12个月的平均工资;工作年限

满6个月不满1年的,按1年计算;不满6个月的按半年计算。)

特殊情形为:

① 协商和不能胜任工作的解除,工作年限超过12年的,按12年计算。

② 劳动者患病或非因工负伤的解除:

一般:经济补偿金＝(工作年限×月工资)＋6个月工资(医疗补助费);

重病:经济补偿金＝(工作年限×月工资)＋6个月工资(1＋50%);

绝症:经济补偿金＝(工作年限×月工资)＋6个月工资(1＋100%)。

高收入劳动者经济补偿金的计算公式为:

经济补偿金＝工作年限(≤12)×当地上年度职工月平均工资的3倍。

(4) 劳动合同终止与延长。

《劳动合同法》第44条规定劳动合同终止的情形。

《劳动合同法》第42条规定,劳动者有下列情形之一的,用人单位不得依照本法第40条、第41条的规定解除劳动合同:① 从事接触职业病危害作业的劳动者未进行离岗前职业健康检查,或者疑似职业病病人在诊断或者医学观察期间的;② 在本单位患职业病或者因工负伤并被确认丧失或者部分丧失劳动能力的;③ 患病或者非因工负伤,在规定的医疗期内的;④ 女职工在孕期、产期、哺乳期的;⑤ 在本单位连续工作满15年,且距法定退休年龄不足5年的;⑥ 法律、行政法规规定的其他情形。

经典案例

【案件简介】马小姐是一名大学毕业生,毕业后应聘到某企业工作,双方签订了为期1年的劳动合同。距离合同到期还有1个月的时间,突然感冒发烧,患有出血热,需要住院治疗1个月的时间。1个月后,医生认为她还需要住院1个月,于是又给她出具了1个月的病假单。2个月后,马小姐到公司上班。公司却给了她劳动合同终止通知单,告诉她合同的履行期限已于1个月前届满,公司决定不再同她续订劳动合同,因此按照约定合同已经于1月前终止。双方发生劳动争议。

【争议焦点】公司能否与马小姐终止劳动合同?公司应否支付马小姐合同到期之后1个月的工资?

【法理分析】马小姐因患病休假并在医疗期内,用人单位不能终止劳动合同,属于劳动合同期限延长的情形。医疗期的法定标准如表5-5所示。

表5-5 医疗期的法定标准①

总工作年限	本单位工作年限	医疗期	计算周期
10年以下	5年以下	3个月	6个月
	5年以上	6个月	12个月

---

① 对某些特殊疾病(如癌症、精神病、瘫痪等)的职工,在24个月内尚不能痊愈的,经企业和劳动主营部门批准,可以适当延长医疗期。

(续表)

总工作年限	本单位工作年限	医疗期	计算周期
10年以上	5年以下	6个月	12个月
	5年以上10年以下	9个月	15个月
	10年以上15年以下	12个月	18个月
	15年以上20年以下	18个月	24个月
	20年以上	24个月	30个月

(5) 用人单位终止劳动合同应向劳动者支付经济补偿金。

根据《劳动合同法》规定，一般情况下，因劳动合同情形届满而终止劳动合同的情形，用人单位应当向劳动者支付经济补偿金。除非用人单位已经向劳动者提出续订劳动合同，且续订劳动合同的条件维持或者提高原条件，在此种情况下劳动者仍然不同意续订劳动合同的，可以免除用人单位支付经济补偿金的义务。

● 企业用工管理

➢ 员工招聘管理。员工招聘的一般流程为确定雇佣标准→选择招聘方式→规范招聘流程(告知义务、求职者的平等自愿权利)。在此过程中，应注意以下三个问题。

(1) 招聘单位的知情权。一般来说，用人单位可以了解劳动者的健康状况、学历、以前的工作经历、专业知识和工作技能等与从事具体工作有关的情况。求职者的个人隐私，则不属于知情权的范围。

(2) 招聘单位的告知义务。为保证劳动者在就业时充分了解用人单位的情况，确保劳动者的平等自愿权利的实现，《劳动合同法》规定，用人单位招用劳动者时，应当如实告知劳动者工作内容、工作条件、工作地点、职业危害、安全生产状况、劳动报酬，以及劳动者要求了解的其他情况。

(3) 禁止就业歧视。《劳动法》第12条规定："劳动者就业，不因民族、种族、性别、宗教信仰不同而受歧视。"目前，纳入立法范畴的就业歧视包括性别歧视、民族歧视、种族歧视、宗教信仰歧视、残疾歧视、对传染病病原携带者的歧视、对农村劳动者的歧视。

延 伸 阅 读

员工入职审查[①]

一般情况下，可以让员工填写入职申请表，并在申请表中表明"所有信息真实可靠，如有虚假，公司可以解除劳动合同"。审查的内容包括：(1) 审查与劳动合同相关的信息是否真实，如身份、学历、资格、工作经历等。(2) 审查劳动者当前劳动关系状

---

① 陈天学编著：《劳动关系全面管理：实战篇》，清华大学出版社、北京交通大学出版社2014年版，第67—68页。

况及社会保险情况。(3)审查劳动者是否与其他单位存在竞业限制协议。(4)审查劳动者是否有潜在疾病、职业病等。(5)审查劳动者是否在法定劳动年龄内。(6)招聘外籍人员时,审查是否办理了相应的手续。

➤ 试用期管理。试用期管理应注意以下五个问题:(1)试用期的期限要根据劳动合同期限的长短来确定。(2)同一用人单位与同一劳动者只能约定一次试用期。(3)劳动者在试用期的工资不得低于本单位相同岗位最低档工资的80%或者不得低于劳动合同约定工资的80%,并不得低于用人单位所在地的最低工资标准。(4)试用期应明确考核标准,双方对考核结论进行确认并签字。(5)试用期内劳动者解除劳动合同不需要赔偿用人单位的培训费用,但用人单位可要求其赔偿招录费用。

经 典 案 例

杨某于2013年8月入职某电子厂,该厂未与杨某签订劳动合同,但杨某入职时填写的入职登记表下面有一行备注:新入职员工试用期为3个月。另外,该厂的《员工手册》中也有规定:凡是新入职的员工,试用期均为3个月。杨某工作2个多月后,公司以杨某试用期不合格为由将杨某解雇,杨某不服,提起劳动仲裁。

➤ 员工培训与服务期管理。员工培训与服务期管理应注意以下四个问题:(1)在与员工签订的培训协议中,应明确该培训为专业技术培训,而非一般岗位技能培训。(2)在培训协议中,应注明"由企业提供培训费用"字样。(3)为员工提供了专业技术培训,可以与员工约定服务期,劳动者违反服务期约定,需要向单位支付违约金,但违约金的数额不得超过用人单位提供的培训费用。(4)用人单位尽量不要在试用期内为员工提供专业技术服务。

经 典 案 例

员工违反服务期约定应返还培训费用[①]

【案件简介】杨某系某外资公司的工艺工程师,2012年3月19日—3月23日参加了公司提供的ProE/NC专项培训。培训结束后,公司与杨某签订了一份"员工培训与发展协议",协议约定:公司为员工提供专项培训,期间自2012年3月19日—3月23日;培训结束后员工需要履行的服务期为1年;如果员工在服务期内主动离开公司,公司有权要求其返还培训时发生的培训费用。2012年5月3日,杨某以本人条件限制不能执行部门工作时间安排为由提出离职申请,随后与公司解除劳动合同。劳动合同解除后,公司以杨某违反服务期约定为由要求杨某返还培训费用,在劳动仲

---

① 江苏太仓市人民法院网,http://www.jstcfy.gov.cn/art/2013/4/24/art_13591_194053.html,2015年6月2日访问。

裁委裁决杨某返还部分培训费后,杨某不服裁决诉至法院。

【法理分析】根据《劳动合同法》第 22 条的规定,劳动者违反服务期约定的,应当按照约定向用人单位支付违约金,但违约金的数额不得超过用人单位提供的培训费用。为此,杨某应当向公司支付违约金,违约金的数额为服务期尚未履行部分所应分摊的培训费用。

➢ 商业秘密与竞业限制管理。商业秘密与竞业限制管理应注意以下三个问题:(1)保密协议应包括保密内容、保密范围、双方的权利义务、保密期限、保密津贴、违约责任等。(2)竞业限制协议应包括限制的人员范围、地域范围、限制期限(不超过 2 年)、经济补偿金、违约责任等。(3)违反保密协议和竞业限制协议,既要承担违约责任,又要承担侵权损害赔偿责任。

- 劳动标准管理
➢ 工时与休息休假管理。

经典案例①

【案件简介】赵先生到现在的公司已经两年了,工作很努力,被提升为公司的销售总监,公司把他列为高级管理人员,对他实行灵活的不定时工作制。最近,公司分管生产和销售的副总经理对赵先生的工作方法有些不同看法,对他提出了多次批评意见。但是,赵先生认为自己干得一贯很好,副总经理的批评意见分明是找茬,所以他从来听不进去,只是按照自己的习惯管理。结果,最近公司给他发出一份书面通知,要求他从下月起每天按时上下班,而且必须打卡,否则按旷工论处。赵先生觉得这完全是公司副总经理在整自己,便赌气不理会公司的通知,继续按照习惯上班。几天之后,公司对他作出了解聘决定,理由是他连续旷工,严重违反了《员工手册》的规定。赵先生非常委屈,但是公司确实有他旷工的考勤记录,公司《员工手册》也明确写了连续旷工 3 天者,公司可以解聘。

【法理分析】公司根据自己不同岗位的情况,经过劳动保障部门审批后实行综合计算或不定时工作时间制度,均是《劳动法》授予企业的工作时间管理权限。不定时工作制的特点之一就是工作时间上不再存在休息日、节假日,一律由员工根据需要自行安排。因此,如果对某个岗位实行不定时工作制,不能再以标准工时的管理制度要求员工打卡、考勤,更不能以公司员工不记考勤、旷工而作出违纪处理。因此,公司以旷工为由解聘实行不定时制度岗位的员工,属于依据的规章制度违法,应予纠正。

(1)工作时间种类。① 标准工作时间。我国的标准工时为劳动者每日工作 8 小时,平均每周工作 44 小时,每周至少一天休息日。② 缩短工作时间。即每日工作少于 8 小时。适用于从事矿山井下、高温、有毒有害、特别繁重或过度紧张等作业的劳动者,

---

① http://www.lawtime.cn/info/laodong/ldxw/2010081844200.html,2015 年 6 月 2 日访问。

从事夜班工作的劳动者,哺乳期内的女职工。③ 不定时工作时间和综合计算工作时间。不定时工作时间,是指无固定工作时数限制的工时制度。如企业中的高级管理人员、外勤人员、推销人员、部分值班人员等。综合计算工作时间,是指以一定时间为周期,集中安排并综合计算工作时间和休息时间的工时制度,即分别以周、月、季、年为周期综合计算工作时间。④ 计件工作时间。以劳动者完成一定劳动定额为标准的工时制度。⑤ 延长工作时间。一般每日不得超过 1 小时;因特殊原因需要延长工作时间的,在保障劳动者身体健康的条件下延长工作时间每日不得超过 2 小时,但是每月不得超过 36 小时。

(2) 工作时间计算。

年工作日:365 天/年－104 天/年(休息日)－11 天/年(法定休假日)＝250 天/年

季工作日:250 天/年÷4 季/年＝62.5 天/年

月工作日:250 天/年÷12 月/年＝20.83 天/月

(3) 休息休假。一个工作日内的间歇时间:安排在工作开始 4 小时后,最少不低于半小时,一般为 1—2 小时。

两个工作日间的休息时间:一般为 15—16 小时。

公休假日:用人单位应当保证劳动者每周至少休息一日。

法定节假日:法律规定全体公民或部分公民所享有的休息时间。

带薪年休假:每年享有的保留原职和带薪休息的连续假期。

探亲假:分居两地的配偶和父母团聚而享有的假期。

产假:女职工生育期间所享有的假期,一般为 98 天。

➢ 劳动报酬管理。

(1) 工资的构成(如表 5‐6 所示)。

表 5‐6 工 资 的 构 成

	项　　目	具　体　内　容
列入工资的项目	计时工资	按计时标准支付的工资、基础工资、职务工资、见习工资等
	计件工资	包括无限制计件、限额计件、超定额计件等工资
	奖金	包括生产奖、节能奖、劳动竞赛奖、机关事业单位奖励工资等
	津贴和补贴	包括保健性津贴、技术性津贴、年功性津贴等
	加班加点工资	按规定支付的加班工资和加点工资
	特殊情况下支付的工资	根据法律法规规定,因病、工伤、产假、婚丧假、事假、停工学习、执行国家和社会义务等原因而应当支付的工资
不得列入工资的项目	有关劳动保险和职工福利方面的费用	职工死亡丧葬费、抚恤费、医疗费、困难职工补助费、集体福利费等

(续表)

	项 目	具 体 内 容
不得列入工资的项目	劳动保护支出	工服、手套等劳保用品费用
	按规定未列入工资总额的各种劳动报酬及其他劳动收入	根据国家规定颁发的发明创造奖、自然科学奖;出差伙食补助费、安家费;解除劳动合同时企业支付的医疗补助费、生活补助费;独生子女费、稿费、讲课费;等等

(2) 工资的计算。

【计时工资】

$$日工资标准＝月工资标准÷月计酬天数$$

其中,月计酬天数:250 天/年÷12 月/年＝20.83 天/月。

$$小时工资标准＝日工资标准÷8 小时$$

【加班工资】

安排劳动者延长工作时间的,支付不低于工资的 150% 的工资报酬;休息日安排劳动者工作又不可能安排补休的,支付不低于工资的 200% 的工资报酬;法定休假日安排劳动者工作的支付不低于工资的 300% 的工资报酬。

【病假工资】

职工疾病或非因工负伤连续休假在 6 个月以内的,企业应按下列标准支付疾病休假工资:① 连续工龄不满 2 年的,按本人工资的 60% 计发;② 连续工龄满 2 年不满 4 年的,按本人工资 70% 计发;③ 连续工龄满 4 年不满 6 年的,按本人工资的 80% 计发;④ 连续工龄满 6 年不满 8 年的,按本人工资的 90% 计发;⑤ 连续工龄满 8 年及以上的,按本人工资的 100% 计发。

(3) 工资的支付办法。工资应当以货币形式支付,不以实物形式支付。工资支付,不得低于最低工资标准。用人单位在支付工资时应向劳动者提供一份其个人的工资清单。工资必须在用人单位与劳动者约定的日期支付,逾期不支付的,责令用人单位按应付金额 50% 以上 100% 以下的标准向劳动者加付赔偿金。

➢ 劳动安全管理:措施和方法。

(1) 没有安全就没有效益,强化安全教育。这包括入职教育、车间教育和岗位教育。

(2) 建立健全安全生产责任制。

(3) 加强作业现场安全管理。制定安全操作流程及作业标准,规范人的行为;生产设备安装要符合技术规范,并经常进行检查和维修保养。

(4) 监督企业是否存在招聘使用未成年工的情况,监督企业是否执行对女职工的特殊保护规定。

➢ 企业规章制度管理。规章制度是企业的"内部立法",也是企业常用的管理工具,是企业进行劳动管理的工具。依法建立和完善劳动规章制度,既是企业的权利也是企业的义务。

(1) 企业规章制度合法有效的条件：① 通过民主程序制定；② 内容合法；③ 已向劳动者公示。

(2) 企业规章制度的作用：① 促使企业劳动用工规范化管理；② 帮助企业提升举证能力；③ 成为企业解除劳动合同的重要依据。

- 社会保险管理

➢ 社会保险费申报缴纳。

(1) 缴费单位应当在每月 5 日前，向社保经办机构办理缴费申报，报送申报表、员工保险月报表等资料。

(2) 社保经办机构在收到材料后，在最长不超过 2 日内审核完毕。

(3) 新开业的纳税人在税务机构办理税务登记的同时，到社保部门办理社保登记，建立社保关系。

(4) 缴费单位必须在经办机构核准其缴纳申报后的 3 日内以货币形式全额缴纳社会保险费。

(5) 不按期缴纳社会保险费，经办机构可以采取强制措施。

《社会保险费征缴暂行条例》第 10 条规定，缴费单位不按规定申报应缴纳的社会保险费数额的，由社会保险经办机构暂按该单位上月缴费数额的 110％确定应缴数额。《社会保险法》第 63 条规定，用人单位未按时足额缴纳社会保险费的，由社会保险费征收机构责令其限期缴纳或者补足。用人单位未足额缴纳社会保险费且未提供担保的，社会保险费征收机构可以申请人民法院扣押、查封、拍卖其价值相当于应当缴纳社会保险费的财产，以拍卖所得抵缴社会保险费。

➢ 养老保险管理。

(1) 缴费标准。企业每个月缴纳的基本养老保险费为本企业职工工资总额 20％，并且在税前缴纳。企业职工个人一般以上年度月平均工资作为缴纳养老保险费的工资基数，按 8％的比例缴纳。月平均工资低于当地职工月平均工资 60％的，按 60％计入；高于当地职工平均工资 300％的部分不计入缴费工资基数，也不计入计发养老金的基数。个人缴费不计征个人所得税，由企业在发放工资时代为扣缴。个体工商户和灵活就业人员的缴费基数统一为当地上年度在岗职工平均工资，缴费比例为 20％，其中 8％计入个人账户。

(2) 领取养老保险金的条件。① 本人达到法定退休年龄并办理了退休手续。② 所在单位和个人依法参加基本养老保险并履行缴费义务。③ 个人累计缴费时间满 15 年。达到法定退休年龄时累计缴费不足 15 年的，可以缴费至满 15 年，按月领取基本养老金；也可以转入新型农村社会养老保险或者城镇居民社会养老保险。

(3) 享受养老保险的待遇。① 按月领取按规定计发的基本养老金，直至死亡；② 享受基本养老金的正常调整待遇；③ 对企业退休人员实行社会化管理服务；④ 死亡待遇主要包括丧葬费、一次性抚恤金，符合供养条件的直系亲属生活困难补助费，按月发放，直至供养直系亲属死亡。

➢ 医疗保险管理。

(1) 缴费比例。用人单位缴费率应控制在职工工资总额的 6％左右，职工缴费率一一般为本人工资收入的 2% 左右。随着经济发展,用人单位和职工缴费率可作相应调整。

(2) 基本医疗保险基金由统筹基金和个人账户构成。职工个人缴纳的基本医疗保险费全部计入个人账户,单位缴纳的 30% 左右纳入个人账户,70% 左右用于建立统筹基金。

(3) 不纳入基本医疗保险基金支付的范围。《社会保险法》第 30 条规定,下列医疗费用不纳入基本医疗保险基金支付范围。① 应当从工伤保险基金中支付的;② 应当由第三人负担的;③ 应当由公共卫生负担的;④ 在境外就医的。医疗费用依法应当由第三人负担,第三人不支付或者无法确定第三人的,由基本医疗保险基金先行支付。基本医疗保险基金先行支付后,有权向第三人追偿。

➢ 工伤保险管理。
(1) 工伤认定的基本要素。
时间界限:一般限于工作时间内发生的伤害。
空间界限:一般限于工作区域内发生的伤害。
职务界限:与工作有关。
特殊界限:立法规定,在一般界限之外应属于工伤的特殊情况。

法 条 链 接

《社会保险法》第 37 条

职工因下列情形之一导致本人在工作中伤亡的,不认定为工伤:(1) 故意犯罪;(2) 醉酒或者吸毒;(3) 自残或者自杀;(4) 法律、行政法规规定的其他情形。

(2) 缴费比例。所有的企业、有雇工的个体工商户都必须缴费参加工伤保险制度,根据风险程度不同,单位缴费通常为职工工资总额 0.5%—2%,职工个人不缴费。

(3) 伤残待遇(如表 5-7 所示)。

表 5-7 伤残待遇一览

伤残等级	一次性伤残补助金 (以本人月工资为标准)	伤残津贴(以本人 月工资为标准,按 月支付,%)	其 他 待 遇
1	24 个月	90(工伤保险基金支付)	(1) 退出工作岗位,但单位不得解除或终止劳动关系 (2) 伤残津贴实际低于当地最低工资标准的,由工伤保险基金补足差额 (3) 以伤残津贴为基数缴纳基本医疗保险费 (4) 退休后停发伤残津贴,享受基本养老保险待遇
2	22 个月	85(工伤保险基金支付)	
3	20 个月	80(工伤保险基金支付)	
4	18 个月	75(工伤保险基金支付)	

(续表)

伤残等级	一次性伤残补助金（以本人月工资为标准）	伤残津贴（以本人月工资为标准，按月支付,%）	其 他 待 遇
5	16个月	70（用人单位支付）	(1) 保留劳动关系，由单位适当安排工作 (2) 单位按规定为其缴纳各项社会保险费 (3) 职工本人可以提出解除或终止劳动关系，单位一次性支付补助金，标准由省级政府规定
6	14个月	60（用人单位支付）	
7	12个月		劳动合同期满终止，或职工本人提出解除或终止劳动关系，单位一次性支付补助金，标准由省级政府规定
8	10个月		
9	8个月		
10	6个月		

（4）工伤待遇终止：① 丧失享受待遇条件的；② 拒不接受劳动能力鉴定的；③ 拒绝治疗的。

（5）工伤认定程序。

法 条 链 接

《工伤保险条例》第17条

职工发生事故伤害或者按照职业病防治法规定被诊断、鉴定为职业病，所在单位应当自事故伤害发生之日或者被诊断、鉴定为职业病之日起30日内，向统筹地区劳动保障行政部门提出工伤认定申请。遇有特殊情况，经报劳动保障行政部门同意，申请时限可以适当延长。用人单位未按前款规定提出工伤认定申请的，工伤职工或者其直系亲属、工会组织在事故伤害发生之日或者被诊断、鉴定为职业病之日起1年内，可以直接向用人单位所在地统筹地区劳动保障行政部门提出工伤认定申请。

法 条 链 接

提出工伤认定申请应提交材料（《工伤保险条例》第18条）

（1）工伤认定申请表；
（2）与用人单位存在劳动关系（包括事实劳动关系）的证明材料；
（3）医疗诊断证明或者职业病诊断证明书（或者职业病诊断鉴定书）。

工伤认定申请表应当包括事故发生的时间、地点、原因以及职工伤害程度等基本情况。

➢ 失业保险管理。
(1) 失业保险金申领条件。

经典案例

被单位解除劳动合同又不办理失业登记,是否可领取失业保险金

【案件简介】谭某因严重违反单位规章制度并给单位造成重大经济损失,被单位解除劳动合同,单位开具有关证明。谭某不服单位的决定,但既不申请劳动仲裁,又不办理失业登记。6 个月后,因生活困难,到当地失业保险经办机构申领失业保险金。其是否可以领取失业保险金?

【法理分析】失业保险是指劳动者因法定原因暂时失去职业时,国家和社会对其提供物质帮助的社会保险项目。具备下列条件的失业人员可以领取失业保险金和享受其他失业保险待遇:(1) 按照规定参加失业保险,所在用人单位和本人已按规定履行缴费义务满 1 年的;(2) 非本人意愿中断就业的;(3) 已办理失业登记并有就业要求的。本例中,谭某在失业后 6 个月中没有办理失业登记,不符合领取失业保险金和享受失业保险其他待遇的条件,所以不能领取。现在谭某若想申领失业保险金,应先办理失业登记,失业保险金自办理失业登记之日起计算。

(2) 失业保险金发放期限。

经典案例

【案件简介】姚某累计缴纳失业保险费为 6 年,失业后领取 2 个月失业保险金后重新就业,1 年后再次失业。假设当地规定累计缴费满 6 年领取失业保险金期限为 14 个月,累计缴费满 1 年领取失业保险金期限为 2 个月,姚某再次失业可领取失业保险费的期限是多少?

【法理分析】根据《社会保险法》规定,失业人员失业前所在单位和本人按规定累计缴费时间满 1 年不足 5 年的,领取期限最长 12 个月;满 5 年不足 10 年的,最长 18 个月;10 年以上的最长为 24 个月;重新就业后再次失业的,缴费时间重新计算,领取期限可与前次失业应领取而尚未领取的期限合并计算,但最长不超过 24 个月。姚某首次失业时应领取 14 个月的失业保险金,实际领取 2 个月后重新就业,不再符合领取条件,停止领取时尚未领取期限为 12 个月。姚某再次失业时应可领取 2 个月,但加上尚未领取的 12 个月共 14 个月,没有超过 24 个月,可以按照 14 个月领取失业保险金。

➤ 生育保险管理。

(1) 资金筹集：企业按不超过工资总额的 1‰ 向社会保险经办机构缴纳，职工个人不交费。

(2) 享受生育保险待遇的两个条件：① 符合国家计划生育政策生育或者实施计划生育手术；② 所在单位按照规定参加生育保险并为该职工连续足额缴费一年以上。"连续足额缴费一年以上"是指职工分娩前连续足额缴纳生育保险费一年以上的。

- 劳务派遣用工及非全日制用工管理

➤ 劳务派遣用工管理。

(1) 适用范围。用工单位只能在临时性、辅助性或者替代性的工作岗位上使用被派遣劳动者。临时性工作岗位是指存续时间不超过 6 个月的岗位。辅助性工作岗位是指为主营业务岗位提供服务的非主营业务岗位。替代性工作岗位是指用工单位的劳动者因脱产学习、休假等原因无法工作的一定期间内，可以由其他劳动者替代工作的岗位。

用工单位决定使用被派遣劳动者的辅助性岗位，应当经职工代表大会或者全体职工讨论，提出方案和意见，与工会或者职工代表平等协商确定，并在用工单位内公示。

(2) 劳务派遣用工应注意以下四个问题：① 派遣单位注册资本不得少于人民币 200 万元；② 被派遣劳动者享有与用工单位的劳动者同工同酬的权利，即对被派遣劳动者与本单位同类岗位的劳动者实行相同的劳动报酬分配办法；③ 使用的被派遣劳动者数量不得超过其用工总量的 10%；④ 劳务派遣单位跨地区派遣劳动者的，应当在用工单位所在地为被派遣劳动者参加社会保险，按照用工单位所在地的规定缴纳社会保险费。

➤ 非全日制用工管理。

非全日制用工，是指以小时计酬为主，劳动者在同一用人单位一般平均每日工作时间不超过 4 小时，每周工作时间累计不超过 24 小时的用工形式。

法条链接

《劳动合同法》对非全日制用工方式的规定

该法第 69 条规定非全日制用工双方当事人可以订立口头协议。从事非全日制用工的劳动者可以与一个或者一个以上用人单位订立劳动合同；但是，后订立的劳动合同不得影响先订立的劳动合同的履行。

该法第 70 条规定，非全日制用工双方当事人不得约定试用期。

该法第 71 条规定，非全日制用工双方当事人任何一方都可以随时通知对方终止用工。终止用工，用人单位不向劳动者支付经济补偿。

- 劳动争议管理

➤ 劳动争议范围。(1) 因确认劳动关系发生的争议；(2) 因订立、履行、变更、解除和终止劳动合同发生的争议;(3)因除名、辞退和辞职、离职发生的争议;(4)因工作时间、休息休假、社会保险、福利、培训以及劳动保护发生的争议;(5)因劳动报酬、工伤医疗费、经济补偿或者赔偿金等发生的争议;(6)法律、法规规定的其他劳动争议。

➢ 仲裁管辖。劳动争议由劳动合同履行地或者用人单位所在地的劳动争议仲裁委员会管辖。双方当事人分别向劳动合同履行地和用人单位所在地的劳动争议仲裁委员会申请仲裁的,由劳动合同履行地的劳动争议仲裁委员会管辖。

➢ 仲裁时效。

法条链接

《劳动争议调解仲裁法》对劳动仲裁时效的规定

该法第27条规定,劳动争议申请仲裁的时效期间为1年。仲裁时效期间从当事人知道或者应当知道其权利被侵害之日起计算。劳动关系存续期间因拖欠劳动报酬发生争议的,劳动者申请仲裁不受本条第一款规定的仲裁时效期间的限制;但是,劳动关系终止的,应当自劳动关系终止之日起1年内提出。

➢ "一裁终结"制度。

《劳动争议调解仲裁法》第47条规定,除本法另有规定的外,仲裁裁决为终局裁决,裁决书自作出之日起发生法律效力:(1)追索劳动报酬、工伤医疗费、经济补偿或者赔偿金,不超过当地月最低工资标准12个月金额的争议;(2)因执行国家的劳动标准在工作时间、休息休假、社会保险等方面发生的争议。

➢ 劳动争议管理应注意的问题。

(1)劳动争议仲裁不收费。

(2)审理期限。仲裁庭裁决劳动争议案件,应当自劳动争议仲裁委员会受理仲裁申请之日起45日内结束。案情复杂需要延期的,经劳动争议仲裁委员会主任批准,可以延期并书面通知当事人,但是延长期限不得超过15日。逾期未作出仲裁裁决的,当事人可以就该劳动争议事项向人民法院提起诉讼。

(3)仲裁庭裁决劳动争议案件时,其中一部分事实已经清楚,可以就该部分先行裁决。

(4)先予执行。仲裁庭对追索劳动报酬、工伤医疗费、经济补偿或者赔偿金的案件,根据当事人的申请,可以裁决先予执行,移送人民法院执行。仲裁庭裁决先予执行的,应当符合下列条件:① 当事人之间权利义务关系明确;② 不先予执行将严重影响申请人的生活。劳动者申请先予执行的,可以不提供担保。

(5)仲裁裁决的效力。当事人对仲裁裁决不服的,自收到裁决书之日起15日内,可以向人民法院起诉;期满不起诉的,裁决书即发生法律效力,当事人对发生法律效力的调解书和裁决书,应当依照规定的期限履行。一方当事人逾期不履行的,另一方当事人可以申请人民法院强制执行。

4. 创业组织税务登记、纳税申报与税务筹划

企业的税务登记

在日常的生产经营活动中,企业的对外交往活动可以被划分为两种基本形态:一种是以平等性为基本特征的民事交往,另一种则是发生在企业与国家行政机关之间的以实现国家行政管理职能为目标的交往活动。这其中,税务登记便是企业与税务机关之间的一种重要交往活动。从性质上讲,税务登记是税务机关对纳税人实施税收管理的首要环节和基础工作,是征纳双方法律关系成立的依据和证明,也是纳税人必须依法履行的义务。根据《税务登记管理办法》的规定,我国当前只有国家机关、个人和无固定生产、经营场所的流动性农村小商贩无须办理税务登记,除此以外,纳税人均须办理税务登记。税务登记的主体范围如表5-8所示。

表5-8 税务登记的主体范围

税务登记的主体范围	企业 企业在外地设立的分支机构和从事生产、经营的场所 个体工商户 从事生产经营的事业单位 根据税收法律、行政法规的规定负有扣缴税款义务的扣缴义务人(国家机关除外)

- 税务登记的用途

企业只有在进行税务登记后才可进行以下活动:
- 开立银行基本账户;
- 申请减税、免税、退税;
- 申请办理延期申报、延期缴纳税款;
- 领购发票;
- 申请开具外出经营活动税收管理证明;
- 办理停业、歇业;
- 其他有关税务事项。

- 税务登记的类型

根据登记内容的不同,可以将企业的税务登记划分为设立登记、变更登记、停业和复业登记、外出经营报验登记及注销税务登记等五种类型。
- 设立登记的地点和时限如表5-9所示。
- 其他税务登记的发生原因。

变更登记:纳税人的原税务登记内容发生变化的,应当向原税务登记机关申报办理变更税务登记。

表 5-9　企业设立登记的地点和时限

设立登记的地点	设立登记的时限
企业，企业在外地设立的分支机构和从事生产、经营的场所，个体工商户和从事生产、经营的事业单位(统称从事生产、经营的纳税人)，向生产、经营所在地税务机关申报办理税务登记	从事生产、经营的纳税人领取工商营业执照的，应当自领取工商营业执照之日起 30 日内申报办理税务登记
	从事生产、经营的纳税人未办理工商营业执照但经有关部门批准设立的，应当自有关部门批准设立之日起 30 日内申报办理税务登记
	从事生产、经营的纳税人未办理工商营业执照也未经有关部门批准设立的，应当自纳税义务发生之日起 30 日内申报办理税务登记
	有独立的生产经营权、在财务上独立核算并定期向发包人或者出租人上交承包费或租金的承包承租人，应当自承包承租合同签订之日起 30 日内，向其承包承租业务发生地税务机关申报办理税务登记
	境外企业在中国境内承包建筑、安装、装配、勘探工程和提供劳务的，应当自项目合同或协议签订之日起 30 日内，向项目所在地税务机关申报办理税务登记
非从事生产经营的纳税义务人，应当向纳税义务发生地税务机关申报办理税务登记	自纳税义务发生之日起 30 日内，向纳税义务发生地税务机关申报办理税务登记

停业、复业登记：实行定期定额征收方式的个体工商户需要停业的，应当在停业前向税务机关申报办理停业登记。纳税人的停业期限不得超过 1 年。纳税人应当于恢复生产经营之前，向税务机关申报办理复业登记，如实填写《停业复业报告书》，领回并启用税务登记证件、发票领购簿及其停业前领购的发票。

注销登记：发生解散、破产、撤销以及其他情形，依法终止纳税义务的，应当在向工商行政管理机关或者其他机关办理注销登记前，持有关证件和资料向原税务登记机关申报办理注销税务登记；按规定不需要在工商行政管理机关或者其他机关办理注册登记的，应当自有关机关批准或者宣告终止之日起 15 日内，持有关证件和资料向原税务登记机关申报办理注销税务登记。

纳税人被工商行政管理机关吊销营业执照或者被其他机关予以撤销登记的，应当自营业执照被吊销或者被撤销登记之日起 15 日内，向原税务登记机关申报办理注销税务登记。因住所、经营地点变动，涉及改变税务登记机关的，应当在向工商行政管理机关或者其他机关申请办理变更、注销登记前，或者住所、经营地点变动前，持有关证件和资料，向原税务登记机关申报办理注销税务登记，并自注销税务登记之日起 30 日内向迁达地税务机关申报办理税务登记。

境外企业在中国境内承包建筑、安装、装配、勘探工程和提供劳务的，应当在项目完工、离开中国前 15 日内，持有关证件和资料，向原税务登记机关申报办理注销税务登记。

外出经营报验登记：纳税人到外县（市）临时从事生产经营活动的，应当在外出生产经营以前，持税务登记证到主管税务机关开具《外出经营活动税收管理证明》（简称《外管证》）。纳税人应当在《外管证》注明地进行生产经营前向当地税务机关报验登记。

- **违反税务登记的法律责任**
  - ➢ 纳税人不办理税务登记的，税务机关应当自发现之日起 3 日内责令其限期改正；逾期不改正的，依照《税收征管法》第 60 条第 1 款的规定处罚。
  - ➢ 纳税人通过提供虚假的证明资料等手段，骗取税务登记证的，处 2 000 元以下的罚款；情节严重的，处 2 000 元以上 10 000 元以下的罚款。纳税人涉嫌其他违法行为的，按有关法律、行政法规的规定处理。
  - ➢ 扣缴义务人未按照规定办理扣缴税款登记的，税务机关应当自发现之日起 3 日内责令其限期改正，并可处以 1 000 元以下的罚款。
  - ➢ 纳税人、扣缴义务人违反本办法规定，拒不接受税务机关处理的，税务机关可以收缴其发票或者停止向其发售发票。

企业的账簿、凭证管理

账簿是纳税人、扣缴义务人连续地记录其各种经济业务的账册或簿籍。凭证是纳税人用来记录经济业务，明确经济责任，并据以登记账簿的书面凭证。

- **设置账簿的管理**

从事生产经营的纳税人应当自领取营业执照或者发生纳税义务之日起 15 日内设置账簿。扣缴义务人应当自税收法律、行政法规规定的扣缴义务发生之日起 10 日内，按照所代扣、代收的税种分别设置代扣代缴、代收代缴税款账簿。

对于生产经营规模小又确无建账能力的纳税人，可以聘请经批准从事会计代理记账业务的专业机构或者经税务机关认可的财务会计人员代为建账和办理账务；聘请上述机构或人员有实际困难的，经县级以上税务机关批准，可以按照税务机关的规定，建立收支凭证粘贴簿、进货销货登记簿或者使用税控装置。

纳税人、扣缴义务人的账簿、记账凭证、报表、完税凭证、发票、出口凭证以及其他有关涉税资料，除另有规定外，应当保存 10 年。

- **发票的领用管理**

依法办理税务登记的单位和个人，在领取税务登记证后，向主管税务机关申请领购发票。对无固定经营场地或者财务制度不健全的纳税人申请领购发票，主管税务机关有权要求其提供担保人，不能提供担保人的，可以视其情况，要求其提供保证金，并限期缴销发票。

单位、个人在购销商品、提供或者接受经营服务以及从事其他经营活动中，应当按照规定开具、使用、取得发票。普通发票开具、使用、取得的管理，应当注意以下七点。
  - ➢ 销货方按规定填开发票。
  - ➢ 购货方按规定索取发票。

> 纳税人进行电子商务必须开具或取得发票。
> 发票要全联一次填写。
> 发票不得跨省、直辖市、自治区使用。
> 开具发票要加盖财务印章或发票专用印章。
> 开具发票后,如发生销货退回需开具红字发票的,必须收回原发票并注明"作废"字样或取得对方有效证明;发生销售折让的,在收回原发票并证明"作废"后,重新开具发票。

企业的纳税申报

纳税申报是纳税人按照税法规定的期限和内容,向税务机关提交有关纳税事项书面报告的法律行为。纳税申报是纳税人履行纳税义务、界定纳税人法律责任的主要依据。

- **纳税申报的对象**

纳税申报的对象为纳税义务人和扣缴义务人。纳税人在纳税期限内没有应纳税款的,也应当按照规定办理纳税申报。纳税人享受减免税待遇的,在减免税期间应当按照规定办理纳税申报。

- **纳税申报的方式**

> 方式一,直接申报。纳税人自行到税务机关办理纳税申报。
> 方式二,邮寄申报。经税务机关批准的纳税人使用统一规定的纳税申报特快专递专用信封,通过邮政部门办理交寄手续,并向邮政部门索取收据作为申报凭据的方式。
> 方式三,数据电文。纳税人采用税务机关确定的电话语音、电子数据交换和网络传输等电子方式,向税务机关进行纳税申报。

除上述三种方式外,实行定期定额缴纳税款的纳税人,还可以实行"简易申报""简并征期"等申报方式。"简易申报"是指实行定期定额缴纳税款的纳税人在法律、行政法规规定的期限内或税务机关依据法律规定确定的期限内缴纳税款的,税务机关可以视同申报。"简并征期"是指实行定期定额缴纳税款的纳税人,经税务机关批准,可以采取将纳税期限合并为按季、半年、年的方式缴纳税款。

- **纳税申报的要求**

在办理纳税申报时,纳税人应当如实填写纳税申报表,并根据不同的情况相应报送下列有关证件、材料。

> 财务会计报表及其说明材料。
> 与纳税有关的合同、协议书及凭证。
> 税控装置的电子报税资料。
> 外出经营活动税收管理证明和异地完税凭证。
> 境内或者境外公证机构出具的有关证明文件。
> 税务机关规定应当报送的有关证件、资料。

> 扣缴义务人办理代扣代缴、代收代缴税款报告时,应当如实填写代扣代缴、代收代缴税款报告表,并报送代扣代缴、代收代缴税款的合法凭证以及税务机关规定的其他有关证件、资料。

- 纳税申报的内容

纳税申报的内容,主要在各种税的纳税申报表和代扣代缴、代收代缴税款报告表中体现。主要内容包括:税种、税目,应纳税项目或者应代扣代缴、代收代缴税款项目,计税依据,扣除项目及标准,适用税率或单位税额,应退税项目及税额,应减免税项目及税额,应纳税额或应代扣代缴、代收代缴税额,税款所属期限、延期缴纳税款、欠税、滞纳金等。

企业的税务筹划

税务筹划又称"合理避税",是企业在法律规定许可的范围内,通过对经营、投资、理财活动的事先筹划和安排,尽可能取得节税(Tax Savings)的经济利益。税收筹划的目标是使纳税人的税收利益最大化。所谓"税收利益最大化",包括税负最轻、税后利润最大化、企业价值最大化等内涵,而不仅仅是指税负最轻。

- 税务筹划的特点及意义

税务筹划具有合法、合理、筹划、专业等特点。税务筹划与偷漏税、避税不同,是一种解决目前企业全局税收的最优化方案;税务筹划是合法的纳税行为,是被国家和政府的税收政策所鼓励的;企业税务筹划的标准和方案应该以企业价值为核心而展开,服务于企业财务管理的最终目标。对企业而言,合理的税务筹划选择有利于增加企业的可支配收入,有利于企业获得延期纳税的好处,有利于企业正确进行投资、生产经营决策,获得最大化的税收利益,有利于企业减少或避免税务处罚。

- 税务筹划的切入点

企业的税务筹划需要利用税法客观存在的政策空间,对于不同的税种来说,其税负弹性的大小、税率幅度的高低、税收优惠政策的力度、影响应纳税额的要素等存在差异,因此企业需要结合自身的经营活动情况妥善选择税务筹划的切入点。一般来说,税务筹划活动贯穿于企业的经营活动始终,并且与企业的财务管理活动密切相关。基于此,企业可以通过分解财务管理环节实施具体的税务筹划活动。不同财务管理环节的税务筹划如表5-10所示。

表5-10 不同财务管理环节的税务筹划

筹资过程中的税务筹划	企业进行外部资金筹措有发行股票和债券两种形式,从不同角度看,这两种形式各有利弊。就企业税收筹划来讲,发行债券比发行股票更为有利。这是因为,发行债券所发生的手续费及利息支出,依照财务制度规定可以计入企业的在建工程或财务费用
投资过程中的税务筹划	企业在投资时,应当注意投资地点、投资方式、投资项目的不同选择对企业税务所带来的影响

(续表)

经营管理阶段的税务筹划	通过选择不同的存货计价方法、固定资产折旧方法以及费用列支方法,影响各期的利润及应纳税额
收益分配阶段的税务筹划	通过选择是否进行收益分配、收益分配的时机、收益分配的具体额度以及有无替代方案,衡量相关决定对企业以及股东利益所可能造成的影响

● **税务筹划的基本方法**

➤ 利用税收优惠政策筹划法。税收优惠政策是税法对某些纳税人和征税对象给予鼓励和照顾的一种特殊规定。税收优惠的方式主要包括减税优惠、免税优惠、退税优惠、差别税率优惠、税收扣除优惠等。对企业而言,应当准确理解相关税收优惠政策,积极地创造条件充分利用优惠政策,并按照规定程序申请税收优惠,避免因程序不当而失去应有权益。

➤ 利用延期纳税筹划法。在合理、合法的情况下,使纳税人延期缴纳税收而节税的税收筹划方法。延期纳税并不能减少纳税人纳税的绝对数额,但相当于获得了一笔无息贷款,可以增加纳税人在当期的现金流量,使纳税人在本期有更多的资金扩大流动资本、用于资本投资。

➤ 利用转让定价筹划法。转让定价是指在经济活动中,有经济联系的关联企业为了转移收入、均摊利润或转移利润而在交易过程中,不是依照市场买卖规则和市场交易价格进行交易,而是根据他们之间的共同利益或为了最大限度地维护他们之间的收入进行的产品或非产品转让。通过转让定价,高税率的企业可以将其利润转移至低税率的关联企业,或者提高与关联企业的交易成本,削减己方的应税利润。

➤ 利用会计处理方法筹划法。在现实经济活动中,同一经济事项有时存在着不同的会计处理方法,并且不同的会计处理方法又对企业的财务状况有着不同的影响。通过对不同会计处理方法的选择,企业也可以达到获取税收收益的目的。

经典案例

税收筹划案例一

某公司根据《企业所得税法实施条例》第87条的规定,可以享受自项目取得第一笔生产经营收入的纳税年度起,第一年至第三年免征企业所得税,第四年至第六年减半征收企业所得税的优惠政策。该公司原计划于2008年11月份开始生产经营,当年预计会有亏损,从2009—2014年度,每年预计应纳税所得额分别为100万元、500万元、600万元、800万元、1 200万元和1 800万元。

【筹划方案】该企业从2008年度开始生产经营,应当计算享受税收优惠的期限。该公司2008—2010年度可以享受免税待遇,不需要缴纳企业所得税。从2011—2013年度可以享受减半征税的待遇,因此,需要缴纳企业所得税:(600+800+1 200)×25%×50%=325万元。2014年度不享受税收优惠,需要缴纳企业所得税:

1 800×25%＝450万元。因此,该企业从2008—2014年度合计需要缴纳企业所得税：325＋450＝775万元。如果该企业将生产经营日期推迟到2009年1月1日,这样,2009年度就是该企业享受税收优惠的第一年,从2009—2011年度,该企业可以享受免税待遇,不需要缴纳企业所得税。从2012—2014年度,该企业可以享受减半征收企业所得税的优惠待遇,需要缴纳企业所得税：(800＋1 200＋1 800)×25%×50%＝475万元。经过企业所得税纳税筹划,减轻税收负担：775－475＝300万元。

经 典 案 例

税收筹划案例二

某企业2008纳税年度缴纳企业所得税1 200万元,企业预计2009纳税年度应纳税所得额会有一个比较大的增长,每季度实际的应纳税所得额分别为1 500万元、1 600万元、1 400万元、1 700万元。企业选择按照纳税期限的实际数额来预缴企业所得税。

【筹划方案】税按照25%的企业所得税税率计算,该企业需要在每季度预缴的企业所得税分别为375万元、400万元、350万元、425万元。由于企业2009年度的实际应纳税所得额比2008年度的高,而且也在企业的预料之中,因此,企业可以选择按上一年度应税所得额的1/4的方法按季度分期预缴所得税。这样,该企业在每季度只需要预缴企业所得税300万元,假设银行活期存款利息为1%,每年计算一次利息。那么,该企业可以获得利息收入：(375－300)×1%×9/12＋(400－300)×1%×6/12＋(350－300)×1%×3/12＝1.19万元。

经 典 案 例

税收筹划案例三

利华公司和爱华公司均为宏大集团公司的下属子公司,预计利华公司在2010年盈利3 000万元,而爱华公司预计2010年将亏损2 000万元。集团公司经过税务筹划,作了以下业务经营性调整,将利华公司的一个有年盈利2 200万元能力的独立生产车间出租给爱华公司,并向爱华公司收取300万元的租赁费。

未筹划前：利华公司应纳所得税＝3 000×25%＝750万元；爱华公司因亏损2 000万元,不缴纳所得税；集团公司应缴所得税＝750万元。

筹划后：利华公司应缴所得税＝(3 000－2 200＋300)×25%＝275万元；爱华公司应纳税所得额＝2 200－2 000－300＝－100万元,因仍亏损,不缴纳所得税；集团公司应缴所得税＝275万元。

由此可见,通过筹划,宏大集团在这笔租赁业务上,减轻税收负担475万元(750－275)。

✪5. 环境保护管理

▶▷ □ 创业企业环境保护的重要性

创业企业,作为一个重要的社会主体,它也需要承担起相应的社会责任和义务。党的十八大和十八届四中全会将"环境保护和生态文明建设"提高到与政治、经济、社会和文化并列的"五位一体"改革领域;而 2014 年 4 月 24 日通过的修订后的《中华人民共和国环境保护法》将通过立法形式将"生态文明建设"确立为环境保护的基本目标,环境保护成为我国的一项基本国策。因此,环境保护也是创业企业社会责任和义务的一个重要方面,而且除了企业自觉自愿履行的之外,这种责任和义务主要还是一种法律义务和责任。

视 频 链 接

兰州水污染[①]

累了吗?让脑袋休息一下,扫描如下二维码,了解更多课后内容。

视 频 链 接

上海市松江区叶榭镇人民政府与蒋荣祥等水污染责任纠纷案[②]

累了吗?让脑袋休息一下,扫描如下二维码,了解更多课后内容。

---

① 资料来源:http://www.tudou.com/programs/view/Ke0uDYgwW08/。
② 参见《最高法院公布 9 起涉及环境资源保护典型案例》,http://court.gmw.cn/html/article/201407/03/160005.shtml,2015 年 7 月 24 日访问。

因此,对创办企业创业的创业者来说,预先做好本企业的环境保护管理规划显得尤为重要。

- **环境保护管理可帮助企业减少乃至消除环境法律风险**

环境保护管理使创业企业行为符合环境法律法规和其他强制性规定的要求,可减少乃至消除企业的环境法律风险。根据我国现行立法,企业从设立到运行的全过程都存在环境法律风险,而且在很多时候只要企业造成了环境损害结果而不论行为是否合法,都可能需要承担损害赔偿责任。企业的环境保护管理是其规避法律风险的重要途径。

- **环境保护管理是提高创业企业的形象和声誉重要途径**

在人人关注环保的今天,企业的环保形象和声誉是重要的市场竞争力,通过迎合消费者日益高涨的"绿色消费",提高对企业的认同感促进消费,对创业企业开拓市场具有重要影响,而环境保护管理是企业建立、维持企业的环保形象和声誉重要途径。

- **环境保护管理,可以降低企业成本,提高经济效益**

创业企业通过节省能源资源的利用,削减能源产品采购支出,提高产品能源利用效率,从而达到减少成本、拓展市场和提高经济效益的目的。

- **减少环境风险事故,降低处理污染风险的费用**

环境风险除了法律风险,还须防范风险事故的发生,近些年来,经常可以听到严重威胁他人生命和财产的事故发生,如2015年4月6日福建漳州古雷PX工厂发生的爆炸事件以及2013年11月22日青岛输油管道爆炸事件,这种风险事故不仅造成他人人身财产的损失,企业本身也蒙受重大损失,而且还可能需要承担巨额的赔偿或处罚。因此,加强环境保护管理,及时发现并消除隐患,确保生产安全,对企业来说是任何时候都不能松懈的任务。

- **有利于提高员工的环保意识**

严格执行环境保护管理制度,即使创业企业规避风险、承担环境保护责任的重要举措,也是提高企业安全生产和环保意识的重要手段;企业员工在严格执行企业环保管理制度中收到教育并成为一种责任,对提高员工的环保意识具有重要意义。

创业企业应承担的主要环境保护责任

我国《环境保护法》对环境的定义,是指影响人类生存和发展的各种天然的和经过人工改造的自然因素的总体,包括大气、水、海洋、土地、矿藏、森林、草原、湿地、野生生物、自然遗迹、人文遗迹、自然保护区、风景名胜区、城市和乡村等。因此,企业必须承担的环境责任的实体范围包括以下三个方面。

- **在开发和利用自然资源时承担的法律义务**

  ➤ 应当合理开发利用自然资源,保护生物多样性与保障生态安全,依法制定生态保护与恢复治理相关方案并予以实施。

> **法 条 链 接**
>
> 《环境保护法》第 30 条规定:"开发利用自然资源,应当合理开发,保护生物多样性,保障生态安全,依法制定有关生态保护和恢复治理方案并予以实施。引进外来物种以及研究、开发和利用生物技术,应当采取措施,防止对生物多样性的破坏。"

➤ 应遵守法律规定的其他干预性、给付性、计划性以及禁止性与命令性规范的义务。

> **法 条 链 接**
>
> 我国《环境保护法》第 6 条第 3 款规定,企业事业单位和其他生产经营者应当防止、减少环境污染和生态破坏,对所造成的损害依法承担责任。第 40 条第 3 款规定,企业应当优先使用清洁能源,采用资源利用率高、污染物排放量少的工艺、设备以及废弃物综合利用技术和污染物无害化处理技术,减少污染物的产生。

- **企业利用环境容量排污时的法律义务**

对排污企业从其创立起的每个阶段,须承担的法律义务和责任主要包括遵守行政机关依法许可的排污范围、排污方法、排污途径以及按照排污标准所限定的种类、浓度和数量等排放污染物,并依法履行环境影响评价和"三同时"、排污许可、缴纳污染排污税费、接受现场检查等法定义务。企业应加强排污管理,严禁违法违规排放。

- **企业环境保护的社会责任**

➤ 通过环境保护质量认证体系认证或获得绿色标签认定。ISO14000 环境管理系列标准是国际标准化组织(ISO)推出的环保管理标准,通过申请并获得 ISO14000 环境管理认证,提升企业环境保护管理与促进企业主动承担环境保护责任。

➤ 推广清洁能源生产。我国 2002 年通过并与 2012 年修订的《清洁生产促进法》,通过指导性、资源性和强制性规范,引导和推动企业加强环境保护。

➤ 主动对外宣示环境保护守则。企业通过宣扬环保理念,主动接受指导性环保标准,推进"绿色供应""绿色生产""绿色产品",或者通过与居民或环保组织签订环保协议,主动承担起环保责任。

▶ □ 如何进行环境保护管理

- **创设阶段的企业环境保护规划与管理**

➤ 国家涉及环境保护的产业政策。2008 年 12 月 4 日,环境保护部发布的《关于当前经济形势下做好环境影响评价审批工作的通知》,严格控制"两高一资"建设项目的环境影响评价审批,防止以牺牲环境为代价换取经济增长。因此,创业者在涉足"高耗能、高污染和资源性"的行业时一定要谨慎,避免可能遇到的环境保护政策风险与法律风险。

➤ 环境保护规划制度。环境保护规划是我国环境保护的一项重要制度,包括全国主体功能区规划、土地利用总体规划、城乡规划等,各部门和地方在不与此相冲突的情况下制定专项规划、行业规划和地区规划。

因此,创业者在选择了创业项目后,应当根据环境保护规划,选择适当的地方创设企业,使企业的发展和当地的环境保护保持协调。

➤ 环境影响评价。环境影响评价是指对规划和建设项目实施后可能造成的环境影响进行分析、预测和评估,提出预防或者减轻不良环境影响的对策和措施,进行跟踪监测的方法与制度。

我国《环境影响评价》对建设项目根据环境的影响程度,对建设项目的环境影响评价实行分类管理。(1)可能造成重大环境影响的,应当编制环境影响报告书,对产生的环境影响进行全面评价;(2)可能造成轻度环境影响的,应当编制环境影响报告表,对产生的环境影响进行分析或者专项评价;(3)对环境影响很小、不需要进行环境影响评价的,应当填报环境影响登记表。

创业者应根据企业在分类管理名录中所属的类型进行环境影响评价或登记。须注意的是可能造成环境影响的饮食娱乐性服务行业也属于建设项目环境管理的范围。

视 频 链 接

厦门海沧 PX 项目缓建的来龙去脉[①]

累了吗?让脑袋休息一下,扫描如下二维码,了解更多课后内容。

- **企业运行中的环境保护管理**

企业的环境保护管理制度建设主要从以下五个方面展开。

➤ 企业环境保护目标的确立。由于各种企业经营范围的不同,不同企业环境保护管理的目标也会存在较大差异。对企业环境保护的责任目标有的企业规定得很具体明确,而有的企业则规定的非常笼统和抽象,如"为了预防和控制污染,减少污染物的排放;公司的可持续发展;为给员工提供一个清洁、舒适的生活和工作环境"。无论采用何种方式,企业的环境保护目标应当和企业本身的性质和环境利用实际相吻合。

➤ 建立企业内部环境保护责任制。环境保护管理在企业内部应当责任到岗、责任到人。因此,应当根据企业环境保护工作的实际需要,设立相关岗位,配备职责人员,他们根据企业分工认真履行职责、密切配合,共同完成本企业的环境保护责任。

对不履行职责或者权利滥用的情形,应当有配套的惩罚与制裁措施;同时,对严格履行职责及有突出贡献的应当给予奖赏和鼓励。

---

① 资料来源:http://baidu.vl.cn/watch/3790988381268030980.html?page=videoMultiNeed。

➤ 专项环境管理制度。对污染物排放企业,根据企业环境利用实际,可以建立专门的污染物排放管理制度。还可以根据需要建立必要的专项环境管理制度,如环保设施的维修维护、运行和改造制度,污染物检测与监督制度,节能减排与环境技术创新改良奖励制度等。

➤ 建立环境管理台账制度与环境信息公开制度。

《环境保护法》第 24 条

"县级以上人民政府环境保护主管部门及其委托的环境监察机构和其他负有环境保护监督管理职责的部门,有权对排放污染物的企业事业单位和其他生产经营者进行现场检查。被检查者应当如实反映情况,提供必要的资料。"建立环境管理台账制度是实现企业环境管理目标的重要手段。《环境保护法》第 42 条规定:"重点排污单位应当按照国家有关规定和监测规范安装使用监测设备,保证监测设备正常运行,保存原始监测记录。"建立台账制度不仅是法律的要求,也是企业实现环境管理目标的需要。记录台账的基本要求是企业相关单位设立专门的环境管理台账,并应真实、准确、完整和及时记录涉及环境保护管理的相关信息。

➤ 环境保护的教育与培训制度。企业建立环境保护的教育与培训制度能有效地提高管理人员与员工的环保意识,提高员工在工作中的环保技能。

本 章 概 要

创业艰难、经营不易,创业组织在经营过程中要不断面对竞争、产品质量、广告管理、劳动保护、税收、环境等法律问题甚至难题,竞争合规、环境合规、税收合规、劳动用工合规无不需要创业者一一面对。

"竞争无人不涉",创业组织在经营过程中首先要面对市场竞争的压力。竞争合规的要旨在于恪守竞争合规红线。

合格产品可能隐藏潜在的产品质量风险,产品质量管理的核心在于企业要流淌道德的血液,而广告管理的主线在于广告主体资格管理、广告内容管理、广告表现形式管理。

劳动关系是否和谐对雇员、雇主、政府和社会都会产生重要影响,劳动关系管理直接关系到创业企业能否成功创业,其内容包括劳动合同管理、企业用工管理、劳动标准管理、劳务派遣用工及非全日制用工管理劳动争议管理等。

税务登记、纳税申报是企业的法定义务,也是税务机关税收管理信息的主要来源,而税务筹划可以帮助纳税人在法律规定许可的范围内,通过对经营、投资、理财活动的事先筹划和安排,尽可能取得节税的经济利益。

作为一个重要的社会主体,创业企业也必须承担起相应的社会责任和义务。创业企业进行环境保护管理要注重在开发和利用自然资源时承担的法律义务、创设阶段的企业环境保护规划与管理、企业运行中的环境保护管理三大问题。

专题讨论

1. 我国《反不正当竞争法》规定：经营者是指从事商品经营或者营利性服务的法人、其他经济组织和个人。但是，实践中有不少诸如学校、医院、行业协会等非营利性组织成为反不正当竞争案件的被告，且法院还支持了原告的诉讼请求。请搜集三个以非营利性组织为反被告的不正当竞争案件，通读判决书并思考下列问题：(1) 这些案件的被告是否为合格的"经营者"？此类案件受理是否合法？(2) 通过案件的比较，你认为"竞争关系"应该如何界定？(3) 通过案件的比较，你认为"经营者"概念应该如何界定？

2. 坊间所传"史上最严"环保法已于 2015 年元旦起实施。2015 年年初，广州市环境执法部门突击检查了两家严重环境违法企业。检查发现，一家无牌无证废矿物油加工厂可能存在 3 处违法排污。鉴于其不具备相关资质，擅自收集、储存和处置危险废物，严重污染环境，环保执法人员依法现场查封了企业生产设备。该执法部门工作人员感叹道："在新环保法实施之前，要进行这样的行政处罚，没有几个月根本无法搞定。"请问：新《环境保护法》中的哪些规定给了执法机构"钢牙利爪"？在执法机构与企业的博弈中，激励性管制与惩罚性管制会对企业战略选择产生何种影响？请从企业项目选择、企业环境合规制度实施等角度进行论述。

3. 请观看电影《公司的人》(The Company Men)，然后回答以下问题①：

(1) 此电影亦有人将之翻译为《合伙人》。从你的观影体会来看，你认为哪个片名的翻译更符合影片主旨？

(2) 联系影片内容思考，作为企业管理层，做出裁员策略选择的时候，主要考虑哪些因素？法律与道德标准如何抉择？

(3) 影片中 GTX 公司是如何进行劳动关系管理的？

(4) 创业组织应该如何管理劳动关系？

创业实训

拟定特定岗位劳动合同框架协议

刚刚大学毕业的小李，想创办一家高科技公司（简称 A 公司），因公司业务拓展，需要聘请关键性岗位人才，主要包括高层管理人才、技术骨干和社会资源丰富人士三类。这三类劳动者对公司的发展至关重要，其权利职责与该公司其他岗位的劳动者不同，该公司通用的部分劳动合同条款不能完全适用于他们。为留住人才，促进公司发展，请依据《劳动合同法》的相关规定，为 A 公司分别设计这三类关键性岗位劳动者的劳动合同框架协议。

请重点关注任职资格与条件、兼职兼任、长短期激励匹配、竞业禁止范围、保密协议等内容。

---

① 《The Company Men (2011)》，http://baidu.56.com/watch/05853107259275786827.html? page=videoMultiNeed。

第六章　互联网创业法律问题

【创业视频扫一扫】

绿狗网的创业故事①

"互联网+"是一种新的社会形态:创业门槛较低、机会无处不在,加之,扎克伯格般的神话不断涌现,互联网点燃了无数热血青年们的创业激情。请扫一扫如下二维码,观看视频"梦想人物:张馨心""绿狗网 CEO 张馨心 欢迎您来到绿狗网",与小伙伴及老师讨论互联网生态环境与法律技术红线问题,并开始本章的学习。

视频 1:梦想人物:张馨心②　　　　视频 2:绿狗网 CEO 张馨心
　　　　　　　　　　　　　　　　　　欢迎您来到绿狗网③

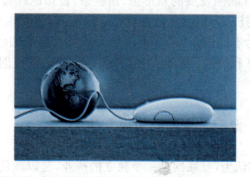

---

① 《绿狗网:法律电商闭环探路 摸索收费模式》,http://www.ebrun.com/20131218/88083.shtml,2015 年 4 月 6 日访问。
② 资料来源:http://v.pptv.com/show/aicxl40uxIVicCQIw.html。
③ 资料来源:http://baidu.ku6.com/watch/07564385743557518076.html?page=videoMultiNeed。

创业法学

> **创业导读**
>
> 通过把法律服务打包成"离婚快""止谣言""道歉吧"等产品,采用"绿狗币"来打通用户与律师、构建自己的支付系统、类型化产品合理定价,绿狗网完成了互联网服务从免费向收费的华丽转身。借助引入合格律师制度、建立用户评价体系,绿狗网的法律服务质量得以保证。实现法律服务线上与线下的完美闭环,这是绿狗网运作的关键,把握定位、商业模式、现金流、关键资源能力是绿狗网成功的核心。
>
> "互联网+"是一种新的社会形态:创业门槛较低、机会无处不在,加之,扎克伯格般的神话不断涌现,互联网点燃了无数热血青年们的创业激情。
>
> "互联网+"更是一种新的商业思维方式:互联网狂热分子失败的原因大多不是因为技术不行,而在于创业平台的滥用行为、商业模式原本走在法律灰色地带、融资对赌协议带来毁灭打击,甚至是国家政策变化而猝死在襁褓中。
>
> 如果决定义无反顾地投身到互联网世界中去扬名立业,那么,整个创业计划启动之前,互联网生态环境与法律技术红线问题是必须深思熟虑的。

★ 1. 创业门前:谙熟法治环境,风险可预知

2015年3月,李克强总理在政府工作报告中首次提出要制定"互联网+"行动计划,要推动移动互联网、云计算、大数据、物联网等与现代制造业结合,促进电子商务、工业互联网和互联网金融健康发展,引导互联网企业拓展国际市场。"互联网+"概念一经提出,便受到社会各界广泛关注,正持续成为市场的风口、舆论的焦点。"互联网+"实际上是创新2.0下互联网发展的新形态、新业态,是知识社会创新2.0推动下的互联网形态演进。与以技术为出发点的创新1.0相比,创新2.0是以人为出发点,以人为本的创新,以应用为本的创新,其本质在于让所有人都参加创新,利用各种技术手段,让知识和创新共享和扩散。那么,在这样崇尚创新的领域创业有多少法律问题需要了解?

▶ □ 产业性质:政府企业两不知

长期以来,人们都认为,互联网是一个独立的产业,是以现代新兴的互联网技术为基础,专门从事网络资源搜集和互联网信息技术的研究、开发、利用、生产、储存、传递和营销的信息商品,可为经济发展提供有效服务的综合性生产活动的产业集合体,是现阶段国民经济结构的基本组成部分。于是,上到国家下到地方各省市都有了与互联网产业发展相关的产业政策。

然而,随着互联网业务向传统创业领域的不断进军,所有企业只要找到恰当的用户场景都可以"互联网+"。于是,互联网的先行者们开始提出这样的理念:互联网可能

很快不再是一个独立的新兴行业,它与传统行业的关系也不仅仅是一个加速器或者是一个工具。互联网可能会从根本上去解构所有的传统行业,创造出原来的资源要素所不能够创造的价值。互联网不是一个单独的产业,而是一个很现实、与方方面面的行业结合得非常紧密的在线版本的升级。因此,在互联网领域活跃的传统行业当属于其相关产业政策调整扶持的范围。

现实情况是两个方面的。一方面,互联网企业往往两不靠、两不管或者两头管现象普遍。中央及地方政府对农业项目都有扶持政策或者补贴,对互联网农业领域而言,尽管褚橙柳桃赢来赞誉,联想的农业计划也备受看好,一波波其他行业不断进军传统农业似乎在宣示该领域大有可为,但是这个领域往往被有监管滞后偏好的政府视为属于互联网产业,从而不给其相关农业补贴与政策支持。当然,这一领域瞬息万变,如农产品追溯体系建设已经获得政策支持,因此,创业者应及时了解相关政策信息。另一方面,互联网领域的经营项目往往突破了传统工商登记事项范围。以互联网金融为例,互联网金融产业的典型代表——P2P网络借贷、众筹等从本质上属于金融信息服务机构。然而,根据我国《公司法》和《公司注册资本登记管理规定》等法律法规的规定,原有工商注册产业分类不能完全满足互联网金融行业的经营需求。比如,北京市工商行政管理局的《经营范围核定规范》中,有"互联网信息服务"以及"金融服务"大项,虽与互联网金融行业相关,但都无"金融信息服务"类别。全国现有的P2P网贷公司大多以金融信息公司、商务信息咨询公司等注册,但这并不能准确概括其运营性质与业务范围。现有工商注册分类表中的"金融咨询"不能够涵盖金融资讯、众筹、网络信贷的"金融信息服务"这个类别,这就迫切需要政策与时俱进,随产业的发展变化而变化。因此,为推动该行业的发展,突破工商注册类别势在必行。为此,长沙市与北京市石景山区政府规定鼓励互联网金融企业的设立和发展、支持企业在名称中使用"金融信息服务"字样,而北京市海淀区则规定:"大力支持互联网金融企业在海淀注册设立。工商海淀分局要简化登记审核流程,缩短审核时间,提升审核效率。向市工商局积极争取在海淀区注册的企业名称中使用'金融信息服务'字样或经营范围中使用'基于互联网的金融信息服务、撮合交易'等字样。支持互联网金融企业在海淀开展各项互联网金融创新服务业务,区金融办对申请政策支持的互联网金融企业实行登记管理。"因此,弄清各地政府对互联网相关业务的不同规定,是创业者开展营业前必须完成的功课。

市场准入:法不禁止即可为

过去,邓小平同志说过:"面对一个新生事物要看其主流,是否造福与社会和人民,如果造福与社会和人民就要任其发展,与其相抵触的法律法规都要加以修改为其让路。"在这一改革思想的指导下有了小岗村的土地承包责任制、有了深圳的股票、有了后来的基金、有了"网络红娘"、有了"传统集市+互联网"的淘宝、有了"传统银行+互联网"的支付宝、有了"传统交通+互联网"的滴滴打车……现在,李克强同志指出:"我们要努力做到让市场主体'法无禁止即可为',让政府部门'法无授权不可为',调动千千万

创业法学

万人的积极性,为中国经济的发展不断地注入新动力。"从理论上来说,国家不可能为每一件新事物、每一个新发生的行为立法;国家只会对发展得相对成熟的事物和行为立法,并界定是合法还是非法。那么,以过往的经验来看,面对一个新生事物的诞生,有人心驰神往,有人避之不及。而其中蕴藏着的巨大商机却往往成就了一批具有理性思维、独立客观的判断能力的人们。这种"法无禁止即可为"则是一种授权,是对"互联网+"战略的一种兜底保证。从互联网领域市场准入的角度上说,"法无禁止即可为"就是要求全民利用互联网的平台,利用信息通信技术,把互联网和包括传统行业在内的各行各业结合起来,在新的领域创造一种新的生态。

视 频 链 接

放宽对"互联网+"企业等新兴市场准入管制①

累了吗?让脑袋休息一下,扫描如下二维码,了解更多课后内容。

市场环境:双边市场条件与倾斜定价策略

在比特经济笼罩下,一切由信息构成的产品的边际成本都在趋零化,所以产品定价趋向于零。"免费"似乎是数字网络时代的商业成功定律。往前十年,全球互联网的成功案例,几乎全是用免费的产品和服务去吸引海量用户,然后再通过广告,或者增值服务或其他虚拟产品收费来获得成功。雅虎是这么走过来的,Google是这么走过来的,Facebook也是这么走过来的,至于新浪、盛大、百度、QQ、淘宝、360杀毒等也都是这么熬出头的。

- 双边市场条件

轶 事 趣 闻

双边市场之一——信用卡的起源

现代社会有越来越多的人使用信用卡进行消费。然而,信用卡的起源却是富于戏剧性的。1949年,纽约信用公司主席Frank McNamara在曼哈顿吃午餐,在咖啡

---

① 资料来源:http://v.pptv.com/show/OxDZVr4klNI1sz8.html。

喝了一半时,他才尴尬地发现自己又忘记带钱包了。他只好打电话找妻子来把账单结了。这事促发了 McNamara 的思考和灵感,结果诞生了一个快速发展的行业——信用卡行业。1950 年 1 月,McNamara 利用他新发明的晚餐俱乐部卡支付在 Grill 餐馆的晚餐消费。这就是著名的"第一顿晚餐"。但是这顿晚餐来得并不容易,McNamara 必须解决一个棘手难题:要想让餐馆接受晚餐俱乐部卡,必须有食客们使用这种卡片;要想让食客们使用晚餐俱乐部卡,必须有餐馆接受这种卡片。不然的话,这顿著名的晚餐将不会发生。但聪明的 McNamara 克服了这些困难。1949 年,McNamara 和合伙人 Ralph Schneider 建立了一个公司,并与 14 家餐馆签订合作协议,收取每份账单 7‰的交易费,并把信用卡赠予消费者。该公司建立一年,就吸引了 42 000 信用卡用户,同时有 330 家餐厅、酒店和夜总会接受这种信用卡。这样,一个新兴的行业就诞生了。实际上,晚餐俱乐部卡(信用卡)正是被经济学家称为"双边市场"产业的一个例子。

➢ 双边市场是什么?对于绝大多数传统行业而言,市场是借助于买卖双方的直接交易而形成的,此时,供应方和需求方无须借助于第三方平台完成交易,因此可以称之为"单边市场"。随着分工的细化和交易的频繁化,交易越来越需要借助于一定的场所或平台才能够有效达成。现实中常见的实体交易平台比如证券交易所和超级市场,此外还存在诸多网上交易平台,比如网上商店和电子商务平台等。此时,交易双方必须借助于第三方平台才能够完成交易,因此可以称之为"双边市场"。从外观上来描述,双边市场(Two-sided markets)也被称为双边网络(Two-sided Networks),是指有两个互相提供网络收益的独立用户群体的经济网络(见图 6-1)。从经济学意义上来说,双边市场是指有两组参与者需要通过平台(platform)来进行交易,而且一组参与者加入平台的收益取决于加入该平台另一组参与者的数量的市场。可见,对于双边平台而言,两边任何一方的加入和退出,都会对平台及其建立起来的交易模式形成巨大影响。

图 6-1 双边市场模型

➢ 双边市场具有以下鲜明的特点:

(1) 网络外部性。存在两组参与者之间的网络外部性,即市场间的网络外部性。网络外部性是新经济中的重要概念,是指连接到一个网络的价值,取决于已经连接到该网络的其他人的数量。如消费者在安卓和 IOS 操作系统间进行选择时,就会考虑两个系统各自支持的应用软件的数量,因为选择支持更多应用软件的操作系统代表着对用户自己更高的价值。

(2) 采用倾斜定价策略。为平衡两类消费者的需求,交易平台往往会对需求价格弹性较小一边的价格加成比较高,而对弹性较大的一边则价格加成比较低,甚至低于边际成本定价,或者免费乃至补贴,以吸引其参与平台并进行交易。通俗地说,互联网企业的运作往往是通过建立交易平台的方式将买卖双方连接起来,同时平台往往给予平台一边低价甚至免费待遇,而给予平台另一边收费待遇。比如我们熟悉的腾讯 QQ 就是一个即时交易软件平台,它对于广大用户而言是免费的,但是通过在这个平台上收取广告费的方式赚取利润。

双边市场在互联网领域存在较为广泛,如表 6-1 列出了具体的双边市场实例。

表 6-1 互联网典型双边市场形态

双边市场类型	市场一边(受补贴方)	市场另一边(补贴方)	平台收入来源
操作系统	软件使用者	软件开发者	如:微软 67%的收入来自给予最终用户授权许可
互联网站	网民	广告商	如:雅虎 75%的收益来自广告商
网络游戏	游戏开发商	玩家	如:盛大网络公司的主要收入来自玩家的支付
B2C	购买者	销售商	如:淘宝网的收入主要来自销售商的支付
搜索引擎	用户	广告商	如:百度、Google 的收入主要来自广告商
即时通讯	用户	广告商	如:腾讯 QQ 的收入主要来自广告商

(3) 厂商有倾斜定价的偏好。诚如奇虎 360 公司创始人周鸿祎所言,当用户基数达到一定的数量、趋于无穷大,互联网的成本就会相应地缩至无穷小、趋于免费,这是 360 安全卫士免费的原因,也是很多互联网产品免费的主要原因。但从更深层次影响来说,竞争的加大、盈利模式的单一等因素都不得不让互联网产品呈现出"对用户免费、向商家收费"的模式。比之免费之道,还有一个更让用户们欣喜的模式是"倒贴",从滴滴、快的打车补贴,到美团、糯米的烧钱之争,新网站入驻会员的免费与优惠措施,都体现了"倒贴"模式的到来。

➤ 双边市场面临的挑战。

(1) "免费""倒贴"有无低价倾销风险? 传统企业经常讨论价格战,而互联网公司没有价格战,因为互联网公司几乎全免费,这是价格战的杀手锏,这种模式使得互联网公司间的竞争极其残酷,因为免费是价格战的极致①。但我国《反不正当竞争法》《反垄断法》都明令禁止低价倾销行为,那么,这种免费竞争行为违反竞争法律规定从而构成

---

① 张浩:《互联网之美》,清华大学出版社 2013 年版,第 131 页。

低价倾销吗？这个答案当然是否定的。平台企业用于竞争的产品或者服务，其成本必是来自对平台两边成本与收益的综合计算。因此，互联网企业"免费"提供产品或者服务的行为一般不构成《反垄断法》第17条所禁止的"没有正当理由，以低于成本的价格销售商品"。也许打车软件可能会成为一个例外。打车软件本身作为一个商品，在现阶段其盈利模式尚不清晰的情况下，我们以用户量作为其估值方式，获取单个用户所付出的成本越高，其倾销的行为越明显。

（2）"免费"是否足以抗辩？在中国，"免费"经济似乎拥有一个比任何国家更肥沃的商业土壤。内容的原创与知识产权的保护，从来没有真正帮助从业者赚过大钱；贪婪的抄袭和复制，反而能带来源源不断的收益；消费者喜欢赠品、盗版和山寨，对品质没有奢求；企业不愿意为任何软件和服务付费，不在乎法律风险。

对企业而言，"免费"还是一把尚方宝剑，一旦出现问题，可以以"免费"为由进行抗辩。如在2009年发端的人人诉百度滥用市场支配地位案件中，百度公司就以"提供的搜索引擎服务对于广大网民来说是免费的，故与搜索引擎有关的服务不能构成《反垄断法》所称的相关市场"，从而不用承担法律责任来进行抗辩。在2010年，北京市高级人民法院驳回了百度的抗辩，认为："网络用户在使用搜索引擎时确实不需要向搜索引擎服务商支付相应的费用，但作为市场主体营销策略的一种方式，部分产品或者服务的免费提供常常与其他产品或服务的收费紧密结合在一起，搜索引擎服务商向网络用户提供的免费搜索服务并不等同于公益性的免费服务，它仍然可以通过吸引网络用户并通过广告等营销方式来获得现实或潜在的商业利益……"。可见，免费不是公益、不是非营利，不足以构成抗辩事由。

从付费到免费再到倒贴，互联网创业者们走的是"更吸引用户"的路线，我们可以理解为想尽办法做折扣，直到这折扣从未来拉向了现在，把融来的资金用在抢占用户上，但本质却不曾、也不可能有所改变。值得一提的是，在2013年10月，阿里巴巴集团董事局主席马云在演讲时表示，互联网技术十年前可以免费，但今天互联网创业还靠免费就是找死，因为免费必然带来一家独大，带来赢家通吃、劣者生存等问题。免费还是收费，这真的是需要创业者深思的问题。

市场竞争：降维攻击

"降维攻击"抑或"降维打击"是互联网大咖们都喜欢谈论的话题。降维攻击，顾名思义，首先要降维，其次要攻击。"降维"这个词着实传神。我们的世界是个四维的世界，三维表示立体，外加一维的时间，三维世界能看到二维世界，但二维世界却看不到三维世界，但是三维世界的生物是无法生活在二维世界的。当采用二维世界的生物生存方式，向三维世界发生攻击时，我们就叫它为降维攻击。可见，"降维攻击"，实则就是通过降低价值维度的方式在商业领域里竞争，这种竞争一般出于两个目的，即抢占市场份额，或者攻击对手的核心盈利环节以降低对自身的威胁（见表6-2）。

表 6-2 降维攻击实例

领　　域	除去维度	效　　　　　果
电子商务	地　域	在线商务企业胜,线下企业经营困难①
杀毒软件	价　格	免费杀毒软件胜,传统的杀毒软件开始慢慢消亡②
即时通讯	价　格	免费即时通讯胜,移动、联通、电信等运营商盈利下滑明显
手　机	中间商	小米胜出：自己把粉丝渠道建立起来,去掉了中间商这个维度,其他手机品牌厂商以前的优势完全用不上,只能干瞪眼了③
网　游	硬　件	腾讯胜出：去掉游戏机、游戏卡的硬件维度,从休闲玩家入手,再慢慢吸引核心玩家入瓮,一举超越任天堂,跃居全球第一④

总之,在同样的世界中,先来者有自己的优势,一旦格局形成,想要改变最好的模式就是降维攻击。当然,创新和竞争是互联网产业发展的两个主要原动力,打败百度的不会是另外一个百度(例如 360),打败淘宝的不会是另外一个淘宝(例如拍拍),打败微信的不会是另外一个微信(例如易信)。

资料链接

降维竞争：在线演唱会会颠覆音乐产业吗⑤

扫描如下二维码,获取案件详情。

【法理分析】在线音乐会抽离了空间维度的限制,只有时间与人群两个维度。其效果,可以用数据来解释。以贴吧韩流之夜的演唱会数据为例——线下的演唱会现场大约有 1 万多人的观众,观众大都来自上海,以及上海周边的城市,当然,也会有极少数来自北京等更远地区(他们有钱买机票);不过,线上的网络直播,却是近百万级

---

① 以前任何一个商场,都想开在人流量很高的地区,只有这样才有生意;而且生意好坏取决于商场所在地区人口的多寡及消费水平。当互联网来的时候,地域这个维度几乎没有了。因此,线下很多企业就困难了。
② 以前靠收软件服务使用费用赚钱,如瑞星、江民等,每年也要收好几千万元甚至几个亿元。2008 年,奇虎 360 正式发布 360 杀毒,同时宣布 360 永远对用户免费。
③ 以前手机销售,都是靠各级经销商、代理商,层层加价,最后销售出去。
④ 任天堂在 2007—2011 年间,堪称全世界日子过得最滋润的游戏厂商,不仅游戏机大卖,旗下各个游戏也是既叫好又叫座,风光无比。但在 2013 年,任天堂出现了亏损。
⑤ 资料来源：http://cul.sohu.com/20140812/n403352276.shtml。

观众,观众排在前面的有浙江、广东、江苏、北京、上海、山东、河南、河北、福建、四川,几乎是覆盖全国所有省市,甚至有来自偏远农村、乡镇的。这就是互联网的魅力。

平台创业：富贵险中求

目前,是中国互联网牢牢由百度公司(Baidu)、阿里巴巴集团(Alibaba)、腾讯公司(Tencent)三大巨头掌握。BAT三巨头控制着平台,控制着借助其平台创业的创业者的命脉。

- 平台百度的故事

经典案例

人人诉百度滥用市场支配地位案[①]

扫描如下二维码,获取案件详情。

【法理分析】自《反垄断法》于2008年8月1日生效实施起,若干反垄断民事诉讼纷纷诉至法院。比如,2009年10月,上海第一中级人民法院一审判决,由于无法认定盛大旗下的起点中文网利用其市场支配地位胁迫其他网络写手,法院驳回了原告北京书生公司的所有诉讼请求。又如,2009年10月,中国移动被诉滥用市场支配地位一案在法院的支持下获得和解：在中国移动同意原告携号转为不收取"月租费"的移动通讯服务用户、并以"奖励"名义支付原告1 000元补偿后,原告进行了撤诉。百度公司被诉滥用市场支配地位案与上述民事案件的不同之处在于：(1)法院第一次对以下问题进行了具体分析：相关市场的界定、市场支配地位的推定及认定、滥用市场支配地位行为之认定及其正当性之分析；(2)对被告百度公司的行为采取了商业和经济分析的方法,而不是基于空泛的"公共利益"及"保护消费者利益"之概念；(3)针对《反垄断法》项下的民事诉讼,法院设定了较高标准的举证责任。总言之,随着《反垄断法》的不断完善,以及相关司法解释的后续出台,中国的反垄断民事诉讼将面临重大的发展,在某一市场具有较大市场份额(如超过50%)的公司有必要做好应对的准备。

[①] 资料来源：北京市高级人民法院民事判决书〔2010〕高民终字第489号。

创业法学

- 平台淘宝的故事

2011年10月，淘宝商城宣布将正式升级商家管理系统，由于此次商家管理系统升级，导致很多中小卖家可能由于商城费用的增加退出商城，部分卖家商品及服务跟不上淘宝商城变革。因此，2011年10月11日，近5万多名网友结集YY语音34158频道，有组织性地对部分淘宝商城大卖家，实施"拍商品、给差评、拒付款"的恶意操作行为，引发"10.11事变"。

资料链接

淘宝"10.11事变"[①]   "10·11"淘宝伤城主题曲[②]

- 平台微信的故事

晒状态、点赞、转发、消费，微信以强大的攻势，改变了许多人的生活。"微配镜""微卖表""微服饰""微快餐""微旅游""微团购"，微信以无所不包的态势，给创业者提供了一个广阔的平台。《微信社会经济影响力研究报告》(2014)显示，仅仅2013年，微信对信息消费的拉动达到952亿元，带动了1 007万人就业。就在腾讯宣称："微信可以为整个业界提供一个很好的通信开放平台，让所有的第三方都能够把他们有价值的应用通过这个平台来接触到更多的用户"之时，2015年2月，腾讯切断了微信支付宝红包入口，腾讯阿里"红包大战"进入白热化阶段；此后，腾讯一路将滴滴打车、虾米音乐、天天动听、网易云音乐彻底封杀。且不论从商业生态的角度上讲微信做出封杀是否合适，从商业道德角度讲，成为巨人之后的腾讯有些恣意妄为。

- 小结：远离平台创业雷区

平台初现时，非常需要创业者，这些创业者是平台发展方向的试金石，所以平台会扶持一些小的创业项目。然而，卧榻之侧岂容他人鼾睡？在平台眼里，创业者就是待宰的羔羊。平台之下创业不仅要遭遇"霸王条款"的苦痛，可能面临平台企业"强取豪夺"的危险，还可能成为平台间竞争的炮灰。如腾讯阿里"红包大战"中，真正受伤的要数依附平台生存的创业者。包括口袋通、微信逛在内的基于微信的淘宝客类创业型公司将面临重创，甚至导致卖家的推广投入血本无归。

创业的方向不计其数，但对于创业者而言，如果希望自己的企业长久地活下去，需要尽力避开平台企业关注的焦点。如在微信创业，旅游、餐饮、电商等都是已经被腾讯

[①] 资料来源：http://focus.chinavalue.net/Biz/2011-10-12/341675.html，访问日期：2015年7月30日。
[②] 资料来源：http://baidu.56.com/watch/5662365963818285831.html? page=videoMultiNeed。

锁定的项目了,应尽量少做,除非抱着被腾讯收入麾下的心态。

商业模式:O2O 系大势所趋

- **初识 O2O**

  ➢ 基本概念。O2O 是"Online To Offline"的简写,即"线上到线下",O2O 商业模式的核心很简单,就是把线上的消费者带到现实的商店中去,在线支付购买线下的商品和服务,再到线下去享受服务(见图 6-2)。

  ➢ O2O 能给大众带来什么价值?

  (1) O2O 可以将线下信息线上化。信息就是一种价值:对商家而言,是广而告之的价值;对消费者而言,不用去逛遍全城去查看所有饭馆的菜单了。这方面做得最早的是大众点评、口碑网,帮助用户足不出户选择线下服务提供商。

图 6-2 O2O 运作流程

  (2) O2O 比线下消费更便宜。团购类的网站很好地诠释了这一点,商家做了广告,薄利多销,消费者得实惠——这就是价值。

  (3) O2O 提供预定的价值。以旅游类网站(如去哪儿、携程等)为代表的一批网站,提供机票、酒店、门票等预定服务。对于用户来说,机票、酒店足不出户的预定,绝对是百分百的价值。

- **O2O 发展前景**

  2014 年移动互联网取得大发展,也是 O2O 蓬勃兴起并逐渐成型的一年,O2O 领域"群魔乱舞":融资接连不断,新创企业粉墨登场。站在风口上,一批批 O2O 实践者登上了属于他们的历史舞台。2014 这一年,愈来愈多的行业涉足 O2O,如教育 O2O、医疗 O2O、美容 O2O、家政 O2O、汽车服务 O2O……市场的发展和商业趋势让 O2O 成为必然。

  ➢ 发展动因。

  (1) 酒吧、KTV、餐馆、理发店等不靠物流来运输,消费者必须到线下实地去享受服务。

  (2) 一名年收入 4 万元的白领,只用 8 000 元去网上购物,剩下的 3.2 万元大部分都花在餐馆、理发店、KTV、加油站等服务性行业中。

  (3) 服务业的 GDP 占有率已经超过了制造业,并将在未来进一步提高。

  (4) 对于生活服务,团购后在去线下享受服务普遍受到消费者的喜爱,因为物美价廉。

  ➢ 大势所趋。

  尽管目前 O2O 模式在中国还属于初级阶段,中国人口众多,所以潜在客户非常之多。在未来O2O将超越当前的B2C/C2C模式。

(1) Online端发展情况。中国互联网行业三大家BAT(Baidu、Alibaba、Tencent)都已在此领域布局了平台,不敢落人之后。如Tencent的微信、SOSO地图;阿里的高德地图、美团、淘宝本地生活等;百度的百度地图(见图6-3)。

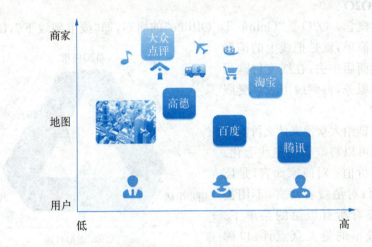

图6-3 O2O Online端发展情况

(2) Offline端发展情况。除了酒店、餐饮、旅游等,其他的行业也都在尝试着O2O。比如家政、婚庆摄影等,但因其行业特性,交易需要在线下完成,导致了Online工具更多地处于一个引流、提供信息的角色,这也是阻碍O2O在这些行业快速普及的原因。毋庸置疑的是,这些不太成熟的O2O行业,一直没有停止O2O化的步伐。几乎所有的行业都在往O2O的路线发展。Online与Offline的结合,创造了许多新的消费方式、商业模式,为传统行业带来了新的春天。相信随着移动终端的快速普及、4G网络的建设铺开,在中国快速实现城市化的大环境下,O2O对于大部分行业,既不会是幻

图6-4 2011—2015年中国O2O市场规模及趋势

想,也不是梦想,而将是越来越常见的一种模式。抓住 O2O 革新时机,就是把握战略转型新机遇。2011—2015 年中国 O2O 市场规模及趋势见图 6-4。

(3) O2O 模式的未来趋势如图 6-5 所示。

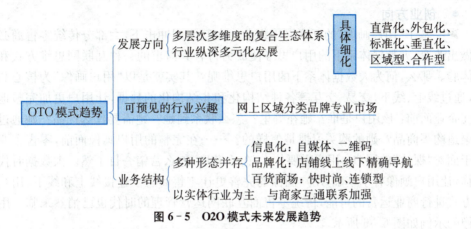

图 6-5　O2O 模式未来发展趋势

▶ □ 大数据创业:成也萧何败也萧何

"大数据"(Big Data)是指无法在可承受的时间范围内用常规软件工具进行捕捉、管理和处理的数据集合。近年来大数据可谓炙手可热,成为众人瞩目的焦点。网络、电视节目、期刊报纸……无不言他。有人把数据比喻为蕴藏能量的煤矿。煤炭按照性质有焦煤、无烟煤、肥煤、贫煤等分类,而露天煤矿、深山煤矿的挖掘成本又不一样。与此类似,大数据并不在于"大",而在于"有用"。价值含量、挖掘成本比数量更为重要。"得数据者得天下",对于很多行业而言,如何利用这些大规模数据是赢得竞争的关键,在互联网创业方面也是如此。尤其对于那些面临互联网压力之下必须转型的传统企业而言,如何与时俱进充分利用大数据的价值更是他们必须认真思考的问题。

- **扶持政策**

2015 年 9 月,国务院印发《促进大数据发展行动纲要》(以下简称《纲要》),系统部署大数据发展工作。

《纲要》明确,推动大数据发展和应用,在未来 5—10 年打造精准治理、多方协作的社会治理新模式,建立运行平稳、安全高效的经济运行新机制,构建以人为本、惠及全民的民生服务新体系,开启大众创业、万众创新的创新驱动新格局,培育高端智能、新兴繁荣的产业发展新生态。

《纲要》部署了三方面主要任务。一要加快政府数据开放共享,推动资源整合,提升治理能力。大力推动政府部门数据共享,稳步推动公共数据资源开放,统筹规划大数据基础设施建设,支持宏观调控科学化,推动政府治理精准化,推进商事服务便捷化,促进安全保障高效化,加快民生服务普惠化。二要推动产业创新发展,培育新兴业态,助力经济转型。发展大数据在工业、新兴产业、农业农村等行业领域的应用,推动大数据发展与科研创新有机结合,推进基础研究和核心技术攻关,形成大数据产品体系,完善大数据产业链。三要强化安全保障,提高管理水平,促进健康发展。健全大数据安全保障体系,强化安全支撑。

● 创业方向

➤ 基于"用户画像"的互联网零售业。在互联网冲击下,大部分传统零售商必须要做出改变,大数据体系下的用户思维便成为符合其需求的一种互联网思维方式和实际体验。那么,何为大数据体系下的用户思维呢?其实就是以"用户画像"为核心和基础,通过线上、线下,交易、交互等各种结构化和非结构化的数据,让用户更加完整地展现在企业面前:该用户是谁?她在哪里?怎么联系到她?她需要什么产品?她通过哪些渠道购买商品?她的购买习惯是怎样的?……在完整的用户画像面前,零售企业相当于面对"裸泳"的用户:用户需要什么,怎么获取,怎么营销一目了然。大数据时代的来临,让用户画像有了基础,用户画像的完善更让零售商有了连接线上和线下,用互联网方式进行商业运营的可能,传统零售商互联网运营管理的时代也已悄然来临。用户画像的示例如图6-6所示。

> **资 料 链 接**
>
> **大数据在京东的典型应用:京东用户画像技术曝光**[①]
>
> 请思考:
> (1)为什么要做用户画像?
> (2)用户画像怎么做?
> (3)用户画像怎么用?
>
>
>
> 【法理分析】随着大数据应用的发展,隐私保护的问题和概念也在不断地发展,网络用户在互联网的评论、图片、视频、个人信息、兴趣爱好、交易信息、访问的网站等均被企业记录在案。企业掌握了大量消费者的行为数据,对大数据进行整合和分析,从而可以发现新的商机,创造新的价值。然而,这些数据经常包含消费者的真实信息,如在淘宝网上交易时的真实姓名、家庭住址以及银行账号等重要的真实信息,逐渐引起了人们对个人隐私的担忧。正如美国著名的计算机专家迪博德所言,在信息时代,计算机内的每一个数据、每一个字节,都是构成一个隐私的血肉。信息加总和数据整合,对隐私的穿透力不仅仅是"1+1=2"的,很多时候是大于2的。因此,针对隐私保护方面的问题,电子商务企业应该恪守行业道德,不能将消费者的个人信息进行交易和泄露,国家也应该尽快制定并完善与之相应的隐私保护方面的法律和法规,切实保护公民的隐私权。

[①] 资料来源:《大数据在京东的典型应用:京东用户画像技术曝光》,http://www.36dsj.com/archives/16090,访问日期:2015年8月5日。

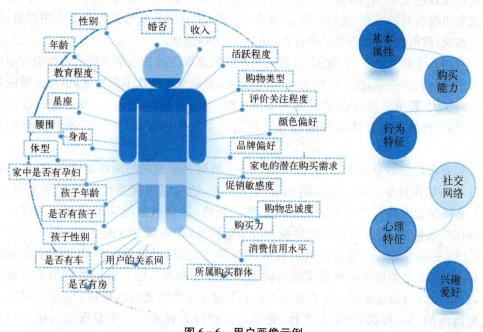

图 6-6 用户画像示例

➢ 大数据金融。大数据金融是指集合海量非结构化数据，通过对其进行实时分析，可以为互联网金融机构提供客户全方位信息，通过分析和挖掘客户的交易和消费信息掌握客户的消费习惯，并准确预测客户行为，使金融机构和金融服务平台在营销和风控方面有的放矢。

对于 P2P 网贷行业而言，能否利用互联网技术有效地搜集用户信息，并对用户的信用信息进行判定和管理，成为考量一家 P2P 网贷平台风控水平的重要标准。例如，某 P2P 小额信贷机构应使用个人及机构的外部数据建立自己的征信系统，在极其有限的客户实质接触基础上仅凭问卷数据、自有数据库等对不同客户进行信用评估，并结合内部业务数据建立风险定价系统、风险预警系统、风险管控方案、应对欺诈规则、惩罚方案等一系列影响核心业务盈利能力的系统方案。未来，依托于互联网大数据技术的发展，相信将会出现更优质、更便捷的 P2P 网贷服务，来帮助更多有信用的借款人释放信用的价值，让信用生金。

➢ 大数据医疗。乔布斯自罹癌至离世长达 8 年之久，这几乎创造了胰腺癌历史上的奇迹。据悉，乔布斯曾在此期间支付大量费用获得了自己包括整个基因密码在内的数据文档。借此，医生们能基于乔布斯的特定基因组成以及大数据按所需效果用药，并调整医疗方案。如果上述案例是个体的，那么带来群体价值的案例便是 Google 成功预测流感爆发期。2009 年甲型 H1N1 流感爆发几周前，Google 通过对人们网上搜索记录的观察、分析、建模，结果显示，他们的预测与官方数据的相关性高达 97%，且判断比疾控中心更及时。从个人健康管理到公共健康管理，大数据在对个人医疗的改变以及极富价值的预警能力方面吸引着 IT 巨头们迫不及待与医疗联姻。例如，2015 年 5

月支付宝钱包发布"未来医院"计划;6月,微信上线首家"全流程就诊平台";7月,百度与北京市政府共同发布"北京健康云"平台——BAT凭借着技术优势和庞大用户量,纷纷与医院、政府合作,推进移动医疗在"最后一公里"落地。

业内人士认为:(1)大数据、互联网与医疗健康服务的核心学术模式将给医疗卫生行业带来巨大的变革,线上医医交互、医患交互、患患交互模式不断拓展,信息传播的效能不断扩大,政策法规、从业模式也将倒逼重构。(2)未来移动医疗厂商还应通过O2O的方式,与传统的医疗体系打通融合,"打造一站式的医疗服务平台,不断优化用户体验"。

随着医疗领域移动应用的开展,医疗卫生数据共享带来的医疗责任认定、隐私保护等问题却在日益凸显。为预防相关法律风险,创业组织应当注意以下四个问题:(1)必须保证上线医生达到国家要求的准入资格,如果国家尚未出台有关上线医生的具体准入标准,则必须达到医师执业的最低标准,即审核上线医生执业证书的真实性。(2)必须保证每一张电子处方具有可追溯性,包括可追溯到具体的医生和具体的病人。(3)必须保证电子数据最后的不可更改性和永久性。所谓最后的不可更改性,是指医疗行为完成后,电子数据不得再行更改,即使之前的更改,也应当保留每次更改前的原始数据;所谓永久性,是指与医疗行为有关的电子数据应当保存相当时间,至少应当符合《病历书写规定》的保存时间。(4)必须保证医疗电子数据的录入时间与实际医嘱完成时间相一致,故最好与国家授时中心连接。以上四点,是保证一旦因线上诊疗行为发生争议,便于医患双方以及国家有关部门调取相关证据。如果互联网医疗服务企业存在上述瑕疵,很有可能成为医疗侵权诉讼之共同被告。

➤ 基于大数据的制造业。工业4.0时代正扑面而来。这是继以蒸汽机、大规模流水线生产和电气自动化为标志的前三次工业革命之后的第四次工业革命。其特点是通过充分利用嵌入式控制系统,即物理信息融合系统(其中大数据扮演主角),实现制造业向智能化转型。然而,中国制造业面对云蒸霞蔚的移动互联网和大数据景观却有些不知所措,若不赶紧扭转局面,有可能逐渐丧失制造业大国的地位。大而不强是我们的软肋,大多数中国工厂依然龟缩在产业链低端,缺少制造的核心材料、设备、工艺,停留在近乎原始的OEM(贴牌代工)阶段,缺乏原创技术和创新产品。不过,凭借庞大的内需市场支撑,中国制造的优势尚存,13亿人口积累的消费数据十分可观。因此,如果能在大数据挖掘和分析上下点功夫,中国制造业还能保持较强的竞争力。

在中国制造业依托大数据打翻身仗的阵营中,小米可谓特立独行的领头羊。2010年成立的小米公司是中国制造业企业的成功典范,其主打产品小米手机已蜚声海外,被业内视作苹果、三星的潜在威胁。小米超越同行的业绩,缘于其用包括软件、硬件和应用生态的整体方法,小米在创造全新用户体验的同时,高擎大数据的旗帜,颠覆了中国制造业公司的传统做法。有了这样的底气,小米董事长雷军才敢与传统制造业的空调玫瑰——格力掌门人董明珠立下10亿元的对赌承诺。

大数据的应用逻辑①

累了吗？让脑袋休息一下，扫描如下二维码，了解更多课后内容。

- **创业潜在法律风险**

➢ "大数据"模式的首要法律问题：数据本身的法律属性。大数据所撷取的数据可能是不受著作权保护的时事新闻，也可能是享受著作权保护的文字作品。那么，文字作品的著作权或者传播者权如何保护？如果一个大数据平台是以商业目的对文字作品进行使用，恐怕需要取得著作权人或传播者权人的"使用许可"。具体取得方式可以是"征求著作权人或传播者权人的同意"或者"支付著作权或传播者权的对价"。

➢ "大数据"模式的合法性问题：系于大数据的取得方式。就互联网数据而言，目前主要的取得方式是利用"蜘蛛程序"（也叫"网络爬虫"）自动搜索并抓取数据。这种技术有一个专门的协议，即"robots 协议"（也叫"爬虫协议""机器人协议"）。该协议要求所有网站在其站点的根目录下放置一个"robots.txt"文件。该文件告诉搜索者本站点哪些数据可以被"抓取"。如果站点根目录下没有这个文件，则被视为"本站点内所有没有口令保护的数据都可以被抓取"。这就意味着如果有人突破"robots 协议"范围抓取网站数据就要承担"侵犯数据"的法律责任。

➢ "大数据"模式的风险程度：使用目的不同而各不相同。"大数据"模式的使用目的不同，法律规制的要求自然不同。创业组织以商业目的利用"大数据"模式进行生产、经营的，应当严格保护数据权利人的合法利益，不得随意侵犯数据所附有的著作权、隐私权等权利。然而，对于非商业目的利用"大数据"的行为，则应区别对待。比如，个人或科研部门以学习、研究为目的对"大数据"进行撷取、分析的，政府或司法机关以行政决策或打击犯罪为目的对"大数据"进行撷取、分析的，则需要对数据权利进行必要的限制。当然，这种限制是相对的，绝不是说相关部门和人员可以随意侵犯数据权利人的合法权益。

➢ "大数据"模式的法律风险列举。

（1）数据安全和数据定价风险：深度挖掘客户的大数据、开发出客户潜在需求和合

---

① 资料来源：《从五大行业案例，看大数据的应用逻辑》，http://www.bi168.cn/thread-5006-1-1.html，访问日期：2015 年 8 月 5 日。

适的金融产品。

（2）创新与声誉风险：雾霾险、摇号险、脱光险……网上类似的所谓创新保险产品还在继续不停地产生和发酵，这些创新产品显然违背了保险的宗旨，对行业声誉的建立只能是自黑。

（3）信用与网络欺诈风险：如保监会发布了《关于防范利用网络实施保险违法犯罪活动的通知》，要求各保险机构加强对互联网保险的风险管控，做到主动加强安全防护。

（4）信息安全和技术安全风险：网上支付流程的安全可靠性和资金的安全。

（5）操作风险：英国巴林银行的倒闭和日本大和银行的巨额亏损都与操作风险管理不当有关。

创业融资：高悬的达摩克利斯之剑

• 对赌协议签不签

对赌协议多见于科技以及互联网融资项目之中，因为这类项目的投资人看不清楚商业模式，未来盈利也存在较大的不确定性，可能是大赢，也可能大败，双方对于未来盈利都没有十足的把握，所以有签署对赌协议的必要。海外 VC、PE 以及天使投资人投资国内的企业时，希望推动国内企业赴境外上市，多会在上市之前签署对赌协议。例如阿里和雅虎曾签订对赌协议，该协议规定，阿里需要在 2015 年之前完成香港以及美国上市，并且总营收需要达到 30 亿美元；如果未能成功实现上市，雅虎有权出售其所持有的阿里股份。

从源头上说，对赌协议的产生旨在通过条款的设计，克服对项目未来估值出现的分歧，有效保护投资人利益。作为"舶来品"，对赌在引进中国后已然变味。由于在对赌协议双方中，作为融资方的创业组织往往处于相对弱势的地位，只能签订"不平等条约"，越来越多投融资双方对簿公堂的事件发生，融资方被迫惨淡退场的案例也并不少见。例如，中国永乐与摩根士丹利、鼎晖投资对赌，永乐最终输掉控制权，被国美收购。真格基金创始人王强呼吁："一个创业者，尤其是起步时期的创业者，千万不要签署对赌协议。除非，你不热爱你所创立的事业。对赌就是泡沫，就意味着你眼下已有的资源无法达到的目标，而你将被迫必须达到。这是如此的惨烈。"京东 CEO 刘强东说："对赌协议常会让创业者在短期对赌和公司长远发展中做出两难选择，即便侥幸逃过赢得胜利，也会对发展带来一定后遗症。京东当年逃过一劫主因是当时投资人预期太低，也算一种幸运。"

不对赌，无 PE；无 PE，没资金。这是许多互联网创业者必须面临的现实。要决定对赌协议到底该不该签以及如何签，就要首先弄清楚对赌协议的本质及其潜在风险。对赌协议的签署一定要回归到企业的基本面，从基本面出发，将慎重摆在第一位。企业要认真分析自己的条件和需求，应优先选择风险较低的借款方式筹集资金，在不得已的情况下才选择对赌协议方式融资。

中华英才网为何会衰落？源自那次对赌协议中的惨败！[1]

累了吗？让脑袋休息一下，扫描如下二维码，了解更多课后内容。

- **对赌协议怎么签**

对赌协议是许多互联网创业者头上高悬的达摩克利斯之剑。当你与 PE、VC 签订认购股份协议及补充协议时，一定要擦亮眼睛，否则一不小心你就将陷入万劫不复的深渊。

关键字：
- ➢ 业绩指标：合理设定、柔性指标、非财务业绩；
- ➢ 企业控制权：企业控制权兜底条款；
- ➢ 保密义务；
- ➢ 竞业限制。

- **众筹好不好**

众筹，是一种新型的筹资渠道，可以通过 P2P 或 P2B 平台的协议机制使筹资人获得来自不同个体的融资筹款。众筹，具有低成本、高效率的特点。

众筹主要有两方面的应用。一是针对创业企业。创业企业通过众筹，把社会上大量分散资金集中起来，完成初期发展所需的资金。二是对于创新产品。众筹相当于提供预先检测市场反应的平台，企业可以把产品需要的基本费用在众筹平台完成筹集之后再生产。

尽管从目前行业发展的现状来看，众筹在我国已经显示出蓬勃的发展势头，前景非常广阔，但是国内众筹平台在运作中均遇到了一些问题；一直以来对"非法集资"的担忧，也让众筹融资模式的合法与否变得影影绰绰。

➢ 众筹法律风险。

（1）刑事法律风险。

① 非法吸收公众存款罪。

a. 非法吸收公众存款的显著特征是：未经中国人民银行批准，擅自向不特定的社会公众吸收资金，承诺回报，最终造成了经济损失。

---

[1] 资料来源：《中华英才网为何会衰落？源自那次对赌协议中的惨败！》，http://www.chinaz.com/web/2015/0508/404549.shtml，2015 年 7 月 17 日访问。

b. 根据我国《刑法》第176条对非法吸收公众存款罪的规定，个人实施非法吸收公众存款，只要数额在20万元以上或者人数在30户以上即追究刑事责任；单位实施非法吸收公众存款，只要数额在100万元以上或者人数在150户以上即被追究刑事责任。

c. 很多人对非法集资有种误解，认为只要不公开，只要对象不超过200人就不算非法集资，其实这是一种错误的认识，是把非法集资与非法证券类犯罪的立案标准搞混淆了。

d. 对于债权类众筹而言，如果采用资金池的方法吸收大量资金为平台所用或者转贷他人获取高额利息，则该类债权众筹存在极大的法律风险：一旦达到刑事立案标准，则可能涉嫌非法吸收公众存款罪。

> **资料链接**
>
> **华安公司、黄应龙非法吸收公众存款案**[①]
>
> 【案件简介】华安公司于2004年9月登记成立，黄应龙担任该公司法定代表人。因经营煤炭需要资金周转，华安公司于2006—2009年间，以高息为诱饵，通过黄应龙及其他人的介绍，以借款的形式先后向钱俊锋、顾进、海阳公司等单位和个人吸收资金，合计人民币13 196万元，用于该公司经营煤炭，造成被害人及被害单位的经济损失7 967万元。2009年7月28日，黄应龙主动到公安机关投案，交代了主要犯罪事实。
>
> 【法理分析】海安县法院认为，华安公司因经营煤炭需要周转资金，未经中国人民银行批准，以高息回报为诱饵，单独或伙同他人向社会不特定对象吸收资金，扰乱金融秩序，数额巨大，其行为已构成非法吸收公众存款罪；黄应龙系单位犯罪直接负责的主管人员，依法应当以非法吸收公众存款罪追究刑事责任。华安公司在共同犯罪中起主要作用，系主犯。根据被告单位和被告人犯罪及量刑情节，于2010年6月依法判处华安公司罚金人民币49万元；判处黄应龙有期徒刑9年6个月，并处罚金人民币45万元。

② 集资诈骗罪。

众筹的大众参与集资的特点极容易与非法集资关联起来，因此，涉及资金类众筹与非法集资犯罪存在天然的联系，犹如处于楚河汉界两边一样，稍有不慎出现越界，就有可能触犯非法集资的法律红线，涉嫌非法集资类犯罪。

a.《刑法》第192条规定，集资诈骗罪是指以非法占有为目的，使用诈骗方法非法集资，数额较大的行为。集资诈骗犯罪性质比非法吸收公众存款更为恶劣严重，最高刑可以处以死刑。

b. 对于债权类众筹而言，如果债权类众筹虚构项目，将吸收的资金挪作他用或者用于挥霍，或者卷款跑路，则该类债权众筹涉嫌集资诈骗罪。目前，已经有部分跑路的

---

① 资料来源：江苏省人民法院：《江苏省法院发布非法集资类犯罪十大案例》，http://jsnews.jschina.com.cn/system/2012/12/04/015425372_04.shtml, 2015年7月17日访问。

P2P被司法机关以集资诈骗罪立案侦查。

③ 欺诈发行证券罪与擅自发行股票、公司、企业债券罪。

虽然对于大多数众筹而言,不太可能去发行根本不存在的股份,但是夸大公司股份价值和实际财务状况还是可能存在的,因此,我们需要充分认识该类犯罪的实质。

《刑法》第160条规定:在招股说明书、认股书,公司、企业债券募集办法中隐瞒重要事实或者编造重大虚假内容,发行股票或者公司、企业债券,数额巨大、后果严重或者有其他严重情节的,处5年以下有期徒刑或者拘役,并处或者单处非法募集资金金额1‰以上5‰以下罚金。

> **经典案例**①
>
> A公司为某省高新技术企业,专注于数据存储设备。2007年,A公司准备上市,但因为销售收入、营业利润等达不到标准,董事会开会决定让其主管会计王某修改利润报表数据30余处,导致后期招股说明书中数据与事实严重不符。2010年7月,公司侥幸成功在某证券交易所上市。上市后,公司盈利能力有限,股票走势低迷,股民和网民联合自发搜索公司上市文件,发现粉饰会计报表隐瞒事实真相,遂举报至证监会,后该案进入刑事侦查,被以欺诈发行证券罪立案查处。

④ 擅自发行股票、公司、企业债券罪。

a. 该罪是指未经国家有关主管部门批准,擅自发行股票或者公司、企业债券,数额巨大、后果严重或者有其他严重情节的行为。我国《刑法》第179条的规定,犯本罪,数额巨大、后果严重或者有其他严重情节的,处5年以下有期徒刑或者拘役,并处或者单处非法集资金额1‰以上5‰以下罚金。单位犯本罪的,实行双罚制,即对单位判处罚金,并对其直接负责的主管人员和其他直接责任人员,处5年以下有期徒刑或者拘役。

b. 该罪如影随形地在等着股权类众筹的发起人。该类犯罪"天生与股权类众筹有缘",在当下也是股权类众筹最容易触碰和最忌惮的刑事犯罪。

如果股权众筹平台或者发起人发起股权众筹,以公开的方式向不特定的人招募,或者向超过200位特定人公开募集股份,则构成擅自发行股份罪。根据司法实践,基于SNS社交平台进行的宣传或推广,属于公开方式。

> **经典案例**②
>
> 2004年,梁朝榕筹建了好一生股份公司,并于2005年将好一生股份公司的股票通过西安联合技术产权交易所挂牌。在未经证监部门备案核准的情况下,梁朝榕以

---

① 资料来源:江苏省人民法院:《江苏省法院发布非法集资类犯罪十大案例》,http://jsnews.jschina.com.cn/system/2012/12/04/015425372_04.shtml,2015年7月17日访问。

② 资料来源:同上。

每股1—3.8元的不等价格向社会公众签订了《股权转让协议》,发行好一生股份公司的"原始股票"。此外,好一生公司还组织业务人员在南宁街头摆摊设点向公众推销,以现金方式认购。在销售时,好一生公司对外虚假宣称保证每年向股东分红不少于每股人民币0.10元,股票持有人可在技术产权交易中心自由交易。同时承诺,公司股票若在2008年12月30日前不能在国内或海外上市,公司就以双倍价格回购。

2007年12月,南宁市青秀区人民检察院向南宁市青秀区人民法院提起公诉。2008年4月,南宁市青秀区人民法院一审判决好一生公司犯擅自发行股票罪,判处罚金人民币10万元;被告人梁朝榕犯擅自发行股票罪,判处有期徒刑3年。

⑤ 虚假广告犯罪。

如果众筹平台应知或明知众筹项目存在虚假或扩大宣传的行为而仍然予以发布,并且造成了严重的后果,达到了刑事立案标准,则涉嫌虚假广告犯罪。

⑥ 非法经营犯罪。

如果众筹平台未经批准,在平台上擅自销售有关的金融产品或产品,并且造成了严重后果,达到了刑事立案标准,则涉嫌非法经营犯罪。

(2) 行政法律风险。

① 证券类行政违法行为。如果未经批准擅自公开发行股份,在未达到刑事立案标准的情况下,则构成行政违法行为,依法承担行政违法责任,由证券监督机关给予行政处罚。

② 非法集资类行政违法行为。如果非法集资行为未达到刑事立案标准,则构成行政违法行为,依法承担行政违法责任,由中国人民银行给予行政处罚。

③ 虚假广告行政违法。如果众筹平台应知或明知众筹项目存在虚假或扩大宣传的行为而仍然予以发布,但尚未达到刑事立案标准,则涉嫌虚假广告行政违法。

④ 非法经营行政违法。如果众筹平台未经批准,在平台上擅自销售有关的金融产品或产品,但尚未达到刑事立案标准,则涉嫌非法经营行政违法。

(3) 民事法律风险。

由于众筹天然存在的大众参与集资模式必然涉及人数众多,这必将导致大家利益安排不一致,关注点也不尽相同。所以,必然会伴随如下民事法律风险发生。

① 合同纠纷。众筹最可能存在的合同违约,主要表现在产品质量不符合约定,交货期不符合约定,不能如期提交约定回报结果,不能如期还款造成的债务纠纷等。

② 股权争议。股权类众筹还可能引发股权纠纷及与公司治理有关的纠纷。此外,对于采取股权代持方式的股权类众筹,还可能存在股权代持纠纷等。

③ 退出纠纷。股权类众筹还涉及一个退出问题,如果没有事先设计好退出机制或者对退出方式设计不当,极容易引发大量的纠纷。

(4) 民事诉讼法律风险。

众筹在民事诉讼程序上也存在诸多问题,比如诉讼主体资格确定问题、集团诉讼问题、电子证据认定问题、损失确定标准问题、刑民交叉及刑事附带民事诉讼等。因此玩众筹,我们不仅要考虑不能触碰刑事法律红线、行政违法法律红线,而且在模式设计上,应严格履行有关法律手续,完善有关法律文件,设定好众筹规则,将每一个操作流程进行细化,转化为一个个法律问题,然后用一个个法律文件固化下来,保证众筹的顺利进行,避免不必要的民事法律争议发生。一旦发生纠纷,对众筹成败影响极大。

小结:

① 债权类众筹最可能触犯的罪名是非法吸收公众存款罪、集资诈骗罪。

② 股权类众筹最可能触犯的罪名是虚假发行股份罪及擅自发行股份罪。

③ 规范类运作的回报类众筹和捐赠类众筹,一般不会触犯刑事法律风险。如果假借众筹从事犯罪活动,则可能触犯集资诈骗犯罪。

2. 业态迥异:强于法律技术,红线当远离

互联网+对于传统行业并不是颠覆,而是换代升级。例如,在通讯行业,互联网+通信有了即时通讯;在交通领域,则催生了一大批打车软件。同时,"互联网+"正在全面应用到第三产业,形成了诸如互联网金融、互联网交通、互联网医疗、互联网教育等新生态,而且正在向第一和第二产业渗透。互联网创业方向不胜枚举。按照企业日后主营业务的不同,创业方向可以分为以下六类。

▶ □ 互联网金融类

随着经济金融化、金融市场化进程的加快以及互联网的普及、民间借贷的日益繁盛,互联网金融已经悄然走进我们的视野。互联网金融(ITFIN)是指以依托于支付、云计算、社交网络以及搜索引擎、app 等互联网工具,实现资金融通、支付和信息中介等业务的一种新兴金融。

- 互联网金融业态一览

互联网金融是传统金融行业与互联网精神相结合的新兴领域。互联网"开放、平等、协作、分享"的精神往传统金融业态渗透,对人类金融模式产生根本影响,从广义上讲,具备互联网精神的金融业态统称为互联网金融。理论上任何涉及了广义金融的互联网应用,都应该是互联网金融,包括但是不限于为第三方支付、在线理财产品的销售、信用评价审核、金融中介、金融电子商务等模式。从狭义的金融角度来看,互联网金融则应该定义在与货币的信用化流通相关的层面,也就是说资金融通依托互联网来实现的方式方法都可以称之为互联网金融。

➤ 从金融需求角度出发,互联网金融业务可以做如下区分,见表6-3[1]。

---

[1] 肖璟著:《风口上的猪:一本书看懂互联网金融》,湖北科学技术出版社2015年版,第32页。

表 6-3 三大基本金融需求

	投 资	融 资	支 付
主 体	资金盈余者	资金短缺者	所有金融活动参与者
目 的	钱生钱	钱买钱	资金流动
产品举例	余额宝 理财通	阿里小贷 拍拍贷	支付宝 微信支付

➤ 从金融业务模式角度出发,互联网金融业务可以做如下区分,见图6-7。

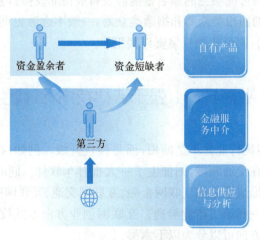

图 6-7 互联网金融三种业务模式

(1) 自有产品。
① 传统金融机构的互联网化:电子银行、直销银行、保险网销。
② 互联网公司金融化:如阿里小贷、花呗。
③ 金融机构与互联网公司合作开发:如民生银行与阿里巴巴"小存小贷""大存小贷",为淘宝卖家量身定制的"众乐宝"。

资料链接

阿里小额贷款[①]

累了吗?让脑袋休息一下,扫描如下二维码,了解更多课后内容。

---

① 资料来源:http://baike.baidu.com/link?url=jAQ5f3dcLMkVgLsXu71lk4rugjcHKxc5ZDtid_srYBf0pS1-VFYJQnDfY_SXeH-nema6mYPH0X73uSDHgCel4PK。

(2) 金融中介服务。

金融产品不是消耗品,二级市场通常需要有经纪(brokers)的参与来提高市场效率或为交易双方保密。金融中介服务全貌见图 6-8。

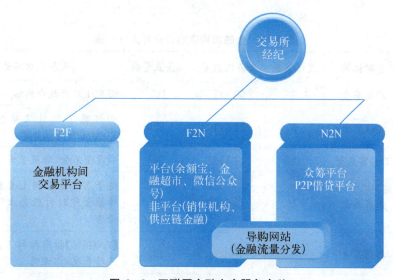

图 6-8　互联网金融中介服务全貌

注：F 指金融机构；N 指非金融机构或者个人。

资料链接

余额宝

余额宝是支付宝打造的余额增值服务。把钱转入余额宝即购买了由天弘基金提供的余额宝货币基金,可获得收益。余额宝的优点是：灵活、方便、高回报。2015 年 4 月,数据显示余额宝规模"全球第二",逆市增千亿。

花呗

花呗,是由蚂蚁微贷提供给消费者"这月买、下月还"(确认收货后下月再还款)的网购服务。目前天猫和淘宝的大部分商户或商品都支持花呗服务,具体商品是否可以使用花呗购买还是要以收银台页面显示为准。

基金超市

基金超市,就是将发行的开放式基金汇聚在一起,由投资者根据需要自由选择,并对其提供投资指导服务的场所。基金超市有助于为客户提供及时的投资信息和服务,在很大程度上满足了投资者在资产保值增值、价值组合、风险控制等方面的金融需求。

微信公众号

金融机构开设的微信公众号不但具备网上银行功能,而且也被赋予了电商功能[1]。

表6-4 金融机构微信公众号人气十强

排名	金融机构	发送篇数	头条阅读量	头条点赞数	头条文章名称
1	广发基金	3	53 185	123	百发100开放申购啦
2	建信基金	3	22 614	22	如何赚了指数又赚钱?还有1 000元大奖等你拿
3	汇添富基金	4	17 118	72	股票型基金,你买了吗
4	嘉实基金	1	10 046	18	关于嘉实基金网上直销平台货币基金即时付服务上限调整的公告
5	招商基金	4	8 093	13	【7.036%】招商招利1月理财的业绩表现,你造吗
6	工银瑞信基金	4	7 200	17	分分秒秒来冲刺,红包到手,啥也不愁!新技能让你马上有红包
7	富国基金	3	6 068	8	富国国企改革基金背景太硬,顶层设计1+N撑腰
8	易方达微理财	4	5 247	22	【股民进化论】好用,才能这么任性
9	景顺长城基金	1	4 166	8	今年债市数钱数到手软,基金经理告诉你明年怎么办
10	华安基金	1	3 627	24	【黑五特惠】才气账户20分起兑全场限时8折

互联网供应链金融

供应链一般包括物流、商流、信息流和资金流。互联网供应链金融的市场参与者通过渗透不同的流程向中小企业销售不同类型的贷款。如苏宁供应链金融。

苏宁供应链金融是基于供应商与苏宁之间存在真实、连续的交易背景,银行为出资人凭借苏宁的商业信誉向苏宁供应商进行融资。苏宁供应链金融业务与其他电商

---

[1] 资料来源:《金融机构微信公众号人气十强》,http://www.aiweibang.com/yuedu/4179107.html,访问日期:2015年9月3日。

金融平台的区别在于：①苏宁金融是自己出资和与银行合作放贷两种模式相结合；②苏宁供应链金融把银行的金融产品灵活地融入苏宁特有的业务模式中，能够根据供应商的不同需求为供应商量身设计融资产品，因此，融资产品相对丰富，可供中小企业多样化选择(见图6-9)。

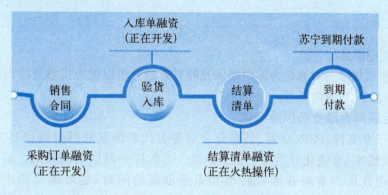

图6-9 苏宁供应链金融流程

P2P

P2P(peer-to-peer)即"点对点""人对人"，是近年来逐渐兴起的一种个人对个人直接信贷模式。主要是指投资方通过有资质的网络平台(第三方公司)作为中介，与融资方(理财方)达成借款(投融资、理财)合意，网络平台收取中介费用的行为。P2P融资模式的发展背景是正规金融机构一直未能有效解决中小企业融资问题和代替民间金融，而以互联网为代表的信息技术，大幅降低了信息不对称程度和交易成本，使得人与人之间金融交易这一人类最早金融模式焕发出新的活力，并弥补了正规金融机构的不足。全球第一家P2P网络借贷平台是成立于2005年3月的英国Zopa，中国第一家P2P借贷网站是成立于2007年8月的拍拍网。受目前中国特殊金融环境和社会环境的影响，P2P网络贷款的主要模式包括：传统模式、债权转让模式、担保模式、O2O(线上线下结合)模式。目前，P2P融资模式已经发展为一个全球性的新兴产业。但P2P贷款高度依赖于个人征信体系，自身往往不能够提供有效的信用风险管理方案。这使得这一模式在面对系统性风险的冲击时显得十分脆弱，一旦发生较大范围的逾期就可能触发逆选择问题。

互联网金融门户

互联网金融门户是指利用互联网进行金融产品的销售以及为金融产品销售提供第三方服务的平台。它的核心就是"搜索+比价"的模式，采用金融产品垂直比价的方式，将各家金融机构的产品放在平台上，用户通过对比挑选合适的金融产品。互联网金融门户多元化创新发展，形成了提供高端理财投资服务和理财产品的第三方理

> 财机构,提供保险产品咨询、比价、购买服务的保险门户网站等。这种模式不存在太多政策风险,因为其平台既不负责金融产品的实际销售,也不承担任何不良的风险,同时资金也完全不通过中间平台。目前在互联网金融门户领域针对信贷、理财、保险、P2P等细分行业分布有融360、91金融超市、好贷网、银率网、格上理财、大童网、网贷之家等。

（3）供应信息与分析。

这是指市场参与者通过为客户提供及时有效的分析以促成投融资活动,如挖财记账、腾讯操盘手、雪球财经等。

- 互联网金融业务风险概述

以第三方支付、P2P、众筹、信息化金融等为代表的互联网金融以其方便快捷、跨时空、低成本、全能化经营等特点,受到广泛欢迎并得以迅速发展。高速发展的互联网金融在促进金融业经营转型和服务创新的同时,也可能会衍生出一系列风险。

➢ 市场风险。

互联网金融业务竞争激烈,余额宝的大起大落可以管窥一斑。

➢ 监管风险。

据目前情况而言,互联网金融还没有具体的金融执照,如P2P网贷,没有正式申请和取得银行或者存款类金融机构的执照,则就不能归类为银行或信用社,其归根结底,属于民间金融。以余额宝为例,按照央行对第三方支付平台的管理规定,支付宝余额可以购买协议存款,能否购买基金并没有明确的规定。余额宝借助天弘基金实现基金销售功能的做法,是在打擦边球。从监管层面上来说,余额宝并不合法。一旦监管部门发难,余额宝有可能会被叫停。

➢ 道德风险。

高息或变相高息吸引客户,行业的恶性竞争让互联网金融业务的道德风险急剧增加,严重影响互联网金融业务的健康发展。以P2P为例,2013年至今,P2P行业迅猛增长,为金融业带来新鲜血液的同时,由于网贷发展还处于初级阶段,缺乏相关部门的监管,法律政策等也相对匮乏,跑路事件也层出不穷。截至2014年12月,出现提现困难、倒闭、跑路等问题的P2P平台已达338家。这一年来,最短时间跑路的十大P2P网贷平台主要分布在经济发达的南部沿海地区。其中,最短寿命为半天,最长寿命也不过2个多月。没有最快,只有更快,纪录被一次次刷新,投资人的心被虐不断。

➢ 操作风险。

操作风险事件是指由不完善或有问题的内部程序、员工和信息科技系统,以及外部因素所造成财务损失或影响银行声誉、客户和员工的操作事件。具体事件包括:内部欺诈,外部欺诈,就业制度和工作场所安全,客户、产品和业务活动,实物资产的损坏,营业中断和信息技术系统瘫痪,执行、交割和流程管理7种类型。

> 资料链接

支付宝内鬼事件[①]

累了吗？让脑袋休息一下，扫描如下二维码，了解更多课后内容。

➢ 法律风险。

（1）合同法律风险。

① 过高回报率承诺的合同，可能因违反法律或行政法规被依法撤销或者确认无效。

② 合同违约依法可能承担违约、赔偿责任。

> 如在众筹模式下，项目发起者也存在违约的风险。由于众筹平台缺乏后期监督，部分项目发起者在募集成功后不兑现承诺，甚至把资金挪作他用，牵连众筹人，可能引发违约之诉。

③ 担保法律风险。

> 在P2P网络借贷平台进行交易撮合时，如果平台具有担保功能，那么在借款人违约（债务人不能清偿到期债务）时，若加之其所提供的身份证明等资料存在造假，平台需要承担担保责任。

（2）侵权法律风险。

① 收集、使用消费者个人信息，应当遵循合法、正当、必要的原则，明示收集、使用信息的目的、方式和范围，并经消费者同意。

② 收集、使用消费者个人信息，应当公开其收集、使用规则，不得违反法律、法规的规定和双方的约定。

③ 对收集的消费者个人信息必须严格保密，不得泄露、出售或者非法向他人提供。经营者应当采取技术措施和其他必要措施，确保信息安全，防止消费者个人信息泄露、丢失。在发生或者可能发生信息泄露、丢失的情况时，应当立即采取补救措施。

④ 未经消费者同意或者请求，或者消费者明确表示拒绝的，不得向其发送商业性信息。

---

① 资料来源：http：//baike.baidu.com/link?url=lZHplqzqqrdOQAJGzkcYaTR2zwNQSzqyuV2YyekJFQS1u58-yuNQ7n_m_2Gw5STur8G1Rg9hrFEaGgICDHzISiq。

(3) 竞争法律风险。

线上产品提供者必须客观真实全面地履行信息披露义务；线上产品宣传必须注意条款通俗化，避免虚假宣传，误导消费者，否则容易触碰反不正当竞争法律红线。

(4) 其他法律风险。

互联网金融可能涉及的行政法律风险、刑事法律风险、诉讼法律风险可参见众筹法律风险部分及第八章。

信息获取(搜索)类

- **概述**

搜索引擎作为互联网的基础应用，是网民获取信息的重要工具，其使用率自2010年后始终保持在80%左右，使用率在所有应用中稳居第二。信息搜索类企业的法律风险主要来自"竞价排名"的盈利模式。竞价排名(Bidding Rank)是搜索引擎关键词广告的一种形式，实质就是对搜索结果进行干预，按照付费最高者排名靠前的原则，对购买了同一关键词的网站进行排名的一种方式。这与没有人工干预的搜索结果的自然排名存在明显区别(见图6-10)。

图6-10 竞价排名与自然排名区别

- **主要法律风险**

尽管在司法实践中，法院最终没有认定竞价排名本身是一种滥用市场支配地位的行为，但是Google也好，百度也罢，搜索引擎给他们带来的风波总是不断。在人人网诉百度案件发生后，百度将其竞价排名已更名为百度搜索推广。但是，其本质仍然是"关键词支付的价格越高的网站在搜索结果中排名越靠前"，潜在的可能误导消费者、可能基于平台势力强制交易的行为没有根本改变。

> **视频链接**
>
> **莆田系大战百度**①
>
> 累了吗？让脑袋休息一下，扫描如下二维码，了解更多课后内容。
>
>

---

① 视频来源：http://video.baomihua.com/v/35435676。

网络娱乐类

- **概述**

网络娱乐可以细分为网络游戏、网络文学、网络视频三个方面。

- **主要法律风险**

➤ 著作权侵权由来已久。

中国互联网的知识产权维护一直都是这个行业挥之不去的痛,网络娱乐业作为其分支,难以幸免。盗版和山寨在很长一段时间里都是中国互联网挥之不去的标签,在这方面网络娱乐业也不是局外人。中国的玩家们早已习惯了 Copy to China("借鉴国外游戏来进行开发")模式的游戏,中国的网络文学读者也看了许多无脑复制的文学作品。久而久之,网络上有了这么一句话:"一直在模仿,从未被超越;一直在山寨,从未被起诉。"

有人靠山寨起家,有人靠侵权致富,还有人靠复制带来成功。违法者的收益颇为可观,甚至有玩笑说:"如果要评选当今最容易赚钱的行当,除已明文列入刑法的职业和开挖掘机外,网络游戏、网络文学作家绝对名列前茅。"

2013年,借着移动互联网的发展,"维权"成为游戏界年度热词,许多曾经山寨起家的人,如今也拿起了维护版权秩序的大棒。行业里"一直在侵权却从未被起诉"的迷思,渐渐在这一年找到了答案。2015年,国家新闻出版广电总局印发《关于推动网络文学健康发展的指导意见》,其中特别提出,将完善网络文学编辑人员管理机制,落实持证上岗制度,建立健全网络文学发表作品的作者实名注册、责任编辑及出版单位署名等制度。对于网络版权的保护,已经上升至国家层面。

经典案例

三国杀诉三国斩[①]

2010年7月,两家杭州游戏公司对簿公堂,杭州边锋网络技术有限公司诉杭州趣玩数码科技有限公司侵权案在杭州市西湖区人民法院开庭审理。原告边锋公司称,从2006年开始到2009年,"游卡桌游"从无到有,一步步打造出《三国杀》。但是,被告"桌游世界"中的《三国斩》采取同义词替换、语序倒装的方式改变《三国杀》中人物的选择、人物的技能、游戏牌的效用、游戏规则的文字描述,使两者构成实质性相似,其行为构成了"剽窃他人作品"之情形,使原告的合法民事权益受损。边锋请求判令被告立即停止运营《三国斩》网络游戏或删除内容、停止发售"三国斩"卡牌;在其经营的网站及媒体上赔礼道歉、消除影响,要求赔偿原告50万元及调查取证费及律师

[①] eNet游戏:《三国杀将再诉三国斩 告其侵权及不正当竞争》,http://games.enet.com.cn/article/A4620110519007_0.html,2015年7月2日访问。

费共7.8万元等。被告则认为,"三国斩"与"三国杀"均借鉴自意大利桌游"Bang",不存在抄袭一说。

边锋于2011年1月撤诉。至于撤诉原因,有知情人士称是因为难以界定桌游三国杀属于哪一种具体的著作类型,亦有专业人士认为原告是为了避免搬起石头砸自己的脚,因为如果原告胜诉,那等于是为"Bang"未来告赢"三国杀"抄袭树立了一个非常好的案例标本。

> 虚拟财产价值争议不断。

伴随互联网产业尤其是网络游戏业的高速发展,虚拟财产所引发的一些法律问题和社会问题也相继出现。尽管由于缺乏统一的法律规定,各地审判机关在审理虚拟财产侵权纠纷时的裁判依据及其裁判结果大相径庭,但虚拟财产具有独立的经济价值已基本被法学界和审判实践认同。

经 典 案 例

宋涛与成都金山数字娱乐科技有限公司网络服务合同纠纷案①

扫描如下二维码,获取案件详情。

本案焦点:(1)本案属于网络侵权责任纠纷还是网络服务合同纠纷;(2)被上诉人成都金山数字娱乐科技有限公司终止上诉人宋涛所有账号是否属于侵权行为,以及是否应该恢复该账号。

【裁判要旨】

(1)被上诉人作为游戏的开发运营商,以网络为载体提供游戏的平台,上诉人作为玩家参与游戏并支付相应的费用,两者之间形成平等的民事法律关系。

(2)上诉人进行游戏时对其账号及账号内的虚拟人物、装备可行使占有、使用、分配、处分等诸项权利,故上诉人所注册的游戏账号属于物权范畴,被上诉人作为游戏平台的管理者,只是享有在服务器上保存游戏数据,但没有对其任意非法修改、删除、封停的权利。

(3)被上诉人其封停该账号的行为应该属于需要查明的侵权与否的行为。

---

① 〔2014〕渭中民二终字第00060号民事判决书。

一 交流沟通类

● 概述

这一领域可以分为即时通信、博客空间、微博、社交网站四大方面。截至 2014 年 12 月，我国网民规模达 6.49 亿，手机网民规模达 5.57 亿。即时通信使用率为 84.2%，其中以即时通信业务最受网民关注，究其原因在于：一是聊天是即时通信产品最基础的功能；二是随着即时通信产品功能不断地拓展，产品已不再仅仅起到交流沟通的作用，而是正在从聊天工具向综合平台转变。平台中除了基础的聊天功能外，购物、支付、游戏等服务的引入为即时通信产品搭建了一个良好的生态圈。即时通信功能的不断创新，提升了用户体验，带来新用户，也增强了用户黏性。事实上，这一领域的法律风险也多发在即时通讯向平台转向的过程中，最典型的事例莫过于"3Q 大战"。

● 主要法律风险

"3Q 大战"[①]

扫描如下二维码，获取案件详情。

从"3Q 大战"事件观之，从事交流沟通类业务的企业，法律风险主要集中在以下两个方面。

➢ 滥用市场支配地位。

如"3Q 大战"中，腾讯面临的指控就是搭售与排他性交易行为。

➢ 侵犯用户隐私权。

360 作为一家互联网安全公司，通过发布计算机软件"隐私保护器"，提供客户端在线服务监测、显示、网站公告的方式，使用"可能、可疑、查看、偷窥"等字眼，宣称 QQ 涉嫌侵犯用户隐私。对此，QQ 回应说，其绝对没有窥探用户隐私的行为，也绝不涉及任何用户隐私的泄露，但是，对于扫描和上传行为，其表示认可，只是其扫描的文件和数据仅限于 QQ 的应用层软件，上传的木马资料中不包括用户的隐私资料。

[①] 根据案件资料综合整理。参见：http://baike.baidu.com/link?url=9zw3v_H6ap7LOXyNgOyBagWxubIxgqc-2ijR5uoEKKeMvfrHoQUdZXNq7XkBTCsKrTmDIKwtxyH_sz5PjOmnMOAqr-LA7UzIm0ybEO-jINKAD_0YQaXYr4szVQ5HGTHlcwJLp1Oba_sO9IKmhVxTBKD_anCz6qvgsJRGBLgTkEC。

创业法学

创业者要注意的是,就立法来看,对于隐私权的法律保护,在《侵权责任法》颁布之前,我国采用的是间接的、分散式的立法方式。就司法来看,我国对隐私、隐私权的法律保护确实有案例存在,但是,无论是从立法、司法解释来看,还是从判例来看,对于隐私权的概念及其内涵、外延、存在形态和表现形式等,均没有做出明确规定和界定。所以,非常容易造成同案不同判,具体案件判决无所适从的司法困境。特别是,3Q之战所暴露的计算机、网络环境下的隐私保护,在法律上更是鲜有涉及,使得该环境下的隐私权法律保护,侵权行为的界定、规范和责任承担难度加大。这些都值得我们进一步分析、研讨和完善①。

资料链接

对隐私、隐私权的法律规定和司法解释

(1)《宪法》第38条"中华人民共和国公民人格尊严不受侵犯,禁止用任何方式对公民进行侮辱、诽谤和诬告陷害";第39条"中华人民共和国公民的住宅不受侵犯";"禁止非法搜查或者非法侵入公民住宅";第40条"中华人民共和国公民的通信自由和通信秘密受法律保护"。

(2)《刑法》第245条,以及刑法修正案七。

(3)《民法通则》第101条规定,公民和法人享有名誉权,公民的人格尊严受法律保护。

(4)《民事诉讼法》第66条、120条,《刑事诉讼法》第152条等,都规定对涉及个人隐私的案件不公开审理。

(5)司法解释,如:最高人民法院在《关于贯彻执行〈中华人民共和国民法通则〉若干问题的意见(试行)》第140条规定:"以书面、口头形式宣扬他人的隐私,或者捏造事实公然丑化他人人格,以及用侮辱、诽谤等方式损害他人名誉,造成一定影响的,应当认定为侵害公民名誉权的行为。"

(6)最高人民法院《关于审理名誉权若干问题的解答》第1条规定:"违反社会公共利益、社会公德,侵害他人隐私或者其他人格利益,受害人以侵权为由向人民法院起诉请求赔偿精神损害的,人民法院应当依法予以受理。"

(7)其他法律法规保护。如《未成年人保护法》第30条、《律师法》第33条、《商业银行法》第29条等。

商务交易类

● 概述

商务交易类可以分为网络购物、网络团购、在线旅行服务三类。

---

① 王继丰:"3Q大战所引发的隐私权法律保护思考",载《深圳律师》,2010年第32期。

➢ 网络购物。这是指通过互联网下单,并由物流发货的购物模式。网络店铺分为 C2C、B2C 和 B2B 网店。利用在 C2C 类(淘宝、京东、拍拍等)电子商务类网上开店,赚取商品价差或者提供服务的形式进行创业,叫网店创业。网店创业具有门槛低(零成本、从业人员要求低)、风险低、经营方式灵活、消费群体广泛等优点,特别适合手头资金有限、没有承担风险能力的创业人士。

➢ 网络团购。这是指一定数量的消费者通过互联网渠道组织成团,以折扣购买同一种商品。其根本特征就在于借助互联网的凝聚力量来聚集资金,加大与商家的谈判能力,取得价格上的优惠。随着全球服务业和互联网经济的不断发展与融合,网络团购行业得到了越来越多的消费者青睐。

➢ 在线旅行服务。这是指通过网络的方式查阅和预订旅游产品,并可以通过网络分享旅游或旅行经验,而非通过在线(网络)的方式旅游或旅行。在线旅游服务的核心价值在于,提供旅游相关信息、提供行程安排预订服务的功能。随着人们生活水平的提高,对旅游的需求逐渐提高,传统的旅行社已经不能满足消费者的需求了。在线预订除了为消费者提供价格上的优惠,还有个性化的旅行路线,因此,已被大多数消费者接受。

在线旅游可分为以下四类。

(1) 综合 OTA。以携程、艺龙、同程为代表,提倡一站式服务。酒店、机票、自由行、独家产品什么都做,目前携程依旧占据龙头老大的位置。

(2) 媒体平台型。以去哪儿、酷讯、淘宝旅行、蚂蜂窝、穷游网等为代表,盈利模式是靠广告。其中,去哪儿、酷讯、淘宝旅行是旅游搜索引擎,蚂蜂窝和穷游网则是 UGC 型在线旅游网站。

(3) 垂直领域 OTA。这个类型的代表有途牛网,主要制作旅游独家产品,做单个 OTA 线;住哪网,专门做酒店业务。

(4) 移动 APP。移动端又分为四类:一类是预订类,像携程、去哪儿等移动客户端;第二类是工具类,如"飞常准"等;第三类是企业的移动端产品,比如七天、如家的手机客户端;第四类是旅行游记攻略共享,比如在路上、面包旅行等。

● **主要法律风险**

在线旅游、网络团购作为一种新兴的消费模式,同所有网上购物一样还缺乏相关法律法规的监督约束,这样就导致一些违法分子利用法律漏洞诈骗消费者。这些消费不安全的乱象存在,制约了互联网商务交易类业务的发展。消费者遇到的消费障碍,是创业者必须绕开的创业"雷区"。

➢ 市场准入门槛低、信用缺失严重、欺诈现象时有发生。

以团购网站为例,中国互联网协会信用评价中心发布的《2010 年国内网络团购行业信用调查报告》,根据对 257 家团购网站和 5 家团购导航网站进行调查,其中,信用优良的只有 3 家,占调查商家总数的 1%;信用欠佳的 102 家,占调查商家总数的 39%[①]。目前存在的团购欺诈现象多种多样,主要表现为:① 组团人通过虚假宣传吸引团员,或

[①] 资料来源:《团购信用调查报告发布 行业整体信用得分 63》,http://tech.sina.cn/i/2010-12-10/15194968601.shtml,2015 年 7 月 2 日访问。

虚假承诺骗取团员钱款，或与商家勾结损害消费者权益等欺诈行为；② 商户由于不与团员直接接洽交易事务，所以在服务提供上更容易发生以次充好、减量销售、销售假冒伪劣产品等情形。

➢ 产品质量及售后服务不完善。

由于消费者通过互联网商务交易获得的折扣或者优惠条件较多，商户往往怠于提供对该等产品的售后安装、维修及"三包"承诺服务。例如，在团购网站的交易模式下，消费者须在没有确认收到满意的货物的情况下就要完成付款，且缺乏资金担保机制。尽管部分网站现已提出"七天内无条件退货"等服务，但也只是针对部分产品，无法全面保护消费者的合法权益，网购销售售后服务不到位问题已经成为制约网购消费扩展的主要因素。

➢ 个人资料和信息泄露。

网购过程中，消费者需要提供给网站经营者部分个人信息，包括手机号码、家庭住址等，原本此等信息仅可以用于网购行为中，但在现实生活中，未经消费者同意，网站经营者将消费者个人信息转送、出售给第三人的现象十分普遍，严重损害了消费者的合法权益，侵犯了消费者的隐私权，甚至危及消费者的人身、财产安全。

➢ 网络支付安全风险。

网络的开放性增加了消费者网上支付活动的风险，如：网上支付信息被商家或支付平台收集后泄露给第三者，不法分子盗窃或非法破解账号密码导致电子货币被盗、丢失，信用卡欺诈等，严重危及消费者财产安全，消费者应当谨慎对待，创业者也必须谨慎解决此类问题。

➢ 不正当竞争风险。

以团购网站为例，通过调查部分大型团购网站与商家合作方案，可发现如下两种现象：① 知名网站往往喜爱采用抵用券形式来吸引顾客，或者选中一款价位非常低的产品在网上销售，消费者用抵用券在商家消费可抵面值对等的商品价格。消费者得到抵用券或者电子消费券后，用券号、密码登陆商户的网上商城，可以购买其他产品并在商家的支付平台上补差价结算，相当于商家通过团购转卖自己的其他商品。② 部分知名网站定期以团购形式出售的商品都具备较强的价格优势，依托综合门户网站的资源优势，充分利用价格调节机制推出自己的团购平台。这种竞争模式对于资金相对紧张、客户资源相紧缺、市场地位不高的中小网站的发展无疑产生了不小的竞争压力，同时该等综合实力雄厚的网站也有利用市场地位进行不正当竞争的嫌疑①。

☐ 互联网应用类

互联网＋不仅仅是对传统创业的网络化延伸，更是对传统创业的升级，并为传统产业的组合创造了无限的可能性，互联网应用业务由此而生。

---

① 资料来源：《网络团购平台的责任和法律风险》，http://www.cnlaw.net/html/3218.html，2015 年 7 月 2 日访问。

- **物联化、互联化和智能化综合发展**

物联网化、互联网化和智能化的综合发展将满足未来城市发展的需要。

➤ 物联网化：基于传感器的系统将可见性扩展到实际运输、公用事业、水资源和城市建筑中，提供以前无法利用（不可用或数据收集成本过高）的新的实时数据源。

➤ 互联网化：事件处理软件从原始传感器输入流中导出和业务相关的事件，集成中间件可将这些数据带入所需情景中，实现对运营系统的实际行为的洞察。

➤ 智能化：数学算法和统计工具针对系统集成的进一步拓展，利用可用数据提供对城市事件的更深入洞察。可执行结果预测、场景建模和模拟，帮助风险管理，并使得决策过程更加充分。

- **云计算**

云计算（Cloud Computing）的实质是一种基于互联网的计算方式，通过这种方式，共享的软硬件资源和信息可以按需提供给计算机和其他设备。云计算被称为继个人计算机变革、互联网变革之后的第三次 IT 浪潮。目前，中国云计算服务市场规模总体较小，但潜在有庞大的市场需求。全国多省将大数据列为战略发展方向，大规模生产、存储、分享、应用数据的大数据时代已经来临。中国电信的天翼云、中国联通的企业云、中国移动的大云平台纷纷推出；以阿里巴巴、百度、奇虎 360、盛大等为代表的互联网企业结合自身业务，开发各类云平台，提供云主机、云存储、云杀毒、开放数据库等资源服务和网站云、游戏云等一站式托管服务；数家互联网企业的 PAAS 平台已经吸引了数十万的开发者入驻，通过分成方式与开发者实现了共赢。

云计算所产生的法律问题，给世界各国都带来了挑战，在一些国家关于黑莓的限制被重新提起。例如，法国规定政府部门不能使用黑莓手机，因为所有的邮件路由将通过美国，易被美国国土安全部看到。在印度，为了阻止政府关于使用黑莓设备的禁令，RIM 公司与政府合作，以解决国家安全和用户隐私的问题。另外，用户对自己上传信息的知情权问题（用户对自己上传的信息没有绝对的知情权，即不能查看自己上传信息在网盘中存储位置、最新使用路径等）、用户上传内容的归属问题（网盘服务格式合同中往往规定网盘服务商对用户上传资料享有著作权）等也是实践中争议较大的内容。

经典案例

浙江横店影视制作有限公司诉华为软件技术有限公司知识产权权属、侵权纠纷案[①]

【案情简介】《搞定岳父大人》是一部由徐峥出演的国产喜剧电影，2012 年 8 月 3 日该片开始公映。原告浙江横店影视制作有限公司系该片的投资宣传方，享有该片的版权。电影上映第二天，原告发现，华为 115 网盘注册用户"龙太子"就将《搞定岳父大人》上传至网盘，供网友免费下载观看。原告认为被告华为软件公司的行为已侵

---

① 南京市雨花台区人民法院〔2013〕雨知民初字第 40 号民事判决书。

害原告的合法著作权、网络信息传播权及相关知识产权,给其造成巨大的经济损失,遂诉至南京市雨花台区人民法院。

原告横店影视公司诉称,该片在国内公映期间,原告发现被告未经原告授权许可,擅自在其经营的华为网盘上非法提供该影片,供公众予以点击播放或下载,有自我炒作之嫌。且被告收到通知后,立即将影片删除,并于第二天早上回复了处理结果。

【裁判摘要】

第一,被告在网盘网页中,已将网盘服务协议、网盘法律声明、网盘通知与反通知的规定内容进行了公示,且我国相关法律并未要求提供信息存储空间的网络服务提供者对他人利用其技术服务传播的作品是否侵权承担事先主动审查、监控的义务。

第二,根据公证书及光盘,涉案影片并未置顶或放在其他醒目位置,因此,无法得出被告对涉案影片进行了推荐。

第三,影片2012年8月3日公映,原告未提供充分证据证明其具有较高知名度,故被告也无从得知网盘海量内容中会存在该侵权影片。

第四,现有证据不能证明被告因涉案影片而直接获利。

第五,被告在收到侵权通知后已及时删除了网站上的涉案影片,软件公司已履行了网络服务提供者的义务。

综上,法院认为,被告不具有过错,适用"避风港原则",具备法定免责条件,故对于原告要求赔偿50万元的主张,法院不予支持。

- 移动互联

移动互联网指的是用户能够使用手机、平板电脑或其他手持移动终端通过移动通信网络(W-LAN、GPRS、GSM、CDMA、TD-SCDMA、WCDMA等)接入互联网,结合了移动通信和互联网的新型互联网生态系统。随着国家政策的不断支持,中国网络进入4G时代,不仅电子商务具有无限广阔的市场前景,移动电子商务产业发展更是潜力巨大,势不可挡。因此,在未来20年内,具有投资少、风险低、效益高的网店经营项目(尤其是手机网店经营项目)必将成为小本创业者首选的创业项目。

- 可穿戴设备

可穿戴设备是指延续性地穿戴在人体上,具备先进的电路系统、无线联网及独立处理能力的终端设备,其具备最重要的两个特点是可长期穿戴和智能化。在智能手机的创新空间逐步收窄和市场增量接近饱和的情况下,智能可穿戴设备作为智能终端产业下一个热点已被市场广泛认同。2012年因谷歌眼镜的亮相,被称作"智能可穿戴设备元年"。2013年,各路企业纷纷进军智能可穿戴设备研发,争取在新一轮技术革命中分一杯羹(见表6-5)。

表6-5 可穿戴设备产品一览

手表类	PS-500智能手表、PS-100智能手环
鞋类	耐克智能运动鞋

(续表)

眼镜类	谷歌眼镜
其他	智能服装、书包、拐杖、配饰等

人们对网络的依赖日益增强,可穿戴设备强化了这种依赖性。当到处印刻着健康指数、行为习惯、生活偏好和工作履历痕迹的时候,个人隐私泄露的危险大大增加。另外,可穿戴设备辐射对人体健康的影响也是需要创业者认真思考的一个问题。

- 智慧食品

民以食为天,食以民为先。食品安全影响着每个人的日常生活和健康。随着近年来重大食品安全问题不断被曝出,食品安全成为人们关注的焦点。食品安全问题可以分为两块:第一是如何让食品本身更健康;二是如何保证健康的食品经历了流通过程后最终成为餐桌上一道放心菜。在经历了2008年三鹿事件之后,人们目光的焦点放在了后者,希望从农、林、畜、牧、渔,食品的生产,到食品和原料加工,中间的运输物流环节,食品的销售环节,再到市民的餐桌上,质量监督单位能够协同相关企业和工厂对于这一闭合圈进行全程监控,确保食品安全。"食品质量安全追溯系统"由此而生。

"食品质量安全追溯系统"是一个能够连接生产、检验、监管和消费各个环节,让消费者了解符合卫生安全的生产和流通过程,提高消费者放心程度的信息管理系统。该系统广泛应用于农、林、渔、牧、副各类食品的安全追溯管理,适用粮油食品、畜禽食品、果蔬食品、水产食品、调味品、乳制品、方便食品、婴幼儿食品、食品添加剂、饮料、化妆品、保健食品等。对消费者而言,食品质量安全追溯系统能够帮助其通过终端查询系统查到食品的来源地以及生产流程,再决定是否购买,更有效地保护了其知情权、安全权与公平交易权。

扫一扫,就知道

请拿出你的智能手机,扫一扫下面的二维码。看看该产品的生产商、产地、生产基地基本情况、产品品种、采摘方式、产品真假鉴别方式等全部信息。

这样的食品,是不是让人感觉很放心?

- 在线法律服务

在移动互联网飞速发展的今天,全民一直在期待能够享受一种让用户以更简单、更高效、更经济、更被善待的方式享受的全新法律服务,在线法律服务由此而生。对于国内新兴的十余家法律电商网站而言，美国的 Legal Zoom 是一个传奇。Legal Zoom，一家提供法律文件创建服务的美国网站，其收入 2009 年为 1.03 亿美元，2010 年为 1.21 亿美元，2011 年为 1.56 亿美元，加州新成立的有限责任公司中，有超过 20% 都使用了 Legal Zoom 的服务。对于提供标准化在线法律服务的公司而言，这是一份漂亮的成绩单。来自西方的这股法律电商春风，吹绿了春意萌动的国内创业者，一夜之间国内多家法律电商网站上线、法律服务 APP 也不断涌现。法律电商是法律行业深化运营的电子商务模式，指参与双方基于网络运营商提供浏览交互平台进行法律服务交易活动。这个创业机会很容易看懂，通过电话或在线的方式降低为中小企业提供法律服务的成本，并通过服务标准化获得规模效益。

法律电商偏好使用垂直搜索模式，即通过对网页库中的某类专门的信息进行一次整合，定向分字段抽取出需要的数据进行处理后再以某种形式返回给用户的搜索方式，这与 Google、百度的通用搜索提供的无序化海量信息相比，其特点就是"专、精、深"，且具有行业色彩。

做法律电商的网络公司不懂法律服务，做法律服务的不懂互联网，法律电商的根本还是理念与思维的问题，是核心人才的问题，创始人的问题。建议法律电商创业者团队最好优化人才结构，具备根植于传统法律行业、对互联网商务具有超强的敏感和直觉的人才。如果大家都没有沉下心来想清楚网络的核心优势在哪里，法律服务的本质特点是什么，两者应当如何结合，结合的解决方案如何架构，最终只能成为真正的法律电商模式出现前的试验性炮灰。网络做不到无所不能，网络的功能无非就是解决时空上的信息传递和处理问题，在这个过程中能提高效率、降低成本，并给用户带来更好的服务体验。这个也是标准化的法律服务要深刻把握的问题。

本章概要

互联网产业性质的不确定性、"法不禁止即可为"在实践中的适用性、互联网企业所处的双边市场条件及其倾斜定价的偏好、互联网企业普遍采取的降维攻击策略、创业平台对创业者的"无赖性"、O2O 商业模式的普遍适用性、创业融资对赌协议和众筹的依赖性共同构成了互联网创业的系统生态环境。在互联网创业门前，创业者必须谙熟这些规则，顺势而为。

"互联网+"就是"互联网+各个传统行业"，现实生活中存在的事物都能在互联网领域找到相应的场景。形态万千的互联网业务，其所潜在的法律风险各不相同。对不同业务法律风险的知晓、法律红线的远离是创业者安全创业的前提。

专题讨论

1. 在互联网环境下，免费甚至补贴的定价策略为大多数企业采用。如打车软件"烧钱"大战使得打车软件市场开始了重新洗牌，没有雄厚资金支撑的打车软件公司开始纷纷退出了相关市场。而马云说："互联网技术十年前可以免费，但今天互联网创业还靠免费就是找死，因为免费必然带来一家独大，带来赢家通吃、劣者生存等问题。"假如你在互联网领域创业，你是否会选择这种"用今天赌明天"的免费盈利模式？为什么？

2. 腾讯从游戏(CF)到搜索引擎(搜搜)再到电子商务(拍拍),腾讯无不是在翻版,但不容否认的是每一次复制都是一次漂亮的翻版。依靠着数亿的用户基数,腾讯的每一次翻版都不会落空。对创业者而言,被腾讯复制估计这是他们最可悲的事情,因为没有一个创业者希望自己的创业领域被互联网大亨过早地介入。原网易门户内容总监郭子威撰文更是声称如果"腾讯抄袭我,老子跳槽去腾讯!",大吐创业者不快。假如某一天,腾讯复制了你的项目,你该怎么办?

3. "棱镜门"事件成为全球热点,在质疑美国政府是否正在使用大数据对公民隐私进行侵犯的同时,多数网民更关注的是,在社交网络、计算机技术日益成熟,个人信息随时随地都可能被记录下来的今天,我们应该该如何保护网民的隐私权?

4. 在团购、打车等O2O集体烧钱的年代,不烧钱的法律电商让很多创业者眼前一亮。请结合Legal Zoom、绿狗网、爱法务等法律电商创业的经历,谈谈你对互联网+法律服务业务的设想。

创 业 实 训

拟定微信赛事项目书

假设你创立了一个微信营销公司"v+公司",专门从事微信赛事支持业务。现有"熹园老茶馆"准备利用微信投票形式开展一次"白茶仙子"评选大赛活动,有意与贵公司合作。"熹园老茶馆"负责提供奖品,v+公司负责赛事流程安排并承担投票平台的研发、监督以确保投票过程顺利、结果公允。

选手应以真实身份注册、以本人正面免冠相片作为参赛选手链接封面。投票系统要求每个微信号1天只能投10票,且1个微信号1天只能为每个参赛选手投1票。整个投票时间为1月1日1:00—1月9日24:00。届时,将以有效投票数量多寡决定选手排名。

请根据上述情形,拟定一份项目合作书正文与附件材料。

提示:项目书制作应该关注如下几点:(1)在微信赛事多如牛毛的今天,如何增强活动的趣味性,激活本次活动的参与度?(2)在尽可能简单的参赛规则下,如何确保该活动以及赛事公众号的推广不违反相关法律规定?(3)在"免费"提供赛事支持的理念下,如何发现v+公司的盈利点?

要关注参赛选手须知的制定(如活动过程中相片版权的归属)、v+公司与"熹园老茶馆"的权利义务分配、赛事活动的可持续性推广、如何设计免责条款等问题。

第七章　创业知识产权管理

【创业视频扫一扫】

"现代"的艺术：20 万换回 4 000 万

在现代社会中，一个立足于长远发展的创业者应该具备敏锐的知识产权意识，注重知识产权的创造、运用和维护。请扫一扫如下二维码，观看视频"'现代'的艺术：20 万换回 4 000 万"，与小伙伴及老师讨论创业企业应如何保护知识产权，并开始本章的学习。

> **创业导读**
>
> 章鹏飞的故事对于创业者们极具启示意义。在现代社会中，一个立足于长远发展的创业者应该具备敏锐的知识产权意识，注重知识产权的创造、运用和维护。经验表明，有效的知识产权管理能够为企业带来更具商业价值的无形资产，避免陷入"同质化竞争""低价竞争"的怪圈。为此，对知识产权的关注应当贯穿于企业经营管理的始终。

★1. 为什么要进行知识产权管理

随着科学技术的进步和社会经济的发展，现代社会已经进入知识经济时代。按照经济合作与发展组织(OECD)的定义,知识经济是指建立在知识和信息的生产、分配和使用之上的经济,是和农业经济、工业经济相对应的一个概念。知识经济的主要特征之一就是经济发展以无形资产投入驱动为主,知识、智力、无形资产的投入在经济发展中起决定作用。

对于企业而言,决定企业竞争力的重要因素已不限于资金和规模的大小,知识产权作为企业无形资产中最具价值的组成部分,已成为知识经济时代的核心竞争力。

知识产权的价值

知识产权是民事主体依法享有的对各种具有商业价值的信息产品进行排他性支配的权利。作为一个概括性称谓,知识产权包括专利权、商标权、著作权、植物新品种保护权、集成电路布图设计权以及商业秘密等诸多对企业发展至关重要的权利类别。在现代市场经济中,知识产权已成为企业间竞争的重要策略性工具,能够为企业带来巨大的附加值。不仅如此,"专利战""商标战"等知识产权战略也已成为企业在日常经营活动中最具"含金量"的经济行为,是企业有效竞争的利器。

台湾IT教父施振荣曾经在《再造宏碁》一书中用一条"微笑曲线"来描述电脑产业的价值链:坐标的X轴是产品的研发、制造、营销环节,纵向的Y轴是产品的附加值①。该条曲线意在说明,在电脑产业链上,身处产品研发高端的企业,以及掌控品牌营销的企业,分别可以依靠技术和品牌优势获取高额的利润,而那些单纯提供生产劳动的企业,则实际上处于"血汗工厂"的地位,虽然其产品的市场份额很大,但利润却少得可怜(见图7-1)。

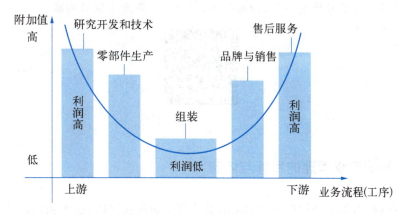

图7-1 微笑曲线图

虽然"微笑曲线"理论最初只是用于说明电脑产业链的利润分配情况,但该理论对于我国经济的整体发展以及单个企业的成长也极具启示意义。当前,中国已成为"世界工厂"和"全球制造中心"。另一方面,由于我国大多数企业长期以来忽视基础性的技术

---

① 王晋刚、张铁军著:《专利化生存》,知识产权出版社2005年版,第15页。

研发工作,并且缺乏品牌战略意识,致使一些跨国公司频频利用专利战略和商标战略遏制我国企业的发展,使我国企业只能充当它们的"打工仔",赚取微薄的加工费。对于那些在专利技术和品牌营销方面拥有优势的企业来说,通过收取高额的专利许可使用费和品牌授权使用费,它们不仅可以加大持续研发和品牌塑造的力度,也极大地抑制了我国企业的成长空间,使后者在技术研发和品牌营销这两方面的竞争劣势愈发凸显,并陷入恶性循环。

小米"专利门"的启示[①]

累了吗?让脑袋休息一下,扫描如下二维码,了解更多课后内容。

奢侈品牌的中国制造[②]

累了吗?让脑袋休息一下,扫描如下二维码,了解更多课后内容。

知识产权管理的目标与内容

对企业而言,知识产权管理的核心目标在于:如何在创造、运用和保护知识产权的过程中,既能有效识别和防控知识产权风险,又能确保知识产权价值的最大化。对于不同类型的企业以及身处不同发展阶段的企业来说,知识产权管理的具体目标和管理重

---

① 资料来源:《小米"专利门"敲响国产厂商出海警钟》,http://tech.hexun.com/2014-12-14/171399775.html,访问日期:2015年8月3日。

② 资料来源:《奢侈品牌的"中国制造"代工生产不足为奇》,http://money.163.com/14/0527/08/9T85NROV00253G87.html,访问日期:2015年8月3日。

心也将有所区别。

就我国而言,绝大多数企业目前处在知识产权启蒙期,由于对知识产权规则的了解有限,自身的知识产权储备也相对不足,容易受到知识产权管理成熟的国外企业的"知识产权进攻",因此这一阶段的知识产权管理目标重在防御,知识产权管理工作主要围绕"创造"展开。在这一阶段,知识产权管理工作的重心在于,如何能够在避免侵权的基础上,尽可能地扩充知识产权储备量,以增强企业自身抵抗知识产权风险的能力。随着知识产权储备数量的增长,企业知识产权管理工作的重心也将相应发生转变,在这一阶段,降低知识产权管理成本、甄别、实现知识产权的价值,依托核心知识产权合理定位企业的中长期发展战略等成为知识产权管理工作的首要目标。

华为公司与跨国巨头的知识产权恩怨[①]

累了吗?让脑袋休息一下,扫描如下二维码,了解更多课后内容。

★2. 专利创造中的风险规避

专利是某一特定国家或地区对相关发明创造成果依法予以保护的制度,对于专利权主体而言,专利意味着其可以在一定期间和特定地域范围内对有关发明创造成果进行独占性的排他使用。根据我国专利法的规定,专利主要包括发明专利、实用新型专利和外观设计专利等三种类别(见表7-1)。

表7-1 专利的种类

	发 明	实 用 新 型	外 观 设 计
定 义	对产品、方法或者其改进所提出的新的技术方案	对产品的形状、构造或者其结合所提出的适于实用的新的技术方案	对产品的形状、图案或者其结合以及色彩与形状、图案的结合所作出的富有美感并适于工业应用的新设计

---

① 资料来源:《华为公司与跨国巨头的知识产权恩怨》,http://www.legaldaily.com.cn/society/content/2011-06/02/content_2705698.htm? node=28813,访问日期:2015年8月3日。

(续表)

	发 明	实用新型	外观设计
保护期限	20年	10年	10年
授权条件	新颖性、创造性、实用性	新颖性、创造性、实用性	新颖性、合法性、显著区别性
创造性要求	与现有技术相比,有关发明具有突出的实质性特点和显著的进步(创造性要求高)	与现有技术相比,该实用新型具有实质性特点和进步(创造性要求低)	无创造性要求
作用	借助自然规律解决生产生活中的技术问题	借助自然规律解决生产生活中的技术问题	使产品富有美感,但不具有技术功能
审查程序	实行早期公开迟延审查,审查严格	初步审查	初步审查
权利内容	未经同意,任何人不得为生产经营目的制造、使用、许诺销售、销售、进口专利产品,或者使用其专利方法以及使用、许诺销售、销售、进口依照该专利方法直接获得的产品	未经同意,任何人不得为生产经营目的制造、使用、许诺销售、销售、进口专利产品	未经同意,任何人不得为生产经营目的制造、许诺销售、销售、进口专利产品

在专利创造过程中,企业面临的风险主要包括专利研发风险、权属纠纷风险以及专利申请风险。由于这三种风险的成因各有不同,企业对相关风险的管控重心和内容也有所区别。

一、专利研发风险

专利研发是企业创造专利的起始环节。在这一过程中,企业应当借助内部或外部科研力量对拟研发的项目进行立项和论证,这不仅有助于合理规划企业在相关技术领域的专利布局,更为重要的是,此举还能有效地避免重复研发的风险以及侵权研发的风险。

对重复研发风险的管控,企业应当借助专利查新工作机制得以实现。通过内部或外部专门科研人员对相关技术情报的搜集、整理、分析,企业可以对所要研发的技术项目在国内外的发展情况以及专利布局状况有全面的了解。若其他企业已经进行相关研发并申请专利,企业可以及时调整研发方向,避免研发资源的浪费。

与研发查新工作相关的另一项工作是,企业在研发立项前还应对相关技术领域的专利布局情况开展研究,以防止日后的专利产品生产陷入竞争对手设定的专利雷区,影响专利成果的商品化转化。为此,企业应当借助专利侵权预警机制对竞争企业的专利布局信息进行收集、分析,以此降低被诉风险。

关于专利研发风险的识别与应对如表7-2所示。

表 7-2　专利研发风险的识别与应对

风险类别	风险描述	风险识别	风险应对
重复研发	其他主体已开展相关研发工作,可能会令本企业的研发成果无法满足专利申请的新颖性要求	研发项目技术情报的搜集分析	启动立项前的专利查新工作机制;及时调整专利研发方向
侵权研发	相对于己方的研发项目,他人的技术成果更具基础性,致使企业的研发成果在进行商品转化时可能会侵犯他人的专利权	搜集竞争对手的专利布局信息,对拟研发项目所涉相关技术领域的专利情报进行搜集分析	启动专利侵权预警机制;开展风险专利许可谈判;针对风险专利启动专利宣告无效程序

权属纠纷风险

企业研发专利项目的渠道通常有三种:其一,依托企业自身科研部门的力量实施自主研发;其二,本单位与外单位合作进行研发;其三,将拟研发项目委托外单位具体负责完成。无论企业采用哪一种研发形式,都可能会围绕专利权属问题与利益相关人产生纠纷。为此,对专利权属纠纷风险的识别与管理是专利创造过程中的一项重要工作(见表 7-3)。

表 7-3　专利权属纠纷风险的管理

风险类别	风险描述	不利后果	风险应对
职务发明创造与非职务发明创造的认定纠纷	企业与单位所属的具体发明人就发明创造的归属存在分歧	有关发明创造的专利申请权与专利权归属于单位员工;或者影响单位员工从事技术研发的积极性	合理设置劳动合同中有关职务发明认定与归属的条款;对职务发明创造的发明人和设计人给予合理的报酬和奖励
合作研发权属纠纷	因合作研发合同规定不明,合作各方对发明创造的权属存在认识分歧	发明创造的专利申请权归合作方共有,一方不同意申请专利的,其他各方不得申请专利	合理选择合作伙伴,完善合作研发协议
委托研发权属纠纷	因委托研发合同规定不明,委托方和受托方对发明创造的权属产生争议	发明创造归属于受托方,委托方仅能免费实施相关技术成果	在委托研发合同中对研发成果的专利申请权和专利权归属做出明确约定

> **资料链接**
>
> **职务发明创造的认定：**
> 执行本单位任务或者主要利用本单位的物质技术条件所完成的发明创造。(《专利法》第6条)
>
> **执行本单位任务的认定：**
> 在本职工作中做出的发明创造；履行本单位交付的本职工作之外的任务所做出的发明创造；退休、调离原单位后或者劳动、人事关系终止后1年内做出的，与其在原单位承担的本职工作或者原单位分配的任务有关的发明创造。(《专利法实施细则》第12条)
>
> **职务发明创造的归属：**
> 职务发明创造申请专利的权利属于该单位；申请被批准后，该单位为专利权人。利用本单位的物质技术条件所完成的发明创造，单位与发明人或者设计人订有合同，对申请专利的权利和专利权的归属做出约定的，从其约定。(《专利法》第6条)
>
> **合作或委托完成的发明创造的归属：**
> 两个以上单位或者个人合作完成的发明创造、一个单位或者个人接受其他单位或者个人委托所完成的发明创造，除另有协议的以外，申请专利的权利属于完成或者共同完成的单位或者个人；申请被批准后，申请的单位或者个人为专利权人。(《专利法》第8条)
>
> 委托开发完成的发明创造，除当事人另有约定的以外，申请专利的权利属于研究开发人。研究开发人取得专利权的，委托人可以免费实施该专利。研究开发人转让专利申请权的，委托人享有以同等条件优先受让的权利。(《合同法》第339条)
>
> 合作开发完成的发明创造，除当事人另有约定的以外，申请专利的权利属于合作开发的当事人共有。当事人一方转让其共有的专利申请权的，其他各方享有以同等条件优先受让的权利。合作开发的当事人一方声明放弃其共有的专利申请权的，可以由另一方单独申请或者由其他各方共同申请。申请人取得专利权的，放弃专利申请权的一方可以免费实施该专利。合作开发的当事人一方不同意申请专利的，另一方或者其他各方不得申请专利。(《合同法》第340条)

专利申请风险

在专利创造过程中，专利申请无疑是企业最终获得专利权的重要一环。为顺利实现研发成果的财产化，企业在专利申请环节应当避免研发成果的不当公开，同时还应关注申请不当风险。对企业而言，研发成果的不当公开，意味着相关发明创造新颖性的丧失，进而会导致申请专利权的目的落空；而申请不当风险则与企业对发明创造的错误定位以及撰写申请文件存在问题有关(见表7-4)。

表 7-4　专利申请风险的管理

风险类别	风险描述	不利后果	风险应对
研发成果不当公开	在提交专利申请前,以某种形式将其研发成果公之于众	因研发成果丧失新颖性,最终影响专利授权	加强对研发成果的管理,完善对外披露制度;充分利用专利法的"不丧失新颖性例外"制度、外国优先权制度和本国优先权制度
对发明创造的定位不当	对发明创造所具有的创造性高低产生误判,或者对发明创造的可专利性发生误判	因发明专利申请不满足创造性要求而影响专利授权;因选择实用新型专利申请,致使创造性高的发明创造无法获得充分保护;有关发明创造不属于可授予专利的范围	在申请前加强对发明创造的内部评审,充分利用专利法的本国优先权制度
专利申请文件的撰写不当	权利要求书撰写不当,或者技术说明书撰写不当	因权利要求书撰写不当,可能会对专利权的保护范围产生不利影响,或者影响专利授权;因技术说明书撰写不清楚、不完整,可能影响专利授权	与专利事务所等专利代理机构开展合作,完善专利申请文件撰写工作

资 料 链 接

新颖性:

这是指该发明或者实用新型不属于现有技术;也没有任何单位或者个人就同样的发明或者实用新型在申请日以前向国务院专利行政部门提出过申请,并记载在申请日以后公布的专利申请文件或者公告的专利文件中。(《专利法》第22条)

不丧失新颖性的例外:

申请专利的发明创造在申请日以前6个月内,有下列情形之一的,不丧失新颖性:(1)在中国政府主办或者承认的国际展览会上首次展出的;(2)在规定的学术会议或者技术会议上首次发表的;(3)他人未经申请人同意而泄露其内容的。(《专利法》第24条)

不授予专利权的范围:

下列各项,不授予专利权:(1)科学发现;(2)智力活动的规则和方法;(3)疾病的诊断和治疗方法;(4)动物和植物品种;(5)用原子核变换方法获得的物质;(6)对平面印刷品的图案、色彩或者两者的结合作出的主要起标识作用的设计。

对前款第(4)项所列产品的生产方法,可以依照本法规定授予专利权。(《专利法》第25条)

外国优先权制度:

申请人自发明或者实用新型在外国第一次提出专利申请之日起12个月内,或者自外观设计在外国第一次提出专利申请之日起6个月内,又在中国就相同主题提出专利申请的,依照该外国同中国签订的协议或者共同参加的国际条约,或者依照相互承认优先权的原则,可以享有优先权。(《专利法》第29条)

本国优先权制度:

申请人自发明或者实用新型在中国第一次提出专利申请之日起12个月内,又向国务院专利行政部门就相同主题提出专利申请的,可以享有优先权。(《专利法》第29条)

✪3. 专利运营中的策略选择

专利的价值在于运用。对企业而言,专利运营是企业经营发展战略的重要组成部分。通过专利技术生产与市场推广、专利权的质押、转让以及许可使用等运营形式,企业能够有效地提升自身产品的市场竞争力和附加值,实现投融资目标,更有甚者,企业还可以将专利作为竞争的策略性工具,利用专利打击竞争对手、减少竞争压力。企业的专利战略类型主要包括以下三类。

➢ 进攻型专利战略。具有较强经济实力、技术上处于领先优势的企业通常采用进攻型专利战略,即利用与专利相关的法律、技术、经济手段,积极主动地开发新技术、新产品,并及时申请专利权,抢占市场,维护自己在市场竞争中的优势地位和垄断地位。此外,企业还会利用手中的专利阻止竞争对手对相关产品的生产研发,借助诉讼打击竞争对手或者收取高额的专利许可费,以此削弱竞争对手的市场竞争力。

➢ 防御型专利战略。经济实力较弱、技术上不具有竞争优势的企业通常采用防御型专利战略,即利用对专利技术的二次开发、技术引进、专利对抗、专利诉讼等方式抵御竞争者的专利攻势,打破竞争者的技术垄断,改变自己在竞争中的被动劣势地位。

➢ 混合型专利战略。对于那些具有一定的专利储备但并不具有绝对领先的技术优势的企业来说,其通常采用混合型专利战略,即选择相关技术领域的其他企业结成同盟,共同抵御外来的专利进攻,并联合培育专利产品市场。

朗科:中国的第一条专利鲨鱼[①]

累了吗?让脑袋休息一下,扫描如下二维码,了解更多课后内容。

---

① 资料来源:"朗科:中国的第一条专利鲨鱼",载《中国经营报》,2005年6月25日。

专利运用的形式

作为企业重要的无形资产,专利的价值不仅限于满足企业自身的产品生产经营需求,当企业出于节约专利管理成本、扩大投资规模的考虑,或者基于特定的竞争策略,其也可以通过转让、质押以及许可使用的方式实现专利的价值(见表7-5)。

表7-5 专利运用的形式及目标

运用形式	目标1	目标2	目标3	目标4	目标5	目标6
自 用	改进产品性能,提升产品竞争力	品牌营销,提高企业知名度和美誉度	改进生产设备,提高生产效率	抵御其他企业的专利侵权指控	利用专利侵权诉讼打击竞争对手	
转 让	节约专利管理成本	解决生产经营过程中的资金不足问题	与其他企业进行技术交换	将专利权作价入股,进行技术投资		
质 押	获得金融机构信贷支持					
许可使用	获取专利许可费	与其他企业形成技术同盟,共同抵御专利进攻	借助其他企业的市场推广能力,扩大产品的市场份额	通过专利交叉许可,实现技术互补	遏制竞争对手的技术成长	参加专利池,创建技术标准

轶事趣闻

我国DVD企业的"专利池之痛"[①]

累了吗?让脑袋休息一下,扫描如下二维码,了解更多课后内容。

---

① 资料来源:《直面"专利池之痛"》,http://news.sohu.com/20060821/n244900630.shtml,访问日期:2015年8月3日。

创业法学

> **轶事趣闻**
>
> **DVD滑铁卢将再现 中国智能手机或遭遇专利陷阱**①
>
> 累了吗？让脑袋休息一下，扫描如下二维码，了解更多课后内容。
>
>

▶ □ 专利转让

尽管专利权作为财产权可以和普通财产权一样进行交易移转，但专利权人并非在任何情形均可进行自由转让。在有些时候，专利权的转让不仅必须遵循专利法的规定，还必须遵守其他法律、法规的规定。

根据专利权转让双方是否为具有中国国籍的民事主体，专利权转让可以被划分为以下四种类型：

➤ 中国单位或个人彼此之间的专利权转让；
➤ 外国人、外国企业或者外国其他组织彼此之间的专利权转让；
➤ 中国单位或个人向外国人、外国企业或者外国其他组织转让专利权；
➤ 外国人、外国企业或者外国其他组织向中国单位或个人转让专利权。

这其中，当中国单位或个人向外国人、外国企业或者外国其他组织转让专利权时，有关双方还必须遵守《专利法》之外的其他法律、法规。具体而言，当转让的专利权涉及限制出口的专利技术时，有关双方应当依照商务部和科技部于2009年联合发布的《禁止出口限制出口技术管理办法》的规定办理有关手续；当转让的专利权涉及自由出口的专利技术时，有关双方应当根据商务部于2009年发布的《技术进出口合同登记管理办法》的规定办理相关手续。

根据我国《技术进出口管理条例》的规定，我国对技术出口实施一定程度的管制。总体而言，出口的技术可以被划分为三类：禁止出口的技术、限制出口的技术、自由出口的技术。这其中，专利权转让所涉及的技术仅限于限制出口的技术和自由出口的技术。对于限制出口的技术，我国实行许可证管理，必须经由有关商务主管部门许可才能出口；对于自由出口的技术，实行合同登记管理，当事人只须在合同订立后到有关商务主管部门办理备案登记手续即可。至于如何判定出口技术的类别，则需要依照国务院外经贸主管部门会同国务院有关部门制定、调整并公布的禁止出口和限制出口的技术目录加以确定。

---

① 资料来源：《DVD滑铁卢将再现 中国智能手机或遭遇专利陷阱》，http://www.199it.com/archives/342029.html，访问日期：2015年8月3日。

专利许可

对于专利权人而言,实施专利许可是其实现专利技术商业价值的一种最为常用的手段。与转让专利权相比,专利许可是一种更加灵活的专利技术交易方式。专利权人既可以允许被许可人在专利权的整个有效期限内以及在专利权效力所及的全部地域内实施各种类型的受专利权控制的行为;也可以对被许可人的专利实施行为施加明确限定,例如对允许实施的行为做出特别约定,或者对允许实施专利的地域或允许实施专利的期限做出明确划定。

根据被许可人享有实施权的排他程度不同,可以将专利许可分为独占实施许可、排他实施许可和普通实施许可。

> 独占许可,是指被许可人在事先约定的地域和期间范围内,享有特定专利技术的实施权,被许可人以外的任何人,包括专利权人本人在内,都不得实施与被许可人的实施权相冲突的行为。

> 排他许可,是指在指定的时间、地域范围内,专利权人只许可一个被许可人享有针对专利技术的实施权,但专利权人本人仍保有相关的实施专利技术的权利。

> 普通实施许可,是指在特定的时间、地域范围内,专利权人在许可相对人实施其专利技术的同时,仍保留许可第三人实施该专利技术的权利。

4. 专利的法律保护

专利侵权行为的认定

在企业维护自身合法专利权益时,准确把握侵权行为的认定原则具有重要意义。对于发明专利和实用新型专利来说,认定专利侵权应当遵循的基本原则主要包括全面覆盖原则、等同原则、禁止反悔原则(见表 7-6)。

表 7-6 发明和实用新型专利侵权认定的基本原则

	全面覆盖原则	等同原则	禁止反悔原则
基本内容	被控侵权人所实施的技术必须覆盖了发明或者实用新型专利权人权利要求书中所记载的全部技术特征;如果被控侵权人所实施的技术没有包含专利技术的全部技术特征,则不构成对专利权的侵犯	行为人所实施的技术方案与专利权利要求所保护的技术方案在某个或某些技术特征上有所不同,但是如果对应的技术特征是以基本相同的方式,实现基本相同的功能,产生基本相同的效果,并且本领域的普通技术人员无须经过创造性劳动就能够联想到,则行为人的行为仍将构成专利侵权	专利申请人、专利权人在专利授权或者无效宣告程序中,通过对权利要求、说明书的修改或者意见陈述的方式而放弃的技术方案,权利人不得在以后的侵犯专利权纠纷案件中又将其纳入专利权保护的范围

(续表)

全面覆盖原则	等同原则	禁止反悔原则
法律意义	这是判断他人行为是否侵犯发明或者实用新型专利权的基本原则；假使行为人的行为并未完全覆盖专利权人在其权利要求书所记载的全部技术特征，则该行为将不被认定为侵权	这是为了弥补全面覆盖原则的不足而确立的；现实生活中，许多侵权者为了逃避侵权责任，往往会尽量避免实施与专利技术完全相同的技术方案，而是采用变通的方式对专利技术的某一个或某几个技术特征进行替换。如果严格按照全面覆盖原则对行为人的行为进行判断，则很难认定构成专利侵权	这是为了防止专利权人出尔反尔所确立的一项原则，是对实施等同原则所进行的必要限制

与侵犯发明、实用新型专利权的判断有所不同，对侵犯外观设计专利权的判断应当遵循如下原则：外观设计专利权的保护范围应当及于在相同或同类产品上使用相同或近似的外观设计。

不视为侵犯专利权的情形

一般情况下，任何人未经专利权人同意是不得实施其专利技术的，但是，由于专利制度的目的并非仅仅保护专利权人的个体利益，其终极目标是为了激励发明创造活动，促进新技术的推广应用，进而推动社会整体的进步。为此，法律特别规定，下列五种情形不构成专利侵权：

➢ 专利产品或者依照专利方法直接获得的产品，由专利权人或者经其许可的单位、个人售出后，使用、许诺销售、销售、进口该产品的；

➢ 在专利申请日前已经制造相同产品、使用相同方法或者已经作好制造、使用的必要准备，并且仅在原有范围内继续制造、使用的；

➢ 临时通过中国领陆、领水、领空的外国运输工具，依照其所属国同中国签订的协议或者共同参加的国际条约，或者依照互惠原则，为运输工具自身需要而在其装置和设备中使用有关专利的；

➢ 为科学研究和实验而使用有关专利的；

➢ 为提供行政审批所需要的信息，制造、使用、进口专利药品或者专利医疗器械的，以及专门为其制造、进口专利药品或者专利医疗器械的。

侵犯专利权的诉前临时救济措施

诉前临时救济措施，是指专利权人或者其利害关系人发现有侵犯其专利权的行为发生或者即将发生时，为了及时制止侵权行为，防止侵权发生或者侵权后果进一步扩大，在提起诉讼前请求法院采取责令涉嫌侵权的行为人停止有关行为的措施。

在专利侵权救济的过程中,由于其往往涉及较为复杂的技术问题,同时双方当事人还极有可能对专利权效力的有无纠缠不休,这使得专利权要想获得最终救济通常需要经历一个极为漫长的过程。在此期间,专利权人若不及时采取措施制止侵权行为,将会导致自身遭受无法弥补的损失。原因在于,一些专利产品的更新换代速度很快,有可能诉讼还未结束就已经丧失了市场价值。不仅如此,由于侵权人一方在诉讼过程中还可能转移侵权设备和侵权产品,或者湮灭证据,致使专利权人无法获得应有的赔偿。为此,许多国家都在其专利法中规定有诉前临时救济措施。

资料链接

申请诉前临时救济措施的条件和手续

专利权人或其利害关系人必须向有专利侵权案件管辖权的法院提出申请;

申请人应当提供证据证明他人正在实施或者即将实施侵权行为,如不及时制止将遭受难以弥补的损害;

申请人提出申请时应当提供相应的担保,申请人不提供担保的,法院将驳回申请。

侵犯专利权的诉讼时效

在企业发现他人对其专利技术实施非法侵权的情形,专利权人应当及时向法院请求救济,制止相关侵权行为。如果权利人怠于行使、主张自己的权利,将可能承担由此产生的不利后果(见表 7-7)。

根据《专利法》以及最高人民法院颁布的《关于审理专利纠纷案件适用法律问题的若干规定》的规定,侵犯专利权的诉讼时效为 2 年,自专利权人或者利害关系人得知或者应当得知侵权行为之日起计算。假使专利权人超过 2 年起诉的,如果侵权行为在起诉时仍在继续,在该项专利权有效期限内,人民法院应当判决被告停止侵权行为,侵权损害赔偿数额应当自权利人向人民法院起诉之日起向前推算 2 年计算。

表 7-7 超过诉讼时效期限请求救济的不利后果

超过诉讼时效期限的情形	不 利 后 果
侵权人的侵权行为已经停止,且距离起诉时点的时间间隔超过 2 年	权利人无法获得损害赔偿
侵权人的侵权行为持续发生至起诉时	权利人仅能就自起诉日起前 2 年的损害获得赔偿
侵权人的持续侵权行为虽在起诉时已终止,但其终止时点距起诉日尚未超过 2 年	权利人仅能就落入起诉日前 2 年区间的侵权行为的损害请求赔偿

创业法学

★5. 注册商标的规划与选择

商标是生产经营者和服务提供者使用在自己的产品或服务上的,用以与其他生产经营者和服务提供者的商品或服务相区别的识别性标记。在现代社会中,随着商品营销手段的多样化,商标的功能早已不限于发挥单纯的指示作用,帮助消费者认牌购物。对于一个重视品牌培育、意在提高产品附加值的企业来说,商标本身就是营销的对象与目标。借助于形式多样的广告宣传策略,商标可以形成对消费者独特的吸引力,帮助企业进入更高层次的以"品牌主导商品"为特征的营销阶段。这不仅有利于企业摆脱低水平的价格竞争的烦恼,还能为企业带来稳定的客户群体,创造更高的价值回报。

▷ □ 商标必须注册吗

单纯的商标使用并不能使商标当然成为企业的无形资产。在绝大多数国家,企业只有依法向特定的国家主管机关提出商标注册申请并且被核准,才能够拥有对所申请注册商标的专有使用权。然而,在大多数情形下注册并非商标使用人的一项当然义务,是否注册、何时注册,以及选择在哪些国家注册都取决于企业的意愿。

根据我国商标法的规定,商标注册原则上实行自愿原则,只有法律、行政法规规定必须使用注册商标的商品,生产经营者才必须申请商标注册。然而,对于一个注重实施品牌战略的商家而言,商标注册不仅有助于确保其对特定商标的专有使用权,更能有效防范其他商家借助"商标纠缠"策略影响企业的发展。商标未注册的不利后果见表7-8。

表7-8 商标未注册的不利后果

不利后果1	企业无法在指定类别的商品或服务上获得对特定标识的专有使用权,只能获得有限的保护
不利后果2	因其他企业在先抢注,企业只能在特定范围内使用相关标识,无法有效培育品牌知名度
不利后果3	因其他企业在先抢注,企业无法将贴附有该标识的产品在海外市场进行拓展,影响商标的国际布局

轶 事 趣 闻

海信与西门子的商标抢注纠纷的启示[①]

累了吗?让脑袋休息一下,扫描如下二维码,了解更多课后内容。

---

① 资料来源:《海信正式披露商标遭西门子抢注真相》,http://business.sohu.com/20050224/n224411633.shtml,2005年2月24日,最后访问日期,2015年8月3日。

申请商标注册应当注意哪些问题

为了能够有效地获得商标注册,企业在注册商标的选取上应当注意满足显著性、合法性的要求。这其中,显著性的判断,是某一特定标识能否成为商标的基本前提。一般而言,商品的通用名称、图形、型号,或者直接表示商品的质量、主要原料、功能、用途、重量、数量及其他特点的标识符号均不具备固有显著性,因此不能被核准注册,除非这些标识经过长期使用,已经获得了足以区分产品来源的显著性。合法性的判断,则与相关注册申请是否可能会对社会公共利益和他人合法权益造成不利影响密切相关(见表7-9)。

表7-9 商标合法性的判断

有关标识是否违反了商标法有关禁止使用的规定	有关国家权力机关、国际组织的标志禁止使用; 官方检验标志禁止使用; 违反公序良俗的标志禁止使用; 误导性描述禁止使用; 县级以上行政区划地名或公众知晓的外国地名禁止使用
有关标识是否侵犯了他人在先取得的合法权利	是否侵犯了他人的著作权; 是否侵犯了他人的外观设计专利权; 是否侵犯了他人的姓名权; 是否侵犯了他人的肖像权; 是否对知名商品的特有名称、包装装潢构成侵犯; 是否对其他企业的字号构成侵犯
有关标识是否与他人在先申请或注册的商标发生冲突	申请注册的商标,不得与他人在相同或类似商品上已经注册的或者初步审定的商标相同或近似
有关标识是否可能会侵犯他人的驰名商标	申请注册的商标,不得与他人使用在相同或类似商品上且尚未注册的驰名商标相同或近似; 也不得将与他人已注册的驰名商标相同或近似的标识申请注册在不同或不相类似的商品上

轶事趣闻

"易建联"商标注册争议[1]

累了吗?让脑袋休息一下,扫描如下二维码,了解更多课后内容。

---

[1] 资料来源:北京市高级人民法院〔2010〕高行终字第818号行政判决书。

创业法学

如何设置有效的商标防护体系

在商标注册过程中,一些企业并未采用单一品牌模式,而是采用了主副品牌、联合品牌的模式。具体而言,企业在有意识地选择显著性强的标识作为其主商标之余,还会以该主商标为核心,将若干与主商标存在关联关系或者可能在消费者心目中引发与主商标联想的标识申请商标注册。该种商标注册策略可以有效地预防其他经营者搭乘便车,进而防止自身的品牌知名度被稀释或被绑架。

一般而言,企业在设置商标防护体系时,可以考虑将主商标的简称、别称、所生产经营商品的特有名称、企业的商号等纳入注册范围。此外,对于那些具有相当知名度的注册商标,企业还可以通过注册防御商标和联合商标为自身编织一张坚实的商标保护网。

资料链接

防御商标:同一商标所有人将其著名商标在各种不同类别商品上分别予以注册,以防被别人在这些商品上注册该商标。由于这种商标具有防御作用,故被称为防御商标。之所以要进行防御商标的注册,一个重要的原因在于一些不讲信义的制造商或销售商将他人驰名商标使用在那些与商标所有人的商品全然无关或关系甚微的商品上,利用驰名商标为自己的商品打开销路,并因而损害驰名商标和消费者的利益。

联合商标:某一个商标所有者,在相同的商品上注册几个近似的商标,或在同一类别的不同商品上注册几个相同或近似的商标,这些相互近似的商标被称为联合商标。这些商标中首先注册的或者主要使用的为主商标,其余的则为联合商标。注册联合商标的目的,是为了防止自己的主商标(一般为名牌商标)被他人影射仿冒。

轶事趣闻

江西乔家栅忽视商标成"李鬼"[①]

累了吗?让脑袋休息一下,扫描如下二维码,了解更多课后内容。

---

① 资料来源:《江西乔家栅忽视商标成"李鬼"》,http://info.tjkx.com/news/001265F6EB/2004-10-19/03812AClAE.html,访问日期:2015年8月3日。

266

★6. 注册商标的使用与许可交易

▶ □ 注册商标的使用

注册登记是企业取得商标专有使用权的必经程序,然而真正决定商标价值高低的其实是企业使用商标的程度。如果过度强调商标注册的法律意义,而忽视对商标的使用,其结果不但可能会削弱商标保护的法律基础,同时也可能助长商标的不正当抢注之风,浪费商标资源。

根据《商标法》的规定,商标的使用是指将商标用于商品、商品包装或者容器以及商品交易文书上,或者将商标用于广告宣传、展览以及其他商业活动中,用于识别商品来源的行为。如果企业注册商标的目的,只是为了囤积商标资源,并未能够使商标的功能获得发挥,将可能面临以下两方面的不利后果。

➤ 没有正当理由连续三年不使用的,任何单位或者个人可以向商标局申请撤销该注册商标。

➤ 注册商标专用权人请求赔偿,被控侵权人以注册商标专用权人未使用注册商标提出抗辩的,人民法院可以要求注册商标专用权人提供此前三年内实际使用该注册商标的证据。注册商标专用权人不能证明此前三年内实际使用过该注册商标,也不能证明因侵权行为受到其他损失的,被控侵权人不承担赔偿责任。

此外,企业在生产经营过程中,还应注意对商标的规范使用。

➤ 商标注册人在使用注册商标的过程中,不得自行改变注册商标、注册人名义、地址或者其他注册事项,否则将可能面临被商标局撤销注册商标的不利后果。

➤ 在注册商标有效期满,需要继续使用的情形,商标注册人应当在期满前12个月内按照规定及时办理续展手续;在此期间未能办理的,还可以再给予6个月的宽展期。在注册商标期满未能及时办理续展注册手续的情形,企业在生产经营活动中如仍标注注册标识,实际上是将未注册商标冒充注册商标使用,此种行为将遭受行政处罚。

▶ □ 注册商标的许可与转让交易

对企业而言,商标本身就是一项可以在市场上进行交易的重要无形资产。商标交易的方式主要有两种:商标许可和商标转让。这其中,商标许可是企业实施品牌战略、充分实现商标价值的最基本途径。

企业在并购、重组、投资经营活动中,也可能基于特定的目标而实施商标权转让交易。与商标许可使用相比,企业在商标权转让中应当注意如下法律问题(见表7-10)。

➤ 商标权转让的形式要件:转让注册商标的,转让人和受让人应当签订转让协议;共同向商标局提出申请。

创业法学

表 7-10　商标许可使用中应注意的法律问题

商标许可 使用的种类	商标许可 使用的法律效力	许可双方的 法律义务	商标许可协议中的 重要条款内容
独占许可使用 排他许可使用 普通许可使用	许可他人使用其注册商标的,许可人应当将其商标使用许可报商标局备案,由商标局公告。商标使用许可未经备案不得对抗善意第三人	许可他人使用其注册商标。许可人应当监督被许可人使用其注册商标的商品质量。被许可人应当保证使用该注册商标的商品质量	明确许可使用的地域范围; 明确许可使用的商品类别范围; 明确许可使用的具体标的范围; 明确许可使用费的支付方式; 明确被许可人的积极使用义务; 明确被许可人的商标权维护义务

➤ 商标权转让人的法律义务:转让注册商标的,商标注册人对其在同一种商品上注册的近似的商标,或者在类似商品上注册的相同或者近似的商标,应当一并转让。

➤ 禁止商标权转让的情形:对容易导致混淆或者有其他不良影响的转让,商标局不予核准,书面通知申请人并说明理由。

iPad 商标之争:苹果为何被咬了?①

累了吗?让脑袋休息一下,扫描如下二维码,了解更多课后内容。

★7. 注册商标的法律保护

▶ □ 商标权人的保护范围究竟有多大

　　企业在商标注册申请被核准后,即获得了对该商标标识在指定类别商品或服务上的专有使用权。不仅如此,为了确保商标权人的利益获得最大程度的保护,防止其他厂商利用商标权人的声誉非法"搭便车",商标法为商标权人设置了更大范围的禁止权。不仅如

---

① 资料来源:《iPad 商标之争:苹果为何被咬了?》,http://tech.qq.com/a/20111215/000465.htm,访问日期:2015 年 8 月 3 日。

此,商标权人的保护范围也将随着所注册商标的知名度的大小而有所不同(见表 7–11)。

表 7–11　商标权人的禁止权范围

普通注册商标	禁止在相同商品上注册或使用与注册商标相同的商标； 禁止在同一种商品上注册或使用与其注册商标近似的商标,或者在类似商品上使用与其注册商标相同或者近似的商标,且容易导致混淆； 禁止销售侵犯注册商标专用权的商品； 禁止伪造、擅自制造注册商标标识或者销售伪造、擅自制造的注册商标标识； 禁止未经商标注册人同意,更换其注册商标并将该更换商标的商品又投入市场
未注册驰名商标	具有与普通注册商标相同的法律地位,禁止权范围与普通注册商标的禁止权范围一致
已注册驰名商标	具有普通注册商标的禁止权； 禁止他人在不同类别的商品上注册或使用与已注册驰名商标相同或近似的商标,且容易误导公众,致使该驰名商标注册人的利益可能受到损害

　商标权人的侵权风险防控

在日常的生产经营活动中,企业应当对自己注册商标的受保护情况进行实时监控,防止商标利益的流失。如果企业的侵权风险防控措施缺位,将可能使其在未来的侵权诉讼中处于明显的不利地位。具体而言,商标权人应当及时有效地监控其他商家的商标注册情况,若其他商家的争议商标注册时间超过 5 年,则商标权人不得以该争议商标与己方商标存在冲突而请求宣告其无效,除非商标权人能够证明己方商标为驰名商标,且其他商家的注册行为具有主观恶意。

不仅如此,商标权人的侵权防控还包括,对其他商家不法使用其注册商标的行为及时加以制止、纠正、诉讼,否则,企业的商标在经过他人长期广泛地使用后,将极有可能丧失显著性,进而沦为商品的通用名称。

轶事趣闻

"优盘"商标的命运[①]

累了吗？让脑袋休息一下,扫描如下二维码,了解更多课后内容。

[①] 资料来源：袁真富、苏和秦著：《商标战略管理——公司品牌法务支持》,知识产权出版社 2007 年版,第 176—178 页。

创业法学

不构成商标侵权的特殊例外

为了防止商标权人滥用商标权,确保公众对相关符号资源的正当利用,商标法还明确规定以下三种情形不属于商标侵权。

➤ 注册商标中含有的本商品的通用名称、图形、型号,或者直接表示商品的质量、主要原料、功能、用途、重量、数量及其他特点,或者含有的地名,注册商标专用权人无权禁止他人正当使用。

➤ 三维标志注册商标中含有的商品自身的性质产生的形状,为获得技术效果而须有的商品形状或者使商品具有实质性价值的形状,注册商标专用权人无权禁止他人正当使用。

➤ 商标注册人申请商标注册前,他人已经在同一种商品或者类似商品上先于商标注册人使用与注册商标相同或者近似并有一定影响的商标的,注册商标专用权人无权禁止该使用人在原使用范围内继续使用该商标,但可以要求其附加适当区别标识。

本 章 概 要

知识产权是企业在生产经营活动中的重要无形资产。有效的知识产权管理,不仅有助于企业增强抵抗知识产权风险的能力,还能充分发挥自身的知识产权价值,确保知识产权利益的最大化。作为知识产权的两大重要类别,专利权和商标权对于企业的意义尤为重要。为此,企业应当加大对专利的研发力度,做好商标注册的选择和规划,同时还应充分注重对专利权和商标权的运用和保护。对于创业者来说,知识产权的创造、运用和保护意识是企业能够在激烈竞争的市场上长久立于不败之地的重要保证。

专 题 讨 论

1. 当下,商标抢注在我国蔚然成风。一些人热衷于将时下流行的网络热词、名人姓名等吸引人眼球的词汇、短语作为商标进行注册储备,并待价而沽。你如何看待此种商标抢注现象?

2. 随着众筹平台以及众筹模式的兴起,一些创业者纷纷将自己的创业想法、点子、甚至是创业产品提交至众筹平台上,希望能够获取创业融资。与此同时,创业者也面临着一个两难问题:一方面,创业者固然希望其众筹项目的内容精彩、吸引人;另一方面,如果项目内容介绍得过多过细,创业者也可能面临创意被剽窃、产品被仿制的尴尬局面。你认为该如何平衡这两方面的矛盾?

3. 山寨文化中的"山寨"一词源自广东话,是一种由民间IT力量发起的产业现象。其主要表现为仿造性、快速化、平民化。主要表现形式为通过小作坊起步,快速模仿成名品牌,涉及手机、数码产品、游戏机等不同领域。这种文化的另一方面则是善打擦边球,经常行走在行业政策的边缘,引起争议。请从知识产权的角度谈一谈你对山寨文化的认识。

延伸阅读

命运的咽喉——"优盘之父"和"VCD之父"的启示[①]

累了吗?让脑袋休息一下,扫描如下二维码,了解更多课后内容。

创业实训

从知识产权管理角度安排连锁加盟方案

某高校工商管理专业的三名同学大学毕业后开办了一家湖南牛肉粉店。因为注重卫生与产品品质,迅速打开了市场。为了筹集后续发展资金,三人商定以收取加盟费的方式进行连锁经营。如果你是该创业项目组的成员,请试从知识产权管理的角度为该连锁加盟方案的顺利实施提供可靠的计划安排。

[①] 资料来源:《命运的咽喉:"优盘之父"和"VCD之父"的启示》,http://www.xici.net/d161654893.htm,访问日期:2015年8月3日。

第八章 创业法律风险防范机制及纠纷解决

【创业视频扫一扫】

创业不慎惹纠纷[①]

如果创业者缺乏应有的风险意识,不仅不能实现创业理想,还可能惹上法律纠纷,造成损失。请扫一扫如下二维码,观看视频"创业不慎惹纠纷",与小伙伴及老师讨论创业企业应如何做好创业过程中的法律风险防范,并开始本章的学习。

创业导读

创业需要热情,但光有热情是不够的。如果创业者缺乏应有的风险意识,不仅不能实现创业理想,还可能惹上法律纠纷,造成损失。一位世界级管理大师曾说过,法律风险是 21 世纪企业最大的风险。创业者应当高度重视法律风险的防范,做好创业过程中的合规管理。没有危机意识,实际上是一种最危险的危机。没有防范危机的准备,往往让自己深陷泥潭。

---

① 资料来源:http://www.letv.com/ptv/vplay/22613829.html。

1. 创业与法律服务

创业路上要不要法律人把脉

创业工作千头万绪,面临各种风险和挑战,其中创业项目的选择、创业组织的设立、创业组织内部管理和外部经营活动都与法律密切相关。创业企业百端待举,往往资金状况捉襟见肘,一些创业者因而不愿意在聘请律师方面有所花费,认为处理法律事务时,只要自己临时学学,也能应付。客观而言,对于简单的一般性法律事务,如果当事人具备丰富社会经验又善于学习,应该能够自行处理妥当。但是,在处理创业企业重大法律事务时,由于创业团队成员术业有专攻,不可能样样精通,精明的创业者可能还只是法律的门外汉,建议专业的事最好交给专业人员来做,不要由于舍不得律师费而因小失大、得不偿失。创业者是法律规则游戏中的新手,而律师已是该类游戏的职业玩家,"君子之道,善假于物也",那些在法律事务中自我代理的人,在客户眼里就是傻瓜。因此,创业路上有必要让专业法律人为创业活动把脉。

律师作为专业人士,较之于创业者本人在处理创业法律事务时具有以下三个方面的优势。

- **服务更专业**

创业如战场,创业者作为战役指挥官,统帅全局,事务繁忙,不可能事事亲力亲为,即使时间上允许,由于术业有专攻,隔行如隔山,一般创业者在专业性极强的法律事务方面心余力绌,难以应付。即便法律专业人士,因主攻方向不同而各有擅长,对其主攻方向之外事务也力不从心,这就是"医者不能自医"的道理。相对而言,律师通晓法律,对法律术语、法律规则、法律原则、法律理念有着更精准深入的把握,熟悉诉讼程序,具备丰富的执业经验。因此,律师能弥补创业者法律能力之不足,为其提供更为专业的法律服务。律师的专业法律服务有时甚至能使创业企业看似败局已定的官司扭转乾坤,或避免创业企业陷入绝境。

- **提高工作效率**

法律并不神秘,创业者为应付法律事务,可以先深入学习相关法律规定后再行实践,但这样做费时耗力,在诉讼中还可能会贻误战机,造成难以弥补的损失。律师凭借其职业技能可以迅速把握问题关键、梳理法律关系、分析法律风险,保证文件齐备、程序规范,提高工作效率。律师如同向导,当你身处陌生环境中,他引导你省时省力,直达目的地;而如果没有向导,你可能误入险境,万劫不复,也可能几经折腾,最终顺利走出迷宫。

- **分析更客观理性**

创业者由于对创业项目和创业活动倾注了全部的精力和情感,囿于当局者地位,其观察事物容易陷入主观,更为关注创业活动的经济可行性和自己的法律权利。律师作为具备专业知识的旁观者,能更为客观理性地分析问题:既看到创业项目的前景,又能客观评价该项目潜在的法律风险;既看到创业者的法律权利,又认识到其应承担的法定义务。当律师作为诉讼代理人时,在调查取证、查阅案卷以及参加诉讼活动时比普通公民代理更为方便,有利于案件的进行。

创业企业需要通过专业的法律服务进行事前预防、事中控制、事后补救;防范化解企业经营风险,提高综合实力和抗风险能力;提升经营管理的效率和质量,帮助创业企业获得又好又快的发展。因此,创业者们,建议您在创业路上带上自己的律师,这样可以使您在第一时间通过可行的方式来避免许多法律上的麻烦。李克强总理 2015 年 5 月 7 日上午视察中关村创业大街与创业青年促膝谈心时,语重心长地提醒:你们都在创业,但是不要忽略法律风险,要是你们没有请律师,出现法律问题可不要赖我没告诉你。

延伸阅读

国企老总谈法律顾问的价值①

前格力集团总经理苏结宏曾说:"在改革开放刚开始时,因为法律意识淡薄,没有合同的概念,曾使企业受到损失,这个教训我一辈子都不会忘。企业成立的前五年,官司不断,经常接到法院的传票,企业领导很难集中精力搞经营,后来有了常年法律顾问,官司大幅度下降,老总们可以集中精力赚钱,感觉好多了。格力集团每半个月都要和法律顾问沟通一下,听听他们的意见。引进项目时,法律顾问从谈判开始就参与。因为企业经营者只想到如何把钱赚到手,把企业办成功,但是这个钱是否能赚,具体做法是否符合法律规定,就需要法律顾问把关了。与再熟悉的人合作,都要有法律顾问参与,这在格力集团已经成为规矩。企业家不能没有主见,但主见不代表法律,如果硬上,只会把企业搞垮。打擦边球,可能偶尔会赚到点钱,但是如果一直这样做就没有这么好的运气了。法律顾问不能直接创造价值,平时还要付律师费,看起来不划算,其实他们的价值不是体现在账本上的。在签订的很多合同里,法律顾问修改一句话,甚至一个标点符号,整个意思就变了,企业的利益就得到了最大限度地保护。如果没有法律把关,小的赔点钱,大的就可能赔掉整个企业,这样的价值账本又如何记呢?格力集团的法律工作一直都由主要领导负责,我也是依法治企小组的组长。企业的领导层要有较强的法律意识,法律顾问的工作才能得到支持。"

▶▶ □ **律师能为创业企业做什么**

创业律师能为创业企业提供下列法律服务。

- **创业项目法律风险评估**

创业项目的选择是创业工作的关键,有好的项目才能凝聚起创业团队成员和吸引

---

① 张兴彬著:《公司那些事:法律风险防控 68 要诀》,法律出版社 2013 年版。

到足够投资。创业的核心在于创新,项目的创新性也意味着可能面临更高风险,包括技术风险、经营风险、法律风险等。一个在创业者看来技术上成熟、经济上可行的项目,专业法律人士可能认为不值得去冒险,因为他清楚其中潜在的巨大法律风险。如果项目违法,不但创业不成功,还可能承担法律责任,甚至身陷囹圄。例如,海外代购曾经盛行一时,前空姐李晓航因海外代购行为被法院以走私普通货物罪决处有期徒刑3年,温州颜某姐弟俩因销售网购"进口药",被法院以销售假药罪定罪量刑。创业项目决定创业方向,方向不正确必然导致创业失败,因此,创业者在行动前要尽可能对创业项目进行全方位论证,包括聘请法律专家对创业项目进行法律风险评估。

- 创业团队内部协议的制定和审查

创业内部协议是创业企业的基础性文件。创业初始阶段,创业团队成员一起拼打江山,豪情满怀、义薄云天。他们或对未来过于乐观,认为没必要书面约定相互权利义务,或碍于情面,对相互的权利义务只作简单约定。创业企业基础性文件的缺失或不完备会给创业企业的发展留下极大隐患。例如,由于创业内部协议约定不善,可能引发创业企业内部股权争夺,或造成某位创始人离职后,却仍然拥有创业企业的相当数量的股权,或带走了作为创业企业重要资产的知识产权的尴尬境地。创业企业关于股权结构、股权分配、股权激励、创始人退出等重大问题的规定需要从专业的角度加以审查和完善。

- 创业企业设立法律服务

➤ 参与企业重大投、融资活动的谈判,提供尽职调查、出具律师意见,制作相关法律文本;

➤ 指导企业进行劳动管理,规避劳动法律风险;

➤ 帮助企业建立合同管理流程,起草、审查企业的各类合同、协议、意向书、备忘录等法律文件;

➤ 对企业建立的内部控制、管理流程进行合规性审查,协助企业建立完善的内部制度;

➤ 对企业无形资产(商标权、专利权、版权、商业秘密)保护提供咨询意见和服务;

➤ 日常法律咨询服务,提供口头或书面的法律意见;代表企业对外发出律师函、声明等文件;

➤ 代理企业解决各类纠纷,代理民事诉讼、行政诉讼、仲裁、听证等。

▣ 法律服务的获取

- 法律服务获取方式

创业企业可通过外聘律师或内设法务专员来获取法律服务。法务专员是由企业聘用的,从事日常法律事务处理、承办的专职人员,由企业每月支付固定工资。创业企业达到一定规模,才考虑建立自己的法务团队,设立法务部门,聘请专职法务人员。对于大多数创业企业而言,设置法务部成本过高,建议将法律服务外包出去,通过与律师事务所签约,获取专业律师的法律服务。

- 律师与律师事务所制度概述

➤ 律师的概念和种类。根据《律师法》的规定,律师是指依法取得律师执业证书,接受委托或者指定,为当事人提供法律服务的执业人员。没有取得律师执业证书的人员,不得以律师名义从事法律服务业务。

我国律师分为6类,分别是专职律师、兼职律师、实习律师、律师助理、公职律师和公司律师。(1)专职律师是指取得律师资格或法律职业资格证书者、在律师事务所实习一年后,领取专职律师执业证、专门从事律师工作的人员。(2)兼职律师是高等院校、科研机构中从事法学教育、研究工作的人员,取得律师资格或法律职业资格证书和律师执业证,不脱离本职工作兼职从事律师职业的人员。(3)实习律师指取得法律职业资格证书者,没有律师执业经历,领取实习律师证后,在律师事务所实习的人员。(4)律师助理是指法律专业毕业,未取得律师资格或法律职业资格专职在律师事务所从事辅助工作的人员。律师助理不得单独办案。(5)公职律师是指具有律师资格或法律职业资格,依法取得公职律师执业证、享有国家公务员待遇、为所在政府机关提供法律服务的专业人员。(6)公司律师是指取得律师资格或法律职业资格,不脱离所属企业,专职从事本单位法律事务工作,经批准领取公司律师资格证的人员。

公职律师和公司律师执业范围局限于本单位法律事务,不得为社会提供有偿法律服务。社会律师一般而言是指专职律师和兼职律师。此外,律师因接受法律援助机构的指派,为案件提供法律援助服务时,通常被称为法律援助律师。法律援助律师包括两类:一是承担法律援助工作的社会律师,二是取得法律职业资格证和律师执业证,受聘于法律援助机构或政府其他部门,专门从事法律援助事业的人员。

社会律师执业不受地域限制,但应当以律师事务所为其执业机构,只能在一个律师事务所执业。由律师事务所统一接受委托,与委托人签订书面委托合同,按照国家规定统一收取费用并如实入账。律师个人不以律师事务所名义受案,私自接受委托、收取费用属违法行为。

➤ 律师事务所类型。我国律师事务所有三种类型:合伙律师事务所、个人律师事务所、国资律师事务所。

合伙律师事务所可以采用普通合伙或者特殊的普通合伙形式设立。合伙律师事务所的合伙人按照合伙形式对该律师事务所的债务依法承担责任。个人律师事务所由设立人对律师事务所的债务承担无限责任。国资律师事务所是国家出资设立的律师事务所,以该律师事务所的全部资产对其债务承担责任。

➤ 如何甄选创业律师。截至2014年年底,全国共有执业律师27.1万余人。其中,专职律师24.4万余人,兼职律师1万余人,公职律师6 800多人,公司律师2 300多人,法律援助律师5 900多人,律师事务所数量约2万家[①]。

以上数据表明,我国律师供给充分,在我们周围并不缺乏律师,虽然律师不少,但合格的创业律师却不是任何律师都能胜任的。律师行业内也有专业细分,那些不熟悉企业股权、融资、经营、管理业务的律师,其提供的法律意见常常不适应创业企业的客观需要,很难帮助企业防范法律风险。创业企业选聘律师,要擦亮眼睛、认真甄选合适的律

---

① 资料来源:中新网,http://www.chinanews.com/fz/2015/04-08/7192707.shtml,访问日期:2015年6月8日。

师。合适的律师让你少花时间少遇麻烦,那些不合适的律师,就算关系再好也可能把事情搞砸。跟一个离婚律师谈股份兑现协议是不可思议的,因为离婚律师通常认为他们的当事人应该"不管怎样,马上得到所有的东西"①。甄选合适的创业律师时,至少应考虑以下两个因素。

(1) 专业能力。专业能力是律师的核心竞争力。法律日益向专业化细分,一个律师不可能在每个方面都是专家,胜任创业企业的律师应该熟悉企业所面临的商业事务和法律事务,具备民商事法律的知识储备和经验积累。一个擅长刑事辩护的律师未必能成为创业者的好参谋。专业能力体现于三个方面:一是文凭学历;二是执业经验;三是口才谈吐。通常情况下,律师的学历背景和工作经历是反映其专业能力的初步证据,但较为光鲜的学历背景并非合格创业企业律师的充分条件。合适的律师应当有处理类似问题的经验,缺乏经验的律师很可能让事情脱离预定轨道,走向反面。判断律师水平和能力,最好的办法是向他进行法律咨询,并观察他的反应谈吐。优秀的律师无论碰到怎样的案件、怎样的当事人,他都能在沟通中短时间形成简练、条理清晰的维权思路。

(2) 个人品质。除了过硬的专业能力,好律师还应当具备敬业、乐于奉献、易于接近和灵活机动的个人品质。优秀的律师都业务繁忙,因此其个人品质对律师与委托人之间达成良好工作关系影响重大。你的律师应该对你和你的企业具有奉献精神,将你的需求放在心上,愿意对你的法律事务投入相当精力。一个能力超强的律师,如果性格孤傲冷淡,也会令人对其敬而远之,不利于建立良好的合作关系。律师机动灵活,才易于在工作上相处,当你遇到意外的紧急事务时,他们会情愿修改原定日程。

✪ 2. 创业法律风险及其防范

经 典 案 例

大学生校园经商被判赔偿百万余元②

累了吗?让脑袋休息一下,扫描如下二维码,了解更多课后内容。

---

① [美] David Cohen, Brad Feld 著:《他山之石:TechStars 孵化器上的创业真经》,傅尔也、傅志红译,人民邮电出版社 2012 年版,第 200 页。
② 刘丹、李杨:《一大学生校园经商被判赔偿百万余元》,http://www.sh.xinhuanet.com/2006-02/25/content_6321624.htm,访问日期:2015 年 8 月 4 日。

创业法律风险的概念

法律风险是指由于作为或不作为与法律规范的规定存在差异,从而导致行为主体因此而承担的不利后果的可能性①。据此可以认为,创业法律风险是指创业者因创业活动不符合法律规定或外部法律事件所致而发生的权利丧失、责任承担和损失。创业者在创业过程中,会遇到各种法律风险,如诉讼风险、违约风险、赔偿风险、受处罚的风险,等等。比起成熟的企业、知名企业,创业者由于经验不足,更容易涉入各种法律风险,而且承担风险的能力十分脆弱。因此,尤其需要认识、注意、防范各种法律风险。

认识创业法律风险,可从环境、主体、原因三方面着手,它们也是创业法律风险的构成要素。就环境而言,是指创业者所处社会的法律规范体系、政府政策、法律执行情况、公众法制观念等。为了应对法律风险,创业者既要了解国家法律,也要了解地方性法规;既要了解当地的政府政策,也要了解当地风俗习惯、行业惯例。通常,由于地区差异,法律执行情况不同,所以要分析法律法规的执行情况。公众法制观念、法律意识强弱也会影响到法律风险的大小。

就主体而言,创业者在创业过程总都会以某种身份参与其中,有的是合伙人,有的是合同签订者,有的是责任承担者,等等。身份对于法律风险的判断极其重要,身份不同导致法律风险的性质不同,甚至决定法律风险的有无。这里要注意区分个人责任与企业责任。

就原因而言,是指引起法律风险发生的行为或事件。行为包括作为和不作为,事件是指不以人的意志为转移的客观事实。通过对行为或事件的分析,能够明确法律风险的大小多少,即法律风险的范围,进而为防范法律风险指明方向。

创业法律风险的特点

- **法律风险因素不可控制**

创业法律风险由环境、主体、原因三因素构成。每个风险因素具有不以人的意志为转移情况,具有不可控制的特点。就环境而言,它完全是外在于创业者而存在,不是创业者所能改变的,如法律的废改立、政策变化、移风易俗等;就主体而言,创业者初入某行业,认识能力、知识积累、社会经验都不足,无法准确识别法律风险或无法选择最合适的对策,从而使法律风险事实上成为不可控制;就原因而言,对于来自他方的侵权或意外事件,都会加剧风险的难控性。这三个因素的组合,使得法律风险更趋复杂化。

- **法律风险发生时机不可预见**

风险总是积累到一定程度才会发生。法律风险何时形成、何时爆发,以及是否会造成损失,都存在不确定性。如在合同交易中,合同签订后,因发生意外事件造成标的物毁损、灭失,由此造成违约或损失赔偿,这对于创业者而言,都是不可以预见的。即使在

---

① 吴江水:《完美的防范:法律风险管理中的识别、评估与解决方案》,北京大学出版社 2014 年版,第 5 页。

对方违约情况下,所造成的损失百分百可预见,但是如果追究对方违约责任的成本很高,最后也会导致本方放弃追究违约责任。

- **法律风险所造成的后果不确定**

一方面,不易确定法律风险是否会带来其他风险的发生,如一起官司是否会引发信用风险、融资风险等,难以预料;另一方面,法律风险本身会造成多大的实际损失大多具有不确定性。例如,创业经营违法会受到政府相关部门的处罚,处罚的幅度和范围不易确定。这与立法的不确定有关。有的法律只是对处罚规定了一个幅度范围,有些处罚可以多种并用,只要在处罚幅度范围、种类之内,就不违法。如此一般难以精确计算可能因处罚所造成的损失。再如,民事诉讼中的侵权赔偿诉讼,对于损失金额有时须经过专业机构评估才能确定实际损失,而实践中有些民事赔偿本身就具有一定随意性。这就导致对于实际赔偿的损失,双方当事人都无法确定,难以预计。

创业法律风险的种类

根据不同的分类方式,创业法律风险可分为不同类别。

- **根据引发法律风险的原因不同**

根据引发法律风险的原因不同,创业法律风险可分为法律环境风险、违规风险、违约风险、侵权风险、不当行为风险、怠于行使权利风险。法律环境风险是指法律规范的废改立、政府政策的变化而带来的不利后果;创业者必须了解注册地或经常性活动地的法律体系,以防范法律环境风险。违规风险,是指违反现行法律法规而承担不利后果。违约风险是指违反合同的约定而承担的不利后果。侵权风险,是指权利受到侵犯或侵犯他人权利的不利后果。不当行为风险,是指由于不当行为而产生的不利后果。怠于行使权利风险,是指不在权利行使期限内主张权利而发生丧失权利的不利后果。

- **根据创业过程所发生的风险不同**

根据创业过程所发生的风险不同,创业法律风险可分为企业设立风险、出资风险、财务税收风险、经营风险、破产风险等。企业设立风险,是指创业者设立企业的风险,是创业者与法律风险的第一次遭遇;创业者可以选择设立个体工商户、合伙企业、公司等组织形式,选择不当,则可能前功尽弃。出资风险,是指未履行出资义务而承担的责任。财务税收风险,是指因财务管理不善,或者未能遵守及有效运用税法规定,导致企业利益受损。经营风险,是指经营阶段发生的法律风险,包括人力资源管理风险、合同及合同管理风险、履行瑕疵的风险、市场竞争风险等。破产风险,是指企业不能清偿到期债务,而通过破产程序而注销的风险。

- **根据法律风险的不利后果不同**

根据法律风险的不利后果不同,创业法律风险可分为单方权益丧失风险、民事责任风险、行政责任风险、刑事责任风险。单方权益丧失风险,是指由于自身原因造成单方权益全部或部分丧失,如未及时申报税收优惠政策而丧失减免税收的利益、未及时申报丧失政府资金扶持的机会等。民事责任风险是指违反民事法律而承担的民事责任,常见的有违约风险和侵权风险:如创业初期,签订超出履行能力的合同,不能按时履行合同而发生违约责任，承担巨额经济赔偿，导致企业关门；再如生产的产品侵犯他人知识产权，其赔偿额度超过承受限度，而导致创业失败。行政责任风险，是指因企业的经营行为违反行政法规、地方性法规及规章等强行性规定而承担的法律责任，通常表现为行政处罚，如吊销营业执照、承受巨额罚款等；它是由政府代表国家实施的具体行政行为。刑事责任风险，是指创业者及其设立的经营实体违反刑法规定而被追究刑事责任。任何行为只要违反刑事法律规定，便面临着刑事处罚的风险；创业者被判刑不说，单位也同样可能构成单位犯罪被追究刑事责任，一旦构成犯罪，则对单位判处罚金、对直接负责的主管人员及其他直接责任人判处刑罚；对企业起决定作用的人员受到刑事追究，企业的正常经营会受到沉重打击，甚至关闭。上述四类法律风险，其严厉程度呈递进关系；从发生可能性看，前面的是较为常见的风险，发生概率较高，往后则概率较低。

创业法律风险的防范

创业法律风险的识别与调查

创业法律风险识别，是指在法律风险事故发生之前，根据事先构建的风险识别模型运用科学的风险识别方法，系统地、连续地对法律风险进行认识、辨别的活动。创业法律风险识别的基本流程，首先就是查找创业实体各业务单元、各项重要经营活动、重要业务流程中存在的法律风险，然后对查找出的法律风险进行描述、分类，对其原因、影响范围、潜在的后果等进行分析归纳，最终生成创业实体的法律风险清单。通过法律风险识别，可全面、系统和准确地描述创业实体法律风险的状况，为下一步的法律风险分析明确对象和范围。进行法律风险识别时要掌握相关的和最新的消息，必要时须包括法律适用的背景信息，特别是法律法规的变化信息。除了识别可能发生的法律风险事件外，还要考虑其可能的原因和可能导致的后果，包括所有重要的原因和后果。

创业法律风险识别的基本模式

创业者如以企业为创业实体，法律风险识别有8种基本模式。

➢ 第一，根据企业主要的经营管理活动识别，即通过对企业主要的经营管理活动（如生产活动、市场营销、物资采购、对外投资、人事管理、财务管理等）的梳理，发现每一项经营管理活动可能存在的法律风险。

➢ 第二，根据企业组织机构设置识别，即根据企业各业务管理职能部门/岗位的业务管理范围和工作职责的梳理，发现各机构内可能存在的法律风险。

➢ 第三，根据利益相关者识别，即通过对企业的利益相关者（如股东、客户、供应商、员工、政府等）的梳理，发现与每一利益相关者相关的法律风险。

➢ 第四，根据法律风险源识别，即通过对法律环境、违规、违约、侵权、怠于行使权利、行为不当等梳理，发现企业存在的法律风险。

➢ 第五，根据法律风险发生后承担的责任梳理，即通过对刑事法律风险、行政法律风险、民事法律风险的梳理，发现不同责任下企业存在的法律风险。

➢ 第六，根据不同法律领域的识别，即通过对不同的法律领域（如合同、知识产权、招投标、劳动用工、税务、诉讼仲裁等）的梳理，发现不同领域内存在的法律风险。

➢ 第七，根据法律法规识别，即通过对与企业相关的法律法规的梳理，发现不同法律法规中存在的法律风险。

➢ 第八，根据以往发生的案例识别，即通过对本企业或本行业发生的案例的梳理，发现企业存在的法律风险。企业可以根据自身的不同需要，选择以上不同的角度或组合，构建法律风险识别模式。

- 创业法律风险识别的方法

➢ 经验式识别方法。经验式识别方法是指在创业法律风险识别的过程中，主要依靠主观经验为导向对创业实体的风险进行辨识的方法。该方法以法律事务处理的成功经验为基础。根据工作经验而识别出的法律风险，往往是创业中最为常见的也最为直接的法律风险，识别工作的效率高，因此其工作成果比较容易为创业者所认可，这是最基本的法律风险识别方法。有人将该方法进一步分为经验反馈法和头脑风暴法。前者是针对特定问题，由相关部门和人员针对该问题的经验进行总结，定期或不定期分析并反馈；后者是组织一群人对特定问题进行讨论，成员来自不同部门，也可邀请法律领域的专家。

➢ 结构化识别方法。结构化识别方法就是根据创业实体的组织结构来识别法律风险。具体而言，就是按照创业实体的机构设置将法律风险分为几块，然后按照不同机构的功能、职责、行为去识别各自的法律风险。例如，一家企业由采购、生产、销售、储运等部门构成，其法律风险就依部门相应分为采购、生产、销售、储运等几类。结构化识别方法通常可采用问卷调查、标准化访谈来实施。问卷调查，就是将预先设计好的问卷，交由具体部门及其成员进行填写，从而发现法律风险。标准化访谈，通过统一、格式化的访谈设计，与相关管理人员、业务人员进行面对面交流收集风险信息。

➢ 生命周期识别法。创业过程是一个从开始到终结的生命周期，就企业而言，其生命周期大致可分为设立、经营、发展、变更、终止，法律风险识别就是针对每个阶段的行为而展开。比如，合同可分为合同准备阶段、合同签署阶段、合同履行阶段、合同履行后管理阶段，可以根据合同流程识别风险。

- 法律风险识别与调查的结果

法律风险识别与调查的结果，就是形成法律风险清单。制作法律风险清单应坚持客观公正、围绕要求等原则。清单内容和结构安排应注意轻重缓急，发生概率高、影响大的法律风险应该排在靠前，且重点突出。最后是提交法律风险清单，提交方式可以 Word 文档，也可以是 Excel 表格，不管采用何种方式，都应附加提示或说明。

创业法律风险的评估与报告

创业法律风险评估，是在识别了全部法律风险点之后，根据创业实体的实际情况及法律环境的情况对法律风险点进行筛选的过程。通过这一过程，可以知道哪些法律风险点非常重要、必须加以应对，而哪些法律风险点由于发生概率极低或影响后果甚微，采取一般措施即可以应对。法律风险评估的过程，就是通过综合采用定量分析和定性分析的方法对各个法律风险点从不同维度赋予一定的量化数值，并通过各维度的权重统计出各个风险点的赋值。当每个法律风险点都被赋予了一定的分值,就可以按分值的高低进行排列,从而得出必须优先应对的顺序。

- **法律风险评估的基本维度**

通常,对法律风险的评估主要从法律风险后果的严重程度、法律风险事件的发生概率、不利后果对创业实体的影响三个维度展开。

➢ 法律风险后果的严重程度。根据前文的分析,创业过程的法律风险分为刑事制裁、行政处罚、民事责任、单方权益丧失四类。创业者和创业实体被追究刑事责任,是创业的最大法律风险。行政处罚 7 大类中,吊销许可证或吊销执照是最严厉的,会导致创业实体丧失经营资格。民事责任 10 种方式中,对创业影响较大的是赔偿损失和承担违约金。

➢ 法律风险事件发生的概率。法律风险发生的概率,是指某一具体法律风险被触发为法律风险事件的数量与该类法律风险总量之比。在后果严重程度相同的情况下,发生概率越高的法律风险越应该尽早处理。

➢ 不利后果对创业实体的影响。法律风险使创业者失去信用又失去现金流,是创业过程中最为危险的法律风险。

- **法律风险点的赋值**

明确了法律风险评估的维度后,接下来就是为法律风险从不同维度赋予一定的分值,以便衡量某一维度下法律风险的程度。

➢ 法律风险后果严重程度的赋值。可以从法律风险点爆发为事件后的法律后果严重程度进行分析,在对分析结果排序时,以下方法可参考:可将后果严重程度设定为 1—9,赋值时最低值为 1,最高值为 9。其中,1—3 为较轻,4—6 为中等,7—9 为严重,这三组分数值中又可根据程度细分为高中低三档。

➢ 法律风险事件发生概率赋值。为了评价不同法律风险的发生概率,同样可以将发生概率定为 1—9,最低概率为 1,最高概率为 9。其中,1—3 为低概率,4—6 为中等概率,1—9 为高概率,三组分数值中同样又可细分为高中低三档。

➢ 不利后果影响程度的赋值。对于此类情况的赋值,主要结合创业者和创业实体对法律风险不利后果的控制能力、承受能力等因素,以主观判断的方式确定受到损失的程度。由于创业者对法律风险的控制能力一般,可将风险后果的承受能力直接理解为实际受损失的程度,这样对不利后果影响程度的赋值就只考虑受损失的程度。受损失的分值越高,损失越大;反之,则越小。

- **法律风险值的计算**

➢ 基本计算原理。对法律风险最为基本的计算公式为:风险=损失×概率。例如,创业者从事快递业务,每月利润为 1 万元,每次因快递丢失、毁损法律风险引起的损失是利润的 1%,该类损失每 3 个月发生一次,则每次保管不善的法律风险损失金额为 100 元,每月发生此类事件的概率为 25%,每月发生的法律风险的损失预期值为 25 元。

➢ 法律风险值的计算方法。一是风险价值法(VaR 法),它是一种金融风险评估和计量模型,国外金融行业运用广泛,在我国法律行业运用较少。二是压力测试法,该方法已被运用于金融行业,可以借鉴运用于法律风险评估工作中。

- **法律风险的具体表述方法**

对于各类法律风险进行测算后,采用何种方式来表述法律风险呢?文字是传统的方法,以图表的方式表述则更为直观。

➤ 风险坐标图法。对风险发生可能性的高低和风险损失程度进行定性或定量评估后,依据评估结果绘制风险坐标图。

➤ 风险等级图法。首先对全部风险水平数据进行聚类分析,然后根据分析结果比对不同分级标准下风险水平相近度与各等级风险数量,再根据风险管理需要,综合考虑风险水平相近度与各等级风险数量,确定风险等级标准。

➤ 风险叠加图法。通常从部门维度、外部主体维度、部门与外部主体交叉维度及经营管理流程维度进行分析[①]。

- **法律风险评估报告的撰写与提交**

评估报告中通常应包括评估报告目录、律师责任声明、报告内容声明、工作情况描述、企业法律风险现状描述、法律风险点描述、法律风险的评价方法、法律风险的评估结论等。报告内容的撰写,在确保表述的专业准确性外,应当便于读懂,可以理解,可以接受。

创业法律风险的解决方案

对于法律风险的识别与评估,使创业过程的风险全面显现出来,接下来就是寻求法律风险的解决之道。创业法律风险的解决,可以从以下三方面进行。

- **紧急避险的处置**

法律风险发生后、创业者尚未作出决策之前,可以采取紧急避险的处置。

➤ 退避法律风险。创业实体基于风险偏好或掌控能力的考虑,以主动放弃的方式,避免因违反法律禁止性规定或交易条件中的严格责任条款而遭受严重不利的后果,从而避免法律风险后果的发生。例如,正在洽谈一项交易,创业者自身的资金实力、生产能力、技术水平等根本无法满足交易条件的要求,而违约责任又很重,在无法变通情况下,放弃交易是退避法律风险的最好选择。

➤ 分散法律风险。就是通过将法律风险分散给不同主体,或将法律风险分散到不同阶段,从而只承担部分法律风险或可控制的法律风险。无论通过时间分散法律风险还是通过空间分散法律风险,都可以减轻法律风险所带来的不利后果。增加风险承担主体多为创业者所常用,如采取合伙、联营、控股等方式,增加投资主体。阶段分割的方式控制法律风险,比较适合应用于合同履行,如分期交货、分期付款可避免一次性交货或付款所带来的拖欠货款或无货可供的法律风险。

➤ 转嫁法律风险。就是创业者通过直接或间接的方式,将自身不愿承担的法律风险的不利后果转嫁给其他方承担。直接转嫁法律风险,如创业者为中间商,就可以将下游产生的法律风险转嫁给上游。间接转嫁法律风险,如债权人通过索取担保的方式将风险转嫁给担保人。

---

① 徐永前主编:《企业法律风险管理操作实务》,法律出版社 2014 年版,第 62 页。

➢ 完全合法化。如创业实体不具备相关的资格或能力，导致所实施的法律行为无效（如签订合同、违法经营），可以在诉讼前取得相关资格，从而避免风险的发生。

- **具体的化险方法**

创业者在日常业务经营中面对已经发生的法律风险，应采取具体的化险方法。

➢ 第一，保持关注。有些法律风险并不能"一抓就灵"，并不能立即消除，必须等待相关条件成熟时，才能采取措施。这当然不是说，创业者只能"坐以待毙"。在法律风险无法克服的情况下，创业者在承受法律风险时，应持续地关注法律风险的变化。

➢ 第二，抑制后果。法律风险事件出现后、风险后果确定前，通过各种方法减轻法律风险不利后果的损害，是法律风险事件出现后避免不利后果的一种补救措施。如在合同交易中，如果出现违约或预期违约等风险，可以利用不安抗辩权、同时履行抗辩权、先履行抗辩权等控制法律风险的影响范围及程度，确保交易安全。

➢ 第三，风险替代。创业者可以通过转换经营模式或业务模式的方法，在实现交易目的的各种可行方案中，选择风险较小或更为容易控制的方式，以较小或容易控制的法律风险替代更大的法律风险。

➢ 第四，风险回避。创业者可将那些仅仅是局部存在法律风险的环节交由其他方处理，自己仅经营完全合法的组成部分，从而使自己的企业不受法律风险影响。

- **抽象的制度优化**

创业者应根据法律风险评估的结果以及相关法律风险的成因分析、最优应对方法等，综合采用法律风险应对方法中的风险分散、风险转移、风险替代方式，将相关的解决方案植入企业的规章制度中，使企业可以通过对规章制度的执行达到控制法律风险的目的。具体而言，可从以下三方面进行。

➢ 第一，对违法规章制度的修订。创业初期，创业者一般不会对规章制度的质和量进行深究，大多数是照搬同行的规章，所以规章制度难免存在合法性问题。通常，一般性技术规范、业务规范不会存在太多的问题，问题较为突出的是人力资源管理中的相关规章制度和行政管理事务中的违法问题。前者突出表现在与员工签订的劳动合同、工作岗位的调整、对违反劳动纪律行为的处罚依据和处罚标准等方面，后者则突出表现在一系列辅助性的行政、后勤管理事务方面。就人力资源管理制度修订而言，最常见是将试用期修改至法定期限之内、试用期按照法定标准给付、将罚款占工资比例降至法定标准之下等。就行政管理制度修改而言，如对保安管理制度进行修订，使内部保安管理逐渐正规化。

➢ 第二，增加法律风险应对环节。创业者应在规章制度中，特别是在业务规范中增加法律风险控制、保留证据的环节。在业务活动中增加法律风险防范措施，能使经营者在业务活动中处于更为有利的态势。增加保留证据的规范，可以确保有相应的证据证明对创业者有利的经营活动。法律风险应对环节植入管理制度中，最主要起到依据和证据的作用，通常后者往往被创业者所忽略，从而使追究相关人员的责任、交易相对方责任、侵权方的责任无从落实。

➢ 第三，更新规章制度。社会变，则法变。规章制度应随着社会经济发展、创业规模情况进行必要调整。创业者从规章制度角度设计法律风险管理方案时，需要分析制度目标、作用机制、运营模式的内在要素,并考虑是否可以综合应用法律风险应对的方法,去替换、分散、转嫁、抑制现有法律风险。有的时候应该用新模式替代旧模式。

✪3. 创业法律纠纷及其解决

大学生创业引发纠纷①

累了吗?让脑袋休息一下,扫描如下二维码,了解更多课后内容。

▶ □ 创业法律纠纷的概念

创业是创业者对自己拥有的资源或通过努力能够拥有的资源进行优化整合,从而创造出更大经济或社会价值的过程。纠纷,也称争议,是特定主体基于利益冲突而产生的一种双边的对抗行为。法律纠纷,就是指以权利义务为内容的争议。因此,创业法律纠纷可定义为:创业过程中所发生的权利义务争议。

创业是一个系统而复杂的过程,每个环节都会发生权利受到侵犯或创业者与他人发生争议的情形。因此,随着创业过程每个环节的转换,创业法律纠纷也不同,如融资纠纷、交易纠纷、劳动纠纷、行政纠纷等。严格来说,创业法律纠纷不是一种独立的纠纷类型,不像消费纠纷、交通纠纷、医疗纠纷等具有自身的独特性,而是可以涵盖这些纠纷在内的外延较广的概念。

▶ □ 创业法律纠纷的特点

● **纠纷主体**

纠纷主体一方为自然人,另一方则不确定,可以是自然人、法人或其他组织。创业纠纷的主体一方为创业者,他是自然人,而且应当是具有完全民事行为能力的自然人。无民事行为能力、限制民事行为能力的自然人,不能独立承担民事责任,不能作为创业

---

① 陈运云:"大学生校园创业遇纠纷私自转让股权遭撤店",载《慈溪日报》,2014年12月10日第A6版。

者。法人、其他组织也不是创业者。在创业过程中,与创业者发生法律关系的自然人、法人、其他组织以及政府机关等都可能是创业纠纷的相对方。

- **纠纷内容的多样性**

创业过程中,创业者既要和创业伙伴打交道,也要和政府机关打交道,还要参与市场交易,必要时进行融资活动,等等。该过程中所发生的纠纷,包括民事纠纷、行政纠纷,其中经济纠纷、劳动纠纷、行政纠纷为较常见。

- **创业纠纷发生时间的限定性**

对个体而言,创业就是白手起家,是个人事业发展的初期阶段,创业纠纷就产生于这样的阶段,遇到创业纠纷以及解决创业纠纷是创业者必然要经历的过程。就发生领域而言,创业纠纷是创业过程中所发生的纠纷,不包括创业者私人生活领域所发生的纠纷,如婚姻家庭纠纷不属于创业纠纷。

创业法律纠纷的种类

从主体来看,包括创业者、创业团体、创业组织间及相互之间所发生的纠纷,也包括创业者与行政管理部门所发生的纠纷。从时间来看,包括创业初期的纠纷和创业经营管理中的纠纷。从纠纷归属看,可分为创业内部纠纷和创业外部纠纷。从纠纷性质看,可分为创业民事纠纷和创业行政纠纷。从纠纷内容看,是指权利义务争议,包括财产性争议和人身性争议。

创业法律纠纷的解决

解决纠纷的方式,从性质上,分为三种,即私力救济、社会救济和公力救济。私力救济,是指在没有第三方参与下,以自身力量解决争议的方法、手段,如决斗、复仇,"以牙还牙,以眼还眼";社会救济,是指由民间社会力量作为中立的第三方解决当事人之间的纠纷,如调解、仲裁;公力救济,是指由国家公权力作为第三方解决当事人之间的纠纷,如诉讼。创业法律纠纷的解决方式也大都属于这三种(见表8-1)。

表8-1 创业法律纠纷的解决方式

	形式	第三方	优点	缺点
私力救济	谈判	无	低廉、快捷、高效	易造成暴力冲突
社会救济	调解、仲裁	有	灵活、保密、成本低	缺乏权威
公力救济	民事诉讼	有	公正、专业、强制	时间长,成本高

- **私力救济**

私力救济的主要形式是谈判。谈判,又称协商,是一种旨在相互说服的交流或对话过程,其实质是一种双方的交易活动,目的是达成和解协议。谈判是历史最悠久,也是最常用的纠纷解决方式,一般不要求第三者的介入,是限于当事人通过意见沟通与利益主张的妥协以最终达成和解。在我国纠纷解决实践中,当事人之间的谈判,一般称之为"私了"。例如,在人们日常生活中发生的邻里纠纷、打架斗殴、交通事故等,通过双方当事人协商,达成双方都能接受的解决方案。由于它能较快地解决纠纷,避开争议的烦恼,是人们遇到争议时最先选择的解决方式。在现代商业社会,谈判更加专业化,如人们更愿意委托律师进行协商解决。

在创业法律纠纷解决中,创业者最优先采用的方式就是谈判。谈判并无正式程序要求,但一般应经过以下环节。

➤ 计划与分析。谈判就是双方实力的较量。谈判前,应全面了解事实;明确谈判要达到的目标;了解双方的优势与不足;了解有关的法律、习惯;选择谈判策略、预测谈判结果等。

➤ 交换信息。谈判开始后,双方提出自己的主张、要求以及理由和依据,并进行出价。在信息交换中,当事人可以了解对方的诚意、谈判的价值及其可能性,也可了解自己的要价是否合理、作出让步的底线,等等。此过程中,提出条件(即出价)最为关键。条件过高或过低,都决定谈判的成败。

➤ 让步和承诺。谈判一般都需要进行一番讨价还价,需要双方在原有主张的基础上作出必要的让步和妥协,最终达到双方都可以接受的方案。为了达成和解协议,让步和妥协是必要的,关键在于掌握好让步的时机和限度。

➤ 达成协议。双方当事人取得谅解后,形成和解方案。和解方案最好采用书面形式,必要时可以进行公证,这样可以保证和解协议得到履行,也可以避免争议再次发生。

在创业纠纷解决中,运用谈判,需要注意谈判策略。比如,要将谈判者与谈判实质性问题分开。在创业法律纠纷中,谈判的双方当事人之间都存在特定的关系,有的还需要长期合作,利益和人情关系同时并存。为了达到良好的和解方案,首先要处理好当事人之间的关系,即人的问题。就此,谈判者应注意设身处地地与对方换位思考,了解并理解对方的感受和观点,耐心倾听并交换意见,注意尊重对方的面子与尊严,克制自己的情绪,理解对方的情绪,营造和谐的谈判氛围。其次,要注重实质性问题的解决,将注意力集中于双方的利益,而不是各自的观点。谈判中,应适当避开对立的观点,尽量统一双方的利害关系,发现共同的利益,实事求是地提出自己利益。

● **社会救济**

➤ 调解。调解是在第三方的协助下,双方当事人通过自愿协商,达成协议,解决纠纷的方式。就第三方而言,调解人无权对争议双方当事人施加外部的强制力。创业纠纷调解中,调解人可以是行政机构(如政府及其部门)、社会组织(如人民调解委员会)、专门机构的成员(如法官),也可以是公民个人。无论身份如何,调解人都是作为中立的第三方参加调解,且以当事人自愿为前提。调解运作采取便利性、常识化、非对抗性、保密,具有费用低廉、快速、及时的特点,纠纷解决依据不受法律约束,可以采用民间风俗习惯、乡规民约、行业标准等。调解的非正式运作为当事人解决纠纷提供了宽松的环境,备受社会欢迎。调解过程中,应遵守以下基本原则:一是当事人自愿原则;二是公开原则;三是保密原则;四是合法和不违反公序良俗原则。

调解的基本程序如下：第一，申请调解。当事人一方或双方可以向调解机构和相关人员提出申请。创业法律纠纷的主体可以向人民调解委员会、司法所、行业调解组织申请调解。第二，选择调解员和调解场所。调解机构应向当事人公布调解员名单，由当事人自行选择调解员。在没有调解员选择程序或当事人不愿或难以做出选择的情况下，可以由调解机构指定调解员。调解场所一般在调解机构设置的场所，也可以由双方当事人选择其他地点。调解场所应当和谐温馨，如布置鲜花、悬挂艺术品或和解格言等。第三，调解进行。一是当事人与调解员共同确认各方的调解意向，进行初步的意见交换。调解员应确保调解在良好的氛围中开始。二是当事人陈述与事实调查。此过程的调解可以采用面对面的方式，也可以采用背对背的方式，还可以混合采用两种方式。无论采用何种方式，都应确保双方当事人在自愿、平等的基础上，促成和解。第四，调解结束。调解成立，双方达成口头或书面的协议，能即时履行的，当即履行；不能即时履行的，根据双方协议制作调解书，终结调解程序。调解失败，未达成和解，调解程序终结。

通常，调解协议具有合同的性质，不具有强制执行力，主要靠当事人自觉履行，一旦当事人反悔，调解协议就无法执行。为了使调解协议具有强制执行力，可采用以下两种方式：第一，对有支付内容的调解协议进行公证。经过公证机构公证的调解协议，产生确定力，义务人拒不履行时，权利人可申请法院颁发支付令或强制执行。第二，由法院审查确认产生相当于判决的效力。调解协议达成后，当事人可申请法院进行司法确认。经过司法确认的调解协议，具有生效判决的效力，一方当事人拒不履行，另一方当事人可申请法院强制执行。

➤ 仲裁。仲裁，是指根据当事人仲裁协议的约定，将纠纷委托给作为第三方的仲裁机构进行裁决的纠纷解决方式。仲裁广泛应用于商事领域，因此非常适合创业者解决创业法律纠纷。不是所有的创业法律纠纷都适合通过仲裁来解决，只有符合以下条件的纠纷才可通过仲裁解决：第一，纠纷当事人有平等的法律地位。平等，意味着一方不得强制另一方作为或不作为，不得命令对方服从或受支配。民事纠纷的主体是平等的，因此只有创业民事法律纠纷可通过仲裁解决。第二，纠纷为合同纠纷或其他财产权益纠纷。仲裁的产生起源于国际商事仲裁，"商事"特性为仲裁所独有。合同纠纷是仲裁机构的主要案源。因此，创业法律纠纷中的合同纠纷可以进行仲裁解决。除合同纠纷外，创业法律纠纷中其他财产权益纠纷，如房地产纠纷、著作权纠纷、商标权纠纷等，均可提交仲裁裁决。至于创业过程所发生的具有人身关系的纠纷，如婚姻、收养、监护、抚养、继承纠纷，不得通过仲裁解决。第三，创业纠纷的仲裁裁决以当事人事先约定为前提。当事人选择仲裁解决纠纷，必须事先达成仲裁协议。这里的"事先"既包括当事人在订立合同时，在合同中以仲裁条款约定未发生的纠纷以仲裁解决，也包括纠纷发生后，双方达成仲裁协议，约定利用仲裁程序解决。易言之，仲裁基于当事人的合意选择。

创业法律纠纷交由仲裁解决，具有以下优点：第一，迅速低廉。与诉讼相比，仲裁实行一裁终局制，程序简便，无须上诉。仲裁收费比诉讼收费低，没有诉讼那种繁杂程序，可以节约费用和时间。第二，终局性。与调解相比，仲裁裁决可终局性地解决纠纷，生效裁决与判决具有相同效力。一方不履行仲裁裁决,另一方当事人可申请法院强制执行。第三,灵活性。在实体方面,仲裁裁决可不受实体法规范的严格约束;在程序方面,程序规范的约束更加宽松,当事人可以协商选择仲裁程序,根据需要简化程序,也可以在同阶段引入调解或其他纠纷解决方式。第四,保密性。仲裁不公开进行,有利于保护创业者的商业机密和个人隐私。

创业法律纠纷通过仲裁解决,其仲裁基本程序如下:第一,订立仲裁协议。仲裁协议可以在合同订立时附带签署,即作为合同中一个条款,也可以单独签订;既可以是预防性的,也可以在纠纷发生后签署。签订了仲裁协议,则确立了仲裁机构的专属管辖,排除了法院管辖。第二,仲裁申请。纠纷发生后,当事人根据仲裁协议,将纠纷提交仲裁机构,由其立案受理。第三,选任仲裁员。当事人从仲裁机构的仲裁员名单中选仲裁员组成仲裁庭。仲裁庭包括独任庭和合议庭。对于三人组成的合议仲裁庭,一般由双方当事人各选一名,再共同选择一名仲裁员作为首席仲裁员。如果当事人无法选任或放弃选任仲裁员,则可由仲裁委员会指定。第四,仲裁准备。开庭审理前,双方当事人应以书面形式向仲裁庭提交相关材料,相互交换文件和证据。必要时,可以进行调解。第五,开庭审理。仲裁庭在双方当事人参与下,进行调查事实和法庭辩论,前者包括举证、质证、认证等环节。第六,仲裁终结。经过开庭审理后,仲裁庭按照仲裁员多数意见作出裁决。当仲裁裁决送达当事人后,即产生终局效力。义务人拒不履行,权利人可以向法院申请强制执行。

● **公力救济**

➢ 行政复议。行政复议,是指公民、法人或者其他组织认为行政主体的具体行政行为违法或不当侵犯其合法权益,依法向主管行政机关提出复查该具体行政行为的申请,行政复议机关依照法定程序对被申请的具体行政行为进行合法性、适当性审查,并作出行政复议决定的一种法律制度。其特征主要有:一是行政复议以行政争议和部分民事争议为处理对象;二是行政复议直接以具体行政行为为审查对象;三是行政复议以合法性和合理性为审查标准;四是行政复议以书面审理为主要方式;五是行政复议以行政相对人为申请人,以行政主体为被申请人;六是行政复议以行政机关为处理机关。凡是可以提起行政诉讼的行政争议案件,都可以申请行政复议;不能提起行政诉讼的行政争议,只要单行法律、法规规定可以申请行政复议的,公民、法人或者其他组织就可以申请行政复议。我国《行政复议法》在明确规定了哪些行政行为可以申请复议的同时,又对不能依照复议法申请复议的四类行政行为作了规定。它们是:国务院制定的行政法规和其他规范性法律文件、规章;行政机关作出的行政处分或其他人事处理决定;行政机关对民事纠纷作出的仲裁、调解或者处理;以及国防、外交等国家行为。

➢ 诉讼。"司法是社会的最后防线。"创业法律纠纷通过上述方式仍不能解决,最终可通过诉讼的方式解决,即常言的"打官司"。如果把创业法律纠纷分为创业民事纠纷和创业行政纠纷,诉讼分为民事诉讼和行政诉讼,即民事官司和行政官司。

民事诉讼,是指公民、法人或其他组织在权益受到侵犯或与他人发生争议的情况下,向法院提出诉讼请求,人民法院在双方当事人和其他诉讼参与人的参加下,依法审理和裁判民事争议的程序。通过民事诉讼解决创业法律纠纷,具有以下特点:第一,双方当事人平等对立。双方当事人地位平等,一方提出诉讼请求,另一方进行防御、抗辩,双方处于攻防状态。第二,依靠国家强制力解决纠纷。法院在诉讼过程中可以采取强制措施,也可以强制执行生效判决。第三,程序完备且复杂。民事诉讼是通过一套完备的程序来解决纠纷,包括一审程序、二审程序、再审程序、执行程序等。

民事诉讼实行两审终审制。通常,一个案件经过两级法院的审理才告终结。特殊情况下才一审终审,如小额程序。民事诉讼实行公开审判,大多数情况下案件审理向社会公开,向群众公开,允许新闻记者采访报道。只有例外情况下不公开审理,如涉及国家秘密、个人隐私、商业秘密等的案件。民事诉讼以合议庭审判为主,独任审判为例外。普通程序审理的案件都采用合议庭审理,只有简易程序采用独任法官审理。民事诉讼实行回避制度,审理案件的法官如果具有是案件的当事人或与案件有利害关系等法定回避情形,当事人可以申请法官回避。

民事诉讼基本程序如下:

(1) 起诉。创业者到法院维权,应向法院提起诉讼。起诉应符合下列条件:一是原告是与本案有直接利害关系的公民、法人或其他组织;二是有明确的被告;三是有具体的诉讼请求和事实、理由;四是属于人民法院受理民事诉讼的范围和受诉人民法院有管辖权。当事人到法院起诉,通常要求提交起诉状,起诉状有固定的格式要求。在没有书写能力情况下,才允许口头起诉。

(2) 确定管辖。创业者发生纠纷,应到有管辖权的法院起诉,否则法院不会受理。如果是合同纠纷的第一审,当事人可以书面协议选择法院管辖,根据规定,只能在被告住所地、合同履行地、合同签订地、原告住所地、标的物所在地的法院之间择一选取。对于其他纠纷,当事人到法院起诉应符合级别管辖和地域管辖。我国有四级法院,即基层人民法院、中级人民法院、高级人民法院、最高人民法院。大多数案件的一审都是在基层人民法院进行,在中级以上人民法院进行一审诉讼,法律有明文列举规定。创业者明确了其纠纷应在哪一级法院管辖后,因为同级法院数量众多,还要确立在同级哪个法院诉讼,即地域管辖。地域管辖,一般实行"原告就被告的原则",即由被告住所地法院管辖。对于一般合同纠纷、保险合同纠纷、票据纠纷、公司诉讼、侵权行为纠纷等,则采用特殊地域管辖,应根据法律的具体规定确定管辖法院。如侵权行为纠纷,由侵权行为地或被告住所地法院管辖。当事人可以选择在侵权行为地、被告住所地法院进行一审诉讼。对于不动产纠纷、港口作业纠纷则实行专属管辖,只能分别由不动产所在地法院管辖、港口所在地法院管辖。

(3) 开庭前准备。当事人应作如下准备工作:如果为被告人,应在收到起诉状副本15日内向法院提交答辩状,还可提起反诉;需要申请回避的,向法院提出回避申请;申请法院调查收集证据;申请勘验、鉴定;参加证据交换,申请证据财产保全、证据保全,等等。

(4) 开庭审理。当事人在法庭指挥下,参加法庭调查和法庭辩论。法庭调查中,应积极有序的举证,并围绕真实性、关联性、合法性进行质证。

(5) 法院裁判。民事诉讼一审最长审理期限为15个月,在此期限内,法院应作出裁判。当事人对判决不服,应在收到判决书 15 日内向上级人民法院起诉;对裁定不服,应在收到裁定书 10 日内,向上级人民法院起诉。如果在法定期限内,双方当事人都没提出上诉,一审裁判发生法律效力。

(6) 申请再审或申请执行。裁判生效后,当事人如果认为有错误,可申请法院再审。裁判生效后,义务人拒不履行生效裁判,权利人可以申请法院强制执行。根据规定,当事人申请再审,应当在判决、裁定、调解协议发生法律效力后 6 个月内提出。申请执行的期限为 2 年。

✪ 4. 创业中的刑事高压线

创业是一项风险和收益相伴相随的活动,在各种风险中刑事法律风险最为凶险。在当代中国,加强法治建设日益成为社会共识,纳入刑法规范调整的行为越来越广泛多样。创业者搏杀于市场最前线,必须不断有创新才能立于不败之地,然而,创新意味着突破,有可能游走于法律灰色地带。近年来,一批批民营企业家因触及刑法高压线而轰然倒下,民营企业家成为犯罪高发人群已是不容忽视的事实。因此,创业者应当时刻警醒,守住法律底线,勿踏刑法雷区。

广西柳州正菱集团廖荣纳涉嫌非法吸收公众存款案[①]

累了吗?让脑袋休息一下,扫描如下二维码,了解更多课后内容。

一、创业中刑事犯罪概述

创业的征途充满机遇和挑战,创业者追逐利益时如果把控不住底线而越界,就可能陷入刑事犯罪的泥沼。2014 年 1 月 3 日,法制日报社《法人》杂志与中国青年报舆情监测室联合推出《2013 中国企业家犯罪(媒体样本)研究报告》,报告从中国法院网等大众网络媒体上公开报道的企业家犯罪信息中收集整理了 357 起案例。其中,国有企业家犯罪或涉嫌犯罪的案件为 87 件,占比 24.4%;民营企业家犯罪或涉嫌犯罪的案件为

[①] 资料来源:http://www.legalweekly.cn/index.php/Index/article/id/6963。

创业法学

270件,占比75.6%。报告称,与2011年、2012年度的媒体案例相比,民营企业家涉及的犯罪案件在绝对数和所占比例上,一直处于明显上升状态。在270例民企企业家犯罪案件中,提及案发领域的案件共有252例,其中融资、财务管理与合同纠纷是民企案发的主要领域,其余领域则分别为安全生产、公司经营、产品质量、工程领域、招投标、证券和物资采购领域①。因此,有效地防范企业、企业高管的刑事法律风险,是构建现代法律风险防范机制的重要内容。

创业中的刑事犯罪可能出现于企业设立、融资、内部管理及生产、经营过程中,也可能存在于企业财务管理、财物使用、职务行使等方面。犯罪表现形式多样,包括非法经营牟取暴利型、缺乏诚信合同诈骗型、资金短缺非法融资型、公私不分侵占挪用型、官商勾结行贿获利型、贪心不足偷逃税收型等。涉嫌罪种罪名繁杂,如《2014中国企业家犯罪报告》中统计了677名民营企业家犯罪的罪种和罪名,共涉及51个具体罪名,分属于《刑法》第二章、第三章、第四章、第五章、第六章、第八章和第九章共七章②。

创业中刑事犯罪类型及典型罪名列举

● 创业项目选择不慎、非法经营牟取暴利

创业项目的选择关系着创业企业的未来,创业项目的评价既要考察其经济效益,也要考察其合法性。如果在巨额暴利的诱惑下,逾越法律底线从事国家明令禁止的经营项目或经营方式,创业者和创业企业迟早会陷入万劫不复的绝境。因创业项目非法或经营方式非法可能涉及的罪名有非法经营罪,组织、领导传销活动罪,走私罪,洗钱罪等。

➢ 非法经营罪。非法经营罪是指未经许可经营专营、专卖物品或其他限制买卖的物品,买卖进出口许可证、进出口原产地证明以及其他法律、行政法规规定的经营许可证或者批准文件,以及从事其他非法经营活动,扰乱市场秩序,情节严重的行为。

非法经营罪的构成要件:(1)本罪侵犯的客体是国家对市场的正常管理和市场交易秩序。(2)本罪的客观方面表现为违反国家规定,从事非法经营,扰乱市场秩序,情节严重的行为。具体表现在以下3个方面:一是未经许可经营法律、行政法规规定的专营、专卖物品或者其他限制买卖的物品;二是买卖进出口许可证、进出口原产地证明以及其他法律、法规规定的经营许可证或者批准文件,其他法律、行政法规规定的经营许可证或者批准文件,一般是指对限制买卖物品的经营许可证件或批准文件,如烟草专卖许可证、狩猎许可证、重要农用生产资料经营许可证等;三是其他严重扰乱市场秩序的非法经营行为,如非法经营证券、期货或者保险业务,非法从事资金支付结算业务、非法经营彩票等。(3)本罪的主体是一般主体,单位和自然人均可构成。(4)本罪的主观方面为故意,即明知或应知未经国家许可不得经营的业务或

---

① 资料来源:http://www.legaldaily.com.cn/integrity-observe/content/2014-01/24/content_5229826_2.htm,访问日期:2015年8月4日。

② 资料来源:http://news.jcrb.com/jxsw/201412/t20141221_1460973.html,访问日期:2015年8月3日。

者产品而非法经营。

> **经典案例**

苏某等非法经营案香港"六合彩"投注案①

累了吗?让脑袋休息一下,扫描如下二维码,了解更多课后内容。

➢ 组织、领导传销活动罪。组织、领导传销活动罪是指组织、领导以推销商品、提供服务等经营活动为名,要求参加者以缴纳费用或者购买商品、服务等方式获得加入资格,并按照一定顺序组成层级,直接或者间接以发展人员的数量作为计酬或者返利依据,引诱、胁迫参加者继续发展他人参加,骗取财物,扰乱经济社会秩序的传销活动行为。构成本罪,处五年以下有期徒刑或者拘役,并处罚金;情节严重的,处五年以上有期徒刑,并处罚金。

构成要件:(1) 本罪侵犯的客体为复杂客体,既侵犯了公民的财产所有权,又侵犯了市场经济秩序和社会管理秩序。(2) 本罪在客观方面表现为违反国家规定,组织、从事传销活动,扰乱市场秩序,情节严重的行为。具体表现为:一是组织、领导以推销商品、提供服务等经营活动为名,要求参加者以缴纳费用或者购买商品、服务等方式获得加入资格;二是按照一定顺序组成层级;三是直接或者间接以发展人员的数量作为计酬或者返利依据;四是引诱、胁迫参加者继续发展他人参加;五是骗取财物。(3) 本罪主体是一般主体,凡达到法定刑事责任年龄,具有刑事责任能力的自然人均能构成本罪。本罪追究的主要是传销的组织策划者,多次介绍、诱骗、胁迫他人加入传销组织的积极参与者。对一般参加者,则不予追究。(4) 本罪在主观方面表现为直接故意,具有非法牟利的目的。

> **经典案例**

孙某组织、领导传销活动案②

累了吗?让脑袋休息一下,扫描如下二维码,了解更多课后内容。

---

① 资料来源 http://www.pkulaw.cn/case/pfnl_121712875.html?keywords=苏某等非法经营案&match=Exact,访问日期:2015年8月4日。
② 资料来源 http://www.pkulaw.cn/case/pfnl_120091664.html?keywords=孙某组织、领导传销活动&match=Exact,访问日期:2015年8月4日。

➢ 走私犯罪。走私犯罪是指违反海关法规,逃避海关监管,非法运输、携带、邮寄国家禁止、限制进出口或者依法应当缴纳关税而偷逃关税的货物,物品进出国(边)境,破坏国家对外贸易管理制度,情节严重的行为。

根据《刑法》的规定,共有10种具体的走私罪:走私武器、弹药罪;走私核材料罪;走私假币罪;走私文物罪;走私贵重金属罪;走私珍贵动物、珍贵动物制品罪;走私珍稀植物、珍稀植物制品罪;走私淫秽物品罪;走私固体废物罪;走私普通货物、物品罪。走私普通货物、物品罪是指违反海关法规,逃避海关监管,非法携带、运输、邮寄除武器、弹药、核材料、伪造的货币、文物、贵重金属、珍贵动物及其制品、珍稀植物及其制品、淫秽物品以及毒品之外的其他货物、物品进出国(边)境偷逃应缴关税及进出口环节税总额达到5万元(含)以上的行为。

经典案例

离职空姐走私案[①]

累了吗?让脑袋休息一下,扫描如下二维码,了解更多课后内容。

【刑法条文链接一】

扫描右侧二维码,获取如下法条链接。

第151条—第154条【走私犯罪】

第191条【洗钱罪】

第224条【组织、领导传销活动罪】

第225条【非法经营罪】

第226条【强迫交易罪】

第312条【掩饰、隐瞒犯罪所得、犯罪所得收益罪】

---

① 资料来源:http://baike.baidu.com/link?url=1i-JPMtousPIc3zfUYWWqYm9qyM6UR8bHZZfgcbhl_afEyHxRVXYk73dbxq0r9f8joo-ilb0Sda_xMSTUXCUavY2muCpn5sOJ0dpMfrHo3e。

● 创业融资饥不择食,非法集资金融诈骗

企业经营、运作都离不开资金。一般情况下,企业正常的经营活动都应该量力而行,应该结合企业自有资金和合法融资的情况决策和实施。但是,有一些创业企业盲目扩张,加之经营管理不善,最终造成资金紧张,为了融资,饥不择食,非法集资,甚至铤而走险,进行金融诈骗。此类行为触犯的具体罪名包括非法吸收公众存款罪、集资诈骗罪、贷款诈骗罪等。

➤ 非法吸收公众存款罪。非法吸收公众存款罪是指违反国家金融管理法规非法吸收公众存款或变相吸收公众存款,扰乱金融秩序的行为。构成本罪的,处3年以下有期徒刑或者拘役,并处或者单处2万元以上20万元以下罚金;数额巨大或者有其他严重情节的,处3年以上10年以下有期徒刑,并处5万元以上50万元以下罚金。单位犯前款罪的,对单位判处罚金,并对其直接负责的主管人员和其他直接责任人员,依照前款的规定处罚。

构成要件:(1) 本罪侵犯的客体是国家金融管理制度。存款是指存入金融机构保管并可以由其利用的货币资金或有价证券。本罪的犯罪对象是公众存款,即社会上不特定群体的存款,如果存款人只是少数个人或者是特定的,不能认为是公众存款。(2) 本罪在客观方面表现为行为人实施了非法吸收公众存款或变相吸收公众存款的行为。非法吸收公众存款行为包括两种情况:一种是没有吸收公众存款资质的个人或法人吸收公众存款,另一种是具有吸收公众存款资质的法人采用违法的方法吸收存款。"变相吸收公众存款",是指行为人不以存款的名义,而是通过其他形式吸收公众资金,从而达到吸收公众存款的目的和行为。例如,未经批准成立各种基金会吸收公众资金,或者以投资、集资入股等名义吸收公众资金,但并不按正常投资的形式分配利润、股息,而是以一定的利息进行支付的行为。(3) 本罪的主体为一般主体,自然人和单位均可构成本罪。(4) 本罪的主观方面表现为故意,并且只能是直接故意。但行为人不能有非法占有的目的。

非法吸收或者变相吸收公众存款,扰乱金融秩序,涉嫌以下情形之一的,应予立案追诉:一是从非法吸收或者变相吸收公众存款的数额上来看,个人非法吸收或者变相吸收公众存款,数额在20万元以上的,单位非法吸收或者变相吸收公众存款,数额在100万元以上的。二是从非法吸收或者变相吸收公众存款的户数上来看,个人非法吸收或者变相吸收公众存款30户以上的,单位非法吸收或者变相吸收公众存款150户以上的。三是从造成的经济损失上来看,个人非法吸收或者变相吸收公众存款给存款人造成直接经济损失数额在10万元以上的,单位非法吸收或者变相吸收公众存款给存款人造成直接经济损失数额在50万元以上的。

➤ 集资诈骗罪。集资诈骗罪是指以非法占有为目的,违反有关金融法律、法规的规定,使用诈骗方法进行非法集资,扰乱国家正常金融秩序,侵犯公私财产所有权,且数额较大的行为。犯集资诈骗罪的,数额较大的,处5年以下有期徒刑或者拘役,并处2万元以上20万元以下罚金;数额巨大或者有其他严重情节的,处5年以上10年以下有期徒刑,并处5万元以上50万元以下罚金;数额特别巨大或者有其他特别严重情节的,处10年以上有期徒刑或者无期徒刑,并处5万元以上50万元以下罚金或者没收财产。

构成要件:(1) 本罪侵犯的客体是复杂客体,既侵犯了公私财产所有权,又侵犯了

创业法学

国家金融管理制度。(2) 本罪在客观方面表现为行为人必须实施了使用诈骗方法非法集资，数额较大的行为。具体表现为：一是使用诈骗方法，即行为人采取虚构集资用途，以虚假的证明文件和高回报率为诱饵，骗取集资的手段；二是非法集资，包括个人、公司、企业或者其他组织未经有权机关批准，违反法律法规，通过不正当的渠道，向社会不特定对象募集资金，也包括虽经批准，但经撤销后仍继续向社会不特定对象募集资金的行为；三是集资诈骗数额较大，才构成犯罪。根据最高人民检察院、公安部《关于经济犯罪案件追诉标准的规定》的规定，个人集资诈骗，数额在 10 万元以上的；单位集资诈骗，数额在 50 万元以上的，应予立案追诉。在具体认定集资诈骗犯罪的数额时，应当以行为人实际骗取的数额计算。(3) 本罪的主体为一般主体，自然人和单位均可构成本罪。(4) 本罪在主观上由故意构成，且以非法占有为目的。根据最高人民法院《关于审理诈骗案件具体应用法律的若干问题的解释》的规定，下列情形之，应当认定其行为属于"以非法占有为目的，使用诈骗方法非法集资"：① 携带集资款逃跑的；② 挥霍集资款，致使集资款无法返还的；③ 使用集资款进行违法犯罪活动，致使集资款无法返还的。在司法实践中，不能仅凭集资款没及时返还或者已根本不可能偿还就推定行为人有非法占有集资款的目的，应认真分析行为人未偿还集资款的原因，若是因为生产经营或管理的问题或市场行情变化引起集资所建项目无法产生预期经济效益，就不能认定行为人有非法占有目的。

2001 年的《全国法院审理金融犯罪案件工作座谈会纪要》中指出，"根据司法实践，对于行为人通过诈骗的方法非法获取资金，造成数额较大资金不能归还，并具有下列情形之一的，可以认定为具有非法占有的目的：① 明知没有归还能力而大量骗取资金的；② 非法获取资金后逃跑的；③ 肆意挥霍骗取资金的；④ 使用骗取的资金进行违法犯罪活动的；⑤ 抽逃、转移资金、隐匿财产，以逃避返还资金的；⑥ 隐匿、销毁账目，或者搞假破产、假倒闭，以逃避返还资金的；⑦ 其他非法占有资金、拒不返还的行为。但是，在处理具体案件的时候，对于有证据证明行为人不具有非法占有目的的，不能单纯以财产不能归还就按金融诈骗罪处罚。"

经典案例

吴英集资诈骗案[①]

累了吗？让脑袋休息一下，扫描如下二维码，了解更多课后内容。

[①] 资料来源：http://baike.baidu.com/link?url=MBaF0oNHQsx5PCIpZXPfKr9NcLXmMAVZhFLm0N7Wzg-FQSV9zpmu1frVvHsv1-qqsHTRdHx6x1JUbJM9zw77KYW57UyqSQJGbsvWIR783b2S。

➢ 贷款诈骗罪。贷款诈骗犯罪案件是指以非法占有为目的,采用虚构事实或者隐瞒真相的方法,骗取银行或者其他金融机构的贷款,数额较大的行为。构成贷款诈骗罪,数额较大的,处 5 年以下有期徒刑或者拘役,并处 2 万元以上 20 万元以下罚金;数额巨大或者有其他严重情节的,处 5 年以上 10 年以下有期徒刑,并处 5 万元以上 50 万元以下罚金;数额特别巨大或者有其他特别严重情节的,处 10 年以上有期徒刑或者无期徒刑,并处 5 万元以上 50 万元以下罚金或者没收财产。根据《最高人民检察院、公安部关于公安机关管辖的刑事案件立案追诉标准的规定(二)》的规定,贷款诈骗罪"数额较大"的标准为 2 万元;根据《最高人民法院关于审理诈骗案件具体应用法律的若干问题的解释》的第 4 条,个人进行贷款诈骗数额在 5 万元以上的,为"数额巨大",个人进行贷款诈骗数额在 20 万元以上的,为"数额特别巨大"。

构成要件:(1)本罪侵犯的客体是双重客体,既侵犯了银行或者其他金融机构对贷款的所有权,又侵犯国家金融管理制度。贷款是指作为贷款人的银行或者其他金融机构对借款人提供的并按约定的利率和期限还本付息的货币资金。(2)本罪在客观方面表现为采用虚构事实、隐瞒真相的方法诈骗银行或者其他金融机构的贷款,数额较大的行为。行为人诈骗贷款所使用的方法主要有以下几种表现形式:①编造引进资金、项目等虚假理由骗取银行或者其他金融机构的贷款;②使用虚假的经济合同诈骗银行或者其他金融机构的贷款;③使用虚假的证明文件诈骗银行或其他金融机构的贷款,所谓证明文件是指担保函、存款证明等向银行或其他金融机构申请贷款时所需要的文件;④使用虚假的产权证明作担保或超出抵押物价值重复担保,骗取银行或其他金融机构贷款的;⑤以其他方法诈骗银行或其他金融机构贷款的,如伪造单位公章、印鉴骗贷的,以假货币为抵押骗贷的,先借贷后采用欺诈手段拒不还贷的等情况。(3)本罪的主体是一般主体,任何达到刑事责任年龄、具有刑事责任能力的自然人均可构成,单位不能成为本罪的主体。(4)本罪在主观上由故意构成,且以非法占有为目的。如果行为人不具有非法占有的目的,虽然其在申请贷款时使用了欺骗手段,也不能按犯罪处理,可由银行根据有关规定给予停止发放贷款、提前收回贷款或者加收贷款利息等办法处理。

【刑法条文链接二】
扫描右侧二维码,获取如下法条链接。
第 176 条【非法吸收公众存款罪】
第 192 条【集资诈骗罪】
第 193 条【贷款诈骗罪】
第 194 条【票据诈骗罪、金融凭证诈骗罪】
第 195 条【信用证诈骗罪】
第 196 条【信用卡诈骗罪】
第 197 条【有价证券诈骗罪】
第 198 条【保险诈骗罪】

● 经营活动不讲诚信,假冒伪劣不当竞争

诚实信用,是市场经济的基石,也是我国《民法通则》以及《合同法》等法律规定的基本原则。诚实信用应当是创业者做人、做事的基本准则,然而,有的创业者急功近利、见利忘义,以假冒伪劣商品,或不当竞争手段,甚至利用非法的合同形式欺诈对方,牟取不义之财。他们背离了诚实信用,难免掉入犯罪的陷阱。不诚信经营涉及的罪名有伪劣商品犯罪、知识产权犯罪、合同诈骗罪、不正当竞争犯罪等。

➤ 伪劣商品犯罪。伪劣商品犯罪是指经营者以非法牟利为目的,在生产经营活动中,违反国家产品质量、安全卫生的监督管理法规,生产、销售和放纵生产、销售伪劣商品以及为生产、销售伪劣商品提供便利条件,严重损害用户和消费者利益,危害社会主义市场经济秩序,应当受到刑法处罚的行为。伪劣商品犯罪的行为有四种:生产伪劣商品犯罪行为;销售伪劣商品犯罪行为;为生产、销售伪劣商品提供便利条件犯罪行为;放纵生产、销售伪劣商品犯罪行为。

根据刑法规定,伪劣商品犯罪共涉及 10 个具体罪名:生产、销售伪劣产品罪;生产、销售假药罪;生产、销售劣药罪;生产、销售不符合卫生标准的食品罪;生产、销售有毒有害食品罪;生产、销售不符合标准的医用器材罪;生产、销售不符合安全标准的产品罪;生产、销售伪劣农药、兽药、化肥、种子罪;生产、销售不符合卫生标准的化妆品罪;放纵制售伪劣商品罪。

➤ 知识产权犯罪。知识产权犯罪是一类新型的经济犯罪,包括侵犯商标权犯罪、假冒专利犯罪、侵犯著作权犯罪、侵犯商业秘密犯罪。

侵犯商标权犯罪,是指违反商标管理法规的有关规定,侵犯他人注册商标专用权,破坏国家商标管理和保护制度,情节严重,依法应受刑法处罚的行为。侵犯商标权犯罪包括三个罪名:假冒注册商标罪、销售假冒注册商标的商品罪及非法制造、销售非法制造的注册商标标识罪。

假冒专利罪,是指违反国家专利管理法规,未经专利权人许可,假冒他人专利,情节严重的行为。下列行为属于假冒他人专利的行为:(1) 未经许可,在其制造或者销售的产品、产品的包装上标注他人的专利号;(2) 未经许可,在广告或者其他宣传材料中使用他人的专利号,使人将所涉及的技术误认为是他人的专利技术;(3) 未经许可,在合同中使用他人的专利号,使人将合同涉及的技术误认为是他人的专利技术;(4) 伪造或者变造他人的专利证书、专利文件或者专利申请文件。

侵犯著作权犯罪,是指违反著作权法律有关规定,侵犯他人著作权和著作权有关权益,破坏国家著作权管理和保护制度,情节严重,依法应受刑法处罚的行为。侵犯著作权犯罪包括两个罪名:侵犯著作权罪、销售侵权复制品罪。

侵犯商业秘密罪,是指以盗窃、利诱、胁迫或者其他不正当手段获取权利人的商业秘密,或者非法披露、使用或者允许他人使用其所掌握的或获取的商业秘密,给商业秘密的权利人造成重大损失的行为。侵犯商业秘密的行为表现为以下几种情况:(1) 以盗窃、利诱、胁迫或者其他不正当手段获取权利人的商业秘密。(2) 披露、使用或者允许他人使用以上述第一种手段获取的权利人的商业秘密。(3) 违反约定或者违反权利人有关保守商业秘密的要求,披露、使用或者允许他人使用其所掌握的商业

秘密。(4) 明知或应知前述第一种至第三种违法行为,而获取、使用或者披露他人商业秘密。

> 经典案例

宗连贵、黄立安等人假冒注册商标案①

累了吗？让脑袋休息一下,扫描如下二维码,了解更多课后内容。

➤ 合同诈骗罪。合同诈骗罪是指以非法占有为目的,在签订、履行合同过程中,采取虚构事实或者隐瞒真相等欺骗手段,骗取对方当事人财物,数额较大的行为。《刑法》第 224 条的规定,以非法占有为目的,在签订、履行合同过程中,骗取对方当事人财物,数额较大的,处 3 年以下有期徒刑或者拘役,并处或者单处罚金;数额巨大或者有其他严重情节的,处 3 年以上 10 年以下有期徒刑,并处罚金;数额特别巨大或者有其他特别严重情节的,处 10 年以上有期徒刑或者无期徒刑,并处罚金或者没收财产。单位构成本罪,对单位判处罚金,并对其直接负责的主管人员和其他直法接责任人员,依照上述规定处罚。

构成要件：(1) 本罪的客体,是复杂客体,即国家对经济合同的管理秩序和公私财产所有权。本罪的对象是公私财物。(2) 本罪的客观方面,表现为利用合同骗取对方当事人财物,数额较大的行为。根据我国《刑法》的规定,本罪的诈骗行为表现为下列五种形式：一是以虚构的单位或者冒用他人名义签订合同的;二是以伪造、变造、作废的票据或者其他虚假的产权证明作担保的;三是没有实际履行能力,以先履行小额合同或者部分履行合同的方法,诱骗对方当事人继续签订和履行合同的;四是收受对方当事人给付的货物、货款、预付款或者担保财产后逃匿的;五是以其他方法骗取对方当事人财物的。所谓数额较大,根据 2010 年最高人民检察院、公安部《关于公安机关管辖的刑事案件立案追诉标准的规定(二)》第 77 条,以非法占有为目的,在签订、履行合同过程中,骗取对方当事人财物,数额在 2 万元以上的,应予立案追诉。(3) 本罪的主体是一般主体,既包括自然人,也包括单位。单位合同诈骗罪,是指单位工作人员为了获取本单位的利益,以单位的名义,利用合同骗取财物,数额较大,诈骗所得全部或大部分归单位所有的行为。(4) 本罪的主观方面,表现为直接故意,并且具有非法占有对方当事人财物的目的。

---

① 资料来源：http://www.legalweekly.cn/index.php/Index/article/id/6963。

创业法学

经 典 案 例

借钱创业变成借钱享乐 男子涉嫌诈骗被刑事拘留[①]

累了吗？让脑袋休息一下，扫描如下二维码，了解更多课后内容。

➤ 不正当竞争犯罪。不正当竞争犯罪是指违反《反不正当竞争法》的法律规定，损害其他经营者的合法利益，破坏市场经济竞争秩序，情节严重的行为。不正当竞争犯罪具体包括损害商业信誉、商品声誉罪，虚假广告罪，串通投标罪。

【刑法条文链接三】

扫描右侧二维码，获取如下法条链接。

第140条—第148条【伪劣商品犯罪】

第213条【假冒注册商标罪】

第216条【假冒专利罪】

第217条【侵犯著作权罪】

第218条【销售侵权复制品罪】

第219条【侵犯商业秘密罪】

第221条【损害商业信誉、商品声誉罪】

第222条【虚假广告罪】

第223条【串通投标罪】

第224条【合同诈骗罪】

- **财物管理制度不全，公私不分侵占挪用**

许多创业者分不清自己个人资产和创业企业资产的差别，错误地认为创业企业的资产就是自己的资产，可以随时取用，从企业取用资金就像从自己钱包里取钱一样方便。其实不然，创业者作为自然人，其个人现金、存款、财物由其自由支配；但"法人型"或"合伙型"创业企业，企业的资产在分配利润之前都应该是企业法人所有或全体合伙人共有，也就是大家的"公款"或"公物"。创业者虽然也有权安排使用，但只能代表企业为了企业的利益使用，而不应该随意侵占或挪用。如果创业者"公款""私款"不分，自然人和法定代表人不分，利用自己担任企业法定代表人的职务之便，取用企业资金去办自

[①] 资料来源：http://beijing.qianlong.com/3825/2013/09/02/3022%408922091.html。

300

己个人的私事,则可能构成职务侵占罪,如原广东金正集团董事长万平、原健力宝总裁张海、原上海申花足球俱乐部总经理郁知非等。如果创业者,无视企业管理制度,在自己控制的多家企业之间,随意调拨使用资金,则可能构成挪用资金罪,如原科龙集团董事长顾雏军、原深圳华茂实验学校董事长王庆茂、原爱多老板胡志标等。

➢ 职务侵占罪。职务侵占罪是指公司、企业或者其他单位的人员,利用职务上的便利,将本单位财物非法占为己有,数额较大,应受刑法处罚的行为。构成职务侵占罪的,处5年以下有期徒刑或者拘役;数额巨大的,处5年以上的有期徒刑,可以并处没收财产。

构成要件:(1) 本罪的犯罪客体是公司、企业或者其他单位的财产所有权。职务侵占罪侵犯的对象是公司、企业或者其他单位的财物,包括动产和不动产,又包括已在公司、企业、其他单位占有、管理之下的钱财(如人民币、外币、有价证券等),也包括本单位有权占有而未占有的财物,如公司、企业或其他单位拥有的债权。(2) 本罪在客观方面表现为利用职务上的便利,侵占本单位财物,数额较大的行为。具体而言,包括以下三个方面:一是必须是利用;二是必须有侵占的行为;三是必须达到数额较大的程度。如果仅有非法侵占公司、企业及其他单位财物的行为,但没有达到数额较大的标准,则也不能构成本罪。至于数额较大的起点数额,参照最高人民法院《关于办理违反公司受贿、侵占、挪用等刑事案件适用法律若干问题的解释》之规定,是指侵占公司、企业等单位财物5 000元—1万元以上的。由于各地经济水平发展不平衡,各省对数额较大的标准有不同的规定,普遍高于5 000元的标准。利用职务上的便利,是构成职务侵占罪的前提条件。利用职务上的便利,有三种情形:其一,利用自己主管、分管、经手、决定或处理以及经办一定事项等的权力;其二,依靠、凭借自己的权力去指挥、影响下属或利用其他人员的与职务、岗位有关的权限;其三,依靠、凭借权限、地位控制、左右其他人员,或者利用对己有所求人员的权限,如单位领导利用调拨、处置单位财产的权力,出纳利用经手、管理钱财的权力等。所谓非法占为己有,是指采用侵吞、窃取、骗取等各种手段将本单位财物化为私有,既包括将已合法持有的单位财物视为己物而加以处分、使用、收藏即变持有为所有的行为,又包括先不占有单位财物但利用职务之便而骗取、窃取、侵吞、私分从而转化为私有的行为。只要本质上出于非法占有的目的,并利用了职务之便作出了这种非法占有的意思表示,达到了数额较大的标准,即可构成本罪。(3) 本罪主体为特殊主体,包括公司、企业或者其他单位的人员。具体是指三种不同身份的自然人:一是股份有限公司、有限责任公司的董事、监事;二是上述公司的人员中除公司董事、监事之外的经理、部门负责人和其他一般职员和工人;三是上述公司以外企业或者其他单位的人员,是指集体性质企业、私营企业、外商独资企业的职工,国有企业、公司,中外合资、中外合作企业等中不具有国家工作人员身份的所有职工。应当注意的是,凡具有国家工作人员身份的人员,利用职务或者工作上的便利,侵占本单位的财物的,应依照刑法第382、383条关于贪污罪的规定处罚,不具有国家工作人员身份的,利用职务上的便利,侵占本单位财物,才按职务侵占罪论处。(4) 本罪在主观方面是直接故意,且具有非法占有公司、企业或其他单位财物的目的。即行为人妄图在经济上取得对本单位财物的占有、收益、处分的权利。至于是否已经取得或行使了这些权利,并不影响犯罪的构成。

➢ 挪用资金罪。挪用资金罪是指公司、企业或者其他单位的工作人员利用职务上的便利,挪用本单位资金归个人使用或者借贷给他人,数额较大、超过3个月未还的,或者虽未超过3个月,但数额较大、进行营利活动的,或者进行非法活动的,应受刑法处罚的行为。构成挪用资金罪的,处3年以下有期徒刑或者拘役;挪用本单位资金数额巨大的,或者数额较大不退还的,处3年以上10年以下有期徒刑。

构成要件:(1)本罪所侵害的客体是公司、企业或者其他单位资金的使用收益权,对象则是本单位的资金。所谓本单位的资金,是指由单位所有或实际控制使用的一切以货币形式表现出来的财产。(2)本罪在客观方面表现为行为人利用职务上的便利,挪用本单位资金归个人使用或者借贷给他人,数额较大、超过3个月未还的。挪用是指将资金挪作他用,并且用后即还,行为人在挪用时并没有非法将单位资金占为己有的目的。挪用行为包括超期未还型、营利活动型、非法活动型三种。其一,超期未还型,是指挪用本单位资金归个人使用或者借贷给他人,数额较大、超过3个月未还的。这里的"数额较大",根据最高人民法院《关于办理违反公司法受贿、侵占、挪用等刑事案件适用法律若干问题的解释》的规定,是指挪用本单位资金1万—3万元以上的。其二,营利活动型,是指挪用本单位资金归个人使用或者借贷给他人,虽未超过3个月,但数额较大,进行营利活动的。这里的"数额较大",根据最高人民法院《关于办理违反公司法受贿、侵占、挪用等刑事案件适用法律若干问题的解释》的规定,是指挪用本单位资金5 000元至2万元以上的。其三,非法活动型,是指挪用本单位资金进行非法活动的,如将挪用来的资金用来进行走私、赌博等活动。这种行为没有挪用时间是否超过3个月以及超过3个月是否退还的限制,也没有数额较大的限制,只要挪用本单位资金进行了非法活动,就构成了本罪。(3)本罪的主体与职务侵占罪相同,都为特殊主体,即公司、企业或者其他单位的工作人员。(4)本罪在主观方面只能出于故意,即行为人明知自己在挪用或借贷本单位资金,并且利用了职务上的便利,而仍故意为之。与职务侵占罪不同的是,挪用资金罪目的是非法取得本单位资金的使用权,而不是企图永久占有。

经典案例

"真功夫"前董事长职务侵占案[①]

累了吗?让脑袋休息一下,扫描如下二维码,了解更多课后内容。

---

① 资料来源:http://baike.baidu.com/link?url=bwMhZ0PPQPIsSL3T32AyitF0fZQH5-74mh_oHIStqeTrx8-jrWCaeFLQVgVXhVbSdKLcC__wmjiDxv1dV4nnwya。

【刑法条文链接四】

扫描右侧二维码,获取如下法条链接。

第 271 条【职务侵占罪】

第 272 条【挪用资金罪】

- **急功近利行贿受贿,贪心不足偷逃税收**

在激烈竞争的市场环境中,有的创业企业为谋求竞争优势,急功近利,通过行贿手段获取非法利益。据统计,各类行贿罪在民营企业家所犯罪名中排名仅次于各类诈骗罪,排名第二。在行贿的人员中,有全国各地所谓的"首富"企业家,如原欧亚农业董事局主席杨斌,原农凯集团董事长、"上海首富"周正毅,原上海福禧投资控股有限公司董事长、"公路大王"张荣坤,原乐山东能集团董事局主席王德军等人。行贿行为腐化国家工作人员、破坏公平竞争的秩序,一旦暴露,腐败分子必将受到严惩,行贿者最终也将鸡飞蛋打,难逃法律追究。此类犯罪包括行贿罪、单位行贿罪、对单位行贿罪、对企业人员行贿罪、非国家工作人员受贿罪等罪名。

税收是国家财政的命脉。维持国家机构的正常运转,保障社会正常秩序,离不开国家税收的支持。依法纳税,是世界各国的通例,也是每个企业不可推卸的义务。为了保证国家税收,我国刑法分则第三章第六节共规定了 12 条有关危害税收征管罪的条文,以惩治相关危害税收征管活动的行为。税收犯罪分为两类:一类是以发票为直接对象的犯罪,如虚开增值税专用发票罪;另一类是直接涉及税款的犯罪,包括逃税罪、抗税罪、逃避追缴欠税罪和骗取出口退税罪。

葛兰素史克(中国)投资有限公司行贿案[①]

累了吗?让脑袋休息一下,扫描如下二维码,了解更多课后内容。

【刑法条文链接五】

扫描右侧二维码,获取如下法条链接。

第 163 条【非国家工作人员受贿罪】

第 164 条【对非国家工作人员行贿罪】

---

① 资料来源:http://baike.baidu.com/link?url=_nWUTs2DP-1ObAvWFORNDfToJjfVXVYz8-6PRG9tSiQMAFfClnOCJsTVACIA_tmUs_erO5z9ihLcEEwijhFPla。

创业法学

> 第389条【行贿罪】
> 第390条【对犯行贿罪的处罚；关联行贿罪】
> 第391条【对单位行贿罪】
> 第392条【介绍贿赂罪】
> 第393条【单位行贿罪】
> 第201条【逃税罪】
> 第202条【抗税罪】
> 第203条【逃避追缴欠税罪】

▶ □ 创业中刑事犯罪预防

● 未雨绸缪——树立法律风险防范的意识

随着国家法制建设的进步，我国民众的法律意识普遍有所增强，但在现阶段普通民众的法律意识还有很大的被动性，即亡羊补牢的多，事前防范的少，只有在发生纠纷时，才想起法律并拿起法律武器。创业者可以没有法律知识，但不可以没有法律风险意识。尤其是刑事法律风险，更应当靠事前预防，而不是事后补救。刑事法律风险一旦爆发，杀伤力巨大，可能让创业者满盘皆输，让创业企业立刻瘫痪甚至倒闭。创业者可以不懂刑法规定了哪些罪名，及每种罪的犯罪构成要件，但当你的律师向你提示法律风险后，你不能不予理会。不能以自己不懂法为由放松警惕，更不能存在"法不责众"的想法和侥幸心理。经济制度的改革及经营环境的改善是一个漫长的过程，创业者唯有树立法律风险意识，未雨绸缪，事先控制，防患于未然，才是避免陷入刑事麻烦的上策。

● 路径选择——用好律师，完善制度

"隔行如隔山"，"术业有专攻"，除非创业者是法律科班出身，一般创业者法律知识储备不足毫不意外，精明的创业者知道自己的短板，不会外行充内行，懂得专业化管理的重要性，把专业的事交给专业人员去做。对于法律风险的防范，就聘用专业律师来服务。用好用足律师，事半功倍，轻松又高效化解各类法律风险。用好律师，就要选好律师、信任律师。好律师的标准体现在专业能力和个人品质等方面。就刑事法律风险防范而言，单纯民商事专业方面的律师未必能胜任，应由专业的刑事律师或者知识较为全面的综合性律师来担当。创业者在做出重要决策时，尤其是可能涉及刑事责任风险的决策时，要与律师沟通情况。创业者要充分信任律师，要将与决策有关情况全部告知律师，律师只有在充分掌握信息的前提下，才能"对症下药"，给出最优建议。不必担心律师泄密，因为保护客户商业秘密和个人隐私是律师的基本职业道德和执业纪律。用足律师，就是要充分发挥律师的作用，经常与律师保护联系，不要只在遇到法律纠纷时才想到找法律顾问"救火"，创业者要与自己的法律顾问深度合作，让他参与到创业事务的全过程，确保各项事务合法合规。防范刑事法律风险，要从制度入手，建立和完善企业经营管理、财务管理、人事管理等各类制度，用制度约束人，将刑事风险遏制于萌芽状态。

- **筑牢防线——把握分寸,守住底线**

外因通过内因起作用。创业中大部分刑事犯罪的形成,最终归结于创业者贪财忘祸、利令智昏、意志不坚,因此,要从根本上避免刑罚之祸,创业者应加强德性修养,践行"君子爱财,取之有道",特别是在创业商机来临和深陷困境之时要守住道德底线,不踩法律红线。

创业者在商机来临时,要理性分析,进退有度,克服盲目做大的心理、赌博博弈的心理、恶意竞争的心理、违法谋取暴利的心理。如果心理被扭曲铤而走险,甚至不惜以犯罪方式谋取企业发展,最终结果只会适得其反,自食恶果。湘潭双马建设工程公司董事长郭汉林,同时承揽湘潭师范学院学生住宅楼、长沙湘河大厦等多项工程,在自有资金不足的情况下,盲目借高利贷,实施合同诈骗,骗取非法吸收公众存款而来的湘西楚源公司3 000多万元,案发后被判处无期徒刑,并处没收个人财产100万元[①]。

创业过程,步步惊心,企业创立发展中可能遇到各种难题,当创业陷入困境时,创业者切忌"病急乱投医"。出现融资难时,不能非法吸收公众存款,乃至集资诈骗,或者实施合同诈骗;发生竞争不利时,不能实施行贿或者内外勾结,串通投标;遇到麻烦时,不能请黑社会帮忙摆平,不能以制假造假、窃取商业秘密和侵犯知识产权来化解生存发展难题。面临困境,仍要守法经营,科学化解,寻找出路。创业者如若在困境中逾越底线,"病急乱投医",则可能身陷囹圄,企业更是雪上加霜。河北大午农牧集团,在全国500家最大私营企业中曾经排名第344位,在不断发展进程中遇到融资难题,非法吸收523名公众存款1 400余万元,董事长孙大午因犯非法吸收公众存款罪,被处有期徒刑3年缓刑4年、处罚金10万元,大午集团被处罚金30万元[②]。

本 章 概 要

创业的全过程充满了法律风险。根据法律风险的不利后果,创业法律风险可分为民事法律风险、行政法律风险、刑事法律风险。律师作为法律专业人士,较之于创业者本人,在法律风险防控方面更专业、更理性、更有效率。

正确识别法律风险是防范创业法律风险的前提。法律风险识别方法包括经验式识别方法、结构化识别方法、生命周期识别法。根据法律风险评估结果及其不同成因,创业者要灵活采用风险分散、风险转移、风险替代等方式化解各类风险。

创业者、创业组织、交易对象等主体基于不同利益诉求而发生权利义务争议,由此形成创业法律纠纷。纠纷不妥善解决,创业组织就不能健康发展。创业纠纷解决途径包括谈判、调解、仲裁、行政复议、诉讼,其中,诉讼是最为规范、最具权威的纠纷解决方式。

创业面临的各种风险中刑事法律风险最为凶险。创业中的刑事犯罪可能出现于企业设立、融资、内部管理及生产、经营过程中,也可能存在于企业财务管理、财物使用、职

---

① 资料来源:http://www.110.com/panli/panli_9289105.html,访问日期:2015年8月4日。

② 资料来源:http://baike.baidu.com/link?url=XuR4_lvcNXiRlbO3Ba1ci4DxONYkfSswD1hnUW1QzlYk-DpJEu58dEZeELOXYZK3H0tCdYbfRTRSC4aoK3PDvtq。

务行使等方面。创业者应当时刻警醒,守住法律底线,勿踏刑法雷区。

专题讨论

1. 你认为创业中是否有必要聘请律师？如何辨别合格的创业律师？如果因律师服务瑕疵导致创业组织损失,律师该不该承担责任？如何承担责任？

2. 2015年5月15日上午,佛山公安经侦支队在中山公园门口开展经侦宣传日活动,现场经侦民警表示,传统的传销正逐渐被以网络为载体的新型传销模式——网络传销所替代。经侦民警提醒,不少网络传销者打着"消费联盟""加盟连锁"的旗号,打着"网上营销""网上创业""投资""高科技""电子商务"等幌子骗人入会,大肆鼓吹造就当代富翁神话,诱骗市民参与传销活动。请谈谈你对传销的认识,以及如何识别传销活动,创业中如何避免陷入传销组织。

创业实训

分析代驾服务项目的法律风险,提出风险防控策略

扫描如下二维码,获取案件详情。

周斌,是一位80后上海小伙,创业开办了顺安代驾服务社。张晓升为顺安代驾服务社的一名代驾司机。2012年一个初夏的夜晚,张晓升赴某酒店提供代驾服务的路上,由于对路况不熟悉,不小心从自行车上摔至地面,造成左桡骨远端骨折。面对突如其来的事件,周斌不知所措。张晓升于2013年8月向劳动人事争议仲裁委员会申请仲裁,要求周斌支付自己医疗费、一次性伤残补助金、一次性医疗补助金、一次性伤残就业补助金、伤残鉴定费,及自己从受伤后到服务社注销期间的工资共计13万余元。后因该争议不属于劳动仲裁的受理范围,未被劳动争议仲裁委员会受理。张晓升又将周斌起诉到法院,提出上述赔偿要求①。

请根据上述材料,分析代驾服务项目存在的法律风险,并提出风险防控策略和纠纷解决方案。

---

① 余甬帆、张莹骅："代驾'老板'付出的代价",载《人民法院报》,2015年5月4日第3版。

参 考 文 献

1. 魏振瀛主编：《民法》(第 5 版)，北京大学出版社、高等教育出版社 2013 年版。
2. 王利明著：《物权法》，中国人民大学出版社 2015 年版。
3. 王泽鉴著：《债法原理》(第 2 版)，北京大学出版社 2013 年版。
4. 杨立新著：《人格权法》，法律出版社 2015 年版。
5. 王利明、房绍坤、王轶著：《合同法》(第 4 版)，中国人民大学出版社 2013 年版。
6. 崔建远著：《合同法》，法律出版社 2015 年版。
7. 邓辉、许步国主编：《合同法学》，中国民主法制出版社 2004 年版。
8. 赵旭东主编：《公司法学》(第 4 版)，高等教育出版社 2015 年版。
9. 赵万一主编：《商法学》(第 4 版)，中国人民大学出版社 2013 年版。
10. 李永军著：《破产法律制度：清算与再建》，中国法制出版社 2000 年版。
11. 吴汉东主编：《知识产权法》(第 5 版)，法律出版社 2015 年版。
12. 邓辉主编：《法学通论》，高等教育出版社 2007 年版。
13. 刘春田主编：《知识产权法》(第 5 版)，高等教育出版社 2015 年版。
14. 苏平主编：《专利法》，法律出版社 2015 年版。
15. 王太平著：《商标法：原理与案例》，北京大学出版社 2015 年版。
16. 徐孟洲、孟雁北著：《竞争法》(第 2 版)，中国人民大学出版社 2014 年版。
17. 邵建东编著：《竞争法教程》，知识产权出版社 2003 年版。
18. 刘继峰著：《反垄断法》，中国政法大学出版社 2012 年版。
19. 蒋岩波、喻玲著：《反垄断司法制度》，商务印书馆 2012 年版。
20. 郭明瑞、房绍坤著：《担保法》(第 2 版)，中国政法大学出版社 2012 年版。
21. 尹国俊著：《创业资本产权缺损与制度创新研究》，兵器工业出版社 2012 年版。
22. 胡振兴著：《创业资本运营风险控制》，经济科学出版社 2011 年版。
23. 相子国主编：《创业融资》，西南财经大学出版社 2014 年版。
24. 胡海峰著：《创业资本循环：信息不对称条件下的制度安排》，中国市场出版社 2009 年版。
25. 宋晓梅著：《资本结构理论：基于公司控制权考虑的研究》，上海财经大学出版社 2009 年版。
26. 燕志雄著：《不完全合同、控制权与企业融资》，经济科学出版社 2012 年版。
27. 郑尚元著：《劳动法和社会保障法专论》，法律出版社 2015 年版。
28. 关怀、林嘉主编：《劳动法》，中国人民大学出版社 2012 年版。

29. 王全兴主编：《劳动法学》，高等教育出版社 2004 年版。
30. 陈天学编著：《劳动关系全面管理：实战篇》，清华大学出版社、北京交通大学出版社 2014 年版。
31. 杨德敏主编：《劳动法和社会保障法》，复旦大学出版社 2015 年版。
32. 王晓晔著：《反垄断法》，法律出版社 2011 年版。
33. 徐士英著：《竞争法新论》，北京大学出版社 2007 年版。
34. 张兴彬著：《公司那些事：法律风险防控 68 要诀》，法律出版社 2013 年版。
35. 吴江水著：《完美的防范：法律风险管理中的识别、评估与解决方案》，北京大学出版社 2014 年版。
36. 徐永前著：《企业法律风险管理操作实务》，法律出版社 2014 年版。
37. 孙祥和著：《创业法律实务》，中国人民大学出版社 2013 年版。
38. 谢薇主编：《创业法律基础》，武汉理工大学出版社 2013 年版。
39. 卢福财主编：《创业通论》，高等教育出版社 2012 年版。
40. 刘沁玲、陈文华主编：《创业学》，北京大学出版社 2012 年版。
41. 林嵩主编：《创业学：原理与实践》（第 2 版），清华大学出版社 2015 年版。
42. 杨凤主编：《创业理论与实务》，清华大学出版社 2014 年版。
43. 丁栋虹主编：《创业学》，复旦大学出版社 2014 年版。
44. 傅淼河主编：《创业与税收》，湖南人民出版社 2012 年版。
45. ［德］M. 沃尔夫著：《物权法》（第 20 版），吴越、李大雷译，法律出版社 2004 年版。
46. ［美］霍温坎普著：《联邦反托拉斯政策：竞争法律及其实践（第 3 版）》，许光耀、江山、王晨译，法律出版社 2009 年版。
47. ［美］理查德·A. 波斯纳著：《反托拉斯法》（第 2 版），孙秋宁译，中国政法大学出版社 2003 年版。
48. ［美］David Cohen，Brad Feld：《他山之石：TechStars 孵化器上的创业真经》，傅尔也、傅志红译，人民邮电出版社 2012 年版。
49. ［美］马克·J. 多林格著：《创业学：战略与资源》（第 3 版），王任飞译，中国人民大学出版社 2006 年版
50. ［美］史蒂夫·布兰克、鲍勃·多夫著：《创业者手册：教你如何构建伟大的企业》，新华都商学院译，机械工业出版社 2013 年版。
51. ［加］埃里克·A. 莫尔斯、罗纳德·K. 米切尔主编：《创业学案例》，周颖、李成军、胡盈译，上海格致出版社 2012 年版。
52. ［美］史蒂夫·乔布斯著：《创业的哲学：乔布斯给青年人的 8 堂创业课》，北京联合公司 2012 年版。
53. Robert H. Morse, Antitrust & Trade Associations: How Trade Regulation Laws Apply to Trade and Professinal Association, American Bar Association 1996.
54. OFT, How Your Business Can Achieve Compliance, OFT 424, 2005.
55. ACCC, Corporate Trade Practices and Compliance Programmes, 2005.

图书在版编目(CIP)数据

创业法学/邓辉主编. —上海:复旦大学出版社,2015.12
(信毅教材大系)
ISBN 978-7-309-11976-3

Ⅰ.创… Ⅱ.邓… Ⅲ.法律-中国-高等学校-教材 Ⅳ.D92

中国版本图书馆 CIP 数据核字(2015)第 282242 号

创业法学
邓　辉　主编
责任编辑/宋朝阳

复旦大学出版社有限公司出版发行
上海市国权路 579 号　邮编:200433
网址:fupnet@fudanpress.com　http://www.fudanpress.com
门市零售:86-21-65642857　　团体订购:86-21-65118853
外埠邮购:86-21-65109143
常熟市华顺印刷有限公司

开本 787×1092　1/16　印张 19.5　字数 418 千
2015 年 12 月第 1 版第 1 次印刷
印数 1—4 100

ISBN 978-7-309-11976-3/D·775
定价:39.00 元

如有印装质量问题,请向复旦大学出版社有限公司发行部调换。
版权所有　侵权必究